리더십의 이론과 진단

Leadership: theory and self-assessment

박유진 · 이영우 · 송하동 공저

良書閣

개정판을 내면서

리더십은 인류가 사회적 생활을 시작하면서 관심을 갖게 되었으며, 특히 현대사회에서는 리더십의 중요성이 부각되고 관심이 더욱 증대되고 있는 실정이다. 필자들은 다년간 일선 기업 및 군의 현장에서의 경험을 바탕으로 강단에서 학생들을 가르치면서 '리더십은 수업을 통해서 학습하는 과정에서 스스로 리더가 되어가는 것이 중요하다'는 것을 인식하게 되었다. 옛말에 '구슬은 서 말이라도 꿰어야 보배다'라고 했듯이 리더십 이론을 잘 안다 한들, 태도와 행동이 변화되지 않고 리더답게 실천하지 않으면 보배가 되는 것은 어렵다.

따라서 스스로 리더가 되기 위한 학습방법은 측정도구들을 통해 자신의 스타일과 수준을 진단·평가하여 사고와 행동을 수정하고 바람직한 리더의 이미지를 생활 속에서 실천해 나가는 것입니다. 이를 위하여 이 책은 현대사회에서 요구하는 리더십이론의 기초적 내용들을 학습하는데 바탕을 두었으며 나아가 리더로서 신념적인 행동을 하기 위해 리더십 관련 주제들의 실습측정도구를 이용하고 자기진단과 평가를 하게 할 수 있게 하였다.

본서는 2014년에 박유진·이영우 공저로 발표했던 「리더십 이론 및 진단」을 개정한 것으로 이론의 기술은 대동소이하나, 리더십 진단과제를 강의내용과 부합되도록 각장의 말미에 삽입하여 독자나 수강생들이 생각해보고 팀별 토의가 가능토록 조정하였고 최근 이슈가 되고 있는 진성리더십과 의사결정방법, 협상에 관한 내용을 추가하였다. 무엇보다 본서의 강점은 리더십 이론과 사례, 그리고 진단의 화학적 반응을 불러일으킬 수 있다는 점이다.

본 리더십 교육의 목적이 '환경변화에 쉽게 적응할 줄 아는 리더육성'에 초점을 두는 것인만큼, 우리 독자들은 리더십이 변화하는 삶의 무대에서 잘 적응하고 그 삶이 신명나길 바랍니다. 더불어 리더라는 지위의 막중한 책임감 속에서도 그 사명에 감사하고 힘든 역경을 헤쳐나가면서 성취의 멋에 기뻐하고 다양한 커뮤니케이션을 통하여 하급자와 소통하고 참여를 활성화하여 문제를 해결하는 멋진 리더로 성장하여 국가와 조직의 발전에 헌신하기를 소망한다.

끝으로 이번 수정판이 발행되는 데 도움을 주신 청주대학교 방종경 교수님과 개정판을 내기까지 각고의 노력을 아끼지 않으신 양서각 신대영 사장님께 깊은 감사를 드리며, 누구보다도 이 책의 독자들에게 커다란 감사의 말씀을 전합니다.

2021년 8월
저자 일동

차 례

제1장 리더십의 기초 이해

제2장 전통적 이론

제7장 효과적으로 영향력 발휘하기

제8장 난관을 관리하고 극복하기

제9장 기타 리더십 진단과제

제 1 장 리더십의 기초 이해

리더십은 설명하지 않더라도 누구나 현실적으로 느끼며 이해하고 있는 주제이다. 우리는 일상생활과 직장에서 만나는 사람들의 리더십이 얼마나 좋은지 어느 정도는 평가하고 있다. 리더십은 우리의 일상적 현실과 밀접한 주제이므로 학술적으로 학습하지 않더라도 체감으로도 이해할 수 있는 것이다.

본 장에서는 리더십의 기초개념들을 학술적으로 다듬는다. 첫 부분은 성공하는 인생을 위해 리더십과의 관련성과 리더십의 필요성을 강조한다. 두 번째 부분은 본 장의 핵심으로써 리더십의 개념, 리더십의 본질, 리더십 구성요소, 그리고 리더의 역할을 논의한다. 세 번째 부분은 리더십의 사회적 인식과 이론적 흐름 등에 관한 현재의 좌표를 살펴본다.

제 1 절 성공하는 사람들

1.1 성공의 길

사람들에게 어떤 인물이 되고 싶은지를 물어보면 정말 여러 가지의 답변이 나온다. 기업의 최고경영자, 부대를 지휘하는 장군, 자기의 세계를 추구하는 예술가, 존경받는 훌륭한 교육자, 사회적 정의를 세우는 법률가, 세계를 두루 다니는 여행가, 자신의 이념적 가치를 사회에 실현시키려는 정치가, 공공봉사의 공직자, 전원의 농장경영자, 스포츠맨 등의 다양한 직업들... 그리고 사회적으로 존경받는 사람, 역사에 업적과 이름을 남기는 사람, 남에게 베풀 수 있는 사람, 가문을 일으키는 사람, 영향력 있는 사람, 타인을 위해 봉사하는 사람, 자유롭게 살고 싶은 사람 등 사람마다 성격과 취향이 다르고 다양하다.

사람들은 성공하고 싶어 한다. 그런데 어떠한 성공이든 혼자만의 노력으로 이룰 수 있는 것은 거의 없다. 성공이란 이해관계가 관련된 사람들과 함께 어울려야 이루기가 더 쉽다. 회사, 군대, 공공조직, 학교, 종교단체, 각종 협회, 취미클럽, 동창회 등의 각종 조직을 통하지 않고는 성공을 이루기가 쉽지 않은 것이다. 사회적 관계를 맺지 않고도 혼자의 노력으로 성공할 수 있을 것 같은 문화예술과 같은 분야도 그렇다. 사회의 본질적인 속성이 그렇기 때문이다. 다른 사람들이 나의 가치를 알아주지 않는다고 할 것이 아니라 나의 가치를 남들이 잘 알도록 해야 하는데 사회적 관계는 그러한 과정을 촉진하고 돕는 기능을 한다.

사람들에게 '당신은 성공하는 사람이 될 수 있겠느냐'고 물으면 모두가 성공의 확신을 가지고 있는 것은 아니라는 사실을 발견하게 된다. 어떤 사람은 될 수 있다고 하고, 다른 사람은 아마도 될 수 있을 것이라고 하며 또 다른 사람은 아마도 되기 어려울 것이라고 한다. 사람들에게는 성공의 희망이 있지만 모두에게 성공의 확신이 있는 것은 아니다.

성공이란 무엇인가? 성공은 두 가지의 잣대로 평가할 수 있다. 하나는 사회적 지위와 권력 및 경제력 등의 잣대로 볼 수 있는 사회성취적·객관적·외면적인 성공이고, 다른 하나는 자아성취감과 보람 및 자기만족 등의 잣대로 볼 수 있는 자아실현적·주관적·내면적인 성공이다. 현실에서 두 잣대의 성공은 서로 얽혀있어서 선명하게 가리기는 쉽지 않다. 그러나 바람직한 성공이란 내면과 외면의 성공을 함께 이루는 것이라는 사실에는 거의 이의가 없을 것이다. 사람마다 성공에 대한 정의와 느낌이 다를 수 있지만, 외면적인 성공만으로는 내면으로 공허함을 느낄 수도 있고, 어느 정도 수준의 외면적인 성공이 없이는 내면만의 성취감을 갖기가 어렵기 때문이다.

이 책은 성공의 희망을 가진 사람들에게 성공의 확신을 높이기 위해 만들어진 학술적 노력의 산물이다. 누구나 리더가 될 수 있다고 하여 아무나 리더가 되는 것은 아니다. 리더십을 통해 성공의 확신을 높여가고 싶은 사람들과 함께 리더십의 세계로 길을 떠나고자 한다.

전문가 의견

성공하는 한국인의 7가지 습관

1. 규칙적 기상 : 아침 30분을 확보하면 1년에 1달의 여유시간을 번다. 이른 기상을 습관화한다.
2. 플러스(긍정적) 사고 : 명상 등을 통해 정신을 단련하여 꾸준히 내면을 업그레이드시켜 나간다.
3. 시간관리 : 10년 단위의 인생의 큰 그림을 먼저 그리고, 우선순위를 고려하여 기간별로 작성한다.
4. 방대한 독서 : 독서는 지적능력을 키우는 자양분이자 자기경영의 핵심 습관이다. 독서를 습관화한다.
5. 꾸준한 운동 : 매일 규칙적으로 운동한다. 몸에 무리가 가지 않도록 쉬우면서도 꾸준히 해야 한다.
6. 성공일기 : 하루를 마치고 자기성찰적인 시간을 갖는 등 주기적으로 자신과 긍정적으로 대화한다.
7. 칭찬과 용서 : 남을 격려하고 칭찬하며 이해하면서 좋은 인간관계를 맺는 것을 일상화한다.

– 조신영, 〈성공하는 한국인의 7가지 습관〉 중에서 –

1.2 성공하는 사람들과 리더십

사회적으로 성공한 사람들은 자신이 속한 조직에서 사람들을 잘 통솔하면서 높은 성과를 내며 좋은 지위를 획득하고 존경을 받는다. 사실상 우리는 성공의 길과 실패의 길을 알고 있는 경우가 많다. 많은 사람들이 지금 해야 할 일이 무엇이고 어떻게 해야 하는지를 알면서도 여러 가지 이유로 실행하지 않을 때가 많다. 생각은 있으되 행동으로 옮기지 못하는 것이다. 왜냐하면 인간은 감성이 없는 기계와 같은 존재가 아니라 이성과 감성을 스스로 완전히 제어할 수 없는 불완전한 존재이기 때문이다. 분명한 것은 성공이란 자신의 생각 속에서 이루어지는 것이 아니라 타인들과의 관계와 현실을 헤쳐 나가는 실천적 행동을 통해 얻어지는 것이다.

우리나라 주요 기업의 최고경영자 등 임원으로 성공한 700여명의 비즈니스 스타일의 특징에 관한 조사결과는 성공의 길에 하나의 참고가 될 수 있을 것이다.[1)]

부유함을 창출하는 사람들은 동서고금을 막론하고 부지런한 '일 벌레'들이다. 일중독(workaholic)이 아니라 진정으로 일을 좋아하고 일을 통해 자신의 꿈을 실현하려는 강한 의지를 가진 사람들이다. 자신의 꿈을 이루려는 의욕은 60년대 가난했던 시절의 헝그리 정신(hungry spirit)의 유산일 수도 있지만, 오늘날에는 '성취하려는 열정(passion for achievement)'을 말한다. **성취열정으로 성공한 사람들은 몇 가지 우수한 역량을 가지고 있다.**

첫째, 목표를 달성하기 위한 핵심이슈를 정확히 파악하는 통찰력이 우수하다. 다양한 정보채널을 형성하고 명확한 기준을 토대로 기회와 문제점을 진단한다. 어려운 상황에서도 좌절하거나 우왕좌왕하지 않고 이슈의 핵심을 파악하여 과감히 대처하는 역량을 발휘한다. 이러한 능력은 평소 자신의 전문분야에 대한 폭넓은 탐구와 경험을 통한 교훈으로부터 형성되는 것이다.

둘째, 원만한 인간관계와 업무관계를 구축하는 능력이 우수하다. 자신의 아이디

1) 동아일보 경제부, 「한국 대기업의 리더들」, 김영사, 2002.

어를 실현시켜 나가기 위해서는 평소에 효과적인 관계를 구축해 놓아야 한다. 개인의 목표보다 조직의 목표를 우선시하고 친화적인 관계에서 윈-윈의 방안을 찾아나간다. 문제가 생기거나 급할 때가 되어서야 도움을 받을 사람을 찾고 일을 챙기는 것이 아니라 평소부터 네트워크를 마련해 두는 것이다.

셋째, 강력한 추진력이다. 다소 불확실한 상황에서도 성공의 확신을 가진 독자적이고 주도적인 행동은 성공의 확률을 높인다. 대기업 리더들의 추진력에 대해서 존경을 표해야 할 사례들이 매우 많다.

넷째, 성실함과 신뢰감이다. 한국 현대사의 질곡을 겪어오면서 기본원칙을 손상시키지 않으면서도 어려움에 대처하고 신뢰감을 쌓아나가는 노력을 기울였다.

다섯째, 성과지향적인 조직문화를 조성하고 성과관리의 역량이 우수하였다. 경쟁의 속도가 빨라지는 사회변화 속에서 조직구성원들의 성과를 관리하는 일은 매우 중요한 성공요소이다.

별빛 한마디

성공하는 사람들의 인간관계의 황금률

사람들은 옳은 말을 하는 사람보다 자신을 이해해 주는 사람을 더 좋아한다.
자기를 이해해주는 사람이라면 그가 무슨 말을 하든 받아들이려고 노력한다.
존경받는 리더, 훌륭한 교사, 따르고 싶은 부모는 모두 공통점이 있다.
그들은 공감(Empathy)능력이 뛰어나다. 일찍이 공자는 원만한 인간관계의 황금률로 상대방의 처지에서 생각해보는 '역지사지(易地思之)'를 들었으며 모든 관계의 갈등은 역지사지의 부족에서 생긴다고 하였다.
누군가를 사랑한다는 것은 있는 그대로를 인정해 주는 것에서 출발한다.

– 이민규, 〈끌리는 사람은 1%가 다르다〉 중에서 –

제2절 리더십의 기본 개념

2.1 리더십의 개념과 정의

2.1.1 리더와 리더십의 개념

우리는 흔히 사람을 평가하는데 있어서 "그는 리더가 될 자질이 충분해", "그는 강력한 리더십을 가지고 있어", 또는 "그는 리더십이 약해서 그 일에는 적임자가 아니야"라는 표현을 쓴다. 리더는 어떤 사람이고 리더십이란 무엇인가?

(1) 리 더

리더(leader)의 우리말은 지도자이며 사람들을 이끌어가는 사람을 뜻한다. 조직과 관련하여 리더는 공식 리더(formal leader)와 비공식 리더(informal leader)로 나누어 볼 수 있다. **공식 리더란 조직의 라인상의 책임자를 말한다.** 회사의 사장과 팀장, 정부기관의 장, 군대의 지휘관과 부서의 장, 학교의 교장과 학급 담임교사, 사회단체의 장, 가정의 가장, 동창회나 친목그룹의 장 등이다. 이들은 조직이나 부서의 목표달성을 위해 구성원들을 이끌어야 하며 책임수행을 위해 공식권한을 가진다. 이들은 본인의 의지에 관계없이 리더십을 발휘해야만 하는데, 능력에 따라 리더십을 훌륭하게 발휘하기도 하고 제대로 발휘하지 못하기도 한다.

비공식 리더는 공식적인 라인지위에 있지 않지만 구성원들에게 실질적인 영향력을 행사하여 집단을 이끌 수 있는 사람이다. 가령, 회사에서 팀장보다 부팀장이 구성원들에 대해 더 큰 영향력을 행사하고 일을 주도한다면 부팀장은 비공식 리더인 것이다. 이러한 경우 팀장을 형식적 리더, 부팀장을 실질적 리더라도 부르기도 한다. 비공식 리더들은 공식권한은 적지만 이를 보완할 수 있는 다른 영향력으로 부하들의 추종과 지지를 받고 문제해결능력이 공식 리더보다 뛰어난 경우가 많다.

조직에서는 공식적인 권한지위와 실질적인 권력지위가 일치하지 않은 경우가 흔히 발생한다. 즉 계급과 직책이 높지만 하급자보다 영향력이 작은 경우도 있고 그 반대의 경우도 있는 것이다. 즉 영향력이 약한 공식 리더는 형식적 리더가 되고 영향력이 더 강한 비공식 리더가 실질적 리더가 될 수 있는 것이다. 조직은 합법적인 권한체계인 동시에 정치적인 권력체계이기 때문이다.

리더란 공식 리더와 비공식 리더를 모두 아우르는 개념이다. 하지만 모든 조직에서는 공식 라인의 리더들의 리더십이 중요하다. 가장 바람직한 상태는 공식적인 상위지위의 리더가 실질적인 영향력을 가지고 리더십을 발휘하며 구성원들을 이끌어 가는 것이다. 이 책에서의 리더는 원칙적으로 공식적 리더를 의미한다.

(2) 리더십 개념의 범위

리더십의 개념과 관련하여 중요한 논점은 리더십과 경영의 관계이다. '경영을 잘 한다'라는 말과 '리더십이 좋다'라는 말은 어떤 차이가 있을까? '경영'과의 관계로부터 '리더십'의 개념을 살펴본다.

우선 '경영'의 대상은 '조직전체'이고 '리더십'의 대상은 '사람'이다. 가령 경영자가 회사를 경영하기 위해서는 다양한 활동을 해야 한다. 그 활동들은 비전 설정, 경영환경 분석, 재무판단과 자금관리, 생산시스템의 관리, 마케팅 활동, 인력개발 등 인적자원의 관리, 시설이나 물자 등의 관리, 정보시스템의 관리, 그리고 구성원의 통솔 등 사실상 조직운영에 요구되는 모든 활동을 망라한다.[2)]

경영이 조직과정 전체를 다루는 활동임에 비해 리더십은 본질적으로 인간을 통솔하는 활동이다. 재무판단을 잘 하고 생산관리를 잘 한다고 해서 리더십이 뛰어나다고 말하지는 않지만, 재무관리와 생산관리 담당자들을 잘 다루는 능력은 리더십이다. 그러므로 리더십은 회사경영의 전체 활동 중에서 사람과 관계된 부분의 활동으로써 인력, 물자, 시설, 예산, 정보 등의 다양한 조직자원 중에서 인적 자

---

2) 20세기의 경영(학)의 전체적 흐름을 이해하기에 적합한 다음 자료들을 참고하기 바람. ① 박기찬 외(2005), 「경영의 교양을 읽는다」, 더난출판. ② Stuart Crainer(2000), *The Management Century*(박희라 역, 「경영의 세기」), 더난출판. ③ 미야타 야하치로(2001, 김영철 역, 「*경영학 100년의 사상*」), 일빛.

원인 조직구성원들을 통솔하는 활동인 것이다. 경영학 교과서들도 리더십을 경영자의 기능이나 역할 중의 하나로 기술하고 있음을 볼 수 있다.[3]

리더십은 순수한 의미의 좁은 범위부터 확대된 일반적 범위까지 개념의 범위를 설정할 수 있다. 가장 순수한 의미의 리더십은 '공식권한이나 보상 및 강제력의 사용이 없더라도 추종자가 자발적으로 리더를 따르고 리더의 의도를 수행하게 하는 능력'을 말한다. 이러한 경우 리더십효과성은 '추종자가 대가없이도 리더에게 자신이 가진 것을 기꺼이 바치는 정도'로 평가할 수 있다. 바칠 수 있는 것들은 시간, 노력, 지식, 재물, 생명 등과 같은 것이다.[4]

그러나 현실적으로 순수한 의미의 리더십을 발휘하기란 거의 불가능하다. 대부분의 조직에서 리더는 공식적 권한을 활용하며 추종의 대가를 지불하고 강제적 권력도 사용하여 사람들을 통솔한다. 따라서 리더십의 일반적인 개념은 '공식적 또는 개인적인 다양한 영향력의 수단을 사용하여 구성원들로 하여금 리더에게 복종하고 직무에 충실하게 하는 활동'이다.

최근에 리더십을 일반적 개념보다 넓게 조직경영과 비슷한 수준의 개념으로 확장하여 사용하는 경향이 있다. **리더십을 전통적인 의미인 인간관계 능력으로부터 종합경영능력의 수준까지 확대하여 사용하기도 하는 것이다.**[5] 이러한 개념 확장에는 이유가 있다. 첫째, 리더란 사회 각 분야에서 조직을 이끌어 가는 사람이라는 면에서 조직경영과 리더십발휘를 비슷하게 인식한다. 리더의 능력은 성과를 보고 평가하는데, 경영성과가 좋으면 리더십이 좋다고 평가한다. 학술적 목적이 아니라면 경영자와 리더의 개념구분은 중요한 문제가 아닌 것이다. 둘째, 조직경영은 모든 조직자원들을 잘 관리하는 것인데, 자원의 관리도 결국 사람이 하는 것이므로 사람을 다루는 일이 조직을 경영하는 일이라고 생각하는 것이다.

셋째, 지식정보사회의 경영에는 산업사회보다 경영자의 전문성이 더욱 중요해

---

3) 백기복(2000), 「*이슈 리더십*」, 60-61쪽.

4) 사랑에 빠진 사람이나 사이비 교주에 열광하는 신도를 생각해 보라. 만일 당신의 부하들을 추종의 대가와 위협을 사용하지 않고도 그렇게 변화시킬 수 있다면 당신은 정말 탁월한 리더십을 지닌 것이다.

5) 「정보화시대의 디지털학습혁명」에 관한 인력개발 심포지움(AHA Samsung 2000.11.16)에서 신택균, "디지털 시대의 리더양성교육 사례" 등의 논문과 토론의 내용을 참조.

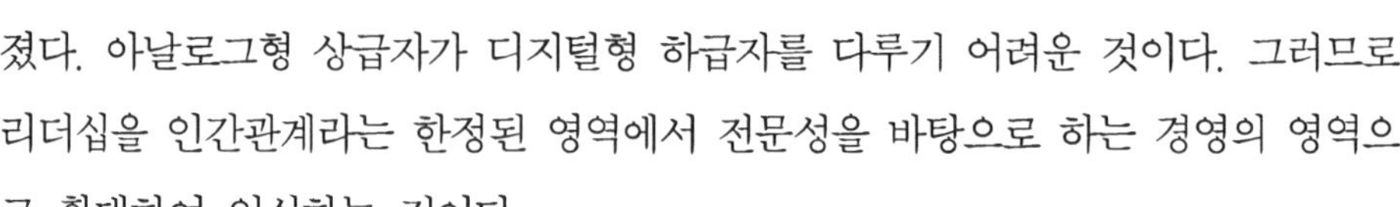

졌다. 아날로그형 상급자가 디지털형 하급자를 다루기 어려운 것이다. 그러므로 리더십을 인간관계라는 한정된 영역에서 전문성을 바탕으로 하는 경영의 영역으로 확대하여 인식하는 것이다.

2.1.2 리더십의 정의

리더십의 정의는 리더십 문헌을 광범위하게 조사한 Stogdill이 "리더십을 연구하는 사람의 수만큼 있다"라고 할 정도로 많다.[6] 몇 가지 대표적인 정의들을 보면 〈표 1.1〉과 같다.

표 1.1 리더십 정의들

연구자	정 의
Hemphill & Coons(1957)	리더십이란 리더가 집단의 공유된 목표를 향하여 구성원들의 활동을 이끌어 가는 행동
Stogdill(1974)	리더십이란 기대와 반응의 구조(structure)를 설정하고 유지하는 것
Kochan, Schmidt & DeCotiis(1975)	리더십이란 O의 행동이 P의 행위를 변화시키고 P가 이러한 영향을 정당한 것으로 인정하고, 그 변화가 P의 목적과 일치하는 영향력의 행사과정
Koontz & O'Donnell(1980)	리더십이란 사람들로 하여금 집단목표를 위하여 자발적으로 노력하도록 그들에게 영향을 주는 기술(art) 또는 과정(process)
Hersey & Blanchard(1982)	주어진 상황 하에서 목표달성을 위해 개인 또는 집단이 노력하도록 모든 활동에 영향을 주는 과정
Katz & Kahn(1985)	조직의 일상적인 지시에 기계적인 순종 이상을 유도하는 영향력
백기복(2000)	전 방향의 조직원들이 이슈를 통한 공동의 성과창출 노력에 자발적, 지속적으로 몰입하도록 이끌어 가는 과정
하버드 케네디 스쿨(서성교, 2003)	도전적인 기회 속에서 비전을 명확히 세워 현실을 돌파해 나가기 위해 조직과 사회를 동원하는 활동
한국 육군 교범(2004)	통솔이란 개인의 인격 또는 능력에 의해 구성원에게 직·간접적으로 영향력을 미쳐 자발적이며, 적극적으로 임무를 완수하게 하는 과정

자료 : 백기복(2000), 「이슈 리더십」 및 기타 연구서들에서 발췌하여 필자가 정리하였음.

---

6) B. M. Bass(1990), *Bass & Stogdill's Handbook of Leadership*, p. 11.

리더십에 대한 정의가 많은 이유는 리더십 상황이 워낙 다양하고 학자들과 경영자들이 각각의 입장에서 이해하기 때문이다. 가령 Bass는 리더십의 정의와 관련한 의미들을 12개의 범주로 분류하고 있다. 즉 집단과정에 초점을 둔 리더십(focus of group processes), 리더의 성격과 그 효과(personality and its effects), 복종유발의 기술(art of inducing compliance), 영향력 행사(exercise of influence), 특정한 행동(act or behavior), 설득 유형(form of persuasion), 권력관계(power relation), 목표달성의 수단(instrument of goal achievement), 상호작용 효과의 유발(emerging effect of interaction), 차별화된 역할(differentiated role), 조직구조의 주도(initiation of structure), 위의 다양한 정의들이 결합된 형태로서의 리더십 등이다.7)

그러므로 모든 견해를 포괄하는 정의는 불가능하다. 오히려 리더십 상황 또는 연구의 목적 및 대상에 따라 리더십의 포괄적인 의미를 바탕으로 변용하여 구체적으로 정의하는 것이 더욱 정확할 수 있는 것이다.

본서에서는 선행연구들과 리더십의 개념이 넓어지는 추세를 고려하여 **리더십을 '리더가 구성원과의 상호작용과정에서 주도적인 영향력을 행사하여 리더를 따르게 하고 현재능력을 충분히 발휘하게 하며 자율성 및 잠재능력의 개발을 통해 직무성과가 향상되도록 변화시키는 활동'으로 정의한다**.

별빛 한마디

진정한 상도

장사란 이익을 남기기보다 사람을 남기기 위한 것이다.
사람이야말로 장사로 얻을 수 있는 최고의 이윤이며, 따라서 신용이야말로 장사로 얻을 수 있는 최대의 자산인 것이다. 작은 장사는 이윤을 남기기 위해서 하지만 큰 장사는 결국 사람을 남기기 위해서 한다.

– 최인호의 〈상도(商道)〉 중에서 –

---

7) B. M. Bass(1990), *ibid.*, pp. 11-18.

2.2 리더십의 구성요소

리더십은 리더, 구성원, 상황의 세 요소로 구성된다. 리더십을 발휘하는 주체는 리더이고 대상은 구성원이다. 양자간의 관계는 상황이라는 조건하에서 형성된다. 이를 그림으로 표시하면 〈그림 1.1〉과 같다. 리더십은 조직의 비전과 목표를 향하여 세 요소가 잘 어우러지는 접점을 찾는 활동이다.

그림 1.1 리더십의 구성요소와 주요변수

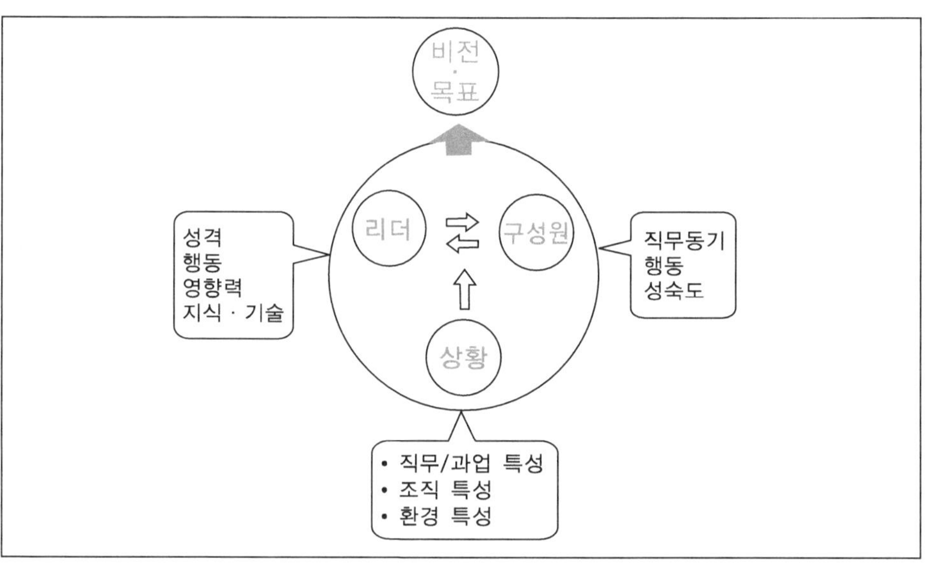

위 구성요소에서 상황은 두 가지 의미를 담고 있다. **하나는 리더와 구성원을 연결하는 직무 또는 과업의 상황이다.** 사장과 사원 간에는 회사의 업무, 교수와 학생 간에는 수강과목이라는 상황조건이 주어져야 영향력이 작용하고 리더십 현상이 발생하는 것이다. 이러한 과업상황을 벗어나면 과업과 관련한 영향력이 작용하지 않으므로 직접적인 리더십 현상은 발생하지 않는 것이다. 그러나 집단주의적이고 권위적인 문화일수록 과업과 관련되지 않은 상황에서도 공식적인 조직의 상급자와 하급자간의 간접적인 리더십 현상은 더욱 발생하는 경향이 있다. 가령 휴일에 공원에서 상급자와 하급자가 서로 가족들과 함께 우연히 만났다면 과업상황이 아닌 비공식상황이다. 그렇지만 비공식상황이라고 해서 서로 자유로울 수 없다. 공원에서의 언행은 직무상황에서의 인간관계에 영향을 미치기 때문이다. 그러나 이러한 상황까지를 대상으로 리더십효과성을 규명하는 것은 직무성과와의 상관성 및 연구결과의 타당성을 확보하기가 매우 어려울 것이다.

다른 하나는 리더십 효과성에 영향을 미치는 변수로서의 상황이다. 어떠한 상황에서 어떠한 리더십 유형이 적절한가, 즉 리더십 유형과 상황과의 적합성을 탐색하는 이론을 리더십 상황이론이라고 한다. 가령 민주적 리더십은 부하의 자율능력이 우수할 때 효과적이고, 부하들의 자율능력이 낮으면 비효과적이라고 할 때 '부하의 자율능력'은 리더십 효과성을 가늠하는 상황변수인 것이다.

리더십을 구성하는 요소로서의 상황은 위 두 가지 경우를 모두 포함하는 것이지만, 첫 번째의 경우와 더욱 관련성이 많다. 리더십은 본질적으로 영향력이 작용하는 관계이기 때문이다. 상황은 리더십의 모습을 다양하게 변화하게 하는 변수이다.

별빛 한마디

인간정신

- 길을 가다가 장애물이 나타나면, 패배하는 사람은 그것을 「걸림돌」이라고 하고,
  승리하는 사람은 그것을 「디딤돌」이라고 한다. – 토마스 카알라일(영국의 사상기)

- 성공적인 군인이 되려면 역사를 알아야 한다.
  알아야 할 것은 인간이 어떻게 반응하는가이다.
  무기는 변하지만 그것을 사용하는 인간은 전혀 변하지 않는다.
  전투에 이기기 위해서는 무기를 치지 말고 적의 인간정신을 쳐라.
  – 패 튼(2차 대전 당시 용맹을 떨친 미 육군 장성) –

- 자신이 가지고 있는 것을 그 것을 필요로 하는 사람에게 파는 것은 비즈니스가 아니다.
  자기가 가지고 있지 않은 것을 필요로 하지 않는 사람에게 파는 것이 비즈니스이다.
  – 유태 격언 –

- 사람에게 중요한 것은 언제 태어났는가를 표시하는 '제조일자'가 아니고,
  언제까지 활동할 수 있는가를 표시하는 '유통기한'이다. – 김형곤(연예인) –

제 3 절　리더십의 현 좌표

리더십은 동서고금의 공통의 이슈이다. 리더십이론은 전통적인 범주로 분류하는 리더특성이론, 행동유형이론, 상황이론을 넘어서 1970년대 이후에는 셀프, 임파워먼트, 슈퍼, 카리스마, 거래, 변혁, 이슈, 컬러, 애니어그램, 서번트, 선순환 등 현란할 정도로 다양한 주제와 명칭의 이론들이 제시되고 있다. 리더십이 제자백가(諸子百家) 이후 오늘날처럼 활발하게 논의된 적은 없었을 것이다. 리더십의 르네상스 시대에 살면서 현재의 좌표를 가늠해 본다.

3.1　사회적 관심의 증대

리더십은 지식정보사회로 진입하면서 더욱 주목받고 있다.[8] 대기업들은 직원연수를 인재개발의 개념으로 전환하여 계층별 리더십개발과정을 체계적으로 운영하고 있다.[9] 아울러 '○○리더십개발원' 등의 전문적인 사설기관들이 개설되어 중소기업이나 사회단체의 리더십 훈련을 위탁받아 운영하고 있다. 어린이와 청소년 및 여성을 위한 리더십 프로그램들이 각급 학교와 기관들에서 시행되고 있으며, 정부의 공무원 연수기관들도 리더십과정을 다양하게 운영하고 있다.

또한 2000년대 들어 40여개의 대학들이 리더십센터를 개설하였다.[10] 전통적으로 대학에서의 리더십은 경영학, 행정학, 정치학 등에서 전공과목의 일부로 개설되어 왔으나 최근에는 전공영역을 넘어 모든 학생에 대한 프로그램으로 확산되고 있는 것이다.[11]

---

8) 미국의 시사주간지 뉴스위크는 2005년 1월 4일자에서 '2005년의 이슈'를 '리더십'으로 선정한 바 있고, 2007년 한국의 화두는 리더십으로 시작하고 있다(한국경제신문, 2007. 2. 1, 2. 2).

9) 삼성, 현대, KT, 포스코 등 대부분의 대기업들은 과거 '연수원'의 명칭을 '인재개발원' 또는 '인력개발원'으로 바꾸었다.

10) 대표적으로 연세대(2001, 리더십센터), 숙명여대(2002년, 리더십개발원), 이화여대(2003년, 리더십개발원) 등을 들 수 있다.

2000년 이후에 '리더십학회'와 '한국리더십학회' 등 두 개의 전문학회가 설립되어 산학·연의 전문가들이 매년 논문발표와 토론의 장을 마련하고 있다.[12] 물론 두 학회 외에도 심리학이나 인간관계 및 조직행동 분야의 학회들에서도 리더십 논문이 활발하게 발표되고 있다.

리더십 연구서들도 급격히 증가하고 있다. 온라인 서점인 아마존 닷컴에 리더십 항목의 서적 3,900여종과 우리나라의 1,900여종(인터넷 서점에 등록된 단행본 1,500여종 등), 한국교육학술정보원과 국회도서관의 학위논문이 1,300여편 등 다른 주제에 비해 매우 많다. 리더십 서적들은 과거에는 리더십 관련학과의 대학교수들이 집필한 이론 중심의 교과서가 주종이었으나, 최근에는 개인의 경험이나 주관적 견해를 담은 실용서들이 매우 많아졌다. 박사학위 등 전문교육을 받은 사람들이 대학뿐만 아니라 연구소나 기업현장 및 다양한 기관에 종사하고 있고 리더십 지식이 범용화되었으며 출판도 쉬워졌기 때문이다.

리더십의 연구대상 조직도 매우 다양해 졌다. 전통적으로 리더십은 기업(business leadership)과 군대(military leadership) 및 정치(political leadership)의 이슈였지만, 최근의 영역은 정부 공공조직의 리더십(government leadership), 사회봉사단체와 비영리부문의 리더십(social & non-profit organization leadership), 종교리더십(religion leadership), 학교장과 교사들의 학교 리더십(school & class leadership), 감독과 코치 등의 스포츠 리더십(sports leadership), 연구개발팀 등의 팀 또는 프로젝트 리더십(team & project leadership), 부모역할에 관한 가정리더십(family leadership)을 포함하여 병원이나 브랜차이즈 점포 등의 리더십 등으로 확장되고 있다.

왜 리더십에 대한 관심이 현저하게 증가하는 것일까?

첫째, 산업사회에서 지식정보사회로 변화함에 따라 리더십의 중요성이 더욱 높아

---

11) 연세대와 숙명여대의 '리더십 연계전공과정', 성균관대의 '테크노 리더십', 포항공대의 '글로벌 리더십 프로그램' 등이다. 윤정구(2006), "한국 리더십 학문 및 교육체계의 정립" 참조.

12) 두 학회는 학회의 목적이나 회원 등이 유사하고 중복적이어서 통합논의가 이루어지고 있다.

졌다. 산업사회의 조직은 주로 위계적 계층구조에 의해 운영되었고 상급자가 하급자에 비해 업무능력과 정보능력 등에서 우월하였다. 이러한 조직상황에서는 관리기능이 리더십보다 더욱 중요하게 작용한다. 그러나 지식정보사회에서는 정보와 지식의 원천이 다양해지고 그 능력은 직책이나 계급에 비례하는 것이 아니다. 조직의 위계적 질서에 의한 관리보다 다양한 능력을 지닌 인재들을 리더의 능력에 의해 움직여야 하는 리더십의 기능이 더욱 중요해진 것이다.

둘째, 민주화에 따라 개인의 권리와 존엄성에 대한 관심과 배려가 증가하기 때문이다. 권위적 사회와 민주적 사회는 조직가치와 개인가치 중에서 중시하는 가치에서 차이가 있다. 권위적 사회는 조직가치를 더욱 중시하므로 권력적 권위로도 조직운용이 가능하다. 그러나 민주사회에서는 두 가치의 균형이나 개인가치의 존중을 지향한다. 그러므로 구성원들과의 관계에서 개인들의 인권을 존중하고 개성을 고려하면서 조직목표를 향해 구성원들을 이끌어가기 위해서는 리더십 역할과 능력이 더욱 요구되는 것이다.

셋째, 학문과 실용의 경계가 희미해지고 연구능력이 있는 전문가가 많아졌기 때문이다. 불과 10여년전만 하더라도 리더십에 대한 연구와 저술은 대부분 대학교수의 전유물이었다. 근래에는 리더십 전공자와 실무경험을 쌓은 경력자들이 다양한 현장에서 활동하면서 실용서를 저술하는 경우도 많다. 지식의 경계가 풀리고 지식을 공유하는 오늘날에는 학자들이 현장의 실무가들보다 더 많이 안다고 장담하기도 어렵게 되었다. 또한 경영대학원 등에서 리더십을 수강한 리더계층의 사람들이 많아 관심이 증폭되었고, 지방자치제가 정착되면서 많은 출마자와 유권자들이 정치적 · 사회적 리더십에 관심을 가지는 것도 한 이유이다.

3.2 이론적 흐름의 맥락

3.2.1 전통적 이론의 흐름

리더십 이론은 인간과 사회현상에 관한 것이므로 사회변화와 맥락을 같이 한다. Alvin Toffler의 구분에 의하면 인류사회는 농경사회(제1의 물결)로부터 산업사회(제2의 물결)을 거쳐 정보사회(제3의 물결)로 흐르고 있다. 리더십이론은 동서양의 고대로부터 있었으나[13] 오늘날의 리더십 이론들은 대체로 19세기 이후 산업사회의 조직을 대상으로 한 것들이며 그 배경은 다음과 같다.

첫째, 농경사회의 마을과 같은 공동체는 외부 환경과의 교류가 매우 제한된 정착적 자급자족체제였다. 의·식·주는 물론 교육도 공동체 내에서 해결하였으며 공동체를 이끌어가기 위한 학교나 공장 등의 기능적 조직은 별도로 존재하지 않았다. 공동체를 이끌어가는 준거는 오랜 기간에 걸쳐 형성된 전통이나 관습 등의 문화적 규범이었다. 그러나 산업혁명으로부터 시작된 산업화는 대량생산체제를 기반으로 하는 도시들을 만들고 회사, 공장, 학교, 관공서, 병원과 같은 새로운 형태의 기능적 조직들을 출현시켰다. 그렇다면 전통적인 농경사회에서는 경험하지 못한 이러한 조직들을 어떻게 이끌어갈 것인가? 전통과 관습이 아닌 새로운 준거가 필요했고, 이에 따라 현대적 경영학과 리더십이론이 탄생하게 된 것이다.

둘째, 과학적 이론과 방법론 등의 학문발달이 영향을 미쳤다. 18세기 전후에 진행된 과학혁명 이후 신학과 철학으로부터 독립한 과학은 연구방법론을 발전시키는 원동력이 되었다. 과거의 리더십 견해들은 비과학적이고 주관적인 방법에 의해 제시되었지만, 19세기 후반부터는 서구에서 과학적 접근방법을 사용하는 리더십 연구들이 본격적으로 시작되어 이론으로 발전하게 된 것이다.

산업사회에서 리더십 이론을 주로 창출해낸 나라는 미국이며 현재 우리나라에서 교육하고 활용하는 이론은 대부분 미국에서 생성된 것들이다.[14] 문명이 흐르

13) 가령, 유교의 「사서삼경」, 정도전의 「경국대전」, 정약용의 「목민심서」, 플라톤의 「국가론」, 마키아벨리의 「군주론」 등은 모두 국가나 사회의 통치를 위한 관리 및 리더십 문헌이다.

는 곳으로 학문도 흐른다. 20세기 리더십 이론의 주류인 특성이론과 행동유형이론 및 상황이론은 물론 변혁적 이론도 미국에서 생성되었다. 20세기에 리더십이론은 중심 주제를 리더의 특성, 리더의 행동유형, 그리고 상황적합성으로 영역을 넓혀가면서 확장되어 왔다. 이들이 흔히 분류하는 전통적인 리더십 이론들이다.

특성이론 접근은 **첫 번째의 연구접근이며 20세기 전반에 많은 초기연구가 있었다.** 주로 역사적 위인이나 성공적인 리더들의 공통적 특성을 규명하려고 하였다. 이러한 연구들은 우수한 리더들의 자질과 능력요소 등의 많은 특성들을 추출하였으나 공통점을 집약적으로 도출하지는 못하였다. 오늘날에도 우수한 리더들의 특성을 규명하는 연구는 계속되고 있다. Stogdill(1947, 1971)과 Bass(1981) 등이 특성적 접근의 연구들의 결과를 정리한 바 있다.

행동유형이론은 **특성연구의 한계를 극복하여 보완하고자 했으며 20세기 중반에 많은 초기연구가 있었다.** 부하의 심리와 행동에 영향을 미치는 효과적인 리더의 행동유형이 무엇인가를 규명하는 데 중점을 두었다. 미국 아이오와(Iowa)대학교의 권위형 · 민주형 · 방임형의 유형과 오하이오 주립대학교(OSU)의 구조주도형과 배려형 리더의 분류 등이 대표적인 연구이다. 모든 상황에서 효과적으로 작용하는 리더의 행동유형을 탐구하였지만, 효과적인 행동유형은 상황에 따라 달라진다는 사실을 인식하며 한계에 부딪혔다.

상황이론 접근은 **상황적 조건과 리더행동유형과의 적합성을 찾으려 했으며 20세기 중후반에 활성화되었다.** 부하나 과업의 특성에 따라 효과적인 리더십 유형은 다르다는 인식하에서 다양한 연구결과가 발표되면서 리더십 연구의 영역을 확장하였다. 현실적으로는 리더들이 다양한 상황변수들을 고려하여 그 상황에 적합하도록 리더십 행동을 변환할 수 있는가에 관한 의문이 제기되었다.

전통적 리더십이론들은 풍성한 연구결과를 산출하였지만 현장의 경영자들에게 효과적인 도움을 주었는지에 대해서는 평가가 엇갈리고 있다. 아울러 전통적 이

---

14) 우리나라의 리더십 관련학문의 학자들이 대부분 미국에서 유학하였다. 1960년대부터 미국의 이론들이 소개되었고, 1980년대 이후에 비로소 한국적 리더십에 대한 학문적 관심이 일어나기 시작하였다. 백기복 외(1998), "한국경영학계의 리더십 연구 30년 : 문헌검증 및 비판", 「경영학연구」, 27집, 113-156쪽.

론의 흐름에 대해 유념할 점이 있다. 즉 리더십의 연구중점이 리더의 특성에서 행동유형으로, 그리고 리더의 행동유형에서 상황특성으로 변화되어 왔다고 보는 견해도 있으나, 정확히 말하면 변화되어 온 것이 아니라 연구주제가 보완되면서 확장되어 온 것이다. 오늘날에도 리더의 특성과 행동유형 및 상황연구는 계속 이루어지고 있고 앞으로도 계속될 것이다.

3.2.2 현대적 이론의 경향

전통적인 리더십이론들이 간명한 흐름을 갖는데 비하여 1970년대 이후의 이론들은 다양한 갈래로 나누어지고 있다. 비젼, 이슈, 변혁, 전략, 자율, 슈퍼, 로맨스, 서번트, 임파워먼트, 카리스마적 리더십 등의 다양한 이론이 제안되었는데 이들을 전통적 이론의 범주 속에 분류하기가 매우 어렵다. 다만, 이론들의 성향을 살펴보면 몇 가지 경향을 보이는 것을 알 수 있다. 즉 구성원의 자율능력을 중시하는 관점과 리더의 조직혁신 주도능력을 중시하는 관점, 그리고 리더의 도덕적 품성과 희생적 봉사를 중시하는 관점 등으로 가늠할 수 있다.

첫째, 구성원들의 잠재능력을 개발하여 자율능력을 높임으로써 자율 리더십을 발휘하도록 만들어 가는 이론적 관점이다. 슈퍼 리더십과 임파워먼트가 대표적인 이론이며, 배경에는 민주화와 지식정보화가 있다. 민주화는 인권을 포함한 개인가치를 중시하여 개인의 자기결정권의 존중을 지향한다. 또한 지식정보화를 통해 삶과 직무에 필요한 지식과 정보의 원천은 인터넷 등으로 다양화되었다. 과거에는 직무지식을 거의 학교와 직장에서 얻을 수 있었으므로 학생과 후배 및 하급자의 지식과 정보수준이 교사와 선배 및 상사보다 우월하기가 어려웠다. 그러나 정보화의 진전은 학습원천을 다양화함으로써 학교와 직장중심의 위계적이고 전달적인 지식질서를 개인중심의 획득적이고 학습적인 질서로 변화시켰다. 이에 따라 20세기 초반에는 리더의 자질은 주로 선천적 능력에 기인하는 것으로 인식하였으나, 점점 교육훈련과 자기학습 등을 통한 후천적인 개발이 중요한 것으로 인식하고 있다. 지식정보시대에는 전문적 능력이 중요하고 그 능력은 개인들의 잠재적 역량의 개발을 통해 구비될 수 있으며, 그러한 역량을 자율적으로 발휘할 수 있도록 하는 것이 리더십의 중요한 관점으로 부각되는 것이다.

둘째, 변화와 혁신을 주도하는 리더의 능력을 강조하는 흐름이다. 변혁적 리더십, 카리스마적 리더십, 비전 리더십 등이 대표적인 이론이다. 산업사회에 비해 조직 환경의 변화가 더욱 다양하고 빠르므로 미래예측과 변화에 대한 적응문제를 중요하게 인식하고 있다. 비전의 설정과 달성을 위한 리더의 혁신추진능력이 중요해 진 것이다. 혁신주도적 관점의 중심에는 변혁적 리더십이 있다. 변혁적 리더십은 카리스마적 리더십과 비전 리더십 등의 개념들을 포괄하는 통합적 성격을 띠고 있다.

셋째, 리더의 도덕적 품성을 기반으로 하여 헌신적인 봉사를 중시하는 관점이다. 서번트 리더십과 희생적 리더십 등이 대표적 이론이다. 이러한 리더십의 강조에는 군림과 통제의 성향을 가지고 있던 전통적인 리더십에 대한 반작용의 영향도 있다. 비권위적이며 봉사적인 리더의 이미지가 결합된 이러한 이론에는 외적 성장을 주로 추구했던 산업사회의 문제점에 대한 성찰과 남성과 여성의 역할변화와 같은 시대적 분위기의 영향도 반영되어 있다.

리더십이론에는 시대를 초월하여 변하지 않은 본질적인 면도 있고, 사회변화에 따라 함께 변화하는 부분도 있다. 산업사회에서의 리더십 이론들은 일정한 범주화가 가능했지만, 오늘날에는 질서정연하게 분류하기가 어렵다. 다만 사회변화에 맞추어 리더십의 효과성을 높이는 원리들을 계속 탐구해 나가고 있는 것이다.

3.3 중시되는 이슈들

지식정보사회의 최근 리더십 논의에서 관심이 높아지는 이슈들은 리더개발, 윤리, 여성, 감성, 개성적 카리스마, 전문성, 재미로움 등이다.

과거 리더십의 관심은 부하들의 현재능력을 어떻게 활용할 것인가 하는 것이었지만, 지금은 어떻게 잠재능력을 개발하여 자율역량을 높일 것인가를 함께 고민하고 있다. 윤리경영으로 대변되고 있는 도덕성은 이제는 선택의 문제가 아니

라 필수의 문제이다. 다른 능력이 우수해도 도덕성이 결여되면 디너지 요인이 된다. 성과의 창출도 윤리적 과정이 결여된 것이면 정당성을 인정받지 못한다.

여성리더십은 여성의 사회활동 증대, 관리직으로의 진출확대, 그리고 높아진 여성인권의식 등으로 핵심주제가 되고 있으며 여성의 중요성을 수용하지 않고는 효과적인 조직경영이 어렵게 되었다. 아울러 감성적 능력을 겸비한 리더십이 여성적 리더십과 함께 중요하게 부각되고 있다.

최근에 리더십의 연구에서 개인특유의 카리스마를 탐구하는 인물연구가 많아졌다. 이순신, 왕건, 히딩크, 잭 웰치, 카롤로스 곤, 콜린파월, 간디, 마틴 루터 킹, 제갈공명, 카네기, 모택동, 징기스칸 그리고 여러 명의 리더들의 특징들을 소개한 연구서들까지 다양하게 발간되고 있다.[15] 이는 리더십이 리더들의 우수한 공통적 특성에 기인한다기보다는 개인적 특성에 기인함을 보여주는 것이다.

아울러 리더의 전문성은 당연한 시대적 요구로서 과거보다 강하게 부각되고 있으며, 유머경영 등으로 나타나듯이 엄숙함이나 의례적인 이미지보다 흥미로움과 재미로움을 추구하는 것이 리더십의 한 흐름이다.

별빛 한마디

하루는 작은 인생

어리석은 사람은 과거를 생각하고
평범한 사람은 현재를 생각하며
지혜로운 사람은 미래를 생각한다.

보람있게 보냈어야 할 '어제'를 흐지부지 보내고
'오늘'도 여전히 제대로 일을 못하는 사람이
'내일'이라고 해서 보람있는 날을 만들 수 있을 것인가?
하루하루는 모두 작은 인생이다.
Everyday is a small life!

---

15) 가령, 「CEO 27인의 리더십을 배우자」, 「나폴레옹에서 빌게이츠까지 리더십」, 「대통령의 7가지 리더십」, 「세계가 찾는 리더십」 등의 서적들이 좋은 예이다.

과제 1-1 나의 리더십 잠재력

※ 다음은 자기 자신의 리더십 잠재력을 알아보는 설문이다. 나의 리더십 잠재력이 어느 정도인지 10가지의 질문을 통해 알아보자.[16)](O : 1점, X : 0점)

1. 엘리베이터에서 모르는 상대에게 먼저 인사하면서, 상대방이 가려는 층 번호의 버튼을 눌러준다. ( )
2. 전화통화시 먼저 상대에게 친절하게 안부를 전하고, 통화 후에는 상대가 먼저 수화기를 내려놓을 때까지 기다린다. ( )
3. 만날 때, 상대보다 5분정도 먼저 기다린다. 헤어질 때 상대의 등이 보일 때까지 배웅한다. ( )
4. 신분고하를 막론하고 초대받은 후에는 감사메일이나, 문자메시지, 카드를 보낸다. ( )
5. 택시 하차 후에 택시비를 내면서 기사에게, 식당종업원이 음식을 식탁에 놓을 때 감사하다고 말한다. ( )
6. 당신은 대화 도중에, 상대방의 장점을 발견하면 즉시 칭찬한다. 항상 남의 필요가 무엇인지에 관심이 있고, 하루에 3번 이상 칭찬한다. ( )
7. 대화 도중에 항상 유머를 사용하며 적어도 3번 이상 유머를 사용하고 당신의 성공은 남을 도와 줄 때 기회가 온다고 생각하며 주위 사람들에게 기쁨을 준다. ( )
8. "내가 잘못 했습니다. 미안합니다"를 자연스럽게 기쁜 마음으로 상대에게 표현한다. ( )
9. 일이 성공한 후에 상대에게 먼저 공로를 돌린다. 특히 부하의 공적을 공개적으로 언급하여 준다. ( )
10. 당신은 누구를 도와 줄 때 주위의 시선에 관계없이 문제가 생길 것 같아도 도와준다. ( )

16) 전세환(2008), "리더십 수업은 나에게 날개를 달아주었다." 한국안보복지대학, 23~24쪽

진단법

점 수	진 단 결 과
8~10점	당신은 이미 세계적인 정상에 도달한 리더이다. ※ 당신은 최고 경영자가 되어 이웃과 사회에 기여하는 사람이다. 역사적인 인물들은 이 점수에 있는 리더들로 남을 배려하였다.
4~7점	조금만 열심히 실천하면 당신 주위로 사람들이 모이며, 당신의 말에 권위가 있다.
0~3점	정상에 도달하려면, 리더십을 이해하고 실천하면 정상에 도달 할 수 있다.

☞ 나의 리더십 잠재력은?

※ 리더십 수업은 리더를 배우는 것이 아니라 스스로 리더가 되는 것이다. 오늘부터 실천 가능한 작은 일을 주위에서 찾아보아라. 가족과 친구, 상관 및 부하로부터 인정받을 것이다.

사례 1 : 작은 자에게 배려

작은 자에게 대한 배려가 없으므로 결과가 얼마나 큰 비극으로 되는 예화다.

미국이 에스파냐와 전쟁을 승리로 이끌게 한 25대 윌리엄 매킨리 대통령이 내각 구성시 많은 갈등을 겪었다. 국무위원 자리는 한정되어 있고, 자기를 도와준 2명의 친구가 후보가 되었다.
예비 장관후보들의 소위 말하는 Competence(레포트 제출, 시험답안지실력 등)은 다 비슷하다. 진짜 실력 Compassion(긍휼과 배려)을 알고 싶었다. 일부러, 전차에 친구들과 함께 승차했다. 한 할머니가 이들 앞에서 있었다. 한 친구는 할머니의 눈과 마주 치지 않으려고 신문에 관심을 두었다.
다음날 내각 장관임명에 누가 장관으로 지명되었겠는가?

신문을 본 친구는 자기가 왜 탈락 했는가 평생 모르고 살 것이다.

–〈전세환(2008), 「날개 달아 세상으로」, 향군안보복지대학, 91쪽〉–

사례 2 : 솔개의 자기 혁신

가장 장수하는 조류로 알려져 있는 솔개의 수명은 보통 40년이지만, 일부 솔개는 최고 70년까지 산다고 한다. 그러나 70년까지 장수하기 위해선 매우 고통스럽고 중요한 결심을 해야만 한다. 솔개가 태어나 약 40년이 되면 발톱이 노화해 사냥감을 잡아챌 수 없게 된다. 부리도 길게 자라고 구부러져 가슴에 닿게 되고, 깃털이 짙고 두껍게 자라는 바람에 날개가 무거워져 하늘로 날아오르기도 힘들게 된다.

대부분 솔개는 그대로 죽을 날을 기다리지만 일부 솔개는 약 반년에 걸친 힘든 갱생과정을 택해 70년까지 산다는 것이다. 이렇게 혁신의 길을 선택한 솔개는 산 정상으로 날아올라 둥지를 짓고 수행을 시작한다. 먼저 부리로 바위를 쪼아 새부리가 돋아나게 한다. 그런 뒤 날카로워진 새부리로 발톱을 하나하나 뽑아낸다. 새로 발톱이 돋아나면 이번에는 날개의 깃털을 뽑아낸다. 이렇게 반년이 지나 깃털이 돋아난 솔개는 새 모습으로 다시 태어나 30년의 수명을 더 누리게 되는 것이다. - 〈정광호, 우화경영〉 -

별빛 한마디

멘토링

- **삼성전자** : 인재를 S급, A급, H급으로 분류하여 사장은 S급, 사업부장은 A급, 부장은 H급 인재의 멘토를 맡는다. 윤종용 부회장도 핵심 인재의 멘토 역할을 맡아 식사나 면담을 한다. 핵심 인재가 석연찮은 이유로 이직하면 멘토에게 책임을 물을 정도로 철저하다. 멘토 역할의 충실성이 사장과 임원 평가의 한 요인이 된다.
- **LG단말연구소** : '멘토링 결연식'행사를 갖는다. 신입사원과 선배사원들이 1대1로 상견례를 하며, 멘토링 실천수칙을 담은 서약서를 작성한다.
- 멘토링 시스템은 GE, Dupond 등의 유명 외국기업은 물론 현대, SK, 두산, 하나로텔레콤, 대우, 한샘 등 대기업과 중소기업 등에서 광범위하게 활용하고 있다. GE코리아의 이채욱 사장은 멘토링 시스템을 통해 2002년 CEO에 올랐으며, 듀퐁은 여성과 소수민족의 경영자 육성을 위한 20여개의 멘토링 프로그램을 운용한다.

- 〈한국경제신문(2005. 2. 11), 조선일보(2005. 4. 28)〉 -

과제 1-2 나의 리더십 SWOT 분석

SWOT분석이란?

SWOT는 Strength(강점), Weakness(약점), Opportunity(기회), Threat(위협)의 첫 이니셜을 따서 만든 합성어이다. SWOT분석이란 SWOT를 통해 문제를 분석하는 것으로 내적요인인 강점과 약점(S-W) 그리고 외적요인인 기회와 위협(O-T)으로 나눌 수 있다. SWOT분석을 통해서 강점은 살리고 약점은 최소화하며 기회는 최대한 활용하고 위협은 최소화하는 전략을 수립할 수 있다.

나의 SWOT 분석 (자기분석 "예")

자기 자신에 대한 분석을 하고 앞으로의 계획이나 목표를 세우는 데 도움이 되는 방법이 바로 SWOT 분석이다.

SWOT 분석은 원래 기업을 분석하는 데 주로 사용되며 기업의 내부적 환경과 기업의 외부적 환경을 분석하여 기업의 전략을 세우는 데 쓰이고 있다. 분석항목은 S(Strength 강점), W(Weakness 약점), O(Opportunity 기회), T(Threat 위협) 이렇게 4가지를 정리하면 〈표 1.2〉와 같다.

표 1.2 SWOT 분석

S(Strength, 강점)	W(Weakness, 약점)
• 출중한 외모, 사람을 사로잡는 화술, 뛰어난 컴퓨터 실력	• 부족한 글쓰기 능력, 저조한 학교 성적, 외국어 실력
O(Opportunity, 기회)	T(Threat, 위협)
• 남아도는 시간, 주변사람들의 믿음	• 자금 부족, 뛰어난 경쟁자들, 경기 침체

자료 : 정재훈(2008), 「인적자원관리」 및 기타 연구서들에서 필자가 정리하였음

이를 바탕으로 자신이 키워 나가야하는 역량이 무엇인지 보완해야할 사항들이 무엇인지 쉽게 파악할 수 있으며 또한 이용하고 피해야 하는 환경요소들은 무엇인지 〈표 1.3〉과 같이 한 차원 높은 SWOT분석을 이용하여 새로운 전략을 세워 볼 수도 있다.

표 1.3 SWOT 분석을 통한 전략

구분	S(Strength) 강점	W(Weakness) 약점
O(Opportunity) 기회	S-O 전략	W-O 전략
T(Threat) 위협	S-T 전략	W-T 전략

위의 4가지 전략들에 대해 좀 더 자세히 알아보면 다음과 같다.

- S–O : 기회에 도전하기 위해 강점을 이용
- S–T : 위협을 피하기 위해 강점을 이용
- W–O : 단점을 극복하여 기회를 이용
- W–T : 위협을 피하며 단점을 극복

다른 누군가나 검사도구가 대뜸 답을 주는 방법이 아니기에 조금은 숙고의 시간이 필요하고 귀찮은 방법일 수도 있다. 하지만 자기 자신에 대해 SWOT 분석한 자료를 바탕으로 4가지 전략을 세우다보면 자신이 앞으로 실천해야 할 사항들, 앞으로의 계획과 목표를 어떻게 수립하여 키워 나가야할 기회요소와 보완해야 할 위협요소들에 대처해 나갈 것이다.

나의 리더십 SWOT 분석

※ 각자 자신이 갖고 있는 리더십과 관련된 내부적인 환경의 강점(S), 약점(W)과 자신의 외부적인 환경에서 볼 수 있는 기회(O), 위협(T)을 생각나는 대로 아래양식에 적어 보자.

S(강점)	W(약점)
O(기회)	T(위협)

☞ 위의 SWOT 분석을 토대로 강점들은 어떻게 강화하고 발전시켜 나아갈 것인지, 약점들은 어떻게 보완하고 극복할 것인지, 그리고 기회요소들은 어떻게 최대한 활용할 것인지, 또한 위협요소들은 어떻게 최소화할 것인지 나름대로 리더십 전략들을 구상하여 적어보자.

사례 : 하버드 대학생들의 목표 성취 기술

① 기한을 정하라

기한 없는 목표는 탁상공론이다. 기한이 없으면 일을 실행시켜 주는 에너지도 발생하지 않는다. 당신이 삶을 불발탄으로 만들지 않으려면 분명한 기한을 정하라

② 준거집단을 만들어라

늘 교류하는 '준거집단'의 선택이 목표달성을 좌우한다. 칠면조 무리에 섞여 있으면서 독수리를 꿈꾸지 마라. 목표에 걸 맞는 사람들과 교류해야 한다.

③ 긍정적인 현재시제를 가져라.

잠재의식은 긍정적인 명령처리와 현재시제에 잘 반응한다. 또한 목표는 개인적이어야 한다. 개인적인 동기가 사람을 움직이기 때문이다.

④ 목표를 간결하게 설정하라.

목표 달성을 이루려는 사람은 여기저기 총알을 퍼붓는 기관총 사수가 되어서는 안된다. 단 한 번에 목표물을 날려버리는 저격수가 되어야 한다.

⑤ 성공한 모습을 상상하라.

육체는 신경에너지의 명령에 따라 움직인다. 마음속에 성공을 그리는 행위는 자신의 중앙 컴퓨터에 성공을 프로그래밍 하는 것과 같은 효과를 발휘한다.

⑥ 마무리 5%를 유의하라.

많은 사람들이 95%까지는 열심히 일하다 막판에 목표 달성을 포기한다. 마지막 5%가 남았을 때 다가오는 포기의 유혹을 이겨내라

⑦ 잘못을 인정하라.

내가 변하지 않는 한 아무것도 변하지 않는다. 삶에 대한 책임이 전적으로 나에게 있다는 사실을 인정하는 순간 우리는 비로소 목표의 주인이 될 수 있다. 인정하지 않으면 행동도 할 수 없다.

⑧ 목표 달성을 위한 대가를 두려워하지 마라.

성공은 반드시 대가를 요구한다. 성공한 후에 대가를 치르면 된다는 생각을 버려라. 성공으로 가는 엘리베이터는 그때그때 대가를 치러야 움직인다.

–〈브라이언 트레이시, 성취심리〉–

별빛 한마디

- 위대한 사람은 자기보다 못한 사람을 대하는 방식에서 참다운 위대성을 보여준다. –토마스 카알라일–
- 새는 알을 깨고 나온다. 하나의 세계를 파괴하지 않으면 새로운 세계를 나아갈 수 없다. –소설〈데미안〉중에서–

제2장

전통적 이론

리더십의 전통적 이론들은 그 흐름이 정연하다. 리더의 특성이론과 행동유형이론 및 상황이론이다. 이 명칭들은 연구들의 초점이 리더의 특성에서 행동으로, 리더의 행동에서 리더십이 발휘되는 상황으로 변화하면서 붙여진 이름이다.

흔히 이론의 초점이 변화하였다고 논의되지만, 사실은 초점이 확대되어 온 것이다. 리더십 연구가 축적되고 기존 연구들의 한계를 극복하면서 연구의 초점과 대상이 리더의 특성에서 리더의 행동으로, 그리고 상황으로 확장되어 온 것이다. 본 장은 세 부분으로 나누어 세 이론의 내용을 소개하고자 한다.

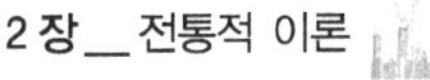

제 1 절 리더의 특성이론

1.1 연구배경과 개요

세상에는 참 위대하고 유능한 리더들이 많이 있다. 세종대왕, 이순신, 정주영, 이병철, 징기스칸, 시저, 나폴레옹, 맥아더, 잭 웰치, 마쓰시다 고노스케와 같은 역사적인 인물들뿐만 아니라 일상의 주변에서도 멋지고 유능한 사람들을 많이 만난다. 어려운 경영환경 속에서 우량 회사를 일구어 낸 경영자, 팀원들을 잘 이끌면서 높은 성과를 내는 팀장, 인품과 실력으로 학생들이 잘 따르는 선생님, 군대에서 동료병사들을 잘 통솔하는 모범 분대장… 그들의 공통점은 무엇일까? 리더의 특성이론이란 유능하고 훌륭한 리더들의 특성을 찾아내는 연구이다. 특성(trait)이란 한 개인이 가지고 있는 성격, 욕구, 동기, 가치관, 능력, 기술 등과 같은 내재적인 속성을 포함하여 다른 사람과 차별되는 속성들의 집합을 말한다. 리더의 특성이론이란 유능하고 훌륭한 리더들의 특성을 찾아내는 연구이다.

리더특성 연구자들이 밝히려고 했던 사실은 세 가지로 요약된다. 첫째, 우수한 리더들이 지닌 공통적 특성. 둘째, 리더와 일반 사람의 구별되는 특성. 셋째, 리더의 지위에서 효과적인 리더와 비효과적인 리더의 특성 차이 등이다.

리더의 특성에 대한 견해는 동서양 고대로부터 있어 왔으나 연구방법의 과학성과 조직특성 등의 문세로 산업사회부터의 연구를 현대적 의미의 리더십 이론으로 보고 있다. 산업사회의 초기 연구자들은 역사적인 위인들과 같은 우수한 리더들의 공통적 특성만 집약하면 리더십의 비밀을 알 수 있을 것으로 기대했다. 대표적인 연구로 Thomas Carlyle의 「영웅과 숭배(Heroes and Hero Worship」(1841)이다. 그는 인류의 역사는 위대한 사람들에 의해 이루어졌고, 그들은 인류가 얻고 싶어 하는 것을 창조한 사람이라 하였다. 영웅들은 신체나 용모가 다른 사람보다 특별히 구별되며 신분, 지능지수, 성격 등도 다른 사람보다 뛰어날 것이라는 가정을 가지고 있었다.

특성연구들은 1900년대의 초반과 중반에 집중적으로 이루어졌다. 특성연구는 성공하였을까? 우수한 리더들의 일반적인 공통점을 넓게 제시하였지만, 모든 상황에서 성공적으로 발휘되는 공통점들을 집약적으로 규명하지는 못하였다.

리더의 특성을 탐색하는 연구는 지금도 진행되고 있고 앞으로도 계속될 것이다. 왜냐하면 시대상황이 변화하면 새로운 자질과 능력이 요구되기 때문이며 조직에서는 리더십개발을 위해 '리더상'을 정립해야 하는데, 필연적으로 자질과 능력요소가 제시되어야 하기 때문이다.

별빛 한마디

좋은 인간관계를 유지하고 싶다면…

사람은 누구나 이기적이다.
사람은 누구나 다른 사람보다는 자기 자신에게 더 관심이 많다.
사람은 누구나 다른 사람들로부터 존경과 인정을 받고 싶어 한다.
좋은 인간관계를 유지하고 싶다면 이 세 가지 사실을 확실히 기억하라. – 레스 기블린 –

1.2 고대 및 근대의 견해들

조선시대 사대부 자질의 4대 기준이었던 신(身, 외모), 언(言, 언변), 서(書, 지식·문장력), 판(判, 판단력)은 리더 자질론의 좋은 예다. 우수한 리더의 특성에 관한 견해들은 고대로부터 많이 있다. 대표적으로 손자(孫子)의 장수의 5덕목, 플라톤의 지도자의 6덕목 등이다. 몇몇 견해를 정리하면 〈표 2.1〉과 같다.

전쟁이 많았던 시대에 장수의 자질을 논했던 병서들은 대체로 지략, 신의, 용기, 그리고 어진 마음을 중요하게 평가했으며, 무신수지(武臣須知) 등의 한국병서들에서 제시하는 덕목들도 중국병서의 덕목과 유사하다.

표 2.1 장수 및 지도자에게 요구되는 덕목(특성요인)의 예

자료	자질 및 능력	참고
사대부의 자질	신(身), 언(言), 서(書), 판(判)	한국
손자(孫子)	지(智), 신(信), 인(仁), 용(勇), 엄(嚴)	중국
육도삼략(六韜三略)	용(勇), 지(智), 인(仁), 신(信), 충(忠)	중국
사마법(司馬法)	예(禮), 인(仁), 신(信), 의(義), 용(勇), 지(智)	중국
오기병법(吳起兵法)	이(理), 비(備), 과(果), 계(戒), 약(約)	중국
통수강령(統帥綱領)	품성, 자질, 포용력, 의지, 식견, 통찰력	일본
클라우제비츠	용기, 기민성, 열정, 정확성, 침착성, 대담성, 지식, 통찰력	독일
플라톤	지적 열망, 기억력, 성실성, 용맹, 의지, 추진력	그리스

자료 : ① 김준봉(1997), 「리더십」, 박영사, ② 박균열(2005), 「국가윤리교육론」, 철학과 현실사, 263-269쪽 등을 참고하여 필자가 정리하였음.

아울러 장수가 경계해야 할 유의점도 매우 유용하고 흥미롭다. **중국의 병서인 육도(六韜)는 장수의 열 가지 과오(10過)를** ① 용맹이 지나쳐 죽음을 가벼이 보는 것 ② 성미가 급해서 성급히 결판을 내려는 것 ③ 탐욕스러워 자신의 이익과 공명심에 집착하는 것 ④ 어진 마음으로 연약하여 적을 죽이지 못하는 것 ⑤ 지모(智謀)는 있으나 겁이 많아 실행을 못하는 것 ⑥ 신의가 있으되 아무나 쉽게 믿는 것 ⑦ 청렴하되 도량이 좁아 남을 포용하지 못하는 것 ⑧ 방책은 있으나 게을러서 때를 놓치는 것 ⑨ 강직하나 고집이 세서 자기능력만을 믿는 것 ⑩ 난국에 처하면 당황하여 운명이나 해결책을 남에게 의지하는 것으로 제시하고 있다.

위료병법(尉繚兵法)에서도 장수가 경계해야 할 12가지 경우를 제시한다. ① 우유부단해서 후회가 생김 ② 사람을 경시하면 화가 생김 ③ 사심이 많으면 공정심을 잃게 됨 ④ 비판에 귀 기울이지 않으면 불상사가 생김 ⑤ 부하를 수탈하면 일의 의욕이 고갈됨 ⑥ 모략에 귀를 기울이면 판단력을 잃음 ⑦ 명령을 함부로 하면 부하가 불복종함 ⑧ 현인을 멀리하면 시야가 좁아짐 ⑨ 사리사욕은 화를 부름 ⑩ 소인배를 가까이 하면 해를 입음 ⑪ 방위를 소홀히 하면 나라를 잃음 ⑫ 명령을 제대로 실행하지 않으면 위험에 처함.

우리나라 병서인 병장설(兵將說)에서는 장수의 여섯 가지 허물로써, 慠(오: 지혜가 있다하여 남을 거만하게 대함), 陵(능: 지능이 있다하여 남을 업신여김), 蔑(멸: 남을 상대하기도 전에 멸시함), 狃(유: 자기 뜻에 순종만을 좋아함), 罕(한: 자기 마음에 거슬리는 것을 싫어함), 瞋(진: 자기 뜻대로 안 되면 짜증과 화를 냄)을 제시하여 경계하고 있다.

위와 같은 유의점들은 오늘 날에 비추어보아도 중요한 교훈이 될 수 있는 타당한 식견이어서 시대와 상황이 변화하여도 변함없이 지속되는 인간의 본성적 모습을 보게 된다.

1.3 산업사회 이후의 주요 연구

우수한 리더의 특성을 탐색하는 많은 연구들이 20세기 초반부터 진행이 되었다. 연구사례는 매우 많지만 기업 등의 일반조직과 군대조직으로 나누어 몇 가지 주요연구의 결과를 살펴본다.[1)]

1.3.1 기업 및 일반조직 연구

- Barnard(1946) : 경영자에게 필요한 정신 및 기술적 능력으로 체력(physical), 기억력(memory), 기술(technology), 상상력(imagination), 지각(perception), 지식(knowledge), 결단력(determination), 책임감(responsibility), 용기(courage), 지구력(persistence), 인내력(endurance), 설득력(persuasiveness) 등 12가지를 세시하였다.
- Mann(1959) : 1,400여 편의 광범위한 연구들을 검토하여 리더의 성격특성과

1) ① 신응섭 외(1999), 「리더십의 이론과 실제」, 75-97쪽, ② P. Northhouse(김남현 외 역, 「리더십」, 2002), 22-46쪽, ③ 김창걸(2003), 「리더십의 이론과 실제」, 34-63쪽 일부와 기타 문헌자료들을 참고하였음.

리더십 간에 상관관계가 있음을 밝혔다. 리더십효과성에 영향을 미치는 주요 성격특성으로 적응성, 외향성, 지배성향, 남성적 기질, 보수적 기질, 감수성 등이었다.

- Katz(1955)와 Mann(1965) : 리더십의 기술적 특성연구로 널리 알려진 연구로서, 기술유형으로 전문적 기술(technical skills)과 대인관계 기술(interpersonal skills) 및 개념적 기술(conceptual skills)을 제시하였다. 하위 관리층은 전문적 기술이, 중간 관리층은 인간관계 기술이, 상위 관리층은 개념적 기술이 더욱 중요하다고 보았다.

- Bray, Campbell, Grant(1974) : 미국의 AT&T사 관리자들에 대하여 입사할 때의 특성과 입사 후의 성공과의 관계를 연구하였다. 입사 8년 후 승진예측에 효과적인 성격특성으로는 승진욕구, 스트레스의 극복, 불확실성에 대한 인내, 활동력, 흥미의 다양성, 내적인 업무 기준, 의사결정의 신속성이었고, 관리기술 요인으로는 의사소통 기술, 인간관계 기술, 계획 및 조직능력, 창조성 등이었다.

  2차 조사(Howard & Bray, 1990)에서 입사 20년 후의 승진예측요인으로는 승진욕구, 지배성(권력 욕구), 대인관계 기술, 구두의사소통 기술, 인지적 기술(창조성, 비평적 사고 등), 그리고 행정능력(계획 및 조직능력)이었다. 아울러 AT&T사 연구의 다른 발견은 직무상황이 좋을수록(능력발휘기회 제공과 격려, 도전적인 직무와 권한, 우수한 상관의 지도 등) 긍정적 리더특성이 더욱 효과적으로 발휘된다는 것이다. 즉 리더의 우수한 자질과 발휘여건의 결합이 리더십 시너지효과 창출에 중요하다는 것이다.

- 미국의 창조적 리더십 센터(CCL; Center for Creative Leadership, McCall & Lombardo, 1983; Lombardo & McCauley, 1988) : 고위 관리직을 수행하는데 성공한 사람과 실패한 사람들의 특성과 행동을 조사하였다. 두 집단 모두 야심적이고 실무능력을 갖추었으며 우수한 경력을 거쳐 왔다. 실패한 사람들은 대체로 어려운 상황에서의 정서적 안정성과 침착성의 결여, 자신의 실패에 대

하여 방어적인 태도, 진실성과 신뢰성의 부족, 대인관계 기술의 부족 등의 행태를 보였다.

- Rotter(1966), Anderson & Schneider(1978) : 통제위치(locus of control)에 따른 리더의 성격을 내재론자와 외재론자로 이원화하여 조사하였는데, 내재론자가 이끄는 집단의 성과가 더 높았고, 집단적인 상황에서 내재론자들이 리더가 될 가능성이 더 높았다.
- Smith & Rhodewalt(1986) : 심장질환과 관련하여 의학계가 구분한 A형과 B형 성격이 경영성과에 관한 연구로 연계되고 있다. 두 유형의 성격은 네 가지 행동기준으로 비교된다. 첫째, 시간강박으로 A형은 서두르고 지연을 참지 못하며 시간에 대해 걱정하는 경향을 보인다. 둘째, 경쟁성으로 A형은 자신의 성과를 다른 사람과 비교하고 경쟁자들보다 앞서거나 이기는 것을 중요시한다. 셋째, 다면적 행동으로 A형은 한꺼번에 여러 가지 활동을 수행하며 이러한 행동은 시간적 압박을 받지 않는 상황에서도 나타난다. 넷째, 적대성으로 A형은 광범위한 대상에 대하여 분노하고 지연과 실수를 수용하지 못하며 공격적인 행동성향을 보인다. A형의 리더는 자신의 의도대로 다른 사람들을 통제하고자 하는 욕구를 행동으로 나타내는 경향이 있다. B형은 A형과 반대성향의 스타일을 말한다.
- Kirkpatrick & Locke(1991) : 리더 특성의 선행연구들을 개념적으로 분석하여 리더와 비리더 간에 차이가 있음을 주장하였는데, 주요 차이점은 추진력, 지도욕구, 정직성과 성실성, 자신감, 인지적 능력, 업무지식 등이었다.
- Jim Collins(2001) : 1965년 이후 Fortune지에 우수기업으로 소개된 1,435개 기업 중에서 위대한 기업으로 발전한 기업들을 엄선하여 발전조건을 탐색하였다. 리더십에 관해 그는 5단계 리더십 모델을 제시하였다(표 2.2 참조).

  그는 위대한 기업을 일구어낸 경영자들은 〈표 2.2〉에서 보는 바와 같이 1단계인 개인으로서의 역량 수준이나 3단계인 중간관리자의 단계와는 차별되는 5단계 수준의 경영자(CEO)로서의 리더십을 발휘했다는 것을 발견하였다. 그러한 경영자들의 특성은 〈표 2.3〉과 같이 두 가지로 집약된다.

표 2.2 리더십 5단계 모델

단계	명 칭	특 성
5	경영자	개인적 겸양과 직업적 의지를 역설적으로 융합하여 지속적으로 큰 성과를 일구어 냄
4	유능한 리더	저항할 수 없는 분명한 비전에 대한 책임의식을 촉구하고 정력적으로 추구하여 높은 성취기준을 자극함
3	역량있는 관리자	결정된 목표를 효율적으로 추구하는 방향으로 사람과 자원을 조직함
2	합심하는 팀원	집단목표 달성을 위해 개인능력을 바치며, 다른 팀원들과 효율적으로 일함
1	능력이 뛰어난 개인	재능, 지식, 기술, 좋은 작업습관으로 생산적인 기여함

자료 : Collins(2001), *Good to Great*(이무열 역, 「좋은 기업을 넘어 위대한 기업으로」), 김영사, 43쪽.

표 2.3 단계 5수준 리더십의 두 측면

직업적 의지	개인적 겸양
위대한 기업으로의 뚜렷한 전환점인 초일류의 성과 창출	비길 데 없는 겸손함. 대중 앞에서 떠벌이지 않음. 자기 자랑을 안 함.
장기간 최고의 성과에 필요한 일에는 아무리 어려워도 불굴의 의지를 보임	조용하고 차분하게 결정하며 행동함. 카리스마보다 격상된 기준에 입각하여 농기부여.
영속하는 큰 회사를 세우는 기준을 설정하고 미달에 만족하지 않음	자신이 아닌 회사의 야망에 집중. 후계자의 성공을 위한 기틀 마련.
결과가 나쁘면 자신에게 외부 요인을 원망하지 않고 자신에게 책임을 돌림	성공에 대해 자신이 아닌 외부 요인에 공을 돌리고 행운에 친사를 보냄

자료 : Collins(2001), *Good to Great* (윗 책), 65쪽.

하나는 인간적인 겸양이다. 그들은 자신의 공을 내세우지 않고 직원들의 공을 앞세웠으며 매스컴 등에 등장하여 자신의 능력을 떠벌리지도 않았다. 오히려 조심스럽고 나약하게 비칠 정도였다. 다른 하나는 경영자의 본질적인 업무에 관한 매우 강렬하고 강인한 의지이다. 그들의 인간적 겸양 때문에 쉬운 상대로 생각하고 가볍게 대했던 경쟁자들은 나중에는 한방 맞았다는 것을 인정해야만 했다.

Collins는 조직에는 다섯 단계의 사람들이 모두 필요하지만, 경영자는 단계 5의 리더십을 발휘할 수 있는 자질을 갖춘 사람이어야 한다고 강조한다. 전문지식보다 중요한 것은 성격 등의 품성이다. 기술은 연마하고 지식은 습득할 수 있지만 품성은 배울 수 있는 것이 아니기 때문이다. 따라서 조직 내에서 인재를 발굴하고 양성할 때에도 단계5로 발전할 수 있는 재목을 골라야 한다는 것이다.

- Stogdill(1948, 1974)[2] : Stogdill은 20세기의 리더의 특성연구들을 종합적으로 정리하는데 큰 공헌을 하였다. 그는 특성연구들을 분석한 두 편의 연구결과를 발표하였는데, 첫 번째 연구(1948)는 1904년부터 1948년 사이에 발표된 124편을 분석한 것이다. 이 분석에서 리더를 '적극적인 참여와 능력의 발휘를 통해 집단구성원들이 목표달성을 위해 최선을 다하도록 만드는 사람'으로 정의하였다. 15개 이상의 연구에서 긍정적 특성으로 제시된 요인들은 지적 능력, 학력, 활동력과 사회적 참여, 책임감, 사회경제적 지위 등 5개였고, 10개 이상의 연구에서 긍정적으로 제시된 요인들은 사회성, 주도성, 인내력, 업무지식, 자신감, 상황 통찰력, 협동성, 인기, 적응력, 언변력 등 10개였다.

  아울러 특수한 상황에서는 그 상황에 적합한 효과적인 리더의 자질요인들이 존재한다는 것을 밝혔다. 가령 청소년 폭력집단의 리더에게는 신체적 능력과 무용(武勇, physical prowess)이 중요하였다. 리더의 자질들은 발휘되는 상황에 따라 그 효과성이 다르다는 것이다. 한 개인이 어떤 특성을 소유하였기 때문에 리더가 되는 것이 아니라 그 특성이 상황적 요구에 적합하게 발휘될 때 리더가 될 수 있음을 의미하는 것이다.

- Bass(1990) : Bass는 1945년에서 1979년까지 요인분석에 의해 이루어진 52개의 실증연구에서 나타난 우수한 리더의 공통적인 특성을 정리하였다. 3가지 이

2) 미국의 오하이오 주립대학교의 경영과학 및 심리학교수로서 리더십 연구에 큰 공헌을 하였음.

상의 연구에서 제시된 특성들은 다음과 같다.(괄호안의 숫자는 실증연구의 수)

전문기술(18), 사회적 친근성(18), 과업동기 부여(17), 집단과업의 지원성(17), 대인관계 기술(16), 정서적 균형과 통제(15), 관리적 기술(12), 인상(12), 지적 능력(11), 지배성과 결단력(11), 책임감당의지(10), 윤리적 행위(10)의 특성의 빈도가 높았고, 그 외 10개 미만의 실증연구에서 제시된 특성들은 집단응집력 유지, 조정능력, 의사소통 능력, 체력, 창의성, 용기와 담력, 교양 등이었다.

- Hughes, Ginnett, & Curphy(1996) : Big Five Model of Personality로 불리우는 연구로서, 〈표 2.4〉와 같이 성격특성을 5개의 영역으로 구분하고 14개의 세부 특성을 제시하였다.

표 2.4 Big Five Model of Personality

다섯 개 부류의 성격 특성	세부 특성들
외향성(surgency)	지배성(dominance), 사회성(sociability)
신뢰성(dependability)	성취지향성(achievement-oriented) 동조성(conformity), 조직성(organization) 진실성(credibility)
호의성(agreeableness)	친밀감(friendliness), 감정이입(empathy) 대중성(popularity)
조정성(adjustment)	정서적 안정성(emotional stability) 자기수용성(self-acceptance)
지성(intellectance)	호기심(curiosity), 개방된 마음(open mentality) 학습지향성(learning-oriented)

자료 : Hughes, Ginnett, & Curphy(1996), Leadership ; Enhancing the lesson of experience, p.176.

- Yukl(2002) : 성공적인 리더들의 특성을 자질적 특성(traits)과 기술적 특성(skills)으로 나누어 정리하였다. 자질적 특성으로는 상황적응력, 사회적 환경, 민감성, 성취지향성, 확고한 믿음, 협조성, 단호함, 신뢰성, 지배성, 열정, 끈기, 자신감, 스트레스 견딤, 책임감 등이었고, 기술적 특성으로는 총명함, 개념능

력, 창조성, 사교성, 언변력, 집단과업 지식, 조직력, 설득력, 사회성 등이었다.

한편 리더특성에 관해 우리나라에서 제시된 몇 가지 견해들을 살펴본다.

- 신유근(1996) : 한국의 성공한 경영자들의 리더십 자질을 조사하였다. 상위 20개 요소들의 순위는 정직성, 비전, 선도성, 능력, 공정성, 지원력, 관대함, 지성, 솔직성, 대담성, 신뢰감, 협조성, 창의력, 배려, 성숙도, 결단력, 야망, 충성심, 자제력, 독립성 등이었다.
- 홍사중(1997) : 성격, 지성, 판단력, 결단력, 용기, 경륜, 언행일치, 인격, 너그러움, 겸손, 정직을 선정하였다.
- 김준봉의 연구(1997) : 동서고금의 리더들을 탐색하여 공통적인 특성을 10가지로 정리하고 있다. ① 상당한 수준의 교육 ② 부하집단보다 높은 수준의 지능 ③ 건강과 체력 ④ 적극적이고 낙관적인 사고[3] ⑤ 침착하고 독립적인 성격[4] ⑥ 인간이해[5] ⑦ 문제해결의 전문지지식과 우월성 ⑧ 비정과 온정[6] ⑨ 인격 ⑩ 의연한 사생관[7] 등이다.

---

3) 리더는 행운에 대한 확신을 가져야 한다. ① "나는 행운의 별 아래 태어났다(Born under the Lucky Star)". 레이건 전 미국 대통령은 1981년 힝클리(2004년에 정신병원 퇴원)의 저격사건 때의 여유로운 태도로 인기가 상승하였는데, 2년 후에 인기가 하락하여 비서관이 걱정하자, "걱정 말게, 내가 한 번 더 저격당하면 될 것 아닌가?"라고 받아넘겼다. ② 에이브람스 장군(전 미 육군 참모총장)은 1944년 기갑대대장 시절에 독일군에게 완전히 포위당했다. 대대원들이 낭패감에 빠져있을 때 에이브람스는 콧노래를 불렀다. 부하들이 의아해하자, "얼마나 좋은가? 그동안 적을 찾느라 고생했는데 어느 방향으로 가도 적이 있으니 싸우기만 하면 되는 게 아닌가?" 부대는 돌파작전을 감행하여 성공적으로 포위망을 탈출하였다.

4) 급작스런 위기 속에서 침착하기는 쉽지 않다. ① 1941년 6월 독일의 기습을 받은 스탈린은 초기에 아무런 조치도 할 수 없었다. ② 1941년 12월 8일 일본군의 진주만 기습을 보고받은 61세의 맥아더는 10시간이 지나도록 적절한 판단과 결심을 하기 어려웠다고 고백한 바 있다. ③ 6.25 때 백마고지 전투를 지휘한 어느 사단장은 10개 대대 이상이 축차적으로 손실을 입자 전신경련을 일으켜 부하들이 팔다리를 고정해야 했다. 리더에게 중요한 자질은 위기에서도 침착할 수 있는 냉철함이다.

5) 인간의 본성에 대한 통찰력이 중요하다. ① 아이아코카는 파산직전의 크라이슬러 자동차의 회장으로 취임하여 연봉을 1달러로 스스로 삭감함으로써 사원들의 헌신적 노력을 이끌어내어 회사를 회생시켰다. ② 카네기는 어린 시절 토끼를 기르면서 토끼의 목에 동네 아이들의 이름을 걸어 아이들이 자기 이름의 토끼를 즐겁게 기르도록 한 것은 아이들의 마음을 직관한 결과이다.

6) 물리적으로는 얼음과 불을 한 그릇에 담을 수 없다. 리더는 가슴을 녹이는 온정과 서릿발같은 냉혹함을 동시에 지녀야 한다. 제갈공명이 명령을 멋대로 이행한 죄로 평소 아끼던 마속을 처형했던 '읍참마속(泣斬馬謖)'은 좋은 교훈이 되고 있으며 많은 병서들이 리더의 인자함과 더불어 엄정함의 중요성을 강조하고 있다.

- 양병무(2000) : 한국을 움직이는 경영자들의 공통점을 탐색하였다. ① 술은 No(적당히), 담배는 Never! ② 형식과 고정관념의 탈피 ③ 공적인 일에는 냉정하고 사적인 일에는 유부남(유난히 부드러운 남자) ④ 생각은 깊게, 추진은 과감하게! ⑤ 권한은 아래로, 손은 가볍게!(새로운 일과 비전에 대한 여력 확보) ⑥ 책상 대신 중요한 현장 속으로! ⑦ 인생에는 애정을, 일에는 열정을! ⑧ 사람에 대한 충실한 투자 ⑨ 과거에 얽매이지 않고 미래를 향해! ⑩ 용기와 결단력과 개척정신 등 10가지의 공통요인을 제시하고 있다.

- 우리나라 대기업들이 보는 인재의 조건 : 최근에 기업들은 회사구성원으로서의 우수한 역량은 물론 미래의 기업인재로 성장할 수 있는 잠재력이 우수한 사람을 선발한다. 그러므로 대기업에서 중요하게 평가하는 인재의 조건은 리더의 자질과 능력특성을 탐색하는데 중요한 참고점이 된다. 2006년에 시행된 주요 대기업들의 인재채용 기준들을 보면 〈표 2.5〉와 같다.

표 2.5 우리나라 대기업들의 인재 선발 중점 요소

기업	인재 평가요소
삼성	• 기본 자질 : 빠른 두뇌와 창의력, 진취성, 도전정신 • 글로벌 경쟁력 : 국제 언어능력, 인프라 네트워킹 • 비전과 개발 : 명확한 목적의식, 자기개발 노력
현대 · 기아	• 형식기준(학벌과 성적 등)보다 잠재력(품성과 자질 등) 중시 • 5대 덕목 : 도전, 창의, 열정, 협력, 글로벌 마인드
LG	• 인재상 : 열정, 실행력, 전문역량을 갖춘 Right People • Right People : 승부근성과 열정을 지닌 잠재력이 풍부한 인재
SK	• 창조적인 문제해결 능력 • 글로벌 역량 • 변화를 두려워하지 않는 패기

7) 삼성의 창업자 이병철 회장은 1975년 위암을 진단한 의사에게 의연한 모습을 보이며 "생기사귀(生寄死歸 ; 삶은 잠시 머무르는 것이며 본래의 죽음으로 돌아가는 것)"라고 하였다고 한다.

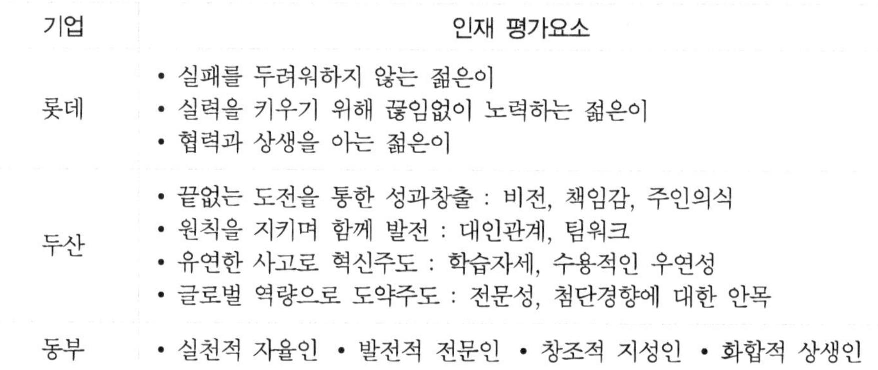

기업	인재 평가요소
롯데	• 실패를 두려워하지 않는 젊은이 • 실력을 키우기 위해 끊임없이 노력하는 젊은이 • 협력과 상생을 아는 젊은이
두산	• 끝없는 도전을 통한 성과창출 : 비전, 책임감, 주인의식 • 원칙을 지키며 함께 발전 : 대인관계, 팀워크 • 유연한 사고로 혁신주도 : 학습자세, 수용적인 우연성 • 글로벌 역량으로 도약주도 : 전문성, 첨단경향에 대한 안목
동부	• 실천적 자율인 • 발전적 전문인 • 창조적 지성인 • 화합적 상생인

자료 : 한국경제신문 (2006. 9. 15)

이상에서 리더의 특성에 관한 연구의 사례들을 소개하였지만, 연구의 목적과 관점에 따라 매우 다양하고 많은 유사한 연구들이 수행되었다.

사례 : 빈대의 교훈(집념)

무슨 일에나 최선을 다한다면 성공하지 못할 일이 없다는 교훈을 나는 빈대에게서 배웠다. 열아홉살 때 인천에서 막노동을 할 때였다. 그 당시 노동자 합숙소는 밤이면 들끓는 빈대 때문에 잠을 잘 수 없을 지경이었다.

빈대를 피하기 위해 밥상위로 올라가 잤는데 빈대는 밥상다리를 타고 올라와 사람을 물었다. 우리는 밥상 네다리에 물을 담은 양재기를 하나씩 고여 놓고 잤다.
그런데 편안한 잠은 하루인가 이틀 만에 끝나고 빈대는 여전히 우리를 괴롭혔다. 불을 켜고 살펴보다가 우리는 아연해 질수 밖에 없었다. 빈대들이 벽을 타고 까맣게 천장으로 올라가고 있었다. 그리고는 천장에서 사람 몸을 향해 툭툭 떨어지는 게 아닌가. 그때의 소름끼치는 놀라움... 나는 생각했다. '빈대도 목적을 위해 머리를 쓰고 죽을 힘을 다해 노력하지 않는가. 나는 빈대가 아닌 사람이다. 빈대에게서도 배울건 배우자'. 인간도 포기하지 않고 노력한다면 이루지 못할 일이 없다.

－고 정주영 현대그룹 회장, 〈시련은 있으나 실패는 없다〉 중에서－

과제 2-1 나의 리더십 준비도

※ 나는 과연 준비된 리더로써 성장되어 가고 있을까? 그렇다면 나의 리더십은 몇 점일까? 리더를 위한 다섯 가지 질문에 답하면서 나의 '리더십 준비도'를 알아보자.[8]

〈제1단계 질문〉 나는 다른 사람들을 이끌어가는 일보다 혼자서 주어진 일을 하는 것을 더 좋아한다. 예( ), 아니오( )

〈제2단계 질문〉 나는 다른 사람들을 이끌기 위해서 나에게 이익이 되는 것들(예: 시간, 노력 등)을 포기할 수 있다. 예( ), 아니오( )

〈제3단계 질문〉 나는 다른 사람이 자신의 의견을 고집할 경우 화부터 난다. 예( ), 아니오( )

〈제4단계 질문〉 나는 다른 사람들을 이끌어야 할 경우 무엇을, 어떻게 해야 할지를 모르겠다. 예( ), 아니오( )

〈제5단계 질문〉 나는 다른 사람들의 생삭이나 의견보다 나의 생각을 더 중요시한다. 예( ), 아니오( )

진단법

☞ 위의 다섯 가지 질문은 리더가 가져야 하는 가상 기본적인 자세에 관한 것이다.

- 1단계 : 혼자 일하는 것을 더 좋아하는 성격인 사람은 리더십의 중요성을 인식하고 사람들에게로 다가가는 연습을 해야 한다.
- 2단계 : 리더십은 근본적으로 리더의 시간, 열정, 노력 등의 투자를 필요로 한다.
- 3단계 : 리더는 고집 센 사람, 제멋대로인 사람, 수동적인 사람 등 다양한 사람들을

8) 백기복의(2009), 「리더십의 이해」, 창민사, 29쪽

이끌 줄 알아야 한다.

- 4단계 : 리더십의 기본 기술을 배울 필요가 있다.
- 5단계 : 리더십은 잘 듣는 데서 시작된다.

** 제 1, 3, 4, 5단계 질문 : 예-0점, 아니오-2점, 제 2 단계 질문 : 예-2점, 아니오-0점, 총점 10점, 8점 이상 : 리더의 역할을 감당할 준비가 된 리더. 8점~6점 : 준비가 필요한 리더. 6점 미만 : 많은 준비가 필요한 리더.

☞ **나의 리더십 잠재력은?**

사례 : 성공하고 싶은 대학생들이 알아야 할 것들

첫째, 대학에서 배우는 제일 중요한 것은 생각하고 일하는 법이다.

명료하게 사고할 줄 아는 능력을 갖춘 사람은 정말 드물다.
강의를 듣든 책을 읽든 어떤 방법을 통해서라도 이 방법을 배워라.
일하고 투자할 때 평생 당신의 길잡이가 되어줄 것이다.
일과 명료한 사고능력이 결합하면 성취와 자부심이 듬뿍 들어간 커리어를 가꿀 수 있다.

둘째, 일하는 것은 노예가 되는 게 아니다.

노동이야말로 존엄과 정신적 건강과 현실감을 키워준다.
프로이드는 "사람을 현실적으로 만드는 방법은 일 시키는 것이며, 일이야 말로 물질적인 세계에 존재하는 거의 대부분의 자물쇠를 열 수 있는 열쇠"라고 하였다.
가장 행복한 사람은 부지런하고 규칙적인 사람인데 반해 분노와 자기혐오로 가득한 사람들은 일을 별로 안한다고 볼 수 있다.

셋째, 돈을 벌려면 돈을 벌 수 있는 분야에 뛰어들어야 한다.

일찌기 워런버핏은 "잘 나가는 업계에서 중간 가는 쪽이 안 나가는 분야에서 최고가 되는 것보다 낫다"라고 했다.

금융계에서 일하거나 변호사로 일하는 똑똑한 사람들은 다 부자 되고 안 되도 웬만큼 산다.

하지만 인류학을 연구하거나 단편소설을 쓴다거나 연극배우를 하는 사람들은 똑똑해도 돈을 많이 버는 경우는 거의 없다. 물론 살면서 자신이 원하고 좋아하는 일을 하는 게 최고라는 것을 부정하는 것은 아니다. 하지만 알고는 있어라. 돈 버는 분야와 그렇지 않은 분야는 처음부터 다르다는 것을.

넷째, 인생의 성공은 무엇을 기억하느냐가 아니라 누구와 연결되느냐에 달려 있다.

저 고상한 문학작품을 통째로 왼다 하여 인생의 성공자라 하지 않듯, 성공시대에서 누구를 알고 누구와 연결되느냐가 개인적인 차원에서 중요하다.

옛말의 인장지덕 목장지폐(人長之德 木長之弊)는 큰 사람 옆에 있는 사람은 덕을 보지만 큰 나무 아래 있는 나무는 피해를 본다는 뜻으로 사람은 동물이나 나무와는 달리 양식이 있어서 서로 아끼고 나눔의 미학을 안다는 것이 전제되었다고 한다.

다섯째, 검소한 습관은 승자의 것이다.

엄청난 돈 들이지 않고도 즐길 수 있는 방법을 배우는 건 진짜 똑똑한 일이다.

세계 최고 갑부인 버크셔 헤서웨이의 워런 버핏 회장, 마이크로소프트의 창업자 빌 게이츠 등도 검소한 생활로 정평이 나 있으며 자신의 재산을 절반이상 사회에 기부하는 등 '노블레스 오블리주(noblesse oblige)'를 손수 실천한 사람들이다.

제 2 절 리더의 행동유형이론

2.1 연구배경과 개요

리더의 특성연구의 여러 가지 한계와 문제점 때문에 1940년대 이후 리더십 연구는 리더의 행동에 대한 관심으로 영역을 확장하였다. 그 배경은 다음과 같다.

첫째, 우수한 리더들의 특성을 집약하는 것이 어려웠다. 둘째, 성격이나 가치관 등 내면적 특성들의 관찰이 어렵다는 점이다.[9] 내면적 특성은 외면적 언행을 통해 추정하는데 내면의 태도와 외적인 행동이 일치하지 않은 경우가 흔하다. 외면적인 행동은 관찰과 측정이 비교적 쉬우므로 이를 토대로 리더의 유형을 구분하는 것이 가능하다는 것이다. 셋째, 하급자들이 영향을 받는 것은 리더의 내면의 실체가 아니라 외면으로 보여주는 행동이므로 리더십효과성의 탐구에는 리더의 행동이 더욱 적절하다는 것이다. 즉 리더의 외적 행동이 부하의 행동이나 성과에 어떤 영향을 미치는가를 규명하는 것이 더욱 간명하다는 것이다. 넷째, 사람의 내면적 특성인 성격이나 가치관 등은 한 번 형성되면 수정하기가 매우 어렵다. 리더십 연구의 목적의 하나가 리더개발인데 사람의 행동은 상대적으로 수정하기가 쉽다는 것이다. 가령 내성적인 사람이 성격을 고치기는 어렵지만 상황에 따라 외향적인 행동을 하는 것은 덜 어렵다고 본다. 다섯째, 심리학에서 행동주의가 유행하면서 환경조건에 대한 반응요인인 행동을 변화시킬 수 있다는 이론적 기초가 제공되었고 연구방법론도 발달하였기 때문이다.

이러한 배경으로 등장한 리더 행동유형이론[10]의 목적은 첫째, 리더들의 다양한 행동들을 관찰하여 그 정도를 측정하는 척도를 기술하고 만드는 것이었다. 둘

9) 우리나라 속담에도 '열길 물 속은 알아도 한 길 사람 속은 알기 어렵다'라는 말이 있듯이 사람의 내면은 진실한 모습은 알기 어려운 것으로 인식하고 있다.

10) 리더(십) 행동유형이론은 '리더(십) 행동이론' 또는 '리더(십) 행동연구' 등으로도 부른다.

째는 리더의 행동을 유형으로 분류하여 어떤 유형이 조직성과에 효과적인 유형인가를 밝히는 것이고, 셋째는 효과적인 리더행동유형에 맞추어 교육훈련 등을 통해 효과적인 리더십을 개발하고자 하는 것이다.

그러므로 리더십 행동이론은 '리더는 선천성을 타고 난다'라는 가정에 무게를 두었던 특성이론에 비해 '리더는 교육훈련 등을 통해 만들어 질 수 있다'는 전제에 더 많은 무게를 두고 있다. 그리고 상황적 요소를 고려하지 않고 어느 상황에나 효과적인 보편적 리더십 유형을 발견하고자 하였다. 대표적인 연구는 미국의 Iowa 대학교와 Ohio 주립대학교의 연구이다. 리더의 행동유형 연구는 인간관과 연계되어 매우 괄목할 만한 주목을 받았으며 대중적으로 어필하였다. 그러나 모든 상황에서 효과적인 리더의 행동유형을 발견하는 것이 어려워 상황이론으로 발전된다.

별빛 한마디

마하트마 간디의 교훈

간디는 공존의 사회를 파괴할 수 있는 일곱 가지 해악적 요소를 다음과 같이 지적했다.

첫째, 노동 없는 부(富)이다. 땀 흘려 일하지 않고 사람과 물질을 교묘히 조종하여 불로소득을 취하는 행위를 말한다.

둘째, 양심없는 쾌락이다. 의식주를 해결한 현대인들의 관심은 쾌락을 찾는 것이다. 양심이 없으면 자신의 쾌락이 다른 사람의 인생을 해치게 된다.

셋째, 인격 없는 지식이다. 무지(無知)보다 더 위험한 것은 인격으로 뒷받침되지 않은 지식이다. 이는 강력한 엔진의 스포츠카를 마약에 중독된 청소년에게 맡기는 것과 같다.

넷째, 윤리 없는 비즈니스다. 아담 스미스는 자본주의 경제의 성공은 그 사회의 도덕성에 달렸다고 했다. 비즈니스의 이익에 윤리가 담겨있어야 한다.

다섯째, 인성없는 과학이다. 만약 과학이 단순한 기술로만 전락한다면 그것은 SF영화처럼 인간의 삶을 심각하게 위협할 것이다.

여섯째, 희생 없는 종교다. 희생의 삶이 없는 종교는 단순히 종교의식으로 전락하고, 종교로서의 의미를 잃게 된다. 진정한 리더십은 희생하는 데서 나온다.

일곱째, 신념없는 정치다. 올바른 신념이 없다는 것은 항해사가 북극성을 잃는 것과 같다.

2.2 미국 Iowa대학교의 연구

미국 Iowa 대학교의 Lewin, Lippitt, 그리고 White(1938, 1939)는 지능과 사회배경이 비슷한 초등학교 소년들을 대상으로 리더의 스타일에 따라 어떠한 행동을 보이는가를 실험적으로 연구하였다.[11] 이 실험에서는 3명의 대학생을 훈련시켜 각각 권위형(authoritarian style)과 민주형(democratic style) 및 방임형(laissez faire style)의 리더로 행동하도록 하였다.

권위형 리더십은 명령적이고 의사결정에 구성원의 참여를 허용하지 않는 독단적 스타일로서, 과업수행방식은 리더의 지시에 대한 구성원의 복종으로 이루어진다. 민주형 리더십은 의사결정과정에서 구성원들의 참여나 집단토의 및 합리적 절차를 권장하고 구성원들에게 강제보다는 자발적 참여를 유도하는 형이다. 방임형 리더십은 과업수행에서 구성원집단에게 거의 완전한 자유를 주고 리더의 개입을 최소화하는 유형이다.

학생들을 세 집단으로 나누어 리더십 효과성의 실험을 하였는데, 학생들이 6주마다 세 유형의 리더를 경험하면서 주어진 과제를 얼마나 열심히 수행하고 리더에 대한 만족도가 어떠한가를 측정하였다. 실험에서 학생들이 수행할 과제는 물건(가면, 모형비행기, 장식, 비누조각품 등)을 만드는 것이었다. 독립변수는 리더십 스타일이고 종속변수는 학생들의 과업수행의 열성과 성과 및 리더만족도 등이었다.

세 유형의 리더십에 대해 학생들의 반응은 다르게 나타났다. 권위형 리더에 대한 반응은 ① 리더에 대한 반감의 표명 ② 작업량은 많으나 질은 다소 저하 ③ 구성원간 의견의 상호작용 제한과 공동체의식의 결여 ④ 구성원간 적대감과 공격성 증가 ⑤ 의존적이며 복종적 행동으로 자발성 저하 ⑥ 자기개성 발휘의 저조 등이었다.

민주형 리더에 대한 반응은 ① 리더에 대한 호감 ② 작업량과 질의 우수 ③ 구

11) ① Lewin. K., Lippitt R.(1938), "An experimental approach to the study of autocracy and democracy", *Sociometry*, 292-300. ② Lewin. K., Lippitt R., and White R. K.(1939), "Patterns of aggressive behavior in experimentally created social climates", *Journal of Psychology*, 271-301.

성원간 상호작용과 공동체 의식의 증가 ④ 자발성의 증가 ⑤ 통찰력의 발휘 등이었다. 방임형 리더에 대한 반응은 ① 리더를 타인처럼 여김 ② 낭비와 파손품의 증가 및 낮은 작업성과 ③ 구성원간 상호작용 미약 및 독자적 행동 증가 ④ 도구 등의 정돈상태 불량 ⑤ 구성원들의 개성 표현 및 조직질서 미정립 등이었다.

연구결과 학생들은 민주형 리더를 가장 선호하였다. 학생들은 '권위형 리더는 학생들이 원하는 일을 못하게 했고, 자신들은 그저 일만 빨리 해내야 했다'고 불평하였다. 반면 '민주형 리더는 윗사람 행세를 하지 않았지만 항상 할 일이 많았다'고 말했다. Iowa대학교의 연구는 리더십이 작업생산성에 미치는 과정을 상세히 밝히지는 못하였지만, 민주적 리더십과 구성원의 만족 간의 긍정적 상관관계를 밝혀내었다.

Iowa대학교 연구를 시점으로 여러 후속연구들이 있었는데, 대체로 다음과 같은 결과를 보였다. 첫째, 민주형 리더십은 일관되게 구성원의 만족에 영향을 미치는 것으로 나타났다. 둘째, 집단행위 특성과 관련해 민주형 리더십에서 구성원들은 집단응집력이 강한 반면, 권위형 리더십에서는 냉담하고 공격적인 특성을 보였다. 셋째, 리더 부재시에 민주형 리더하의 구성원들은 지속적으로 작업을 하는 반면 권위형 리더십에서는 좌절감을 느끼는 경향이 있었다. 넷째, 생산성과의 관계에서 민주형 리더십이 우수한 성과를 보이는 경향이 많았다. 그러나 상황에 따라 권위형과 민주형 리더십 간의 우열을 명확히 가리지 못하는 경우도 많은 것으로 나타났다.

별빛 한마디

정녕 중요한 것

정녕 중요한 것은 당신이 무엇을 가졌는가가 아니라 남에게 무엇을 베푸느냐는 것이다.
정녕 중요한 것은 당신이 얼마나 많은 친구를 가졌는가가 아니라 얼마나 많은 사람들이
당신을 친구로 생각하느냐 하는 것이다.
정녕 중요한 것은 얼마나 많은 일을 했느냐가 아니라 얼마나 가치있는 일을 했느냐 하는 것이다.

2.3 미국 Ohio 주립대학교의 연구

Ohio 주립대학교(OSU ; Ohio State Univ.)의 리더 행동유형연구는 리더십 연구의 역사에서 가장 주목을 받은 연구의 하나이다. OSU의 경영연구소는 1945년부터 효과적인 리더십 유형을 찾기 위한 연구를 시작하였다. 그들은 '리더들이 집단을 지도할 때 어떻게 행동하는가'를 분석하기 위해 리더행동 기술설문지(LBDQ : Leader Behavior Description Questionnaire)를 개발하였다. 최초의 설문지는 리더 행동을 종합적으로 관찰하여 기술한 1,800개의 문항이었는데 나중에 150문항으로 축소하였으며, 추가적으로 요인분석을 한 결과 두 척도가 강하고 일관성있게 나타났다. **최종적으로 집약된 두 유형은 구조주도(initiating structure)와 배려(consideration)라는 포괄적인 범주였다.**[12)]

구조주도란 조직의 공식적인 목표를 달성하기 위해 구성원들의 역할을 규정하고 구조화하는 행동을 말한다. 리더가 표준과 규정을 설정하여 준수할 것을 강조하며, 과업을 할당하고 감독과 통제하는 등 구성원의 업무수행을 주도하는 행동이다. 배려란 리더와 구성원 간의 관계에 있어서 구성원에게 우호적인 태도로 신뢰하고 지원하며, 복지나 개인문제에 관심을 가지고 원만한 인간관계를 유지하면서 과업을 수행하도록 하는 행동을 말한다.

OSU 연구팀의 최초의 목적은 리더행동을 기술하는 척도를 만드는 것이었지만[13)]**, 연구를 통해 구조주도와 배려의 두 유형의 효과성을 분석하게 되었다. 후속된 많은**

12) ① Fleishman(1953), "The description of supervisory behavior." Journal Of Applied Psychology, 37, 1~6. ② Hempel, J.K. & Coons, A.E(1957), "Development of the Leader Behavior Description Questionnaire", In Stogdill, R.M. & Coons, A.E.(eds), Leader behavior : Its description of questionnaire and measurement, Columbus : Ohio State Univ., Bureau of Business Research.

13) 초기에는 150문항으로 축소된 LBDQ와 측정내용이 다소 상이한 감독자 행동기술설문지(SBDQ : Supervisory Behavior Description Questionnaire)가 구성되었으며, 아울러 리더가 자신의 행동에 대한 지각을 응답하는 리더의견 설문지(LOQ : Leader Opinion Questionnaire) 등이 있다. LBDQ는 Stogdill(1963)에 의해 구조주도와 배려 외에 10개 요인을 포함한 100문항의 LBDQ로 수정되었다. LBDQ에 포함된 12가지 요인은 배려, 구조주도, 대표행동, 상충욕구의 조정, 불확실성에 대한 인내, 설득력, 자유의 허용, 역할의 보존, 예견의 정확성, 생산성의 강조, 통합, 하위자들에 대한 영향력 등이다.

검증연구들의 결과와 견해는 다음과 같다.

① 검증연구는 주로 두 범주와 성과변수들(리더에 대한 하급자들의 만족, 이직 및 고충 호소율, 과업성과 등) 간의 상관관계를 탐색하는 것이었다. ② 배려형의 상급자 밑에 있는 하급자들은 상급자에 대한 만족도가 상대적으로 높은 경향을 보였으나 일관된 것은 아니며 반대의 경우도 있었다. 대체로 리더가 중간 정도의 배려적인 사람이면 만족하는 경향을 보였다. ③ 배려형 상급자 밑에 있는 하급자들의 이직이나 고충호소가 구조주도형 상급자 밑의 하급자들보다 상대적으로 낮았다. ④ 구조주도형 상급자 밑에 있는 하급자들의 이직과 고충호소가 상대적으로 높았지만 상급자가 동시에 배려적인 경우에는 상관이 없었다. ⑤ 전체적으로는 배려적인 리더가 부하의 만족도에서 효과적인 경향을 보이지만, 두 범주의 리더십 유형과 과업성과간의 상관관계에서 일관된 경향이 발견되지는 않았다. 즉 어떤 유형이 과업성과에 유익한지는 단정하기 어렵다는 것이다. 그러나 리더의 배려와 구조주도가 모두 높을 경우 다른 경우에 비해 성과와 부하만족이 높았다.

한편, 설문지를 사용하여 두 범주와 성과 간의 관계를 탐색한 OSU의 연구는 상관관계는 알 수 있어도 인과관계를 알기 어렵다는 문제점을 지니고 있다. 가령 '배려형과 부하집단의 과업성과 간에 긍정적인 상관이 있다'라는 통계적 결론에 대해서 다양한 해석이 가능하다는 것이다. 첫째, 연구자들은 리더의 배려적 행동이 과업성과의 원인이 된다는 가정에 기초하여 배려적 리더가 부하의 동기를 유발하여 생산성을 향상시켰다고 보는 견해이다. 둘째, 첫 번째와 상반되는 것으로써, 리더는 성과가 좋은 부하에게 더욱 배려적 행동을 하기 때문에 과업성과의 원인은 배려적 리더십이 아니고 유능한 부하의 능력일 수 있다는 것이다. 셋째, 배려와 성과 간에는 직접적인 상관이 없고 다른 변수에 의해 영향을 받아서 상관적인 관계가 나올 수 있다는 것이다. 가령 '리더에 대한 호감'을 예를 들 수 있다. 리더에 대해 호감을 가지면 리더가 배려적인 행동을 하던지 여부에 관계없이 리더의 배려와 성과를 모두 높이 평가하게 되고, 리더에게 부정적 감정을 가진 경우에는 리더가 배려적 행동을 하더라도 그렇게 인식하지 않는다는 것이다.

그러므로 상관관계를 통한 연구결과를 단순하게 받아들일 것이 아니라 다른 측면들을 고려해야 리더십 행동과 성과의 관계를 올바로 이해할 수 있다는 것이다. 일부 문제점에도 불구하고 OSU의 연구는 과학적인 조사설계, 광범위한 자료수집, 리더행동기술설문 구성, 그리고 간명한 범주화 등에서 리더십 연구사에 매우 의미있는 좌표를 설정한 것으로 평가받고 있다.

별빛 한마디

마음의 자리

- 자신을 움직이기 위해서는 머리를 써야하며 남을 움직이기 위해서는 마음을 써야 한다.

  – 孫子(손자) –
- 장애란 뛰어넘으라고 있는 것이지 걸려 넘어지라고 있는 것이 아니다. – 정주영 –
- 연예계의 마당발이라는 박경림에게 "평소 인맥관리는 어떻게 하느냐"라고 기자가 질문했다. "'관리'라는 말은 싫어하고요, '관계'를 좋게 하기 위해 최선을 다 할뿐입니다. 신인이라고 무시해서도 안 되고 대선배라고 주눅 들어서도 안 되죠. 배경이나 지위에 관계없이 그 사람 자체를 보려고 합니다. 또 다른 원칙은 이쪽에서 들은 말을 저쪽으로 옮기지 않는다는 거죠."

  – 박경림(연예인) –
- 자신의 잘못을 인정하는 것처럼 마음이 가벼워지는 일은 없다. 그러나 자기가 옳다는 것을 인정받으려고 하는 것처럼 마음이 무거운 일은 없다. – 탈무드 –
- 친구의 비밀을 아는 것은 좋으나 그 것을 입 밖으로 내어서는 안 된다. – 독일속담 –
- 당신의 친구가 당신에게 벌꿀처럼 달더라도 전부 핥아먹어서는 안 된다. – 탈무드 –

2.4 미국 Michigan대학교의 연구

Michigan대학교의 사회연구소에서는 1947년부터 리더 행동에 대한 연구를 시작하였는데, 연구의 초점은 집단의 성과를 높이는데 가장 효과적인 리더행동을 밝히는 것이었다.

Likert를 중심으로 한 연구팀은 성과가 높은 집단의 리더들의 행동스타일을 규명하기 위해 다양한 직종과 종업원들로부터 수집한 자료의 분석을 통해 **리더의 행동유형을 과업지향적 행동(job-centered behavior)과 종업원지향적 행동(employee-centered behavior)의 두 범주로 유형화하였다.**[14)]

과업지향적 행동은 OSU의 구조주도적 행동과 유사한 개념으로, 직무의 기술적 측면과 생산적 측면을 강조하면서 리더가 공식권한을 많이 활용하고 치밀하게 감독하는 행동을 말하며, 주요 요인은 목표강조와 과업촉진 행동이었다. 한편 종업원지향적 행동은 OSU의 배려행동과 유사한 개념으로, 종업원 개개인의 욕구에 관심을 가지면서 권한을 위임하고 지원적 업무환경을 조성하는 행동을 말하며, 리더의 지원과 상호작용의 촉진이 중요한 요인이었다. (표 2.6 참조)

표 2.6 Michigan 대학교의 효과적인 리더 행동의 범주

범 주	리더행동	내 용
과업지향 행동	목표의 강조 (goal emphasis)	종업원들이 과업목표를 달성하도록 동기를 부여하는 행동
	과업수행 촉진 (work facilitation)	역할명확화, 자원획득과 분배, 조직갈등을 완화하는 행동
종업원지향 행동	지원적 태도 (leader support)	종업원들을 돕고 관심을 보여주는 언행
	상호작용 촉진 (interaction facilitation)	리더와 종업원, 종업원간 인간관계의 원활화

14) Michigan대학교의 연구를 주도한 Likert가 연구결과를 정리한 *New Patterns of Management* (1961)는 리더십 행동 이론의 중요한 연구업적으로 평가받고 있다.

MIchigan대학교의 연구에 대한 후속연구들의 결과를 종합하면, 종업원지향적 리더십이 훨씬 효과적일 것이라는 연구팀의 예측이 모두 맞지는 않았다. **검증결과들의 견해는 대체로 다음과 같았다.**

① 종업원지향적 리더십이 과업지향적 리더십에 비해 일관되게 성과가 높게 나타나지는 않았다. 그러나 종업원의 만족과 관련해서는 종업원지향적 리더십이 상대적으로 우세한 경향을 보였다. ② 과업지향적 리더십은 단기성과와 관련성이 많은 경향을 보이고 종업원지향적 리더십은 장기성과와 관련성이 많은 경향을 나타내었다. ③ 과업지향적 리더십은 구조화가 잘 안 되어 있거나 불명확한 과업 상황에서 높은 성과를 내는 경향이 있었다. 또한 과업지향적 리더십을 발휘하는 행동 속에도 인간적인 배려적 요소를 가미하는 것이 바람직함을 부정하지 않았다.

Ohio주립대학교와 Michigan대학교의 연구는 리더의 행동유형과 결과가 유사하면서도 약간의 차이가 있다. Ohio주립대학교의 연구는 구조주도와 배려적 행동이 각각 독립적인 것으로 설정하여 리더가 두 범주의 행동을 함께 할 수 있다고 보았지만, Michigan대학교의 연구는 과업지향 행동과 종업원지향 행동이 연속선상의 양끝에 위치하는 것으로 설정하여 리더가 두 범주의 행동을 함께 할 수는 없고 어느 한 가지의 행동을 하는 것으로 보았다.

이러한 생각은 Likert가 제시한 4가지 유형의 조직관리시스템으로 연결된다. Likert(1961)는 리더의 행동유형 연구를 바탕으로 4개의 연속선상의 조직관리유형(management style)을 제시하였다.[15] 〈표 2.7〉에서 보는 바와 같이 시스템 1에 근접할수록 독재적이며 착취적 스타일이고 시스템 4에 근접할수록 민주적 스타일이다. 4개의 시스템은 공존하는 것이 아니라 연속선상의 놓여 있으므로 어떤 조직이든 4가지 중에서 한 가지 유형에 속하게 된다. 즉 어떤 관리유형이든 4개 유형 중의 하나에 가깝다는 것이다.

15) Likert(1961), *New Patterns of Management*, McGraw-Hill.

표 2.7 Likert의 4가지 조직관리시스템 유형

	X적 인간관, 독재적 체제 ⇦ 연속선상의 시스템 ⇨ Y적 인간관, 민주적 체제			
관리시스템	시스템 1	시스템 2	시스템 3	시스템 4
리더십유형	착취적, 독재적	온정적, 독재적	참여적	민주적
특성	· 권한은 상위관리층에 집중 · 강압적 권력에 의한 통제 · 매우 낮은 상호신뢰 · 부당한 보상과 대우	· 권한은 상위관리층에 집중 · 상급자는 은혜를 베풀 듯 보상 · 하급자들은 공포와 경계심으로 복종	· 어느 정도의 참여허용과 상호신뢰 · 덜 중요한 의사결정과 통제는 하부 위임 · 보상과 처벌 및 참여의 동기부여	· 전반적인 부하신뢰와 높은 수준의 참여 · 원활한 상하 및 수평적 의사소통과 상호작용 · 의사결정과 통제권의 상당한 하부 위임

Likert는 조직관리유형을 측정하기 위하여 리더십 유형, 동기유발, 의사소통, 의사결정, 상호작용, 목표설정, 그리고 통제과정 등의 하위요인들로 구성된 도구를 개발하여 사용하였다. 연구결과에 의하면, 시스템 4에 가까울수록 생산성이 높고 시스템 1에 가까울수록 생산성이 낮다는 것이었다. 따라서 조직의 개발과 변화는 시스템 4의 방향으로 이루어져야 한다고 제안하였다.

별빛 한마디

실패하는 리더의 행동특징

- 잘못된 결정을 내릴까봐 두려워서 의사결정의 시기를 놓치고 자꾸 미룬다.
- 우유부단함과 온정적인 태도는 실행력을 저하시켜 조직질서를 무너뜨린다.
- 구성원의 제안이나 아이디어를 무시하고 권위적 입장을 내세워 자신의 주장을 관철하려고만 한다.
- 현장의 확인과 여론의 수렴없이 측근의 구두보고에만 의존하여 결정한다.
- 학력이나 경력이 좋은 사람들은 과거의 성공에 안주하여 남의 말을 듣지 않는 경향이 있다. 지식이란 과거의 것이므로 독창성이나 시대성이 뒤떨어질 수 있다.

2.5 Blake & Mouton의 관리격자 모형

Blake & Mouton(1964)은 OSU의 연구모델을 기초로 하여 리더의 행동유형을 더욱 구체화하고 효과적인 리더십 행동을 배양하기 위해 관리격자(管理格子 ; managerial grid)모형을 제안하였다.[16] 관리격자모형은 〈그림 2.1〉과 같이 수평축에 '생산에 대한 관심(concern for production)'과 수직축에 '인간에 대한 관심(concern for people)'의 두 차원으로 나누어 설정하고 리더의 행동유형을 5가지로 분류하고 있다.

그림 2.1 관리격자와 리더 행동유형

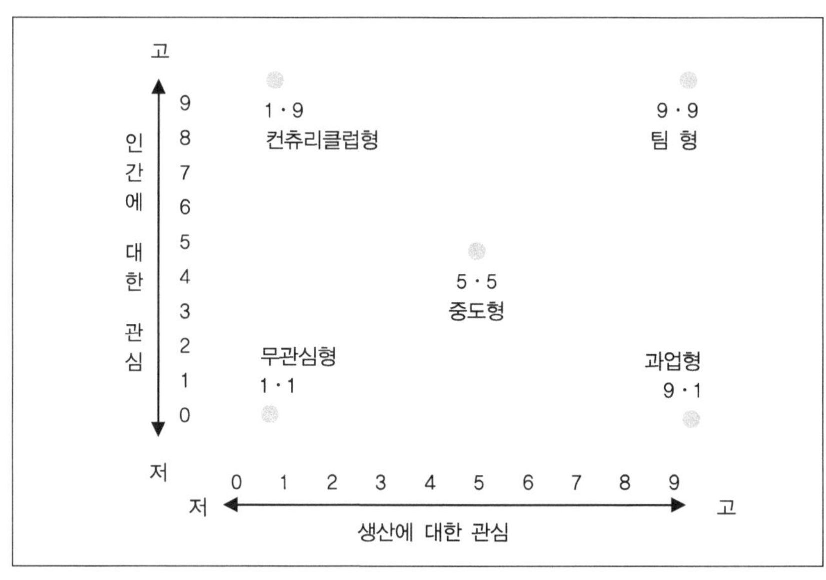

'생산에 대한 관심'은 구조주도 및 과업지향적 리더행동과 유사한 개념으로써, 리더가 조직의 과업목표달성을 위해 어떻게 노력하는가를 가리키며, 이러한 행동에는 정책결정, 신제품개발, 생산과정상의 문제해결, 작업분담, 판매량 통제와 관련된 행동을 포함한다.

16) Blake, R.R. & Mouton, J.S.(1964), *The Managerial Grid*, Houston, TX: Gulf Publishing

'인간에 대한 관심'은 배려 및 종업원지향적 리더행동과 유사한 개념으로써, 리더가 목표달성을 위해 노력하고 있는 종업원을 위해 얼마나 마음을 쓰고 배려하는가를 가리킨다. 이러한 행동에는 헌신과 신뢰의 구축, 종업원들의 개인적 가치의 실현, 좋은 작업환경의 제공, 공정한 임금구조의 유지, 좋은 사회적 관계의 촉진 등과 같은 행동을 포함한다.

〈그림 3.2〉에 있는 각 유형들의 특징은 다음과 같다.

① **무관심형**(1・1) : 과업과 인간의 양면에 관심을 거의 표현하지 않으며, 하급자들의 업무과정에 개입을 최소화하며 위임하고 맡기는 방임적 리더십 형태이다. 어려운 문제가 발생하더라도 해결을 위한 개입을 가능한 최소화한다.

② **컨트리 클럽형**(1・9) : 배려 및 종업원지향적 리더십 행동과 같은 의미이다. 과업보다 구성원과의 인간적 측면에 관심을 많이 표현한다. 하급자들의 사회심리적 욕구를 충족시키면서 인화중심의 조직분위기를 통해 과업목표를 달성하려는 행동을 보인다.

③ **과업형**(9・1) : 컨트리 클럽형과 반대의 유형으로 과업에 대한 관심을 집중적으로 보이면서 인간적 관심은 잘 표현하지 않는다. 구조주도 및 과업중심적 리더십 유형이다.

④ **중도형**(5・5) : 과업과 인간적 측면에 대해 중간정도의 수준에서 균형적으로 관심을 나타내는 유형이다. 이 유형은 극단적인 행동을 지양하고 적정한 수준에서의 리더행동을 보인다.

⑤ **팀형**(9・9) : 과업과 인간의 양면에 모두 적극적인 관심을 나타내는 유형이다. 조직의 과업목표 달성에 대한 강조 및 달성과정에 대해 주도적이면서도 구성원들과의 인간적 상호작용을 강화하고 신뢰와 지원을 통하여 그들의 자아실현 욕구의 중요성에도 적극적으로 관심을 보인다.

관리격자 모형의 활용에 있어서 몇 가지 참고사항을 이해하는 것이 필요하다.

첫째, 관리격자 모형은 리더유형의 구분을 기초로 하여 리더십 개발을 위한 목적으로 개발된 것이다. 그러므로 하급자들의 지각에 의해 리더의 행동을 측정하여 과업과 인간에 대한 관심표현이 어느 정도인지를 진단함으로써 리더가 어떤 행동을 보완해야 하는지를 알게 하고 개발하고자 하는 것이다.

둘째, 관리격자 모형에 의하면 팀형(9.9)은 과업과 인간 모두에 대한 관심을 적극적으로 행동으로 표현하며 효과성이 가장 높은 유형이다.[17)]

셋째, 무관심형(1.1)은 리더가 과업과 인간적 측면에 대해 관심을 가지지 않는 방임형과 유사하며 효과성이 가장 낮으며, 리더행동의 개발이 가장 많이 요구되는 유형이다.[18)]

Blake & Mouton은 리더들이 관리격자 훈련을 거친 조직에서 종업원의 행위가 더욱 협동적인 관계로 변화하고 생산성도 증가한다고 밝히고 리더십 개발훈련의 중요성을 강조하였다.

별빛 한마디

- 인상을 쓰고 있는 상급자는 부하들 앞에서 파업을 하는 것과 같다. – 서양속담 –
- 현명한 사람은 남의 결점을 보고 자기의 결점을 고친다. – 영국 속담 –
- 아이를 꾸짖을 때에는 한 번만 따끔하게 꾸짖어라.
  언제나 잔소리로 계속 꾸짖으면 아이를 버리게 된다. – 탈무드 –
- 한번 실수는 실수로 인정되지만 두 번 실수는 실수로 인정되지 않는다. – 중국 격언 –

---

17) 후속적인 연구에서는 팀형이 항상 가장 효과적이라는 것은 아니며 리더행동개발의 목표로서 가장 이상적인 유형으로 가정한다는 점을 밝혔다.

18) 그 후에 제시되는 리더십 상황이론 연구에 의하면 마음속으로는 관심을 가지면서도 행동으로 표명하지 않는 위임형은 외형적으로는 무관심형과 유사하지만 반드시 비효과적인 유형으로 보지는 않는다.

전문가 의견

GE의 인사관리 성공의 7대 원칙

GE는 명실공이 세계적인 최우량 대기업이다. GE의 성공에는 잭 웰치나 제프리 이멜트 등의 탁월한 최고경영자가 있었지만, 40년간 GE에 몸담으면서 13년간 인사관리 부문을 지휘했던 윌리엄 코너티 수석부사장의 공로도 크다. 노조도 존경했던 코너티가 말하는 인사관리 7대 원칙을 정리해 본다.

① 직원들을 능력별로 과감하게 차별화한다. 평가체계를 엄정하고 공정하게 만들고 차별화된 능력과 공헌에 따라 확실하게 보상을 차별화한다.

② 지속적으로 업무기준을 상향시킨다. 리더는 물론 모든 직원들의 업무수행기준을 높여나간다.

③ 인사담당자는 최고경영자의 친구가 되어서는 안 된다. 인사담당자가 CEO와 친밀해질수록 조직보다 CEO의 요구를 반영하게 되고 구성원들의 신뢰를 저하시킬 가능성이 커진다.

④ 후계자의 육성계획을 세운다. 확실히 투자하여 CEO를 포함하여 계층별로 인재를 미리 양성한다.

⑤ 흡수한 외부조직은 포용한다. 인수합병을 통해 흡수한 조직에 대해서 직원들의 능력을 평가하고 GE의 직원들과 같은 잣대를 적용하여 우수한 인재를 활용한다.

⑥ 맡은 업무에 집중할 수 있도록 분위기를 조성하고 배려한다.

⑦ 업무지시를 단순화한다. 조직 전체에 초점이 분명한 의사소통을 하고 간명하고 단순하게 한다.

– 윌리엄 코너티 GE 인사담당 부사장, Business Week, (2007. 4. 9) –

과제 2-2 구조주도와 배려 진단

개념 및 정의

- 구조주도란 조직의 공식적인 목표를 달성하기 위해 구성원들의 역할을 규정하고 구조화하는 행동을 말한다. 리더가 표준과 규정을 설정하여 준수할 것을 강조하며, 과업을 할당하고 감독과 통제하는 등 구성원의 업무수행을 주도하는 행동이다.
- 배려란 리더와 구성원 간의 관계에 있어서 구성원에게 우호적인 태도로 신뢰하고 지원하며, 복지나 개인문제에 관심을 가지고 원만한 인간관계를 유지하면서 과업을 수행하도록 하는 행동을 말한다.

– 박유진, 조직과 리더십 –

※ 다음은 구조주도와 배려 스타일 수준을 알아보기 위한 설문이다.
아래의 양식을 이용하여 응답한 후 나의 스타일을 판단하여 보자.[19]

응답 양식

1	2	3	4	5
별로 동의하지 않는다.		보통이다.		크게 동의한다.

구조주도 행동 측정

1. 나는 다른 사람들에게 기대하는 것이 무엇인지를 분명히 알려준다. (　　)
2. 나는 일을 할 때 정형화된 절차의 활용을 장려한다. (　　)

19) 백기복외(2006), 「리더십리뷰」, 창민사, 422쪽

3. 나는 나의 아이디어를 현실에 적용시키려 노력한다. ( )
4. 나는 다른 사람들에게 나의 태도를 명확히 한다. ( )
5. 나는 다른 사람들에게 과업을 할당하고 할당 받은 과업을 제대로 처리하도록 만들 수 있다. ( )
6. 나는 주변의 빈둥거리는 사람들이 온 힘을 다해 일하도록 만들 수 있다. ( )
7. 나는 다른 사람들에게 나의 역할이 잘 이해되고 있다고 확신한다. ( )
8. 나는 과업이 제대로 수행되도록 계획을 짠다. ( )
9. 나는 작업수행에 있어 명확한 기준을 유지한다. ( )
10. 나는 직책상 필요하다면 다른 사람들에게 표준 규칙과 규정을 따르도록 요구할 수 있다. ( )

배려 행동 측정

1. 나는 다른 사람들에게 정감 있고 가까이 하기 쉬운 사람이다. ( )
2. 나는 사소하지만 다른 사람들을 즐겁게 해주는 일을 가끔 한다. ( )
3. 나는 다른 사람들이 충고하는 것을 받아들여 실행한다. ( )
4. 나는 모든 사람들을 평등하게 대한다. ( )
5. 나는 변화를 미리 주시한다. ( )
6. 나는 필요한 정보를 자발적으로 다른 사람에게 알려준다. ( )
7. 나는 주변사람들의 개인적 복지에 주의를 기울인다. ( )
8. 나는 항상 변화를 추구한다. ( )
9. 나는 나의 행동에 대해 구성원들에게 설명한다. ( )
10. 나는 다른 사람들의 의견을 물어 행동한다. ( )

진단법

구조주도와 배려 각 영역의 응답을 합해보자. 각각 합이 35점을 넘으면 높은 것이고 그 이하이면 낮은 것으로 볼 수 있다.

스타일별 총점수

구조주도 합	배려행동 합

☞ **나는 구조주도와 배려 스타일 중 어떤 리더인가?**

사례 : 미국 고위급 인사 선발 기준 3C

미국에는 상원의 인준을 받아야 하는 미국 정부 고위급 인사가 500명 정도가 된다.
이들의 인준의 기준은 다음의 3C다.

1. Competence(일반적인 실력)
2. Character : 인격(Compassion-배려)
3. Commitment(헌신)

이중에서 고위 공직자가 되기 위해서 가장 중요시 여기는 것이 배려(Compassion : 남의 아픔을 같이 나누는 것)다. 막강한 힘을 소유할 고위급 인사가 남에 대한 배려가 없는 가운데 무모한 실력(Competence)만 행사한다면 미국과 세계의 정치에 매우 불행한 결과를 초래한다는 것이다.

미국 명문대학의 입학 시에도 소위 실력이라는 Competence(암기, 토익, 성적)보다 인격(Character)과 이웃을 위해 봉사한 헌신(Commitment)을 중요시 한다.

하버드 대학에서도 발표하기를 EQ(인성)이 IQ(실력)보다 중요성을 강조하였다. 실력은 17% 이상이 되지 않고 오히려 인간관계를 잘 형성한 졸업생들이 사회에서 큰 중요한 인물이 되고 있음이 이를 증명한다.

-전 미 국무부 차관보 강영우 박사 강연사 중에서-

과제 2-3 나의 리더십 성향

※ 나의 리더십 성향(Leadership Orientation)을 알아보기 위한 설문입니다. 각 항목에 대해서, 나를 가장 잘 묘사하고 있는 정도에 따라 4, 3, 2, 1로 순위를 매기시오.[20]

1. 나에게 있어 가장 강한 점은 :

( ) a. 분석력
( ) b. 대인관계기술
( ) c. 정치적 기술
( ) d. 연출기술

2. 나를 가장 잘 설명하고 있는 것은 :

( ) a. 기술 전문가
( ) b. 경청을 잘하는 사람(good listener)
( ) c. 협상가
( ) d. 영적 지도자

3. 나의 오늘이 있게 하는데 가장 많은 도움을 준 능력은 :

( ) a. 훌륭한 의사결정을 할 수 있는 능력
( ) b. 다른 사람을 코치하고 개발하는 능력
( ) c. 다른 사람들과 연대하여 힘을 구축하는 능력
( ) d. 다른 사람들을 고취시키는 능력

---

20) Daft, R, L.(2005), *The Leadership Experience*. Thomson

4. 다른 사람들의 나에 대한 평가는:

( ) a. 일을 할 때 세세한 내용(detail)에 강한 사람
( ) b. 다른 사람들을 배려하는 사람
( ) c. 갈등이나 반대가 심해도 일을 잘 해결하는 사람
( ) d. 카리스마가 있는 사람

5. 나의 가장 중요한 리더십의 특성은:

( ) a. 명확하고 논리적으로 사고하는 리더
( ) b. 다른 사람들을 돌보고 지원하는 리더
( ) c. 강하고 공격적인 리더
( ) d. 상상력과 창의력이 풍부한 리더

6. 나를 가장 잘 표현한 것은 :

( ) a. 분석가
( ) b. 휴머니스트
( ) c. 정치인
( ) d. 비전형 리더(visionary)

진단법

다음과 같이 계산해 보자

〈A〉 1~6번까지 a 항목들의 점수를 합한 값 = ( )
〈B〉 1~6번까지 b 항목들의 점수를 합한 값 = ( )
〈C〉 1~6번까지 c 항목들의 점수를 합한 값 = ( )
〈D〉 1~6번까지 d 항목들의 점수를 합한 값 = ( )

진단결과 → 나는 어떤 유형의 리더인가?

〈A〉의 점수가 제일 크면, (   ) 리더

〈B〉의 점수가 제일 크면, (   ) 리더

〈C〉의 점수가 제일 크면, (   ) 리더

〈D〉의 점수가 제일 크면, (   ) 리더

☞ **나와 유사한 유형이나 다른 유형의 사람을 찾아 리더십 경험을 이야기해보자.**

사례 : Mahatma Gandhi의 7가지 사회악

일생동안 옷 만드는 물레와 안경만을 두고 간 볼품없는 사람이지만 Gandhi는 20세기를 살아간 인물 중 가장 위대한 인물로 평가받고 있습니다. 평생을 인도의 독립을 위해 헌신한 간디는 Seven Social Sins(7가지 사회악)에 대해서 말하고 있습니다.

1. 원칙 없는 정치(Politics without principle)
2. 도덕 없는 상업(Business without morality)
3. 노동 없는 부(Fortune without work)
4. 인격 없는 교육(Education without peculiarity)
5. 인간성 없는 과학(Science without humanity)
6. 양심 없는 쾌락(Pleasure without conscience)
7. 희생 없는 신앙(Religion without sacrifice)

-(전세환(2008). 「날개 달아 세상으로」. 향군안보복지대학, 315쪽)-

별빛 한마디

걱정의 실체

걱정의 40%는 절대 현실로 일어나지 않는다.
걱정의 30%는 과거에 일어난 일로 지금은 어떻게 해볼 수 없는 일이다.
걱정의 12%는 건강에 관한 불필요한 걱정이었고, 걱정의 10%는 아주 사소한 걱정 거리였다.
남은 8%중 절반인 4%는 우리로서는 어떻게도 할 수 없는 일이었다.
대부분의 사람들이 걱정하는 일이 오직 4%만이 그럴듯한 걱정이었고, 나머지 96%는 불필요한 걱정이었다.

– 〈어니 젤린스키, "느리게 사는 즐거움" 중에서〉 –

제3절 리더십 상황이론

3.1 연구배경과 개요

리더의 특성과 행동에 관한 연구는 모든 상황에서 조직성과를 높여주는 리더의 특성과 행동유형을 찾으려고 했지만, 상황에 따라 효과적인 리더특성과 행동이 달라질 수 있다는 점을 인식하게 되었다. 따라서 리더십을 발휘하는 과정에서 조직성과의 창출에 영향을 주는 상황변수에 대한 관심을 갖게 되었다.

1960년대까지의 연구를 통해 밝힌 결과는 보편타당한 리더의 특성이나 행동이 존재한다기보다는 리더의 특성과 행동이 리더십효과성에 미치는 영향은 여러 상황적 요인에 따라 달라진다는 사실이다. 가령 민주형과 권위형을 비교하면 어느 유형이 좋다고 단정할 수 있는 것이 아니라 어떤 상황에서 어떤 유형이 더욱 적합한가를 살펴야 한다는 것이다. 가령, 구성원들의 능력이 뛰어나고 시간도 넉넉한 상황이라면 민주형 리더십이 적합할 수 있지만, 구성원들의 능력수준이 낮고 시간적 여유가 부족한 상황이라면 권위형 리더십이 적합할 수 있다는 것이다.

위와 같이 리더십 상황연구는 리더에게만 초점을 두는 것이 아니라 리더와 리더십을 발휘하는 상황과의 적합성에 초점을 둔다. 리더십 발휘가 조직현장과 분리된 리더의 단독무대에서 일어나는 일이 아니므로 다양한 현장변수들의 영향을 고려하지 않을 수 없다고 보기 때문이다.

그러므로 **상황이론은 리더의 특성이나 행동이 조직성과에 미치는 영향을 조절해주는 변수와의 적합성 관계를 설명하는 이론이다.** 상황변수(또는 상황조절변수 ; moderator)란 리더의 특성이나 행동의 영향력을 증가시키거나 감소시키는 변수를 말한다. 예를 들면, 부하의 업무경험이 리더가 발휘하는 리더십의 효과성에 영향을 미친다면 부하의 업무경험은 상황변수가 되는 것이다. 상황이론에서 고려되는 일반적인 상황변수는 리더의 특성(리더의 성격, 가치관, 욕구, 동기, 과거 경험 등), 구성원의 특성(구성원의 성격과 가치관, 과업숙련도, 심리적 성숙도 등), 과업의 특성(구조화 정도, 난이도, 과업절차, 명확성 등), 그리고 조직 및 집단의 특성(공식성, 의사결정 구조, 보상체계, 응집력 등) 등이다.[21]

리더십 상황이론의 기반은 리더의 행동유형이론이다. 대부분의 상황이론은 리더의 어떤 행동유형이 어떤 상황에서 더욱 효과적인지를 규명하고자 하는 것이다. 그러므로 이론의 형식은 대개 리더의 행동유형과 상황변수를 구분하여 제시한 다음에 각 상황에 더욱 적합한 리더유형을 식별하는 논리로 구성된다. 상황이론은 현실을 설명하는 변수가 증가하였으므로 특성이론이나 행동이론보다 리더십 효과성에 대한 설명력이 우수한 것으로 평가된다. 대표적인 상황이론들을 살펴보기로 한다.

별빛 한마디

상황유연성

· 지휘관은 어느 특정한 한 유형에 집착할 필요가 없다. 유능한 지휘관은 상황의 요구에 따라 여러 가지 유형을 적용하여 소기(所期)의 목적을 달성한다. – 관자(管子) –

· 나폴레옹은 수필가로 실패했으며, 세익스피어는 양모사업가로 실패했다.
링컨은 상점경영에서 실패했고 그랜트는 제혁업자로 실패했다.
위대한 사람들도 모든 일에 위대한 것은 아니다.
그러나 그들은 포기하지 않았다. 자신에게 맞는 일을 찾아 노력하였으며
그들은 성공하였다. – 프랭크 미할릭 〈느낌이 있는 이야기〉 중에서 –

21) Tannenbaum & Schmidt(1973), pp. 162-180, 강신규 외(2003), 「조직행동론」, 517-518쪽에서 재인용하며 내용을 재정리하였음.

3.2 Fiedler의 상황적합성 이론

Fiedler는 리더십유형과 상황의 적합성관계를 연구하여 상황적합성이론(Leadership Contingency Theory)을 제시하였다[22]. 그는 LPC(least preferred coworker)라는 독특한 개념척도를 개발하여 리더의 유형을 분류하였다. LPC 척도는 과거 또는 현재의 '가장 함께 일하기 싫은 동료'를 생각하면서 그 동료의 여러 특성들에 대해 부여한 합산점수를 기준으로 측정자를 과업지향 리더 또는 관계지향 리더로 분류한다. 이렇게 분류한 두 유형의 리더십이 어떤 상황에서 조직성과에 더욱 효과적인가를 알고자 하는 것이 그가 연구목적이었다.

이 이론을 세 단계로 구분하여 살펴본다.[23]

첫 번째 단계는 LPC척도를 이용하여 리더의 유형을 분류하는 것이다. 분류하는 방법은 과제 2-4(82쪽) 과제의 진단표에 응답하여 자신의 리더십 유형을 식별하는 것이다. LPC 측정에서 상대적으로 높은 점수(64점 이상)는 관계지향적 리더로, 낮은 점수(57점 이하)는 과업지향적 리더로 분류한다.[24] 높은 LPC점수는 평가받는 동료를 긍정적이고 호의적으로 이해한다는 의미이고 낮은 점수는 부정적이고 비호의적으로 생각한다는 의미이다.

따라서 높은 LPC의 리더를 관계지향적 리더로 분류하는 것은 동료가 함께 일하기 싫은 사람임에도 불구하고 그를 호의적으로 생각해 준다는 것은 직무현장에서도 부하의 과업성과가 만족하지 않았을 때에 그에게 인간적이고 배려적인 행동을 할 가능성이 높다는 추정에 근거한 것이다. 낮은 LPC의 리더는 부하가 함께 일하기에 싫은 사람일 때 그에게 인간적인 배려적 행동을 보여 줄 가능성보다 과업중심의 행동을 할 가능성이 크다고 보기 때문이다.

---

22) ① Fiedler, F.E.(1967), *A Theory of Leadership Effectiveness*, NY : McGraw-Hill. ② Fiedler, F.E. & Garcia, J.E.(1987), *New Approaches to Effective Leadership :Cognitive Resources and Organizational Performance*, NY : John Wiley.

23) 이론이 세 단계로 나누어져 있는 것은 아니고 설명의 편이성을 위해 필자가 구분한 것이다.

24) 이 점수의 기준은 연구목적이나 대상에 따라 다르게 적용하는 경우도 있다.

두 번째 단계는 상황이 리더에게 얼마나 유리한가를 판단하기 위해 상황변수들을 평가하는 것이다. Fiedler는 리더유형과 집단성과 간에는 리더의 통제력에 영향을 미치는 세 가지 상황변수가 있다고 보았는데, 그것들은 리더-부하의 관계, 과업의 구조화 정도, 그리고 리더의 직위권력이었다.

① 리더-부하의 관계(leader-member relations) : 리더와 부하간의 신뢰와 헌신의 집단분위기를 의미한다. 관계가 좋으면 리더에게 유리하고 상황통제력도 높아지며 관계가 나쁘면 리더에게 불리한 것으로 평가한다.

② 과업의 구조화(task structure) : 과업구조화란 과업의 목표, 달성방법, 성과기준, 평가방법 등의 명확성 정도를 의미한다. 과업의 구조화가 높을수록 리더에게 유리하고 낮을수록 불리한 것으로 평가한다.

③ 리더의 직위권력(position power) : 리더가 부하들을 평가하고 상벌 등으로 통제할 수 있는 직책에 부여된 권한의 정도를 의미한다. 리더의 직위권력이 클수록 리더에게 유리하고 작을수록 불리한 것으로 평가한다.

Fiedler는 상황변수를 중요성에 따라 가중치를 부여하고 있는데 리더-부하의 관계, 과업구조화, 직위권력 순으로 4:2:1로 부여하였다. 그러므로 종합적으로 리더십 상황은 이 세 가지 상황변수가 결합되어 8개 상황으로 나뉜다. (그림 2.2 참조) Fiedler & Garcia(1987)에 의하면 가중치의 합인 7에 10점을 곱하면 70점 만점이 되는데, 51점 이상이면 상황유리성이 높은 것으로, 31~50점이면 중간, 30점 이하면 낮은 것으로 구분하고 있다.[25)]

세 번째 단계는 리더유형과 상황간의 적합성을 판별하는 것이다. Fiedler의 연구결과는 〈그림 2.2〉와 같이 나타났다. 즉 LPC점수가 낮은 과업지향적 리더십은 상황이 유리하거나(I, II, III), 불리한 경우(VIII)에는 효과적이며, LPC점수가 높은 관계지향적 리더십은 상황유리성이 중간 수준(IV, V, VI)인 경우에 효과적이라는 것이 Fiedler의 견해이다.

25) Fiedler의 이론과 측정방법 등을 상세하게 소개한 〈참고문헌〉의 이순창(2002)의 연구를 참고하기 바람.

그림 2.2 상황별 효과적인 리더

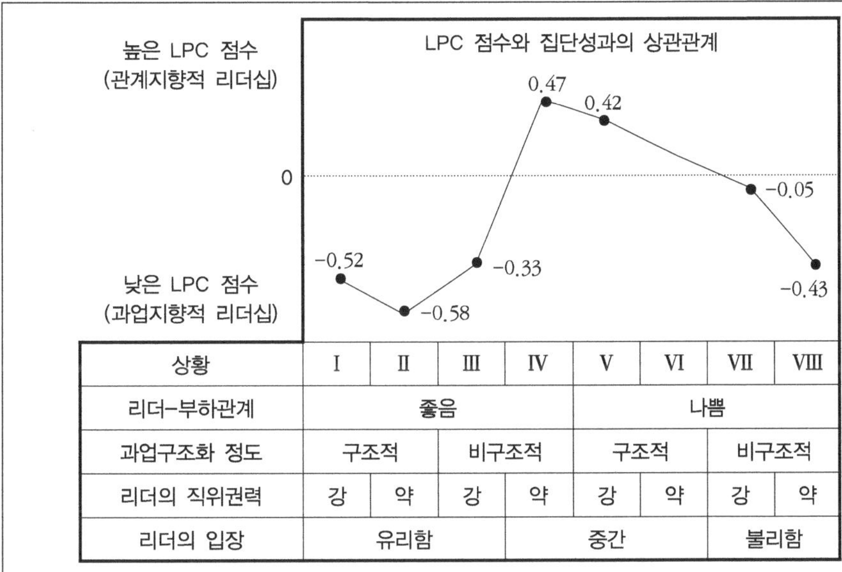

상황	I	II	III	IV	V	VI	VII	VIII
리더–부하관계	좋음				나쁨			
과업구조화 정도	구조적		비구조적		구조적		비구조적	
리더의 직위권력	강	약	강	약	강	약	강	약
리더의 입장	유리함			중간			불리함	

자료 : Fiedler, F.E. & Chemers, M.M.(1982), Improving Leadership Effectiveness : The leader match concept(2nd ed), NY : John Wiley.

Fiedler가 1953년에 첫 연구를 발표하고 1967년에 상황적합성 이론모형을 제시한 후 많은 학자들에 의한 수백여 편의 후속연구가 있었다.[26] Fiedler의 모형과 연구결과의 타당성에는 많은 논란이 있으며 긍정적 평가와 문제점의 지적이 공존한다.

별빛 한마디

효과적인 방법

세상 모든 일이 그렇듯이 '쉬운 방법'은 없다. 보다 '효과적인 방법'이 있을 뿐이다. 이 둘의 차이는 크다. 쉬운 방법을 원하는 사람은 애초에 의지나 노력을 적게 기울이려는 목적이고, 효과적인 방법을 원하는 사람은 같은 노력으로 더 많은 또는 더 확실한 효과를 보고자 하는 사람이다.

– 사이쇼 히로시, 「아침형 인간」 중에서 –

26) 가령 Rice(1978)는 LPC점수를 이용한 100여편의 연구들을 검토한 결과, LPC점수가 높은 리더들은 인간관계의 성공에 더 높은 가치를 부여하고 있고, LPC점수가 낮은 리더들은 과업의 성공에 더 높은 가치를 부여하고 있는 것으로 나타났다.

3.3 House의 경로-목표 이론

경로-목표이론(Path-Goal Theory)은 최초 1950년대에 미시건대학교의 Georgopoulos 등(1957)이 처음 사용한 개념인데[27], Evans(1970)를 거쳐 House (1971)가 상황변수를 추가하여 보다 정교하게 모형화한 후 계속 발전되어 왔다.[28] 이 이론은 동기부여이론의 하나인 기대이론(Expectancy Theory)에 기반을 두고 있는데, 리더의 역할이란 부하가 성과의 대가로 받게 될 보상의 가치를 높이고 보상을 향해 나가는 경로에 어려움을 주는 장애들을 제거하는 것으로 설정한다. 즉 리더가 어떤 상황에서 어떻게 리더십행동을 하는 것이 부하의 과업수행의 동기와 만족감을 높여서 높은 성과와 연결시킬 수 있는가를 탐구하는 것이다. 이 이론을 네 가지 단계로 구분하여 살펴보고자 한다.[29]

첫 번째 단계는 부하의 기대(expectancy)와 동기유발 수준에 관한 기대이론을 이해하는 것이다. 조직의 구성원들은 과업수행을 통해 그 대가로 보상을 얻기를 바라며 노력을 한다. 그러나 과업수행은 보상으로 곧바로 이어지는 것이 아니라 두 단계의 과정을 거친다. 즉 수행을 통해 과업성과를 달성하는 1단계 과정과 과업성과를 바탕으로 보상이 주어지는 2단계이다. 과업을 수행하면 성과를 이룰 수 있을 것이라고 믿는 과업수행자의 주관적 확률을 기대(expectancy)라고 하고, 과업성과가 보상의 수단이 될 것이라고 믿는 과업수행자의 주관적 확률을 수단성(instrumentality)[30]이라고 하며, 제시된 보상에 대해 과업수행자가 느끼는 매력을 유인가(valence)라고 한다. 이를 그림으로 구성하면 〈그림 2.3〉과 같다.

---

27) Georgopoulos, B.S., et al.(1957), "A Path-Goal Approach to Productivity", Journal of Applied Psychology, pp.345-353.

28) House, R.J.(1971), A path-goal theory of leadership effectiveness, *Administrative Science Quarterly*, 16, 321-338.

29) 이론이 네 단계로 나누어져 있는 것은 아니고 설명의 편이성을 위해 필자가 나눈 것이다.

30) 과업수행→성과의 1단계 주관적 확률을 1차 기대(치), 과업성과→보상의 2단계 주관적 확률을 2차 기대(치)라고 부르기도 한다.

그림 2.3 기대와 경로–목표이론의 기본모형

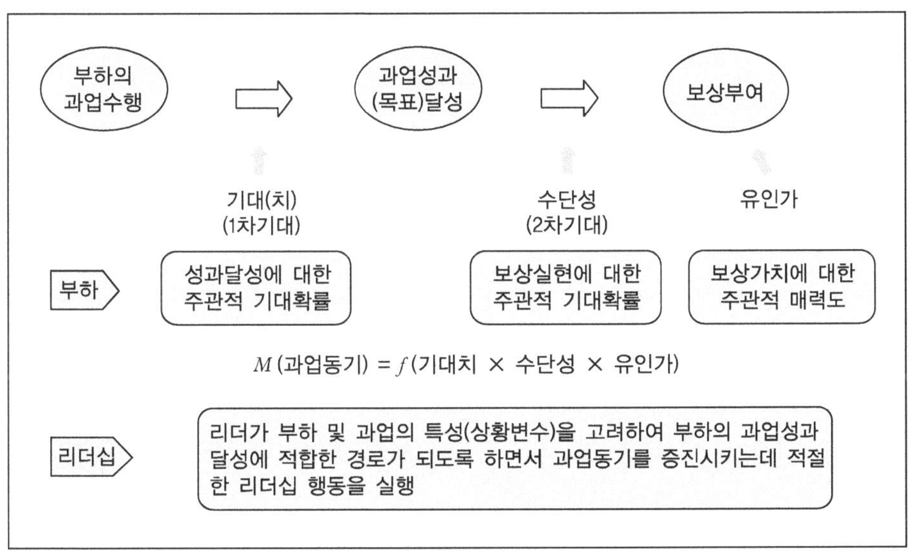

가령 소대장인 P중위는 1분대의 사격성적이 저조하여 고민하고 있다. 1분대 때문에 소대 전체의 성적이 하락하여 중대장에게 질책을 받았기 때문이다. P중위는 1분대장인 K병장에게 지난 번 평가에서 60점이었던 분대의 사격성적이 월말 측정에서 80점을 넘으면 포상휴가를 주겠다고 하였다. 여기서 80점은 성과이고 포상휴가는 보상이다. 즉 K병장이 사격훈련(과업수행)을 하여 80점(과업성과)을 넘는 것이 1단계이고, 80점(과업성과)을 수단으로 포상휴가(보상)를 받는 것이 2단계인 것이다. 이 과정에서 K병장이 사격훈련을 잘하면 80점을 넘을 수 있다는 주관적 믿음이 강할수록 기대치(또는 1차 기대)는 높아지고 열심히 해도 80점에 도달하지 못할 것 같다고 생각하면 기대치는 낮아진다. 또한 80점을 넘으면 소대장이 포상휴가를 줄 것이라는 믿음이 강할수록 수단성(또는 2차 기대)의 값은 커지고 휴가를 허용하지 않을지도 모른다는 생각이 강할수록 수단성의 값은 낮아지는 것이다.

그리고 K병장이 포상휴가가 얻고 싶은 것일수록 유인가는 높아지고 매력을 느끼지 못할수록 유인가는 낮아진다(표 2.9 참조).

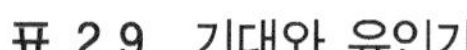
표 2.9 기대와 유인가

구분	기대		유인가
	기대(1차 기대)	수단성(2차 기대)	보상의 매력
과정	과업수행 ⇨ 성과 달성	성과 ⇨ 보상	제시된 보상
예	사격훈련 ⇨ 80점	80점 ⇨ 휴가	포상휴가의 매력

그러므로 동기부여의 기대이론에 의하면, 구성원의 동기수준은 $M=f$(기대치×수단성×유인가)로 표시된다. 그러므로 동기수준은 ① 과업을 수행하면 성과를 달성할 수 있다고 믿을 때, ② 과업을 수행하여 성과를 달성하면 보상이 주어질 것이라고 믿을 때, ③ 보상이 나에게 매력적인 것일 때에 높아지고, 그 반대이면 동기수준이 낮아질 것이다.

경로-목표이론의 두 번째 단계는 동기부여에서의 기대치와 리더십을 연결시키기 위해 리더의 유형을 분류하는 것이다. 초기의 이론에서는 부하의 기대치(수행→성과)를 높이는 리더십 유형을 OSU의 구조주도와 배려형으로 설정하였다. 즉 구조주도는 작업목표의 명확화와 수행방법의 구체화 및 정확한 피드백 등을 통해 과업수행자의 모호함을 감소시켜서 성과달성에 대한 기대를 높이는 행동이다. 또한 배려는 과업수행자가 더욱 자신감을 가지고 능동적이고 즐겁게 일하게 함으로써 성과달성의 기대를 높이고자 하는 리더 행동이다. 이러한 두 유형은 후속연구를 거치면서 참여적 리더십과 성취지향적 리더십이 추가되어 네 유형으로 확장되었다. 네 유형의 리더십의 개념은 다음과 같다.

① **지시적(directive) 리더십** : 구체적 지침과 표준 그리고 작업스케줄을 제공하고 규정을 마련하며 직무를 명확히 해주는 리더 행동이다. 이는 구조주도 또는 과업지향적 리더십과 같다.

② **지원적(supportive) 리더십** : 부하의 욕구와 복지에 관심을 쓰며, 이들과 상호 만족스런 인간관계를 강조하면서 후원적 분위기 조성에 노력하는 리더 행동이다. 이는 배려 또는 인간지향적 리더십과 유사하다.

③ **참여적**(participative) **리더십** : 부하들에게 자문을 구하고 그들의 제안을 이끌어내어 이를 진지하게 고려하며, 부하들과 정보를 공유하는 리더 행동이다.

④ **성취지향적**(achievement oriented) **리더십** : 도전적 과업목표를 설정하고 성과개선을 강조하며 하급자들의 능력발휘를 격려하고 자율적 실행기회를 부여하는 리더 행동이다.

리더는 이러한 네 가지 스타일 중 하나를 선택할 수 있으며, 어떤 리더십 행동이 효과적인가 하는 것은 부하와 과업 등의 특성에 따라 달라질 것이다.

경로-목표이론의 세 번째 단계는 상황요인을 식별하는 것이다. 상황요인은 크게 두 범주인데 하나는 부하의 특성으로써, 자율이나 참여 등에 관한 욕구, 과업수행능력의 정도, 도전성이나 적극성 등의 성격 등이다. 다른 하나는 과업의 특성으로, 과업의 명료성과 난이도 및 공식화 정도 등이다.

경로-목표이론을 이해하는 네 번째 단계는 상황요인을 고려하였을 때, 어떤 리더십을 발휘하는 것이 부하들의 기대치를 높여주는가를 탐색하는 것이다.

① 부하가 업무능력이 부족하고 과업이 구조화되어 있지 않아 일을 어려워하는 경우에는 리더가 부하의 기대를 주도해주는 지시적 리더십이 효과적일 것이다.

② 부하가 능력은 기본적으로 구비되어 있으나 자신감이 부족하여 과업성과 달성에 확신을 갖지 못하지만 과업은 감당가능한 수준이라면, 리더가 관심을 가져주고 인간적인 격려와 후원 등의 지원적 리더십을 발휘를 통해서 동기부여를 할 때 자신감을 얻어서 과업성과 달성의 확신을 증가시킬 것이다.

③ 부하가 기본적으로 과업능력과 의지가 있고 과업이 감당 가능한 상태에서 자율적인 판단을 존중받고 싶어 한다면 참여적 리더십이 부하의 기대치를 높일 수 있을 것이다.

④ 부하의 과업능력이 우수하고 도전적이며 성취감을 얻고 싶어 하고 과업은 다소 어려워도 새로운 영역이어서 도전할 가치가 있다면 성취지향적 리더십을 발휘하는 것이 부하의 기대치를 높일 것이다.

이상의 내용을 종합적으로 요약하면 〈표 2.10〉과 같다.

표 2.10 경로–목표 이론의 요약

상황의 특성			바람직한 리더십	예상효과
상황1	부하	• 업무능력 저조, 경험 부족 • 자신감 결여, 외적 통제 선호	지시적 리더십	• 과업수행 방법 인식 및 자신감 증진 • 보상에 대한 기대감 증가
	과업	• 비구조화되고 공식적 수행절차 미흡 • 다소 어려움		
상황2	부하	• 기본적인 업무능력, 자신감 결여 • 친화욕구가 강함	지원적 리더십	• 리더에 대한 책임감을 통한 성과증진 노력 • 자신감과 내적 동기 증진
	과업	• 구조화된 반복적 과업 • 어려움보다는 과업동기 유지 필요		
상황3	부하	• 기본적인 업무능력과 의지 구비 • 결정에 참여한 일 선호	참여적 리더십	• 결정참여의 책임감 증가를 통한 성과증진 노력 • 성과와 보상 기대 증진
	과업	• 다소 비구조화 및 모호 • 도전적이지는 않더라도 흥미로움		
상황4	부하	• 자율의지와 도전적 자세 • 책임감과 자신감 구비, 능력우수	성취 지향적 리더십	• 자기능력발휘의 기대감 증진 • 자아실현적이고 헌신적인 과업수행
	과업	• 비구조화, 어려움, 새로운 영역 • 불확실성, 다른 사람들이 감당 회피		

자료 : 이론의 내용을 기초로 필자가 구성하였음

별빛 한마디

생각의 근육

오즘 사람들은 너도 나도 몸짱이 되기 위해 땀 흘려 몸을 가꾸려고 한다.
그러나 몸짱이 전부는 아니다.
책을 읽고 지식을 쌓음으로써 얻어지는 생각의 근육도 키워야 한다.
몸 근육은 일시적이지만 생각의 근육은 영원하다. – 성신제(성신제 피자 대표) –

3.4 Hersey & Blanchard의 상황적 리더십 이론

Hersey & Blanchard는 리더유형과 리더십효과성 간에 상황변수가 작용하는 상황적 리더십이론(Situational Leadership Theory)을 제시하였다.[31] 이들은 행동이론의 관점에서 리더십을 4개로 유형화하였다. 상황변수로는 부하의 성숙도(maturity)로 설정하여 4개의 유형으로 나누었으며, 부하의 성숙도에 맞추어 더욱 적합한 리더십 유형을 연계하는 것이 필요하다고 보았다. 이 이론을 세 단계로 구분하여 살펴보기로 한다.[32]

첫 번째 단계는 리더의 유형을 구분하는 것이다. 리더유형은 행동이론에서 제시되었던 관계 행동(relationship behavior)과 과업 행동(task behavior)을 조합하여 4가지 리더십 유형을 구성하였다. (그림 2.4 참조)

그림 2.4 과업 및 관계행동에 따른 리더의 4유형

높음 ⇧ 관계행동 ⇩ 낮음		
	지원형(S3)	코치형(S2)
	위임형(S4)	지시형(S1)
	낮음 ⇦ 과업행동	⇨ 높음

① 지시형(dirccting) : '높은 과업 행동 낮은 관계 행동'으로 과업지향적 행동유형과 같은 유형이다. 의사소통의 초점이 목표달성과 생산성에 맞추어져 있으며, 리더는 계획된 목표의 달성과정과 방법에 대해 구성원들의 활동을 감독하고 통제한다.

---

31) Hersey, P. & Blanchard, K.H.(1982), *Management of Organization Behavior : Utilizing Human Resource*(*4th ed.*), Englewood Cliffs, NJ. : Prentice-Hall.

32) 이론이 세 단계로 나누어져 있는 것은 아니고 설명의 편이성을 위해 필자가 구분한 것이다.

② 코치형(coaching) : '높은 과업 행동-높은 관계 행동'의 유형으로 의사소통의 초점을 목표달성과 정서적 지원 양쪽에 동시에 맞추고 있다. 구성원들의 참여를 촉진하고 아이디어를 장려함으로써 인간관계적 만족감을 통해 팀 정신을 촉구하면서도, 여전히 과업목표 달성에 대한 강한 통제적 행동을 유지한다. 코치형은 과업기술에 대한 적극적인 지도 등 높은 수준의 과업행동을 해야 하고 동시에 개인적인 관심과 배려 등 인간적인 신뢰감을 쌓아야 하기 때문이다.

③ 지원형(supporting) : '높은 관계 행동－낮은 과업 행동'의 유형으로 배려형 또는 구성원지향적 리더와 같은 유형이다. 목표달성을 위한 지원적 행동을 통하여 구성원들의 자발적인 노력을 촉진하고자 한다. 일상적 의사결정의 권한은 부하에게 위임하지만 문제해결의 책임은 리더가 지려고 한다.

④ 위임형(delegating) : '낮은 관계 행동-낮은 과업 행동'의 유형으로 리더는 계획과 통제 및 감독 등의 과업활동은 물론 인간관계를 원활하게 하는 지원적 행동도 적극적으로 하지 않고 과업담당자 등에게 위임하여 자율에 맡기는 유형이다.

리더의 네 유형 중에서 어떤 유형이 가장 효과적인지는 아직 알 수가 없다. 상황과의 적합성을 따져보아야 알 수 있기 때문이다.

두 번째 단계는 상황변수로서의 부하의 유형을 구분하는 것이다. 변수는 부하의 성숙도(maturity)이며 두 범주로 나뉜다. 하나는 직무성숙도(job maturity)로써, 직무경험과 직무지식 및 직무요구의 이해도 등 세 요소로 구성된 직무수행능력을 의미한다. 다른 하나는 심리성숙도(psychological maturity)로써, 책임감과 성취동기 및 직무전념도의 세 요인으로 구성된 직무수행의 자발성과 자신감을 의미한다. 부하들은 성숙도에 따라 〈그림 2.5〉와 같이 4개의 유형으로 구분된다.[33)]

---

33) Blanchard 등은 최초의 연구 이후에 개념들을 명확히 하고자 Situational Leadership II(SL II)를 제시했다. '성숙도'를 '발달수준(development level)'으로 바꾸어 구성요소를 능력(competence)과 몰입(commitment)으로 대체하였다가 다시 '준비수준(readiness level)'으로 수정하였다. 또한 리더 유형의 명칭을 지시형(directing), 코치형(coaching), 지원형(supporting), 위임형(delegating)으로 수정하였다. 그러나 최초 모형의 기본구조는 유지하고 있으므로 리더 유형만 수정된 용어를 사용한다. 단, 부하유형의 이름은 이해를 돕기 위하여 필자가 붙인 것이다.

그림 2.5 성숙도에 따른 부하의 4유형

높음 ⇧ 심리 성숙 ⇩ 낮음		
	심리성숙형(M2)	통합성숙형(M4)
	미성숙형(M1)	직무성숙형(M3)
	낮음 ⇦ 직무성숙	⇨ 높음

M1은 능력과 자발적 의지가 모두 낮은 부하이며, M2는 능력은 낮으나 자발적 의지는 강한 부하이다. M3은 능력은 높으나 자발적 의지가 약한 부하이며, M4는 능력과 의지가 모두 높은 유형의 부하이다. 리더의 유형에서 가장 효과적인 유형은 알 수 없지만, 부하의 유형에서는 가장 바람직한 유형은 M4이며 가장 바람직하지 않은 유형은 M1이다.

세 번째 단계는 리더유형과 부하유형의 적합성을 연계하는 것이다. 리더의 유형이 4개이며 부하의 유형도 4개이다. 이중 부하의 유형이 상황변수이므로 각각의 부하유형에 적합한 리더유형을 식별하여 연결짓는 것이다. 연구결과는 〈표 2.11〉과 같다. 즉 부하가 M1 수준이면 지시형이, M2 수준이면 코치형이, M3 수준이면 지원형이, 그리고 M4 수준이면 위임형 리더십이 가장 효과적이라는 것이 Hersey & Blanchard의 견해이다.

표 2.11 리더유형과 부하유형의 적합 관계

부하유형(상황변수)		리더유형
미성숙형 (M1)	⇨	지시형 (S1)
심리성숙형 (M2)	⇨	코치형 (S2)
직무성숙형 (M3)	⇨	지원형 (S3)
통합성숙형 (M4)	⇨	위임형 (S4)

즉, M1형의 미성숙한 부하는 과업을 수행할 자발적 의지와 능력이 모두 부족하기 때문에 리더가 과업목표를 설정해주고 수행방법을 지도하여 주기적으로 확인하고 통제하는 것이 성과달성에 바람직하다는 것이다. 반대로 성숙한 M4형의 부하들은 스스로 과업을 수행할 의지와 능력이 있으므로 리더가 지나치게 구체적으로 개입하는 것이 오히려 방해요소가 될 수 있다고 보아 위임형이 적합하다고 본다. 직무수행의 자발적 의지는 있으나 직무능력이 다소 미흡한 M2형의 부하에게는 적극적으로 과업수행을 지도하고 동시에 관계지향적인 코치형의 리더행동이 과업성과 증진에 바람직하다고 본다. 마지막으로 직무능력은 있으나 자발적 의지가 약한 M3형의 부하에게는 자발적 의지를 북돋을 수 있는 관계지향적 행동으로서의 지원형이 적합하다고 주장하였다.

후속된 실증연구들의 견해가 모두 일치하지는 않는다. 가령, Hambleton & Gumpert(1982)는 리더로 하여금 부하들의 성숙수준을 평가하고 자신의 리더십 유형의 효과성을 평가하도록 하였다. 연구결과, Hersey & Blanchard의 연구와 일치하는 경우가 일치하지 않는 경우에 비하여 평균값이 유의적으로 높았다. Vecchio(1987)는 14명의 학교장과 303명의 교사를 대상으로 한 연구결과 Hersey & Blanchard 이론은 중간 이상의 높은 수준의 성숙도를 가지는 교사보다는 낮은 수준의 성숙도를 가지는 교사에게 더욱 적합성이 높았다. Fernandez & Vecchio (1997)는 32명의 리더와 332명의 부하를 대상으로 한 연구에서 리더행동과 부하의 성숙도 간의 적합관계가 성과에 유의한 영향을 미치지 않는 것으로 조사되어 이론을 지지하지 않았다.

별빛 한마디

도움과 사랑

- 사람은 누구나 남의 도움이 필요할 때가 있다. 반드시 높은 사람의 도움이 필요한 것은 아니다. 뜻밖에 후배나 아랫사람에게서 도움이나 위안을 얻을 수 있다. 아무리 큰배도 항구에 들어올 때는 작은 예인선의 도움을 받아야 하는 것처럼 ……
- 사랑하는 사람과 근심을 나누지 않는 것은 사랑하는 사람에게 자기를 진정으로 사랑할 기회를 주지 않는 것이다.

전문가 의견

카리스마 훈련

스스로 카리스마적이라고 생각하는 사람은 별로 없다. 카리스마를 특별한 사람들의 강력한 선천적 자질이거나 신비로운 힘, 또는 행운과 동일시하기도 한다. 하지만 인생의 어느 시점에서든 훈련과 학습으로 자신의 카리스마를 만들 수 있다. 모든 사람들이 로널드 레이건이나 헬렌 헌트의 경이로운 매력을 발산하기는 어렵겠지만 노력하면 지금의 모습보다 훨씬 더 카리스마적인 사람이 될 수 있다.

그 방법은 자신이 원하는 카리스마적 이미지를 설정하고 그 이미지에 적합한 카리스마적인 사람들을 골라 그 행동을 관찰하여 자신의 이미지를 구성한 다음 그러한 이미지로 변화하도록 연습하는 것이다.

변화에는 열정과 겸손의 두 요소가 중요하다. 강렬한 열정은 카리스마적 이미지의 핵심요소로써 타인의 주목을 끌게 하고, 겸손은 사람들에게 호감을 주어 다가오게 한다. 두 요소를 결합하면 카리스마 시너지를 창출할 수 있다. 열정만 강하면 무모하고 오버한다는 인상을 주며, 겸손만으로는 무기력한 현실안주자라는 인상을 준다.

사람들에게 경계심을 주지 않고 새로운 행동 패턴을 체득하는 데에는 6개월에서 1년 정도가 필요하다. 카리스마는 단계적으로 변화할 필요가 있다. 금요일에는 은발이었는데 월요일에 흑발이 되어 나타나면 부자연스럽다. 카리스마란 원래 노력하지 않은 듯 자연스러운 것이기 때문이다.

– 앤드류 뒤브린 교수(Rochester Institute of Technology) : (휴넷, 2005. 5. 20.의 내용을 참고하여 정리) –

과제 2-4 과업중심형과 관계중심형 진단

개념 및 정의

Fiedler는 리더십 유형과 상황의 적합성 관계를 연구하여 상황적 적합성이론(Leadership Contingency Theory)을 제시하였다. 그는 LPC(least preferred co-worker)라는 독특한 개념 척도를 개발하여 리더의 유형을 분류하였다. LPC 척도는 과거 또는 현재의 '가장 함께 일하기 싫은 동료'를 생각하면서 그 동료의 여러 특성들에 대해 부여한 합산점수를 기준으로 측정자를 과업중심형 리더 또는 관계 리더로 분류한다. 이렇게 분류한 두 유형의 리더십이 어떤 상황에서 조직성과에 더욱 효과적인가를 알고자 하는 것이 그가 연구목적이었다.

– 박유진, 『조직과 리더십』 –

LPC 척도(LEAST PREFERRED CO-WORKER SCALE)

※ 지금까지 함께 일했던 사람들 중에서 가장 일하기 싫었던 사람을 한사람 생각해 내고 그(녀)에 대해서 아래에 평가하시오.[34] 각 문항의 양쪽에 있는 말을 먼저 읽고 그 사람에게 적합한 점수를 부여하되 빠른 속도로 처음 생각한 느낌대로 답하세요.

			점수
쾌활한 사람	87654321	쾌활하지 못한 사람	________
친절하고 다정한 사람	87654321	불친절하고 다정하지 못한 사람	________
잘 거부하는 사람	12345678	수용적인 사람	________
긴장하고 있는 사람	12345678	긴장을 풀고 여유 있는 사람	________
거리를 두는 사람	12345678	친근한 사람	________
냉담한 사람	12345678	다정한 사람	________
지원적인 사람	87654321	적대적인 사람	________
따분해 하는 사람	12345678	흥미를 잘 느끼는 사람	________
싸우기 좋아하는 사람	12345678	화목하고 잘 조화하는 사람	________

34) 박유진(2009), 「조직과 리더십」, 양서각, 122쪽

우울한 사람	12345678	늘 즐거워 하는 사람	________
서슴치 않고 개방적인 사람	87654321	주저하고 폐쇄적인 사람	________
험담을 잘하는 사람	12345678	너그럽고 관대한 사람	________
신뢰할 수 없는 사람	12345678	신뢰할 만한 사람	________
사려깊은 사람	87654321	사려깊지 못한 사람	________
심술궂고 비열한 사람	12345678	점잖고 신사적인 사람	________
마음에 맞는 사람	87654321	마음에 맞지 않는 사람	________
성실하지 않은 사람	12345678	성실한 사람	________
친절한 사람	87654321	불친절한 사람	________
			총 점

진단법

응답점수 합이 57점 이하이면 과업지향형, 64점 이상이면 관계지향형, 58과 63점 사이에 있으면 관계지향형과 과업지향형 중에서 응답자 마음대로 결정함. (*가장 같이 일하고 싶지 않은 사람에 대해서 응답했는데 그 결과는 응답자의 스타일을 나타낸다는 점에 주목하자.)

☞ 내가 평가한 사람은 어떤 유형인가?

과업중심형과 관계중심형의 특징35)

과업중심형의 특징	관계중심형의 특징
• 과업을 완성함으로써 자긍심을 느낌 • 우선적으로 과업에 관심의 초점을 둠 • 실패하든가 일을 잘 못하는 하급자에 엄하게 행동하는 경향 • 자세한 수치나 보고를 좋아함	• 대인관계로부터 자긍심을 느낌 • 우선적으로 사람에 초점을 둠 • 다른 사람들을 기분 좋게 하기를 좋아함 • 자세한 수치나 보고를 싫어함

35) 백기복외(2009), 「리더십의 이해」, 창민사, 249쪽

사례 1 : 부리기만 해선 상관에 불과

김모임(金慕妊) 보건복지부장광이 지난 6월 이후 월례 조회 때 마다 '상관'과 '리더'의 차이를 열강 중.

김 장관은 이달 초 "뒷전에 선채 부하를 단순히 부리려고만 하는 사람은 상관에 불과하다"며 "이에 비해 리더는 앞장서서 부하를 인도한다"고 설명. 이에 앞서 지난 8월 조회에서는 "상관은 부하의 잘못을 꾸짖기만 하지만 부하의 잘못을 고쳐준다"고 강조 또 상관은 권위에만 의존한다고 비교.

김 장관은 지난 7월 "우리는 자신이 아는 방법을(타인에게) 가르쳐주고(부하직원이) 일을 할 수 있게끔 신바람을 불러 일으키는 리더가 돼야 한다."고 설파. 지난 6월 리더론 강좌에선 "상관은 공포심을 심어주는 반면 리더는 신념을 심어주며 상관은 '내가'라고 말하고 리더는 '우리들이'라고 말한다"고 지적. 아직까지 미 공개된 김 장관의 잔여 리더론 내용은 △상관은 일을 고역스럽게 하고 리더는 일을 즐겁게 한다. △상관은 부하를 맹종자로 만들고 리더는 부하를 순종자로 만든다는 것 등이다.

직원들은 이 같은 김 장관의 열성에 대해 "교수출신답다"고 긍정적으로 평가.

-〈자료 : 한국경제, 98. 9. 12〉-

사례 2 : 21세기 신성장 동력, '여성'

여성경제인연합회는 지난달 6일 하얏트그랜드 서울 그랜드볼룸에서 '제9회 여성경제인의 날'을 개최했다. 이날 행사에는 산업자원부 이희범 장관과 최홍건 중소기업특별위원회 위원장, 김애실 국회 여성위원장, 김성진 중소기업청장, 최경수 조달청장 등 각계인사 500여명이 참석했다. 이희범 산업자원부 장관은 인사말을 통해 한국경제가 고유가와 환율 등 국내외 어려운 환경인데도 열성을 가지고 기업경영에 힘써준 여성경제인들에게 고마움을 전했다.

정명급, 여경협 회2장은 "여전히 남성위주인 사회에서 여성들이 기업경영에 적극 나서고 있다"며 "여성기업의 평균부채비율은 64.4%로 일반기업의 173.7% 보다 낮고 자본매출액 경상이익률은 13.1%로 일반 기업의 3.4%보다 높아 건실한 성장모델을 제시하고 있다"고 말했다. 또한 "여성기업인 특유의 친화력을 바탕으로 함께하는 기업문화와 노사문화를 창출하기 위해 여성기업에 대한 더 많은 지원이 필요하다"고 덧붙였다.

한편 이날 시상식에서는 액세서리 업체 보우실업 김명자 대표가 동탄산업훈장을 받았다. 대림개발의 김추자 대표는 산업포장을, 세원토건 이금선 대표와 영도벨벳의 유병선 대표는 대통령 표창을, 명가인터내셔널의 노정미 대표와 뉴바이오 김숙희 대표, 제니컴 김복경 대표, 오리엔트조선의 전수혜 대표는 국무총리 표창을 받는 등 모두 51명의 여성기업인이 정부와 여성단체로부터 표창을 받았다.

여경협은 국내 전체 사업체수 중 37.2%를 차지하는 여성기업들에 대한 지원확대를 위해 전문인력 양성을 활성화할 계획이다. 또한 체계적인 여성기업 지원에 필요한 종합 인프라 구축을 위해 중소기업청과 공동으로 여성기업종합지원센터 건립을 재추진한다.

-〈자료 : CEO, 2005. 8. p.58〉-

과제 2-5 나의 리더십 발휘 자신감

※ 리더십 자신감(Leadership Self-Efficacy)을 알아보는 설문이다.
나는 리더십을 발휘하는 것에 대해서 얼마나 자신감을 갖고 있는지 알아보자.[36)]

응답 양식

1	2	3	4	5	6	7
전혀 그렇지 않다.	거의 그렇지 않다.	별로 그렇지 않다.	보통 이다.	다소 그렇다	상당히 그렇다	전적으로 그렇다

1. 나는 같이 일하는 대부분의 집단에서 효과적인 리더십을 발휘할 수 있다고 자신한다. ( )
2. 나는 다른 사람들을 효과적으로 이끌어 갈 수 없을 것 같다. ( )
3. 나는 마음만 먹으면 다른 사람들보다 리더십 발휘를 잘 할 수 있다. ( )
4. 나는 문제가 있는 집단이라고 할지라도 열정을 가지고 성공적으로 이끌 자신이 있다. ( )
5. 나는 상황이 호의적이지 않더라도 다른 사람들을 설득하여 한 방향으로 같이 가도록 만들 수 있다. ( )
6. 나는 리더십을 발휘하다가 어려움에 닥치더라도 차분히 극복해낼 자신이 있다. ( )

36) 백기복외(2009), 「리더십의 이해」, 창민사, 71~72쪽

진단법

위의 여섯 항목들 중에서 2번 항목은 귀하가 응답한 점수를 8에서 빼야 한다.

즉, 8-(응답한 점수)=(바른 점수)가 된다. 예컨대, 7이라고 응답했으면, 1이 되고 2라고 응답했으면 6이 된다. 나머지 다섯 항목들은 응답한대로 사용한다.

자, 이제 여섯 항목의 점수를 다 합산하자. 합한 결과가 38점 이상이면 '리더십 발휘에 대해서 매우 자신'하고 있는 것이고, 31~37이면 '비교적 자신감이 있는 것'이며, 24~30이면 '자신감이 조금 모자란 상태'이고, 23점 이하이면 '자신감이 매우 부족한 상태'이다.

다른 사람들과 비교해보자, 또한 귀하가 속한 집단 전체가 어떤 패턴을 갖는지 확인해 보자. 혹시 리더십 발휘에 자신감이 전반적으로 부족한 집단에 속하지는 않았는가?

☞ **나의 리더십 발휘에 대한 자신감은?**

사례 1 : 하반신 장애를 딛고 뉴욕시 판사가 된 정범진

재미교포 1.5세대인 평범한 법대생 정범진씨는 갑작스러운 교통사고로 전신마비 장애인이 되었다. 어깨 아래부터 전혀 감각을 느낄 수 없어 소변을 보는 것이나 옷을 갈아입는 일조차 스스로 할 수 없는 현실이었다. 결혼을 약속한 여자 친구로부터 버림받고 절망의 시간을 보내야 했던 그는 공부에 매달려 1년 만에 법대 졸업과 동시에 미국 사법시험을 합격하여 뉴욕 브루클린의 검사가 되는 동안 그는 남보다 몇 곱절이나 힘겨운 세월을 보냈지만 결국 자신감으로 자신을 추스를 수 있었다. 현재 그는 동양인으로는 드물게 뉴욕시 형사법원 판사로 활약하고 있다.

-〈마틴 페리, 자신감 UP 노트, 더난출판〉-

사례 2 : 미국의 철강왕 카네기

부자가 되거나 성공한 사람들의 공통점의 하나는 타인의 장점을 발견하여 주목하고 그것을 인정하고 개발하여 발휘하도록 하였다는 사실이다. 그 결과 주변사람들은 그를 호의적으로 대하고 그를 도우며 열성적으로 일했다.

미국의 철강왕 앤드류 카네기의 묘비에는 그가 원했던 비문이 새겨져 있다. '여기에 자신보다 더 우수한 사람을 어떻게 대해야 하는지를 잘 아는 인간이 잠들어 있다.' 장점을 인정하고 발휘하게 하는 것은 인간의 정신에 햇빛과도 같은 것이다.

카네기는 남을 부자로 만들지 않고서 혼자 부자가 되기는 어렵다고 말했다. 카네기는 이 철학을 실천했으며 실제로 그의 직원 43명은 백만장자였다. 어느 기자가 어떻게 이토록 많은 백만장자들을 직원으로 고용할 수 있었느냐고 묻자 카네기는 그 직원들은 그가 고용한 후에 백만장자가 되었다고 설명했다.

별빛 한마디

효과적인 하루운영

1. 좋은 출발을 할 것. 기분 좋게 일어날 것. 수면부족, 영양부족 상태로 하루를 시작하지 말 것 .
2. 일과표는 좋은 습관을 갖게 한다. 일과표에 따라서 일을 진행할 것. 기분 내키는 대로, 일이 닥치는 대로 하지 말 것. 계획된 행동을 할 것.
3. 중점목표와 마감시간을 생각하면서 일을 할 것. 이런 태도를 가져야 정신을 집중할 수 있고 박진감 있게 일 할 수 있다.
4. 자투리 시간을 살 활용할 것. 항상 대체행동을 생각해 둘 것.
5. 그날 일을 가급적 그날 처리할 것. 불가피한 것 이외에는 미루지 말 것.
6. 아무리 바빠도 하루에 1시간 이상 자기계발을 위한 시간을 가질 것. 이른 아침이나, 퇴근 후 시간대로 할당하면 좋다.
7. 반성과 계획할 시간을 가질 것. 일과표에 미리 그 시간을 짜 넣을 것.
8. 일에 전념하기 위해 집중할 시간과 조용한 시간을 만들기에 노력할 것.
9. 편안한 잠을 잘 것.

－ 〈유성은 시간 소프트〉 －

REVIEW ISSUES

① 리더에게 중요한 특성이 무엇이라고 생각하는지 서로 의견을 나누고 논의해 봅시다. 논의 초점은 리더의 일반적인 바람직한 특성, 당신의 직무영역에서의 우수한 리더의 특성, 특정한 상황에서의 바람직한 특성 등으로 세분하여 논의하는 것이 유익합니다.

② 전통적인 리더십이론들(리더특성, 행동유형, 상황) 각각의 기여와 문제점을 제시해 봅시다.

③ 전통적인 리더십이론이 리더의 특성에서 행동유형으로, 행동유형에서 상황요인으로 연구초점을 확대한 이유를 설명해 봅시다.

④ Iowa대학교의 리더십유형과 리더십효과를 설명해 봅시다.

⑤ O·S·U의 리더십 유형진단설문을 통해 자신을 진단해 보고, 관리격자에 표시하여 자신의 리더십행동 보완방향을 설정해 봅시다.

⑥ Hersey & Blanchard의 리더 및 부하의 유형분류방안을 설명하고 현실 속에서 유형별 사례를 찾아봅시다.

⑦ House의 경로-목표 리더십 모형에서 기대의 의미를 설명하고, 각 리더십 유형이 기대를 어떻게 끌어올리는 것인지를 논의해 봅시다.

⑧ 자기 자신의 리더십 특성과 행동유형은 어떠한지 생각해 봅시다.

제 3 장 현대적 이론

1970년대 이후에 제시되는 여러 이론들은 전통적 이론의 세 범주에 분류하기가 쉽지 않다. 이론에 따라 초점과 관점이 다르기도 하고 이전에 있었던 유사한 관점을 새롭게 이론 체계화기도 하였다. 흔히 이들을 '현대적 리더십이론'으로 분류한다.

이들을 크게 세 흐름으로 나누어 소개하고 논의한다. 세 흐름은 구성원들의 자율역량 배양과 발휘를 돕는 리더십, 변화를 주도하는 리더의 역량을 중시하는 리더십, 리더가 역할 전환을 하여 조직과 구성원을 위해 봉사하는 리더십 등이다. 물론 최근까지 발표된 현대적인 모든 이론들을 세 흐름 속에 포함할 수 있는 것은 아니다. 다만 현대적인 이론들의 주요 경향을 세 가지 흐름으로 관찰하였고, 이 흐름들에 관련된 대표적인 주요이론들을 선별하여 소개하는 것이다.

제1절 배경과 개요

1.1 배 경

사회와 조직의 현실은 항상 변화한다. 초기의 산업사회에서는 조직들의 구조가 톱니바퀴로 연결된 잘 짜여진 기계처럼 구성되는 것이 효율적이라는 생각이 강했다. 구성원들은 기계의 나사못과 같은 존재로 이해되었고, 이러한 조직과 인간을 '기계적 조직'과 '나사못 인간'이라고 부르기도 하였다. 조직가치가 개인가치보다 우선하였으므로 개인들은 조직의 요구에 순응하는 것을 당연한 것으로 받아들였다. 리더십은 '상부에서 지시한 목표달성을 위해 주어진 직무만 잘 하도록 부하들에게 영향력을 행사하는 과정'으로 인식되었다.

민주화와 정보화의 진전에 따라 개인들의 가치가 중시되고 교육수준과 전문화 수준도 높아졌다. 사람들 간에 평등의식이 확산되어 지배와 군림은 문화는 약화되고 존중과 배려가 중요한 덕목이 되었다. 사람들은 사회와 조직 속에서 자신의 비전을 실현할 수 있는 자율능력을 더욱 중시하기 시작했다. 능력이란 나사못과 같은 역할이 아니라 복잡하게 변화하는 상황 속에서 능동적으로 역할을 발견하고 과제를 해결하는 것을 의미하는 것이다.

현대사회의 개방성은 개인들로 하여금 추구하는 가치를 다양하게 표현할 수 있게 하였으며, 사람들은 남들에게 어필하는 개성적인 카리스마의 개발에 더욱 많은 관심을 갖게 되었다.

아울러 지식정보사회는 산업사회의 상황보다 더욱 빠르고 복잡한 변화의 양상을 보인다. 디지털사회는 아날로그사회보다 더욱 기민한 순발력을 요구한다. 이러한 속성은 리더에게 변화와 혁신을 주도할 수 있는 능력을 요구한다. 디지털 상황에 적응하지 못하는 아날로그형 상급자가 디지털형 구성원들을 이끌어나가기가 어려워진 것이다.

현대사회의 변화는 한 가지 방향으로만 단정하게 진행되는 것이 아니라 복합적이며 다방향적인 것이다. 이러한 다방향성은 이론의 다양성을 요구하게 된다. 아울러 과거처럼 소수의 리더를 조직과정의 주체로 인식하는 것이 아니라 구성원 모두를 주체로 인식하면서 변화에 적응하며 대응할 수 있는 리더십을 요구하고 있는 것이다.

1.2 개 요

리더의 특성이론과 행동유형이론 및 상황이론으로 발전되어온 전통적 리더십 이론의 맥락은 1970년대 이후 사회변화와 이론적 관점의 다양화에 따라 여러 갈래로 나뉘어지는 경향을 보인다. 그러한 맥락을 크게 세 갈래의 흐름으로 나누어 현대적 이론들을 정리하고자 한다.[37)]

첫째 흐름은 구성원의 자율능력의 개발과 발휘를 중시하는 관점으로 슈퍼리더십과 임파워먼트 이론 등이 대표적 이론이다. 이러한 이론들은 20세기 후반에 제시된 것이지만, 논의의 출발은 1900년대 중반부터 인간관계론, 목표에 의한 관리(MBO), 참여적 관리, 그리고 민주적 리더십 등으로부터 시작되었다고 볼 수 있다. 다만 최근의 이론들은 구성원들의 자율역량을 조직과정의 부분적인 문제라기보다는 본질적 문제로 인식하였다는 점에서 중요한 차별성이 있다.

둘째 흐름은 리더의 변화주도 능력을 강조하는 관점으로 카리스마 및 변혁적 리더십 이론 등이 주요이론이다. 카리스마는 역사적으로 또는 일상에서 흔히 발견할 수 있는 현상이고 이미 20세기 초에 Max Weber가 개념을 정립한 바 있다.

한편 변혁적 리더십은 카리스마적 리더십과 거의 유사하나 리더와 조직의 도덕적 수준을 높여 조직전체의 혁신을 추구하는 리더십이다. 변혁적 리더십은 경영과 리더십의 보편적인 방법인 거래적 리더십이 조직혁신의 바람을 일으키기에는 부적합하다고 보고 이를 뛰어넘을 새로운 리더십으로 제시된 이론이다.

37) 본서 제1장의 〈리더십의 현 좌표〉를 참조하기 바람.

셋째 흐름은 리더의 윤리적 품성 및 봉사를 중시하는 이론들로써, 서번트 리더십이나 자기희생적 리더십 등이 주요이론이다. 현대사회에서 리더의 윤리성은 선택의 문제가 아니라 필수요소로 평가되고 있다. 다른 자질이 뛰어나더라도 인간적 품성과 도덕성이 갖추어지지 않은 리더는 자격이 결여된 것으로 보기 때문이다.

현대적인 이론들을 위의 세 범주에 포함하기가 적합하지 않은 이론들도 있지만, 본 장에서는 세 흐름의 관점을 중심으로 이론들을 소개하고자 한다.

별빛 한마디

변화와 만족

- 현대는 지식의 반감기이다. 작년에 얻은 지식은 올해에는 절반의 효과밖에 볼 수 없고 매년 절반씩 반감되어 간다. 아무리 훌륭한 교육을 받은 사람도 3년만 공부하지 않으면 그의 지식은 무용지물이 된다. – 문국현 (유한 킴벌리 사장) –

- 나는 성공의 열쇠가 무엇인지는 모르지만 실패의 열쇠가 무엇인지는 안다.
그것은 모든 사람을 만족시키려고 하는 것이다. – Bill Cosby (미국 배우) –

제 2 절 구성원의 자율능력과 개발을 중시하는 이론

2.1 개 요

미국에서 1990년대에 슈퍼리더십이 등장하여 주목을 받는 이유는 사회변화와 밀접한 관련성이 있다. 민주화와 정보화가 진전된 사회는 구성원 개인들의 자율능력을 중시한다. 개인은 정보처리와 의사결정 과정에 있어서 산업사회의 조직인과 같은 객체가 아니라 주체적 위치에 있으며 또한 그러한 능력을 발휘하기를 기대하고 있다. 민주화는 개인가치를 중시하여 개인의 자기결정권을 존중하고 분권화를 촉진한다. 정보화는 삶과 직무에 필요한 전문지식과 능력개발의 원천을 확대하였다. 정보화가 심화되는 사회에서는 정보와 지식의 획득과 창출 및 활용능력이 경쟁력의 주요기반이며 개인의 직무능력을 판단하는 핵심기준이다.

아울러 조직에서 경영자의 직무도 과거에 비해 다양하고 복잡해지면서 조직의 과정에 일일이 관여하기 어렵게 되었다. 또한 진화하는 정보와 지식의 원천 그리고 수단들을 두루 다룰 수 있는 능력을 갖추기가 어려워졌다. 그러므로 구성원들이 스스로의 능력을 발휘하여 성과를 창출하기를 원하며 장려하게 되는 것이다. 또한 임파워먼트는 권력집중이 낳는 부패와 의사결정의 비효율성 등의 부작용들을 예방하기 위한 분권화와 권력공유의 방법으로 떠오른 개념이다.

조직의 비전과 목표를 향해 각 팀과 구성원들이 가능한 자율적으로 성과를 창출하는 것이 바람직하다는 인식이 확산되었다. 그렇게 되기 위해서는 리더가 부하들로 하여금 자율능력을 갖추도록 만들어야 한다. **평범한 수준의 부하가 스스로를 통제할 수 있는 자율 리더십(self leadership)을 갖추도록 하여 자율 리더(self leader)로 개발하고자 하는 리더십이 슈퍼 리더십(super leadership)이다.** 그런 과정을 통해 자율능력을 갖춘 부하는 자율 리더이고, 그렇게 변환시키는 방법이자 과정이 임파워먼트이다.

셀프 리더십은 심리학적 이론에 근거를 두고 있다. 사회적 인지이론(Social Cognitive Theory)은 인간의 행동과정을 다음과 같이 본다. 첫째, 개인의 행동은 외부 세계와의 교류를 통하여 습득되고 변화된다. 둘째, 개인은 다른 사람을 관찰하거나 상상을 통해서 과업에 대한 학습과 경험을 할 수 있다. 셋째, 개인은 자신의 잠재력이나 역량이 얼마나 효과적인지를 감지할 수 있다. 한편 내재적 동기이론(Intrinsic Motivation Theory)은 사람이란 자신이 하고 싶은 일을 할 때 자연적 보상을 얻는데, 일 자체가 주는 즐거움이 곧 자연적 보상이므로 내재적으로 과업의 동기를 얻을 수 있다고 본다.[38)]

자율 리더십은 이전부터 논의되어 왔다. 자율관리(self management), Likert의 관리시스템Ⅵ, 민주적 리더십, 참여적 관리, 권한위임, MBO 등은 모두 자율 리더십의 단면들이다. 이러한 개념들을 종합하고 리더십의 본질적 차원으로 높여서 자율 및 슈퍼리더십 이론이 정립된 것으로 볼 수 있다.

전문가 의견

베리 포스너의 조언

부하직원을 리더로 키워주는 상사가 많아야 조직이 발전한다. 자율성이 보장된 집단의 생산성이 4배나 더 높다는 것이 실험을 통해 밝혀졌다. 모든 직원이 리더처럼 행동해야 기업의 성과가 향상된다. 일반적인 생각과는 달리 부하들에게 더 많은 권한을 위임할수록 리더가 더 많은 영향력을 갖게 된다.

미국 공군사관학교 생도들을 대상으로 조사한 결과 자신의 상관을 역할모델로 삼는 생도가 훈련에서 더 높은 성과를 냈다. 간부들은 부하들이 자신을 역할 모델로 생각하고 있는지 되돌아 봐야 한다.

포스너 학장은 〈리더십 챌린지〉에서 △모델을 제시하라 △공통의 비전을 고취시켜라 △틀에 박힌 과정을 혁신하라 △사람들이 행동하게 하라 △사기를 높여줘라 등 리더십 5가지 원칙을 제시했다.

– 배리 포스너 학장(미국 샌타 클래라대학 경영대학원)(한국경제신문 2005. 2. 24) –

---

38) Manz & Neck(1999), *Mastering Self-Leadership.*, pp. 6-7. 백기복,(2000), 231-232쪽에서 재인용.

2.2 슈퍼 리더십

슈퍼 리더십은 Manz & Sims(1991)가 개념을 제시하고 이론을 체계화하였다.39) 그들은 〈표 3.1〉과 같이 리더를 강력한 인물, 거래적 관리자, 비전적 영웅, 그리고 슈퍼 리더의 네 유형으로 나누고 슈퍼 리더의 필요성을 강조하였다.

표 3.1 Manz & Sims의 4가지 리더 유형

구 분	강력한 인물형 (strong man)	거래적 관리형 (transactor)	비전적 영웅형 (visionary hero)	슈퍼 리더 (super leader)
초 점	명 령	보 상	비전	자율 리더십
권력의 유형	직위/권한	보 상	관계적/영감적	공유가치
지도력과 통찰력의 원천	리더 자신	리더 자신	리더 자신	자율리더십을 갖춘 구성원과 리더 자신
구성원들의 반응	강압에 의한 복종	계산된 복종	리더의 비전에 기초한 감성적 몰입	주인의식에 기초한 몰입
전형적인 리더의 행동	• 지시/ 명령 • 목표부여 • 협 박 • 징계/질책	• 상호교환적 목표설정 • 성과에 근거한 개인적 보상과 처벌	• 리더의 비전에 대한 의사소통 • 리더의 가치관의 강조 • 훈계와 권고 • 교화적 설득	• 셀프 리더의 모범 • 자율목표 설정 촉진 • 자율적 팀웍 강조 • 자율문화 촉진

자료 : Manz. C. & Sims. H. Jr.(1991)

네 유형의 리더들의 주요 특성은 다음과 같다.

① 강력한 인물형 : 합법적이고 강제적인 권력을 주로 사용하며 자기중심적으로 행동하는 유형이다. 전문성, 인품, 매력 등과는 관련이 적다. 산업사회 초반에 많이 나타났으며 오늘날의 조직에서도 여전히 발견된다.

② 거래적 관리자형 : 강력한 인물형의 문제점이 개선된 한 유형이다. 조직목표

39) C.Manz & H.Sims,Jr(1991). "Super Leadership : Beyond the Myth of Heroic Leadership", *Organizational Dynamics*.

의 달성을 위해 구성원의 공헌에 대한 보상의 관계를 기본으로 이루어지며, 공헌의 평가와 보상의 분배에서도 리더가 직접적으로 개입한다.

③ 비전적 영웅형 : 카리스마와 비전 등으로 구성원들에게 영향을 미친다. 특히 비전을 중심으로 자신의 구상을 형성하여 전략을 수립한다. 구성원들은 리더에게 의존적이 되므로 리더의 공백시에는 조직의 질서가 흔들리거나 무너지기 쉽다.

④ 슈퍼 리더형 : 구성원들을 자율 리더로 육성한다. 슈퍼 리더십이 잘 이루어지면 구성원들은 셀프 리더가 되고 각 부문은 자율관리팀으로 성장하여 자율능력을 발휘한다.

슈퍼 리더십은 부하들이 리더의 지시와 통제에 따라 움직이는 것이 아니라 스스로 자신의 과업을 수행하고 통제하는 자율리더십을 갖도록 하는 리더십을 의미한다. 즉 지시와 통제에 익숙한 평범한 수준을 뛰어넘는 슈퍼 부하(super-follower)가 되도록 돕는 기능을 하는 것이다. 이러한 리더십을 발휘하는 리더를 슈퍼 리더라고 부른다. 슈퍼 리더십의 본질적 목표는 조직 내의 리더나 구성원 모두가 자율 리더가 되도록 하는 것이다. 그러므로 인간을 잠재력, 자율성, 창의성을 가진 존재로 인식하고, 상급자로서의 리더는 규제를 최소화하며 부하의 잠재적 가능성의 계발을 지원하고 발휘할 기회를 제공한다.

슈퍼 리더란 구성원들이 절실히 필요하도록 의존하게 하는 강력한 인물형이나 비전적 영웅형과는 상반된 개념의 리더이다. 슈퍼 리더는 하급자들이 리더를 필요로 하지 않는 상태로 인도하는 사람이며 구성원들이 스스로를 리드해 나아갈 수 있도록 만들어가는 사람이다. 슈퍼 리더에 이르는 일곱 가지 단계를 Manz & Sims(1991)는 다음과 같이 밝히고 있다.

① 스스로 효과적인 셀프 리더십 실행 : 리더가 먼저 셀프 리더십을 실행한다. 자기관찰, 자율적인 자기목표 설정, 자기평가에 근거한 보상과 처벌 등의 전략을 스스로 실행한다. 리더가 자신의 문제를 스스로 해결해가는 모습을 보여주지 않으면 구성원들의 신뢰를 얻을 수 없다.

② **역할모델과 학습조직 조성** : 부하들에게 자율 리더십을 행동으로 보여주면서 역할모델이 되어 구성원들의 학습을 유도하는 것이다. 역할모델이 되기 위해서는 자율리더십의 장애요인을 찾아서 해결하려는 적극적인 자세를 보이며 항상 공부하는 자세를 갖는다. 조직을 '학습조직'으로 운영해야 하며, 배움은 물론 창조가 가능하도록 학습환경의 조성을 위해 노력한다.

③ **구성원 스스로 자율목표 설정을 장려** : 조직과 리더의 비전에 기초하여 구성원 개인들이 자신들의 성과 및 성장목표를 설정하도록 장려하고 코치역할을 수행한다.

④ **적극적인 사고방식을 창출하도록 격려** : 구성원들이 현재 이상의 능력을 향상하도록 능력에 대해 자신감을 주고 적극적인 격려로서 지원한다. '자기성취적 예언(self-fullfilling prophecy)'과 같은 방법을 활용할 수 있다.

⑤ **보상과 건설적 제재를 통해 자율 리더십을 촉진** : 구성원들이 직무에서 내재적 보상을 받을 수 있도록 과업의 다양성, 분명한 과업내용, 과업의 중요성의 의미, 과업수행의 피드백 등을 고려하여 과업을 설계한다. 제재가 필요한 경우에는 문제가 있는 행동의 수정에 국한하고 실수의 교정에 초점을 두어 스스로 자기통제를 하도록 한다.

⑥ **팀웍을 통하여 자율 리더십 증진** : 자율관리팀으로 육성하도록 하여 팀 활동을 통해 책임감과 만족감을 느끼고 그러한 감정을 증진하도록 한다.

⑦ **자율 리더십 문화의 조성** : 조직 전반에 자율적 분위기를 촉진하고 자율업무시스템을 구축하여 신입구성원들도 동화될 수 있는 교육 및 운영체제를 발전시킨다.

자율관리팀(self managed team)은 슈퍼 리더십의 표본적인 모델이다. 자율관리팀을 육성하고 촉진하는 요소들인 과업목표의 명확한 정의, 협동적이며 의미있는 과업, 규모가 작고 안정된 구성원, 실질적인 권한과 자유재량권, 과업에 관련한 정보에 대한 접근성, 적절하고 합당한 인정과 보상, 최고경영층의 강력한 지원,

팀 내외에 대한 적절한 대인관계 기술 등은 슈퍼 리더십 실행에 좋은 길잡이가 된다.[40)]

자율 리더가 된 슈퍼 부하는 자신의 성과에 대해 본질적으로 보수나 승진 등의 외적 보상보다 성취감과 보람 등의 내적 보상에 의해 동기화된다. 그러므로 리더는 적성과 능력에 맞는 직무설계를 바탕으로 능력을 발휘할 수 있는 기회를 부여하며 자기개발여건을 제공하는 것이 중요하다.

아울러 부하들을 셀프리더로 육성하는 일은 단기간에 이루어지지 않음을 명심하여야 한다. 여러 차례의 시행착오를 겪을 수도 있으며 조직에 손실을 끼칠 수도 있다. 그러므로 슈퍼리더십은 리더의 역할차원을 넘어 조직의 문화로 정착시키는 것이 바람직하다.

사례 : Gore사의 자율경영

Teflon계통의 제품을 생산하는 Gore사의 경영스타일은 'un-management'일 정도로 자율경영의 특징을 보인다. 종업원(employee)이라는 단어 대신 '동료(associate)'라고 부르며 업무는 주로 자율팀에 의해 이루어진다. 공식적인 팀장이 있는 것은 아니고 업무에 따라 가장 적절한 능력을 가진 '동료'가 그 업무의 리더가 되는 것이다.

또한 도제제도와 비슷한 스폰서제도를 운용한다. 신입 '동료'를 채용할 때는 기존의 '동료'가 '스폰서'가 되어야 한다. 이 스폰서는 신입 동료가 직무를 제대로 수행하고 성과를 낼 수 있도록 지도하는 멘토의 역할을 넘어 업적을 평가하는 역할까지 담당한다. 우수한 인재가 없다고 말할 것이 아니라 평범한 사람을 인재로 키우는 것

---

40) Yukl(2002), *Leadership in Organizations*, pp. 316-318. 김창걸(2003), 338-340쪽에서 재인용.

2.3 임파워먼트

2.3.1 임파워먼트의 개념

임파워먼트(empowerment)는 '권한부여' 또는 '권한위임'의 뜻이며 다양하게 정의하고 있다. 가령, 구성원의 파워를 구축하고 개발하며 증대시키는 행동(Murrell, 1985), 조직구성원에게 업무수행방법을 스스로 관리할 수 있는 기회를 주는 것(Greenberg, 1993). 조직행동에 관한 정보, 조직행동에 기초한 보상, 조직행동의 실행에 관한 지식, 조직의 방향과 행동에 영향을 미치는 의사결정권 등 네 가지 조직요소를 종업원에게 나누어주는 것(Bowen, 1992), 각자의 능력에 대한 개인적인 내적 신념을 강화하는 변화과정(Conger, 1988), 의미·자기결정·자아효능감·영향력의 네 가지로 구성된 개념(Spreitzer, 1995) 등이다.

임파워먼트가 갖는 중요한 의미는 두 가지이다. 하나는 권한을 업무실행자에게 준다는 것이고, 다른 하나는 권한을 받은 하급자의 자신감과 자율역량을 키워야 한다는 것이다. 구성원의 자율역량 강화가 목적이고 권한위임(임파워먼트)은 수단이라는 점에서 임파워먼트는 '권한위임을 통한 자율역량 개발'로 개념을 설정하는 것이 적절하다고 본다.

사례 : 부하직원에 대한 신뢰

초등학교 출신인 다나카 전 일본수상이 동경대학교 출신의 엘리트가 많은 대장성 장관으로 임명되자 직원들은 노골적으로 불만을 표출하였다. 그러나 다나카는 짤막한 취임사 한마디로 우려와 불만을 일거에 해소했다.

"여러분은 천하가 알아주는 수재들이고, 나는 초등학교 밖에 나오지 못한 사람입니다. 더구나 내장성 일에 대해서는 잘 모릅니다. 대장성 일은 여러분들이 하십시오. 나는 책임만 지겠습니다." 대장성 직원 모두의 자율적 역량을 인정해주는 순간, 직원들은 닫힌 마음을 열었다.

2.3.2 임파워먼트의 기능과 효과

임파워먼트는 슈퍼 리더십의 가장 중요한 수단이며 과정이다. (그림 3.1 참조) 스스로 권한을 가지고 업무를 실행하는 경험이 없이 자율 리더십이 생성되는 것은 거의 불가능하기 때문이다.

그림 3.1 수퍼 리더십과 임파워먼트

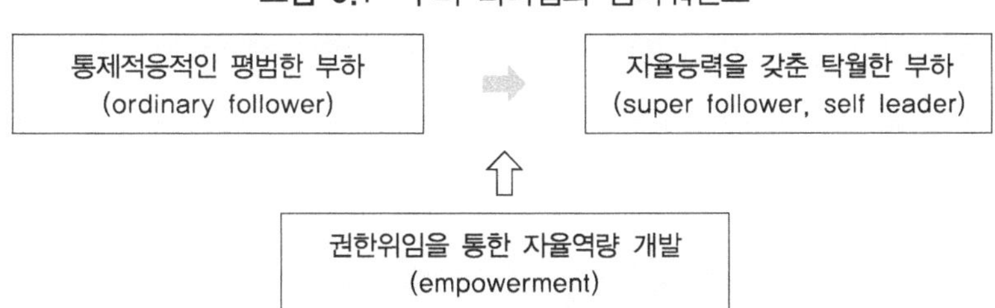

임파워먼트는 목표와 방법 및 내용 등 다각적으로 설명할 수 있다. 임파워먼트의 목표는 수동적이고 상황적응적인 관리에서 능동적이고 상황주도적인 관리를 추구하면서 구성원들은 능동적 삶을 살게 하며 조직성과를 증진시키는 것이다. 임파워먼트 방법의 예로는 단순히 권한위임만 할 것이 아니라 효과적으로 파워가 쓰일 곳에 실질적으로 파워를 부여하고 파워를 키워주는 것이다. 임파워먼트의 내용면으로는 구성원들의 현재능력은 물론 잠재능력까지 최대한 활용하는 것이다. 아울러 임파워먼트는 지속적인 교육과 학습이 병행되어야 한다. 교육과 학습의 주요 내용은 과업 지식과 기술적 능력의 향상, 의사소통과 갈등조정 등의 인간관계 능력의 향상, 계획수립과 통제 및 조정 등의 관리기법의 향상이다.[41)]

임파워먼트 실천의 핵심은 리더가 구성원들로 하여금 자기업무에 대해 권한을 가지고 모든 과정을 직접 실행해 보도록 기회를 부여하고, 시행착오를 거치더라도 자기평가를 통해 자신의 장단점을 식별하여 스스로를 개발함으로써 자율역량을 갖추어 나가도록 여건을 만드는 것이다.

41) 박원우(1997), "임파워먼트 : 개념정립 및 실천방법 모색", 120-125쪽.

그림 3.2 보편적인 행동화 과정

상황판단 ⇨ 의사결정 ⇨ 실행 ⇨ 사후평가

〈그림 3.2〉는 사람들의 보편적인 행동화 과정을 나타내고 있다. 첫 단계에서 사람들은 수행할 과제에 대해 먼저 상황을 판단한다. 두 번째 단계는 상황판단을 기초로 실행할 대안을 선정하고 실행방법에 대한 의사결정을 한다. 세 번째 단계는 의사결정에 기초하여 실행한다. 마지막 단계는 실행한 결과에 대해 평가를 한다.[42] 이 과정에서 리더의 개입여부와 개입의 정도가 자율리더 육성의 갈림길이 된다.

사례 : 순도높은 마마보이 만들기

초등학생인 순돌이의 엄마는 엄마역할을 열성적으로 실천한다. 순돌이가 학교에 다녀와서 거실에 벗어놓은 가방을 순돌이 방에 정돈해 주고, 다음 날 준비물이 무엇인지를 확인해서 일일이 챙겨놓는다. 순돌이는 엄마가 정해준 학원에 가서 공부하고 영순이의 생일파티에 엄마가 미리 사서 포장해 준 선물을 가지고 간다. 순돌이는 엄마가 "너는 엄마 시킨 대로 열심히 하면 돼. 다른 건 신경쓰지 마라. 엄마가 다 챙겨 놓으마"라고 하니 편하기는 하다. 친구들하고 다투는 일이 생겨도 엄마에게 얘기하면 엄마가 나서서 다 해결해 준다.

아침이 되면 엄마가 챙겨놓은 준비물을 가지고 학교에 간다. 혹시 빠진 것이 있어서 엄마에게 연락하면 엄마는 "미안하다. 엄마가 깜빡했다. 학교에 가져다 줄께" 이런 생활이 반복된다. 순돌이는 이제 엄마없이 할 수 있는 일이 거의 없는 아이가 되었다. 엄마는 자기의 역할을 정말 충실히 하고 있다는 생각에 늘 마음이 뿌듯하다. 순돌이의 자율능력을 기르지 않은 결과는 세월이 좀 더 지나야 알게 될 것이므로…

---

42) P 소위는 소대전술훈련을 앞두고 있다. 먼저 훈련시기와 훈련여건 및 상급부대 지침 등을 고려하여 전반적인 실행방안을 판단해야 한다. 상황판단이 되면 훈련목표와 시기 및 방법 등에 대해 결심을 하게 된다. 결심이 서면 훈련을 실시한다. 마지막으로 훈련이 끝나면 성과와 잘잘못 등에 대해 평가를 한다. 이러한 과정은 부분적으로 간략하게 할 수는 있지만 대부분의 과업수행에서 보편적으로 이루어진다. 임파워먼트에서 중요한 문제는 누가 이러한 과정을 주도하는가이다.

통제적 리더십은 세 번째 과정인 실행 외의 모든 단계마다 리더가 깊이 개입한다. 즉 리더가 상황을 판단해 주고 결정을 해주면 과업을 수행할 하급자는 단지 리더의 판단과 결정에 의해 시키는 대로 실행만 할 뿐이다. 실행의 결과에 대해서도 성과와 잘잘못을 리더가 평가해 준다. 과업수행의 주체가 되어야 할 하급자는 상황판단력, 의사결정능력, 성과의 평가능력 등을 기를 수가 없으며, 자율능력을 갖추지 못한 채 상급자의 지시와 통제에 순응할 수 있을 뿐이다.[43)]

그러므로 임파워먼트를 실천하기 위해서는 과업수행자에게 상황판단과 의사결정 및 평가의 권한을 부여하여 직접 실행하도록 기회와 여건을 만들어 주어야 한다. '백번 듣는 것보다 한번 보는 것이 낫고 백번 보는 것보다 한번 해 보는 것이 낫다'[44)]는 것은 학생들의 학습성과를 높일 수 있는 교육방법론을 적절하게 표현한 경구이다.

임파워먼트의 실천에서 가장 어려운 두 가지의 문제가 있다. 하나는 권한위임이 리더의 권력과 통제력을 약화시키지 않을까 하는 우려이고, 다른 하나는 하급자의 과업성과가 기대에 미치지 못하거나 실패하였을 경우의 피해와 책임에 대한 우려이다. 이러한 우려는 임파워먼트의 실천을 주저하게 하는 장애요소로 작용한다.[45)]

임파워먼트의 실행은 개인수준에서부터 집단 및 조직수준까지 함께 이루어지는 것이 바람직하다. 임파워먼트가 되면 개인은 자기효능감과 책임감이 증진되고 직무전문성을 발전시키게 된다. 집단수준에서는 팀워크 활성화 등 집단의 활력이 증진한다. 조직수준에서도 학습조직으로서의 시스템과 평가체계 개선 등의 효과를 기대할 수 있다. 임파워먼트의 수준과 기대효과는 〈표 3.2〉와 같다.

---

43) 이러한 현상이 가정에서 일어나면 바로 마마보이를 만들게 된다. 자녀의 일에 대해 부모가 판단하고 결정해 주고 잘잘못도 부모가 평가해 보라. 더구나 자녀가 해야 할 일을 부모가 대신해 주면 그 아이는 거의 마마보이가 된다. 마마보이는 셀프 리더의 반대어이다.

44) 백문이불여일견(百聞而不如一見)이고, 백견이불여일행(百見而不如一行)이다.

45) 본장에서는 임파워먼트에 대한 원론적인 문제를 논의하고, 실천방안과 문제점에 대해서는 리더십의 실천문제를 다루는 제7장에서 다시 논의하고자 한다.

표 3.2 임파워먼트의 수준과 실행의 효과

수준	변화목표	내 용
개인	사고와 역량의 변화	높은 자기효능감 및 책임감, 원활한 의사소통, 높은 성취욕구, 직무 전문성 증진, 자기업무의 성격과 개선방향 인식, 창의적 문제해결, 자기발전의 요소식별과 학습열의
집단	관계의 변화	참여와 협력의 팀웍 증진, 상호신뢰와 개방적인 커뮤니케이션, 목표의식의 공유, 자기발전노력의 장려, 집단활력의 증진
조직	구조의 변화	조직학습문화와 학습체계 발전, 평가 및 보상체계 발전, 개인/집단 능력개발 촉진문화, 균형적 권한구조

임파워먼트는 상황판단과 의사결정 및 사후평가에서 업무담당자가 적절한 권한을 가지고 실행할 수 있게 하는 것이 중요하다. 임파워먼트를 실행하면 초기에는 미숙하여 성과가 제대로 나타나지 않을 수가 있다. 그렇다고 권한을 다시 회수하거나 책임을 물어 처벌한다면 셀프리더로 키울 수 없다. 초기의 저조한 성과에도 불구하고 시행착오를 겪고 극복하면서 판단력, 결단력, 실천력을 기르고 평가안목과 더불어 책임감을 가지게 될 때 자생력이라는 임파워먼트의 열매를 맛볼 수 있을 것이다.

별빛 한마디

복된 만남

- 누구에게나 그 사람만의 개성과 자기 빛깔이 있습니다. 무한한 가능성과 비전이 숨어 있습니다. 그것을 찾아내어 거름을 주고 꽃피게 해주는 사람, 그런 복된 만남, 사람과의 만남이 인생을 바꿉니다.
- 한 자루의 양초로 많은 양초에 불을 옮겨 붙여도 첫 양초의 빛은 흐려지지 않는다. – 탈무드 –
- 위대한 팀을 만들기 위해 리더가 할 수 있는 최선의 일은 각각의 구성원들이 스스로의 위대함에 눈뜨게 하는 것이다. – 워렌 베니스 –

2.4 평 가

① 슈퍼 리더십은 관찰하는 각도에 따라 다르게 해석할 수 있다. 리더의 입장에서는 구성원을 변화시키는 주도적 역할을 하므로 리더는 변화의 주체가 되며, 반면에 구성원들은 변화되어야 할 대상이므로 객체가 된다. 그러나 구성원들의 입장에서는 리더의 작용이 없이도 자율능력을 갖춰서 실행하고 있다면 이미 셀프 리더가 된 것이므로 주체가 구성원들이고 슈퍼 리더십은 의미가 없게 된다. 슈퍼 리더십을 너무 강조하면 구성원들이 이미 갖추고 있는 자율능력을 경시할 수 있음을 유념해야 한다.

② 슈퍼 리더십은 권위적 리더십보다는 민주적인 리더십, 통제적 관리보다는 참여적 관리, 리더에 의한 리더십보다는 구성원들의 자율리더십과 연계된 개념이다. 조직학습과 병행하여 조직 비전의 실현을 위해 조직력의 기초를 튼튼하게 하는 역할을 한다.

③ 슈퍼 리더십에서 임파워먼트는 권력의 상위집중(상향집권화)의 부작용을 감소하기 위한 활동이지만 분권화와 권력공유가 항상 타당하고 효과적인 것은 아니다. 원칙적으로 모든 시스템은 장점과 문제점의 양면성을 갖는다. (제6장 3절을 참고하기 바람)

④ Manz & Sims(1991)의 리더십 유형은 Bass(1986)의 유형은 서로 상통하는 점이 있다. Manz & Sims의 거래적 관리형은 Bass의 거래적 리더와 유사한 개념이다. 또한 Manz & Sims의 강력한 인물형과 비전형이 결합하면 Bass의 카리스마적 리더가 되고 슈퍼 리더형까지 결합하면 Bass의 변혁적 리더십이 되는 것으로 이해할 수 있다.

⑤ 본서에서는 임파워먼트를 슈퍼 리더십의 수단이자 과정으로 설명했지만, 임파워먼트 자체를 리더십으로 이론화하여 '임파워먼트 리더십'으로 설명하는 연구들도 많이 있다.

과제 3-1 셀프 리더십

개념 및 정의

- 셀프 리더십(Self-Leadership)은 리더가 남을 이끌기 전에 자신을 제대로 이끄는 방법을 제시한다. 셀프 리더십은 자기관찰, 힌트전략, 자기목표설정, 자기보상, 자기벌칙, 연습 등 6가지 행동을 통해서 완성된다.
- 셀프 리더십을 제대로 수행하기 위해서는 자신의 신념체계를 긍정적인 방향으로 바꾸고 직무자체로부터 보상을 추구하는 과감한 자기 변신이 필요하다.

셀프 리더십 측정설문

※ 다음은 셀프 리더십(SLQ : Self-Leadership Questionnaire) 설문이다.
아래의〈응답 양식〉을 활용하여 응답하고 진단해보자.46)

응답 양식

1	2	3	4	5
나를 전혀 설명하지 못한다.	나를 잘 설명하지 못한다.	나를 어느 정도 설명한다.	나를 잘 설명한다.	나를 매우 잘 성명한다.

46) 백기복의(2009), 「리더십의 이해」, 창민사, 212-214쪽

항 목	1	2	3	4	5
1. 나는 작업 중 내가 하는 일의 방식을 지키고자 노력한다.					
2. 나는 가끔 필요할 때 찾아볼 수 있도록 기억을 돕는 보조 수단들(예, 포스트잇)을 사용하고 있다.					
3. 내 스스로 정한 구체적 목적을 위해 일하고 싶다.					
4. 나는 일을 잘 끝내면 나 자신에게 호감이 생긴다.					
5. 나는 제대로 일을 수행하지 못하면 스스로 위축된다.					
6. 나는 실제로 중요한 일을 하기 전에 가끔 연습을 한다.					
7. 나는 보통 어떻게 해야 하는지를 알고 있다.					
8. 나는 일에 집중할 수 있도록 주변을 정돈하고자 노력한다.					
9. 나는 나 자신만의 개인적 목적이 있다.					
10. 나는 일을 성공리에 끝내면 내가 좋아하는 무엇인가로 스스로를 보상한다.					
11. 나는 일을 제대로 수행하지 못하면, 나 자신에게 가혹하게 구는 경향이 있다.					
12. 나는 중요한 행동을 실제로 하기 전에 반복해 보는 것을 좋아한다.					
13. 나는 내가 일하고 있는 프로젝트의 진도를 지킨다.					
14. 나는 바람직한 행동을 가져올 사물과 사람들을 내 주변에 가까이 두고자 노력한다.					
15. 나는 일을 위해 목표를 세우는 편이다.					
16. 내게 주어진 일을 할 때, 그 중에서 특히 스스로 내가 즐길 수 있는 부분이 있다면 그 자체가 보상이라고 생각한다.					
17. 나는 나의 실패와 관련하여 가끔 나 자신을 비판한다.					
18. 나는 실제로 도전에 직면하기 전에 가끔 미리 연습을 해 본다.					

진단법

※ 다음의 지시에 따라 점수를 계산해 보자.

A. 자기관찰 (1, 7, 13번 응답점수의 합) ____________

B. 힌트전략 (2, 8, 14번 응답점수의 합) ____________

C. 자기목표설정 (3, 9, 15번 응답점수의 합) ____________

D. 자기보상 (4, 10, 16번 응답점수의 합) ____________

E. 자기벌칙 (5, 11, 17번 응답점수의 합) ____________

F. 연습 (6, 12, 18번 응답점수의 합) ____________

X. E를 뺀 나머지의 총점 ____________

※ A–F까지 각 영역의 점수에 대한 평가(A–F 각각은 3점–15점까지의 숫자를 갖는다.)

- 3 – 4점 : 매우 낮음
- 5 – 7점 : 낮음
- 8 – 10점 : 중간 수준
- 11 – 13점 : 높음
- 14 – 15점 : 매우 높음

※ 총점 X(여기서 X는 E, 자기벌칙을 뺀 나머지 영역의 합)에 대한 평가(총점 X는 15~75점을 갖는다. E를 빼는 것은 자기벌칙은 부정적 요인이므로 이것이 들어가면 전체 해석이 어렵기 때문임)

- 15 – 22점 : 전체적으로 매우 낮음
- 23 – 37점 : 전체적으로 낮음
- 38 – 52점 : 전체적으로 보통
- 53 – 67점 : 전체적으로 높음
- 67 – 75점 : 전체적으로 매우 높음

☞ 상기 점수를 통한 나의 셀프 리더십 수준은?

사례 1 : 셀프 리더십의 행동전략 및 실천 방안[47]

자기 목표 설정	과제를 달성하거나 행동을 변화시키기 위해서는 빠르게 성취할 수 있는 하위목표를 포함한 현실적 목표를 설정. • "오늘은 보고서의 첫 페이지를 작성하겠다." • not "may be", but "will"
자기관찰	스스로 맡아서 하는 전략은 스스로의 관찰에서 시작함. 따라서 자신이 무엇을 했으면 다른 사람들은 어떻게 반응을 보였는지를 알기 위해 자신의 행동을 모니터함. • 다른 사람들이 싫어하는 어떤 것을 자신이 이야기할 때마다 이를 파악함. • 다른 사람이 언제 가장 호의적으로 반응하는지를 알기 위해 아이디어를 전달하는 상이한 방법을 시도함.
예행연습	목표달성 행동을 실천하기 위해 기술을 향상하고 자신감을 쌓기 위해 스스로 연습함. 거울 앞에서 녹음기를 가지고 발표연습을 함.
자기보상	어떤 일을 올바르게 해낸데 대해 스스로 칭찬하고 어려운 과제의 완성이나 목표달성에 대해 자신이 스스로 보상함(신체적, 정신적 보상) • 극장에 가거나 자신이 원하는 것을 구매함. • 업무의 본질적 보상을 생각함.
자기처벌	부적절한 행동을 하거나 자신이 변화시키기 원하는 행동으로 되돌아간 경우에는 자기비판이나 자기처벌을 사용함. • 부주의한 실수를 저지르면 이를 바로잡기 위해 여분의 시간을 더 일함.
단서활용	인접한 물리적 환경에 있는 단서들을 재배열 함. 바람직하지 못한 행동을 조장하는 단서를 제거하고 바람직한 행동을 조장하는 단서를 대체함. • 보고서 작성에 방해를 받지 않는 조용한 장소로 이동.

47) 이상호(2009), 「조직과 리더십」, 북넷, 306-307쪽

사례 2 : 상정(上政)은 어디에 있는가?

두레마을 대표 김진홍 목사는 다음과 같이 리더십에 대해서 설파하고 있다.

예부터 농사꾼을 세 부류로 구분해 하농(下農)·중농(中農)·상농(上農)이 있다고 했다. 하농이란 농사를 짓되 게을러 알곡 농사보다 잡초 농사를 짓는 농사꾼을 일컫는다. 중농이란 부지런하여 논과 밭에서 잡초를 제거하고 알곡 농사를 알차게 짖는 농사꾼을 일컫는다. 상농이란 곡식을 가꾸기 전에 먼저 근본이 되는 땅을 비옥하게 가꾸는 농사꾼을 말한다.…(중략) 학문에도 하학·중학·상학이 있을 것이다. 말하자면 하학(下學)이란 학문을 익히되 자기 자신의 공명을 얻기에만 급급해 사회에는 해를 끼치는 학문이라 하겠다. 중학(中學)이란 기껏해야 자기 한몸 다스리기에 족한 학문이라 하겠다. 그러나 상학(上學)이란 자신의 학문이 사회발전에 기여하고 보다 많은 이웃에게 유익함을 주는 학문이라 하겠다.…(중략)

정치가 자기 한몸이나 자기가 속한 집단의 이익추구에 매여 국민들에게 공해(公害)로 머무를 때의 정치를 하정(下政)이라 하겠다. 정치가 자기몫만을 챙겨나가고 백성과 민족에게 비전과 희망을 주는데까지 나가지 못할 때에 그런 정치는 중정(中政)이라 하겠다. 그러나 상정(上政)이란 정치나 정치가가 자신을 돌아보기에 앞서 국리민복(國利民福)을 앞세우고 사회발전에 혼신의 힘을 다할 때에 그런 정치를 상정이라 하겠다.

일찍이 예수께서 이 점에 대해 한 말이 있다. 신약성서 요한복음 10장에서 예수는 지도자를 세 부류로 나누어 말했다. 첫째는 절도나 강도 같은 지도자, 바로 하정에 속하는 지도자다. 둘째는 삯꾼 지도자다. 대우받는 만큼만 일하는 지도자, 말하자면 중정에 속하는 지도자들이다. 셋째는 백성들을 위해서는 자신을 돌아보지 않고 전력을 다하는 지도자, 즉 상정에 속하는 지도자들이다. 바로 예수께서 그런 지도자의 본을 보여주었다. 십자가에 죽음으로써 보여준 본보기다.

이런 지도자를 기다리고 있음이 백성들의 바람이요, 하늘의 뜻이다. 이런 바람과 뜻에 응하여 나타나는 지도자가 있을 때 백성들은 그에게 기쁨으로 대권(大權)을 맡길 것이다.

—〈자료 : 중앙일보, 1996. 10. 14〉—

과제 3-2 나의 리더십 사고력 및 행동패턴

리더십 사고력(IQ테스트) 진단

※ 다음에 나오는 항목들을 자주 하는지, 때때로 하는지 혹은 절대 하지 않는지를 자문해 보십시오. 항상 한다면 1점, 때때로 한다면 0점, 절대 하지 않는다면 −1점입니다. ( )에 점수를 기입하여 주세요.[48]

1. 상황에 매우 융통성 있게 대처한다. ( )
2. 예기치 않은 상황을 기회로 삼는다. ( )
3. 모호하거나 모순된 메시지를 이해할 수 있다. ( )
4. 어떤 상황에서 여러 가지 요소들의 중요성 정도를 파악할 수 있다. ( )
5. 각각 별개로 보이는 상황들 사이에서 유사점을 찾을 수 있다. ( )
6. 각각 유사하게 보이는 상황들 사이에서 차이점을 찾을 수 있다. ( )
7. 구 개념을 새로운 방식으로 통합하여 신 개념과 합성할 수 있다. ( )
8. 새로운 아이디어를 생각해 낼 수 있다. ( )

결과 해석

- 4점 이상 : 리더로 인식되고 있는 사람
- 2~3점 : 좋은 리더십 자질 소유자
- 1점 이하 : 리더십 사고력 개발을 위해 노력이 필요한 사람

☞ 나의 리더십 사고력 수준은?

---

48) Marshall Loeb & Stephen Kindel(황경희 역, 2000), 「천재 B반을 위한 리더십」, 서울 : 비엔비

자신의 행동패턴 진단

행동패턴 4가지 유형

① 리더 : 의견이나 아이디어를 제시하고 주도적으로 이끄는 역할

② 관찰자 : 한발 뒤로 물러나서 상황을 관망하거나 방관자적인 역할

③ 추종자 : 대세나 어떤 의견을 지지하고 따르는 역할

④ 반항자 : 의견이나 아이디어에 반대나 비판을 하거나 부정적인 입장을 취하는 역할

행동패턴 진단

※ 다음에 나오는 항목들을 통해 자신의 행동패턴이 어떤 유형인지 알아보자.

1. 학교생활을 생각해 볼 때, 당신의 모습은 어떠했습니까? (　　)

① 리더　② 관찰자　③ 추종자　④ 반항자

2. 집에서는 어떠합니까?

① 리더　② 관찰자　③ 추종자　④ 반항자

3. 친구들과 있을 때 당신의 모습은 어떠합니까? (　　)

① 리더　② 관찰자　③ 추종자　④ 반항자

4. 단체나 모임(자신이 참여하는 동아리나 모임 등)에서 당신의 모습은 어떠합니까? (　　)

① 리더　② 관찰자　③ 추종자　④ 반항자

5. 스포츠 운동 분야에서 어떠합니까? (　　)

① 리더　② 관찰자　③ 추종자　④ 반항자

6. 완전히 새로운 환경에 놓일 때 당신은 어떠한 모습을 보입니까? (　　)

① 리더　② 관찰자　③ 추종자　④ 반항자

☞ 전체적으로 자신의 행동패턴은 네 가지 유형에서 어느 유형에 가깝습니까?

☞ 현재까지 생활하면서 리더로서의 성공적인 경험담을 이야기 해 봅시다.

☞ 당신은 장차 어떤 지도자의 모습을 나타내고 싶습니까?

사례 : 일상성 혁명

우리의 삶이란 결국 '일상성'으로 귀착된다. 매일매일 먹고 마시고 일하고 자고 사랑하는 일로 우리의 삶은 구성되는 것이다. 주기도문의 하나님은 우선 우리에게 '일용할 양식'을 주시는 분이다. 그리고 어느 침대 광고의 문구처럼 인생의 3분의 1은 잠자는 시간이다. 그런데 '일상성'은 일차적으로 생존의 문제지만 궁극적으로는 '의미'의 문제다. 우선 하루하루 일상을 반복적으로 살아가는 것은 생명을 지는 인간의 관성 때문이기도 하지만 그 의미의 차원이 존재하기 때문이다.

사람들이 새로운 세상을 꿈꾸는 까닭도 지금 이곳에서의 일상적 삶이 무의미하고 불만족스럽기 때문이다. 일상성 혁명이란 무의미한 반복만이 계속되는 일상속에 새로운 의미를 불러일으켜 보람있고 행복한 삶을 가능케 하는 문화혁명을 말한다. '일상성(quotodiennete)'이 개념화된 것은 1961년에 프랑스 사회학자 앙리르페브르의 '일상성 사회학의 기초'라는 책에서였다. 이후 인류학・역사학에서 일상성에 대한 학문적 관심이 제고됐다. 그러나 21세기로 들어서면서 현대사회의 일상은 완전히 뒤바뀌고 있다. 그 변화의 본질은 이전에 없었던 수많은 상품들의 소비에 있다. 컴퓨터와 휴대폰, 자동차와 지하철, 텔레비전과 냉장고 사이에서 우리의 일상이 펼쳐지고 있다.

여기에서 우리는 하나의 근본적인 질문을 던지지 않을 수 없다. '그래서 과연 우리는 과거보다 더 의미있는 삶을 살고 있는가'. 속도를 숭배하고 맹목적인 목표 달성을 최우선시하는 사회에서 이 질문은 무의식의 심연으로 가라앉아 있는 경우가 많다. 그러나 점점 더 많은 사람들이 일상적인 공허감・소외감・무력감을 호소하고 있다. 일상적 삶의 세계는 광고・미디어・언론에 의해 완전히 포위됐고 맥도널드와 코카콜라로 상징되는 범세계적으로 표준화된 소비생활의 양식이 지구촌 시민 모두에게 강요되고 있다. 그래서 우리 모두는 점점 더 식민화된 일상의 포로가 되어가고 있다.

여기에 '일상성 혁명'이 미래사회의 중요한 과제로 등장한다. 지식과 정보, 자본과 권력을 통제하는 기술관료적 프로그램에 의해 조작되는 소비적 일상을 거부하고 스스로 주체가 되어 일상을 만들어 가는 것이 일상성 혁명이다.

결국 문제해결의 열쇠는 삶의 주체성 회복에 있다. 기술관료 소비사회의 조작된 일상을 넘어서 자신의 존재와 운명을 스스로 만들어 나가는 주체적 삶을 꾸려가는 일이 바로 일상성 혁명이다. 그것은 볼거리의 구경꾼이나 신상품 소비자가 아니라 자신의 삶을 생존의 차원을 넘어 의미의 차원으로 전환시키는 일이다.

그래서 더 많이 소유하고, 더 많이 소비하는 만족한 돼지가 되기보다는 적게 소유하고 덜 소비하지만 더 의미 있는 삶을 사는 인간이 되는 것이다. 기술관료적 비사회의 지배문화를 전복시킬 수 있는 틈새는 바로 일상의 혁명에서 시작된다. 이제 '노동의 종말'이 이야기되고 있으며, '일 중독'과 '돈 독'에서 벗어나 새로운 일상을 만들어 나가는 일상성 혁명이 여기저기서 일어나고 있다.

그것은 주어진 질서에 순응하는 수동적 삶을 거부하고 자신의 삶 자체를 하나의 예술작품으로 만들어 나가는 창조적 작업이다. 소외된 일상의 삶을 전복시키려는 사람들이 서로 연대해 새로운 일상을 만들어가는 일상성 혁명은 새로운 세기, 새로운 문명을 지향하는 문명전환 운동이 될 수밖에 없을 것이다.

–〈자료 : 중앙일보, 1999. 12. 25〉–

별빛 한마디

좋은 리더가 되는 8가지 실천

① 집요하게 질문을 던지고 의문은 반드시 행동을 통해 풀리게 하라 : 리더는 질문을 던지는 사람이다. "만약 이러면?", "왜 안 될까?", "어떻게?"라고 물어야 한다.

② 리더의 긍정적인 에너지와 낙관적인 생각이 모든 조직원에게 침투하도록 해야 한다 : 긍정적이고 쾌활한 리더의 조직엔 긍정적이고 쾌활한 사람들이 가득 차고, 침울한 리더는 비슷한 무리에 둘러쌓이게 된다.

③ 리더의 비전을 부하들이 체감하고 호흡하게 하라 : 일선 직원들까지 비전을 공유하고 호흡하게 하려면 반드시 보상책을 함께 사용해야 한다.

④ 인기없는 결정이라도 용기와 뱃심으로 결단하라 : 해고나 비용삭감 등 힘든 결정 때라도 자기 견해를 분명히 설명해야 한다. 리더는 인기 대회 출전자가 아니다.

⑤ 위험을 감수하고 그것을 통해 배우는 데 본이 되라 : 많은 매니저들은 부하들에게 새로운 시도를 시키고 실패하면 단번에 목을 친다. 직원들이 실험하게 하려면 스스로 먼저 학습의 위험을 감수해야 한다.

⑥ 끊임없이 평가하고 지도하여 자신감을 쌓게 하라 : 평소에 늘 지도와 비평 및 지원을 통합하고, 적재적소에 적임자를 배치한다.

⑦ 솔직함과 투명함, 신용을 통해 신뢰를 확립하라 : 나쁜 소식(해고 등)을 전할 때도 얼버무려서는 안 된다. 일이 잘못됐을 때는 책임을 지게 하고 잘했을 때는 칭찬을 아끼지 않는다.

⑧ 축하하라 : 축하는 긍정적인 에너지의 분위기를 만든다. 일은 인생에서 너무나 많은 부분을 차지한다. 그중 한 움큼을 떼서 축하에 할애한다.

– 〈잭 웰치, 승리(Winning) 중에서〉 –

제3절 리더의 변화주도 역량을 중시하는 이론

3.1 개 요

우리는 불가능할 것 같은 일을 해내거나 많은 사람들의 추종을 받으며 역사적인 변화를 주도하는 인물들을 보게 된다. 그러한 인물들은 징기스칸, 박정희, 모택동, 처칠, 맥아더 등에서 보듯이 신비감을 주는 강한 카리스마를 소유하고 있는 경우가 대부분이다. 그러나 카리스마가 반드시 역사적인 인물들만 소유한 것이 아니라 우리의 일상에서도 발견할 수 있는 보편적인 현상이다.[49)]

강력하고 매력적인 이미지를 풍기는 카리스마적 리더십(Charismatic Leadership)**과 변혁적 리더십**(Transformational Leadership)**은 서로 중첩되는 부분이 많아 비슷한 이론으로 이해되고 있다.** 카리스마적 리더십은 여러 학자들이 다양한 관점에서 이론을 제시하였으며, 변혁적 리더십은 Burns(1978)에 의해 기본적 관점이 제시되고 Bass(1985)에 의해 체계화된 후 널리 확산되었다.

두 리더십은 조직환경이 안정되어 있는 평시에 필요한 리더십이라기보다는 조직변화가 필요한 시기에 변화를 주도해 나갈 수 있는 리더십으로 평가받고 있다. '난세는 영웅을 만든다'는 말처럼 환경이 혼란하거나 조직이 어려우면 특별한 재능을 가진 지도자를 원하게 된다. 1980년대에 미국에서 카리스마적 리더십이 각광을 받게 된 이유는 경제불황 때문이었다. 경제불황에 직면한 기업의 어려움을 타개할 경영자를 원했던 것이다.

인간의 카리스마는 역사적으로 존재해 왔음에도 '신이 내린 천부적인 재능'으로 인식되었기 때문에 과학적 탐구가 이루어지지 않았는데, Weber가 20세기 초에 그의 저서 'Economy and Society'에서 카리스마를 학문적으로 개념화하였다.

---

49) 최근에는 연예계나 스포츠계의 스타들의 카리스마가 어필하고 있다. 그러나 카리스마가 어떤 특별한 사람들의 재능이라기보다는 누구나 잠재된 재능을 개발하면 자신의 특징적인 카리스마를 가질 수 있다고 본다.

Weber의 카리스마 개념이 1970년대 이후 조직수준의 리더십 과정을 설명하는데 이용되고 있으며 크게 세 부류로 구분할 수 있다.[50]

첫째, 카리스마를 개인이 갖는 고유의 특성(traits)으로 보는 견해로 이는 리더십 초기이론인 특성이론과 맥락이 같다. 이론들은 카리스마적 리더의 특성을 제시하고 있다. **둘째,** 사회적 교환관계로 보는 견해이다. 리더의 비범한 카리스마를 추종자들이 인정하고 따를 때에 비로소 리더십이 성립하는 것이므로 본질적으로 리더와 추종자는 상호의존적인 교환관계에 있다고 본다. **셋째,** 추종자들이 리더의 카리스마를 리더의 것으로 인식하는 귀인적 견해이다.

카리스마적 리더십은 변혁적 리더십과 유사한 점이 많아 상호교환적으로 사용되기도 하지만, 대체로 변혁적 리더십을 보다 넓은 개념으로 설정하고 있다. 리더의 카리스마가 카리스마적 리더십에서는 충분조건이 될 수 있지만 변혁적 리더십에서는 핵심적인 요소이면서도 필요조건으로 인식하기 때문이다.

별빛 한마디

리더의 카리스마

- 위대한 리더는 많은 사상을 두루 갖춘 사람이 아니라 한 가지의 사상에 대해 신념을 가지고 실천하는 사람이다. – 서양격인 –
- 사람들이 리더에게 복종하는 이유는 전통이나 법 때문이 아니라 그를 믿기 때문이다. – 막스 베버 –
- 리더는 밀지 않는다. 다만 당길 뿐이다. 실을 당기면 이끄는 대로 따라 오지만 밀면 움직이지 않고 그 자리에 있다. 사람들을 이끄는 것도 마찬가지다. – 아이젠하워 –

50) 그러한 이론들을 '신 베버주의적 관점'이라고도 한다.(Jermier : 1993)

3.2 카리스마적 리더십

3.2.1 Max Weber의 이론

카리스마적 리더에 대한 현대적인 최초의 연구이다. Weber는 어떤 사람의 힘(power)이 다른 사람들에게 정당하다고 인식되면 그 힘은 권위(authority)가 되어 다른 사람들에 대한 지배력으로 작용한다고 하였다. 권위에 의한 지배는 전통적 지배와 합법적 지배 및 카리스마적 지배의 세 유형으로 구분된다.[51)]

전통적 지배는 근대이전의 왕정 등의 지배형태를 말하는데, 관습이나 전통과 규범 등의 불문율이 공동체를 유지하는 준거가 된다. 현대사회의 여러 조직에서도 가부장적인 조직문화 형태로 존속하고 있다. 합법적 지배는 전통사회 이후의 산업사회 초기에 조직을 관리할 새로운 지배형태로 제시한 것이다. Weber는 산업사회의 조직은 전통적 준거로 관리할 수 없으므로 합리적으로 제정된 법규를 준거로 지배할 수 있다고 보았다.

전통적 지배와 합법적 지배의 근거가 인간 외적 요소로서의 불문율적인 규범과 합법성에 있는데 비해 카리스마적 지배의 근거는 리더의 인간적 비범함에 있다. 비범함에 사람들이 동조하고 추종한다면 지배의 힘으로 작용한다는 것이다.

카리스마적 리더의 특성에 대한 Weber의 견해를 정리하면 다음과 같다.[52)]

① 카리스마적 리더는 숭고한 사명(mission)을 내세워서 사람들로 하여금 그 사명을 자신의 사명과 동일시하도록 영향력을 행사하여 따르도록 한다.

② 비범한 성과를 이루거나 사건을 만들어 추종자들에게 자신의 카리스마를 부각하고 확대시킨다.

③ 자신을 정점으로 하여 계층적으로 중간에 자신보다 낮은 카리스마적 리더를 둠으로써 최성섬으로서의 자신의 이미지를 더욱 높인다.

④ 영향력은 시간이 지나면서 일상 속에 침전되어 관료화로 연결된다.

51) 한국리더십연구회 역(2000), 제임스 M. 번즈, 「리더십 강의」, 미래인력연구센터, 425-426쪽.
52) 백기복(2000), 「이슈 리더십」, 240-242쪽 참조.

⑤ 카리스마는 가치중립적이어서 공동체를 발전시키는 긍정적인 것일 수도 있지만, 히틀러나 사이비 종교의 교주처럼 파멸과 쇠퇴의 길로 이끄는 부정적인 것일 수도 있다.

3.2.2 House의 카리스마 행동이론

House(1977)는 Weber 이후 카리스마적 리더십 연구의 새로운 출발점을 만들었다는 평가를 받는다. 그는 카리스마적 리더의 특성 및 행동이 추종자에게 미치는 영향과 카리스마 효과를 증폭시키는 상황적 요인에 관한 모델을 제시하였다.[53] (그림 3.3 참조)

그림 3.3 House의 카리스마적 리더십 모델

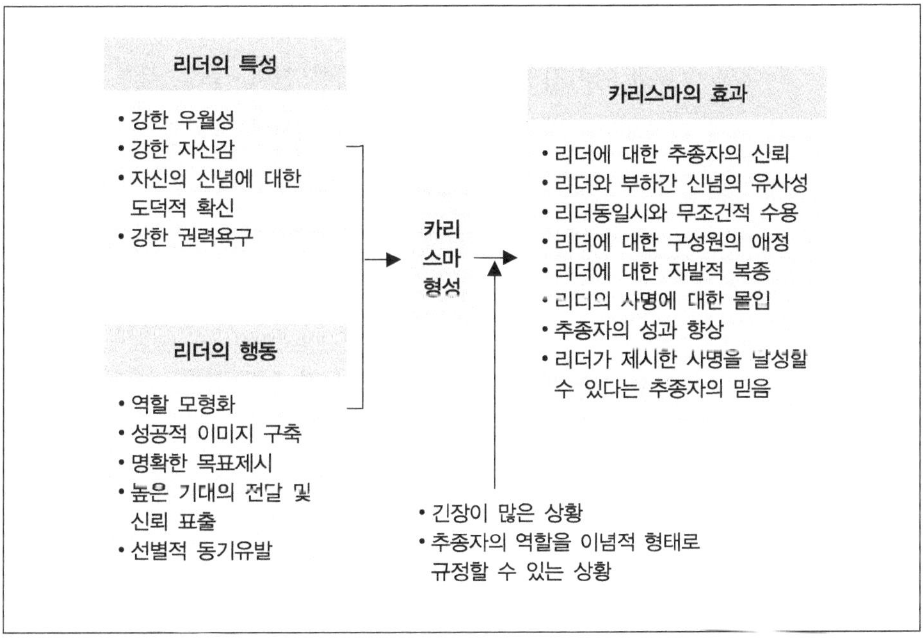

리더의 특성
- 강한 우월성
- 강한 자신감
- 자신의 신념에 대한 도덕적 확신
- 강한 권력욕구

리더의 행동
- 역할 모형화
- 성공적 이미지 구축
- 명확한 목표제시
- 높은 기대의 전달 및 신뢰 표출
- 선별적 동기유발

→ **카리스마 형성** →

카리스마의 효과
- 리더에 대한 추종자의 신뢰
- 리더와 부하간 신념의 유사성
- 리더동일시와 무조건적 수용
- 리더에 대한 구성원의 애정
- 리더에 대한 자발적 복종
- 리더의 사명에 대한 몰입
- 추종자의 성과 향상
- 리더가 제시한 사명을 달성할 수 있다는 추종자의 믿음

↑
- 긴장이 많은 상황
- 추종자의 역할을 이념적 형태로 규정할 수 있는 상황

자료 : House, R.J.(1977). A 1976 theory of charismatic leadership. In Hunt, J.G. & Larson, L.L.(Eds.) Leadership : The Cutting Edge, Carbondale : Southern Illinois University Press.

53) House, R.J.(1977). A 1976 theory of charismatic leadership. In Hunt, J.G. & Larson, L.L.(Eds.) *Leadership : The Cutting Edge*, Carbondale: Southern Illinois University Press.

그는 카리스마적 리더십을 '추종자에게 카리스마적 효과(charismatic effect)를 미치는 리더십'으로 정의하고, 추종자가 자신의 역할을 수행함에 있어서 이념적 가치와 의미감을 느낄 수 있는 상황이나 긴장이 많은 상황에서 카리스마적 효과가 발생할 가능성이 높다고 보았다.

House는 카리스마적 리더십의 발휘효과를 판단할 수 있는 8가지의 기준으로 리더의 신념이 옳다는 구성원의 신뢰, 리더와 구성원간의 신념의 유사성, 리더에 대한 동일시와 무조건적 수용, 리더에 대한 구성원들의 추종의지, 조직사명에 대한 구성원들의 감정적 몰입, 구성원들의 성과의 상향, 조직사명의 달성에 기여할 수 있다는 구성원들의 신념을 제시하였다.

또한 리더의 카리스마적 행동특성들이 카리스마적 효과에 차별적으로 영향을 미친다고 하였다. 역할모형화는 추종자들이 리더를 숭상하고 동일시하여 리더의 가치체계를 모방하고 수용하는 과정을 통해 카리스마적 효과를 향상시킨다. 또한 리더의 성공적 이미지 구축은 리더에 대한 신뢰, 충성, 무조건적 수용, 자발적 복종 등을 유도할 수 있으며, 명확하고 확고한 목표의 제시는 리더에 대한 신뢰와 의존을 증가시킬 수 있다. 리더가 추종자들에 대해 가지는 높은 성과의 기대감은 추종자들이 더욱 높은 목표를 설정하게 하며 자부심을 향상시킨다. 선별적 동기유발행동은 도전적 목표를 추종자들이 수용하도록 영향을 미치는 작용을 한다.

3.2.3 Conger & Kanungo의 카리스마 귀인이론

귀인(歸因, attribution)이란 어떤 사실의 결과에 대해 그 원인을 특정한 사건이나 사람에게 돌리는 것을 말한다.[54)]

(1) 리더 귀인경향의 카리스마적 행동특성

Conger & Kanungo(1987)는 카리스마를 리더가 가진 고유한 특성으로 보지 않고, 구성원들이 리더의 행위에 대해 카리스마적이라고 인식하고 인정하는 귀인의

54) 가령, 회사원이 업무성과가 나쁜 원인이 상급자의 비합리적인 결정 때문이라고 생각한다면, 나쁜 성과를 상급자에게 귀인시킨 것이다. 흔히 조상탓, 날씨탓이라고 하는 것도 귀인의 한 모습이다.

결과로 나타나는 현상이라고 보았다.[55] 그들은 카리스마를 리더에게 귀인하게 만드는 리더십 행동유형을 연구한 결과 카리스마적 리더의 5가지 행동유형을 제시하였다.

비카리스마적 리더와 차이를 보이는 카리스마적 리더들의 다섯 가지의 행동유형은 다음과 같다. 전략적 비전의 제시와 구체화 행동(vision and articulation), 환경 민감성(environment sensitivity), 구성원들의 욕구에 대한 민감성(sensitivity of members' needs), 위험 감수 행동(personal risk), 비관행적 행동(unconventional behavior) 등이다.

카리스마적 리더의 5가지 행동유형의 특징을 살펴보면 다음과 같다.

① **전략적 비전의 제시와 구체화 행동**(vision and articulation) : 구성원들이 수용할 수 있는 수준의 비전을 제시하며 설득적 호소를 한다. 구성원들의 인식수준과 기대범위를 벗어나는 비전은 수용되기 어렵기 때문이다. 리더가 비상하다는 이미지를 주기 위해 관례적인 전략보다 혁신적인 전략을 사용한다.

② **환경 민감성**(environment sensitivity) : 조직이 당면하고 있는 환경의 제약조건들과 기회를 현실에 이용할 수 있도록 상황을 정확히 평가한다. 특히 타이밍을 적절히 선택한다.

③ **구성원들의 욕구에 대한 민감성**(sensitivity of members' needs) : 구성원들의 욕구와 가치관 등을 파악하고 적절히 반응함으로써 구성원들을 신뢰하고 그들을 위해 노력하는 리더라는 이미지를 통해 그들을 더욱 끌어당긴다.

④ **위험 감수 행동**(personal risk) : 자신이 주창하는 비전 달성을 위해서 특정한 상황에서 난관을 극복하고 위험을 감당하는 행동을 보인다. 이러한 행동은 전형적인 카리스마적 행동으로써 구성원들이 리더에게 카리스마를 귀인하는 중요한 계기가 된다.

---

55) Conger, J.A., & Kanungo, R.N.(1987), "Toward a behavioral theory of charismatic leadership in organizational setting.", *Academy of Management Review*, 12(4), pp. 637~647.

⑤ 비관행적 행동(unconventional behavior) : 관행을 타파하고 새로운 방식을 추구하는 행동은 카리스마적 이미지를 높인다. 새로운 가치의 제시도 중요하지만 새로운 스타일의 행동이 대중에게 강하게 어필한다.

별빛 한마디

성공과 자만심

성공이 계속되다 보면 과욕을 부리게 되고 자만하기 쉽다.
처음의 순수한 마음을 유지하기 어렵다.
그럴수록 긴장을 늦추지 않고, 겸허해야 하고 자신을 낮추어야 한다.
마음속에 자만이 깃들기 시작하면 주의력이 떨어지고
상황을 근거없이 낙관하는 악습이 생긴다.
자만이 생기면 의지와 만용이 구별되지 않는다.

－산악가 엄홍길, 〈거친 산 오를 땐 독재자가 된다〉 에서－

(2) 카리스마적 귀인의 영향력 과정

Conger & Kanungo는 초기연구(1987)에서는 리더의 행동특성을 주로 설명했는데, 후속 연구(1989)[56]에서 구성원들이 카리스마적 리더를 추종하고 비전에 몰입하는 것과 같이 리더의 영향력을 수용하게 되는 이유를 설명하고 있다.[57]

① 일체감의 형성 : 부하가 리더를 좋아해서 모방하고 동일시하려는 열망에서 영향력이 형성된다. 리더의 비범한 통찰력과 강한 에너지는 부하들의 동일시 욕구를 촉진한다. 추종자의 동일시 노력은 리더의 인정과 칭찬에 의해 더욱 강화되어 리더가 제시한 비전을 달성해야 한다는 의무감은 증가한다.

② 긴급상황의 창출 : 리더들은 추종자들의 헌신이 더욱 요구되는 상황을 창출한다. 추종자들은 리더에게 더욱 확실히 인정받는 기회로 받아들이며, 리더를 실

56) Conger, J.A.(1989), *The Charismatic Leader : Behind the Mystique of Exceptional Leadership*, Cal. : Jossey-Bass.
57) 김창걸(2003), 289-290쪽의 내용을 참조하였음.

망시켜 집단에서 소외되는 두려움으로 인해 추종자들은 리더의 기대에 더욱 몰입하게 된다.

③ 카리스마의 내면화 : 리더가 제시하는 새로운 비전과 가치에 대해 구성원들이 의심을 품지 않고 정당한 것으로 확신하도록 하며 그것을 실현하는 것이 내면적 동기유발의 원천이 되도록 한다.

3.2.4 카리스마적 리더와 추종자의 특성

여러 연구자들이 리더십의 신비스러운 주제인 카리스마에 대하여 다각적인 탐구를 하였다. 카리스마가 리더 고유의 특성일 수도 있고 추종자에게 인식된 결과일 수도 있을 것이다. 그럼에도 불구하고 카리스마적 리더들의 특성은 공통점이 발견되고 역시 추종자들의 반응과 행동에서도 유사성을 흔히 발견할 수 있다. 이들을 정리하면 〈표 3.5〉와 같다.

표 3.5 카리스마적 리더와 추종자의 특성

카리스마적 리더의 특성			추종자의 특성
외형적 특성	심리적 특성	행동적 특성	
• 매력적인 외모 • 강렬한 눈빛 • 매혹적인 목소리 • 위용있는 태도 • 강렬한 인상	• 강한 자심감 • 자신의 이상에 대한 믿음 • 이상실현의 열정 • 상황 통찰력 • 부하와 상황 민감성 • 강한 권력욕구	• 이상석 비전의 제시 • 설득적 언변 • 비관행적 행동 • 위험감수와 모험 • 추종자의 신뢰표현 • 추종자에게 높은 성과 기대 표출 • 상징적 이미지 창출 • 신비감 있는 행동 • 역할 모델링 표본 • 비전실현의 구체적 전략	• 리더에 대한 신뢰와 존경 • 리더와 비전에 감성적 몰입 • 자발적 충성과 헌신 • 리더의 비전을 내면화 • 높은 성과창출 몰입 • 리더 동일시 노력

자료 : 선행연구들을 참고하여 필자가 구성하였음.

3.3 변혁적 리더십

3.3.1 기본적 개념

변혁적 리더십(Transformational Leadership)은 조직을 성공적으로 변혁할 수 있는 리더십을 설명하기 위해 Burns(1978)가 제시하고 Bass(1985)가 정교하게 발전시키면서 널리 알려지게 되었다.[58] Burns는 주로 정치적 영역에 있어서의 변혁적 리더십을 기존의 거래적 리더십(Transactional Leadership)보다 이상과 도덕성의 차원이 높은 리더십으로 제시하면서, 현실적으로 변혁적 리더십과 거래적 리더십의 두 가지 형태 중 어느 하나를 취할 수 있다고 보았다.[59]

변혁적 리더십이란 부하의 욕구를 충족시키며 성과를 유도하는 교환관계의 수준을 넘어서서, 부하의 욕구와 내재적 동기수준을 높이고 나아가 자유, 평등, 정의, 평화와 같은 도덕적 동기를 지향하게 함으로써 부하의 가치체계의 변화를 통해 개인, 집단, 조직의 변화를 이끌어가는 리더십이다.

한편 Bass는 Burns가 다루었던 정치적 리더십을 기업 등의 일반조직으로 적용범위를 확장하였으며 세 가지 방식으로 부하들이 보다 많은 노력을 기울이도록 만든다고 하였다. **첫째,** 특정한 이상적인 목표의 가치와 중요성에 대한 부하의 의식수준을 끌어올린다. **둘째,** 부하들이 자신들의 조직과 그들의 소속된 팀을 위해서 자신들의 이익을 초월하도록 만든다. **셋째,** 부하들이 보다 높은 고차원의 욕구에 관심을 기울이도록 유도한다. 이러한 세 가지 요소의 융합을 통하여 조직이 지향하는 가치에 대한 구성원들의 몰입은 상승된다고 보는 것이다.

3.3.2 Bass의 리더십 유형과 7요인

Bass(1985)는 Burns가 정치적 리더들을 대상으로 했던 연구를 기초로 기업과 행정조직 등에 적용할 수 있는 리더십 모델을 제시하였다. 그는 리더십을 방임/

58) Bass, B.M.(1985). *Leadership and Performance beyond Expectations.*, NY : The Free Press.
59) Burns, James M.(1978, 1985), *Leadership*, Harper Collins Pub. Inc.

비거래적, 거래적, 그리고 변혁적 리더십의 세 단계를 설정하고 7개의 요인으로 이들을 비교하였다. 변혁적 리더십에 관해서 Bass는 House(1977)의 카리스마적 리더의 개념에서 카리스마를 기본으로 하고 지적 자극과 개인적 배려를, Avolio와의 연구(1990)에서 영감적 동기부여를 추가하여 변혁적 리더를 4가지 요인으로 개념화하였다. (표 3.4 참조)

표 3.4 Bass의 리더십 7요인

구분	방임/비거래적 리더십	거래적 리더십	변혁적 리더십
요인	① 자유방임 또는 비거래	② 성과와 연계한 보상 ③ 예외의 관리	④ 카리스마 ⑤ 영감적 동기부여 ⑥ 지적 자극 ⑦ 개별적 배려

7요인의 개념은 다음과 같다.

① 자유방임(laissez faire) 또는 비거래(non transactional) : 리더가 부하들의 업무수행방법과 성과에 대하여 거의 개입하지 않는 유형이다. 또한 보상약속이나 처벌위협 등을 통해 부하들을 이끌어가는 거래적인 동기부여 활동도 매우 미약한 상태이다. 이 리더십은 부하의 행동이나 성과에 대해 리더의 개입이 가장 적은 유형이다.

② 성과와 연계한 보상(contingent rewards) : 부하의 노력과 성과는 그에 상응한 보상과 교환된다. 리더는 구성원에게 수행과업을 명확히 제시하고, 수행결과에 따라 주어지는 보상에 대해 거래적인 교환으로서의 계약적 합의를 한다.

③ 예외의 관리(management by exception) : 구성원의 성과가 계획에 도달하지 못하거나 수행과정이 적정범위를 벗어날 때 리더가 개입하는 것을 말한다. 예외의 관리는 두 가지 경우로 나누어진다. 첫째, 적극적인 예외 관리(사전적 관리, 예방적 관리)인데, 구성원의 과업수행이 목표달성에 미치지 못할 것으로 예측될 때 개입하는 것이다. 가령 생산량 미달을 예방하기 위하여 작업시간을 증가시

키거나 규칙위반시 처벌의 가능성을 경고하는 일 등이다. 둘째, 소극적인 예외관리(사후적 관리, 교정적 관리)인데, 구성원의 과업성과가 기준에 미달하거나 문제점이 발생한 후에 리더가 개입하는 것을 말한다. 가령, 생산성을 평가하여 수당을 조정한다거나 규칙위반자에게 벌칙을 주는 일 등이다.

④ **카리스마**(charisma) : 카리스마는 변혁적 리더십의 가장 핵심적이며 필수불가결한 요인이다. 카리스마 요인 때문에 변혁적 리더십이 카리스마적 리더십과 동질적인 이론으로 평가되기도 한다. 부하들을 끌어당겨 리더와 리더의 비전에 몰입적으로 헌신하게 하는 카리스마적 매력은 변혁적 리더십의 핵심에너지이다.

⑤ **영감적 동기부여**(inspirational motivation) : 리더가 추종자들로 하여금 개인적 이익을 초월하여 새로운 비전과 전체의 이익실현에 헌신하도록 만드는 특유의 감성적 커뮤니케이션 능력을 말한다. 상징의 활용이나 호소력있는 연설 등을 통해 정서적인 공감을 형성하여 부하들로 하여금 도덕적 인식과 이상에 대한 기대수준을 높이고 이상적 가치의 실현에 참여하는 것에 자부심을 갖게 한다.

⑥ **지적 자극**(intellectual stimulation) : 부하들로 하여금 낡은 가치에 대해 의문을 갖게 하고 자신과 조직이 처한 상황을 올바로 인식하도록 하며, 당면한 문제를 새로운 방식으로 보게 하여 해결을 위한 창의적이고 혁신적인 방안을 모색하도록 한다. 부하들이 현재 가지고 있는 신념과 가치관의 타당성에 대해 문제점을 부각시키고 상황분석과 대안 창출에 있어서 기존의 인식의 틀을 넘어 새로운 시각을 갖도록 격려한다.

⑦ **개별적 배려**(individual consideration) : 부하들에 대해 개인이나 집단별로 그들의 욕구와 희망에 대해 관심을 표명하고 배려함으로써 동기수준을 높인다. 개별적인 관심과 배려는 부하들로 하여금 그들이 리더에게 각별한 대상이라는 느낌을 갖게 함으로써 전체적인 관심과 배려보다 동기수준과 책임감에 미치는 긍정적 영향이 크다. 이는 리더가 부하들과 개별적 관계를 발전시키되 부하들이 리더에게 의무감을 더 갖도록 만드는 것을 의미한다.

Bass 등은 변혁적 리더십의 요인들을 측정하기 위하여 방임적 리더십과 거래적 리더십 요인을 포함한 다중요인 진단설문인 MLQ(Multi-factors Leadership Questionnaire)를 개발하였다. (표 3.5 참조)

표 3.5 다중요인 리더십 진단설문(MLQ)

번호	리더십 행동
1	그(녀)는 부하들이 그(녀)와 관한 느낌들을 좋게 갖도록 노력한다
2	그(녀)는 우리가 무엇을 왜 해야 하는지를 정확하고 간명히 표현한다
3	그(녀)는 부하들이 문제점을 새로운 방식으로 생각하도록 만든다
4	그(녀)는 부하들이 스스로를 개발해 나가도록 돕는다
5	그(녀)는 부하들이 업무성과에 따른 보상을 받기 위해 무엇을 해야 하는지를 알려준다
6	그(녀)는 부하들이 업적기준을 충족하였을 때 만족감을 표현한다
7	그(녀)는 부하들이 기존의 방식대로 업무를 수행해도 개의치 않는다
8	그(녀)는 부하들이 그(녀)를 완전히 신뢰한다고 믿는다
9	그(녀)는 부하들에게 우리가 무엇을 해야 하며, 또한 그 것을 할 수 있다는 것을 감성적으로 호소력있게 표현한다
10	그(녀)는 복잡하고 어려운 문제에 대해 새로운 시각으로 보는 방법을 알려 준다
11	그(녀)는 부하들의 직무수행 상태에 대해 그(녀)가 어떻게 생각하고 있는지를 알려준다
12	그(녀)는 부하들이 과업목표를 달성했을 때 인정해 주고 보상해 준다
13	그(녀)는 일이 그런대로 되어가고 있다면 그는 현행방식들을 바꾸려 하지 않는다
14	그(녀)는 부하들의 과업수행을 어떤 방식으로 하든지 별로 관여하지 않는다
15	그(녀)는 부하들이 그(녀)와 함께 일하고 있다는 것을 자랑스럽게 생각한다고 믿는다
16	그(녀)는 부하들이 자신이 하는 일에서 의미를 찾도록 돕는다
17	그(녀)는 부하들이 의문을 갖지 않았던 일에 대해서 새로운 시각에서 다시금 생각하도록 해 준다
18	그(녀)는 부하들 개개인의 상태를 판단하여 부하들에게 개인적인 관심을 보인다
19	그(녀)는 부하들이 업적에 대해 받는 보상이 적절한지에 관심을 갖는다
20	그(녀)는 부하들이 업무수행에 알아야 할 원칙들을 미리 보는 사후에 알려준다
21	그(녀)는 부하들에게 꼭 필요한 것만 요구한다

리더십 7요인 항목 : 카리스마(1, 8, 15) 영감적 동기부여(2, 9, 16) 지적 자극(3, 10, 17) 개별적 배려(4, 11, 18), 업적 보상(5, 12, 19), 예외관리(6, 13, 20), 방임(7, 14, 21)

자료 : Bass, B.M. & Avolio, B.J.(1992), *Multifactor Leadership Questionnaire : Short form 6S*, Binghamton, NY : Center for Leadership Studies.

3.3.3 거래적 리더십과 변혁적 리더십

Burns(1978, 1985)는 거래적 리더십이 부하의 성과와 보상의 가치를 교환하는 데 기초한다고 보고, 반대 차원에는 높은 이상과 도덕적 가치에 의해 변화를 추구하는 변혁적 리더십이 있다고 하였다. 그리고 두 리더십을 상반된 관계가 아니라 목표달성에 서로 필요한 보완적 관계로 인식하였다. 즉 리더십은 거래적이거나 변혁적으로 발휘될 수도 있고 병행하여 발휘될 수도 있다는 것이다.

Bass의 리더십 세 유형 중에서 비교의 관심이 되는 것은 거래적 리더십과 변혁적 리더십이다. 거래적 리더십(Transactional Leadership)은 독자적인 이론이라기보다는 변혁적 리더십의 우월성을 강조하기 위한 상대적 이론으로 이름붙인 것이다. 기존의 이론들이 리더와 부하간의 거래적 교환관계에 기초하고 있다고 전제하여 거래적 리더십으로 명명하면서 이와 비교하여 변혁적 리더십의 중요성을 강조한 것이다.

거래적 리더십의 기본관점은 일한 만큼 보상하고 받은 만큼 일한다는 give & take 의 관계에 기초한 것이다. 리더는 구성원의 성과와 연계하여 보상을 제공하고, 구성원은 헌신과 성과에 대한 보상을 리더와 거래적으로 교환하는 것이다. Burns(1978)는 거래적 리더를 '과업성과에 대해 보상과 같은 가치 있는 것을 부하와 서로 주고 받음으로써 부하를 이끌어 가려는 사람'으로 정의하였다.

Bass(1985)는 거래적 리더의 특징으로 위험을 피하려는 성향, 시간제약과 효율성에 관심, 통제를 유지하기 위한 수단으로 과정을 중시하는 경향 등을 들었다. 따라서 거래적 리더는 주로 안정적이고 예측가능한 환경에서 효율적일 가능성이 높다. 거래적 리더는 부하의 성과에 대해 보상을 제공하는 과정에서 다음과 같이 행동한다. **첫째,** 부하가 달성할 성과의 내용과 주어질 보상을 제시한다. **둘째,** 성과와 보상의 계약을 성립시킨다. **셋째,** 구성원의 과업수행이 조직과 이해관계가 있음을 인식하도록 한다. 거래적 리더가 구비할 가치는 정직성, 공정성, 책임감, 호혜성 등이며 개인적 권력보다 직책기반의 권력을 주로 행사한다.

그러므로 거래적 리더십은 가치관 등의 부하의 정신적 내면까지는 영향력이

침투하지 못하고 외면적 행동수준에서 영향을 줄 수 있으며, 성과와 연계한 보상과 예외관리의 두 요인 중에서 핵심요인은 업적과 보상의 관계이며 예외관리는 보조적인 요인이라고 할 수 있다.

그에 비해 변혁적 리더십은 리더가 부하의 외면적 행동은 물론 가치관이나 태도 등의 내면의 세계까지 영향을 주어 변화를 유도한다. 변혁적 리더십은 〈표 3.6〉과 같이 거래적 리더십과의 비교를 통하여 보다 명확히 이해할 수 있다.

표 3.6 거래적 리더십과 변혁적 리더십의 비교

비교요인/리더십	거래적 리더십	변혁적 리더십
시간지향성	단기적이며 현실 중시	장기적이며 미래 지향
협조 메카니즘	규정과 규칙 등의 적용	목적과 가치의 일치화
의사소통	수직적, 하향적 소통	다방향적 소통
초점	주로 재무적 가치 추구	조직 내·외적 고객의 만족
보상시스템	외형가치, 조직적 통제	내면적 가치, 개인적 다양성
권력의 원천	직책권력의 부여	구성원들이 인정하고 부여
의사결정	집단적, 하향적 결정	분권적, 상향적 결정
승인 메카니즘	지시적 동의	합리적 설명
변혁에 대한 태도	회피 및 저항 가능성	대응 및 수용적 태도
유인 메카니즘	이익	비전과 가치관
통제	조직의지	자율적 관리
관점	내적인 관점	개방적인 관점

자료 : Trace & Hinkin(1994)을 김창걸(2003). 307쪽에서 재인용하며 용어를 구체화하였음.

변혁적 리더십과 거래적 리더십의 효과성을 비교한 실증연구들은 많으나 대체로 변혁적 리더십의 효과성이 높은 것으로 나타나고 있다. 가령, Avolio(1988)는 거래적 리더십은 부하의 현행 욕구를 만족시키고 성과기준의 약한 변화를 지향하는데 비하여 변혁적 리더십은 부하들에게 더 높은 수준의 도전과 책임을 촉진

한다고 밝혔다. Howell & Avolio(1993)의 캐나다의 금융기관에 대한 연구는 변혁적 리더십은 성과와 긍정적 관계를, 거래적 리더십은 부정적 관계를 나타내고 있다. 이문선·강영순(2000)은 변혁적 리더십이 자긍심과 조직몰입을 매개로 조직시민행동에 긍정적 영향을 미치고, 거래적 리더십은 자긍심에 부정적 영향을 미친다고 보았다.

또한 변혁적 리더십은 거래적 리더십의 효과를 통제하고도 조직성과에 유의적인 증분효과가 있는 것으로 나타나며, 또한 거래적 리더십은 변혁적 리더십을 통제하였을 경우 그 효과는 미미한 것으로 나타난다는 연구견해들도 변혁적 리더십이 더욱 효과적임을 보여준다(백기복, 2000).

변혁적 리더십과 거래적 리더십은 관계에 대해 차별적 관계와 보완적 관계로 보는 두 가지 시각이 있다. 차별적으로 보는 견해는 '리더'와 '관리자'의 개념차이에 초점을 두고, 거래적 스타일의 상급자는 조직의 규칙에 기반한 관리적 역할을 하는 거래적 관리자로 본다. 그에 비해 변혁적 리더는 비전을 창출하고 구성원을 조직의 변화과정에 몰입시키는 리더십 역할에 충실한 사람으로 본다.

한편 보완적 관계로 보는 견해는 리더의 변혁적 성격의 역할과 거래적 성격의 역할은 리더가 통합적으로 추구해야 할 상호보완적 요소라고 인식한다(Grove, 1986). 특히 Nadler & Tushman(1990)은 공정하고 튼튼한 거래적 관계의 기초가 없이는 변혁적 리더십의 효과를 극대화할 수 없다고 하여 양자 간의 밀접한 보완적 관계를 강조하였다.

변혁적 리더십의 연구는 처음에는 거래적 리더십과의 차별적 관계에서 출발하여 최근에는 상호보완적 관계의 연구로 진전되는 경향이 있다. 변혁적 리더십의 효과성이 상대적으로 우수하다고 하여 거래적 리더십의 가치를 낮게 보아서는 안 된다. 성과와 보상간의 공정한 거래적 관계가 튼튼하지 않으면 변혁적 리더십의 효과가 제대로 나타나지 않는다는 점을 유의해야 한다.

조직에 있어서 조직과 구성원, 리더와 부하간의 거래적이고 교환적인 상호작용은 경영과 리더십의 근간이다. 세상에서 가장 많이 이루어지고 가장 보편적인 인간관계의 상호작용은 거래적 교환이다.

Taylor는 「과학적 관리」에서 교환관계의 원형을 제시했다. 그의 이념이 100년이 되어 매우 낙후된 것으로 여기지만 「In Search of Excellence」를 저술한 Waterman은 현대에도 대부분의 경영자들이 그의 이념과 방식을 추종하는 테일러주의자들이라고 믿고 있다. 또한 과학적 관리가 도덕적 향상을 낳지 않았다고 해서 비도덕적인 것이라고 볼 수는 없다는 점을 강조하고 있는 것이다.[60)]

경영에서 인간관계론은 테일러의 과학적 관리를 대체한 것이 아니라 보완한 것이다. 인간관계론이나 변혁적 리더십도 새로운 차원의 리더십이라기보다는 과학적 관리와 거래적 리더십에서 조직과 구성원간, 그리고 리더와 부하간에 교환하는 가치의 영역을 넓힌 것으로 볼 수 있기 때문이다.

별빛 한마디

황금률(Golden Rules)

- 콩 심은데 콩 나고 팥 심은데 팥 난다 — 우리나라 격언 —
- 대접받고 싶은 대로 대접하라 — 기독교 —
- 因果應報 — 불교 —
- 눈에는 눈, 이에는 이 — 이슬람 —
- 뿌린 대로 거두리라 — 격언 —
- 공짜로 처방전을 써 주는 의사의 충고는 듣지 않는게 좋다. — 탈무드 —
- 사랑은 달콤하다. 그러나 빵이 수반할 경우에만 그렇다. — 유태격언 —

---

60) ① Crainer(홍수원 역, 「한권으로 읽는 경영명저 50선」, 1997), 262-266쪽, ② Crainer, (박희라 역, 「경영의 세기」, 2000), 46-50쪽.

변화리더의 성공 5계명

변화가 실패하는 이유 : 기업들이 변화에 실패하는 이유는 구성원들을 참여시키지 못하기 때문이다. 하버드 대학의 존 코터 교수는 "변화 노력에 동참하겠다는 구성원들의 강력한 의지가 없다면 변화는 실패하기 마련"이라고 강조한 바 있다. 그렇다면, 구성원들이 변화에 동참하도록 하려면 어떻게 해야 할까?

계명 1 리더 자신부터 변화에 솔선수범해야 : ① 구성원들은 리더가 먼저 모범을 보이는지 주목한다. 리더가 강조만 하고 자신은 변하는 모습을 보이지 않으면 구성원들은 냉소적이 된다. ② 리더가 변화 노력에 얼마나 많은 시간과 자원을 투입하는가를 관찰한다.

계명 2 비전에 대한 공감대를 제대로 형성해야 : ① 비전은 생생해야 하고, 리더는 비전을 분명하게 보여야 한다. '글로벌 Top 10' 같은 구호와 더불어 질적, 계량적 모습을 입체적으로 묘사해야 한다. ② 비전을 조직차원에서 공유하도록 쌍방향 커뮤니케이션이 필요하다. ③ 경청과 열린 마음이 필수적이다. 구성원의 요구를 'OK'할 수 없더라도 함께 고민해야 하는 모습을 보여주어야 한다.

계명 3 감성적 유대감을 끌어내어야 : 감성적 유대감이란 '한 배를 탄 운명 공동체'라는 인식이며, 새로운 시도에 있어서 구성원들에게 심리적인 안정감을 주고 팀웍을 높여 적극적으로 변화에 대처하게 한다.

계명 4 조직/인사 시스템으로 Back-up 필요 : ① 마음을 먹어도 제도가 뒷받침하지 않으면 '작심삼일(作心三日)'이 된다. 특히 보상제도를 잘 구축해야 한다. ② 도입한 제도들의 작동상태와 개선사항들을 현장에서 확인해야 한다. ③ 계층과 부문별로 변화의 성과를 측정하고 관리하는 지표를 마련해야 한다.

계명 5 중간 관리자, 변화의 교사로 키워라 : 현장에서 변화가 지속되려면 변화의 의미와 방법을 가르쳐 주고 문제를 해결해 줄 수 있는 교사로서의 리더가 필요하다. 특히 중간관리자가 이 역을 효과적으로 수행하도록 변화교사로 양성해야 한다.

– 황인경 (LG 경제연구원, 2004. 10. 22, 주간경제 804) –

3.4 평 가

카리스마적 및 변혁적 리더십은 리더가 변화와 혁신을 주도하는 이론으로 각광을 받고 있지만 위에서 제시한 이론 중심의 평가 외에 현실적인 입장에서 여러 문제를 안고 있다. 예상되는 문제들과 대책들을 논의한다.

① 변화주도적인 리더십의 효용성에 대한 호의적인 심리적 긍정 때문에 특정한 변화가 필요하지 않는 상황에서도 인위적으로 변혁을 추진하려 할 경우에 오히려 조직안정을 해치고 조직에너지를 낭비하는 등의 부작용이 발생할 수 있다.

② 리더 개인에 대한 추종 때문에 부적절한 비전임에도 불구하고 구성원들을 몰입하게 함으로써 조직력을 훼손하여 회복하기 어렵게 만들 수도 있다.[61]

③ 리더 개인에게 과도하게 의존하게 함으로써 조직의 체계적 임파워먼트에 장애가 될 수 있다.

④ 리더에게 권력이 집중되는 경향은 민주적 리더십이나 참여경영 등의 이념과 배치된다.

⑤ 변화주도적인 리더의 영향력이 장기화될 경우 건설적 비판이 배제되는 등 독재화할 가능성이 높아진다.

⑥ 리더의 권력이 사유화되거나 비도덕적으로 사용될 경우 조직은 쇠퇴하고 파멸에 이를 수 있다.

⑦ 리더의 공백이 발생할 경우 혼란이 발생하여 문제해결에 막대한 비용과 노력이 투입될 수 있다.

그러므로 위와 같은 **문제점을 예방하기 위하여 다음과 같은 대안을 준비하는 지혜가 필요하다.**

① 조직의 운명을 좌우할 수 있는 비전의 설정은 가능한 구성원들의 참여하에 진지하게 결정해야 한다. 출발시킨 비전의 길은 되돌릴 수 없기 때문이다.

② 리더의 독단과 도덕성을 감시하고 견제할 수 있는 제도적 장치를 마련하는

61) 중국의 1950년대 '대약진운동'과 '문화대혁명' 등이 좋은 예이다.

것이 좋다. 법규와 의사결정시스템 등 창의적인 방안이 요구된다.

③ 변혁 초기에는 리더에 대한 의존도가 높더라도 조직이 변화를 감당할 수 있는 시스템을 정착시키도록 노력해야 한다.[62]

④ 후계 리더군을 발굴하여 양성해야 한다. 리더의 첫 번째 임무는 구성원들을 리더로 육성하는 것이며 또한 리더개발의 시스템을 구축하는 것이다.

62) '안철수 연구소'는 안철수를 빼면 의미가 없을 정도이다. 그는 2005년에 경영에서 완전히 손을 뗀다고 발표했다. 공백을 우려하는 여론에 대해, 그는 "내가 없더라도 연구소는 지난 10년 동안 스스로 움직일 수 있는 힘을 이미 갖추었다"고 했다. 직원들도 놀랐지만 큰 충격으로 받아들이지 않고 그가 있을 때와 큰 차이없이 잘 운영되고 있다.

과제 3-3 카리스마 리더십

개념 및 정의

- 카리스마(charisma)는 '하나님이 주신 재능이나 은혜'를 뜻하는 종교적 언어이다. 특별한 능력이 주어졌다는 의미에서 이것은 인간으로부터 나온 것이 아니라는 것이 강조된다.

  – 양창삼, 리더십과 기업경영 –

- 리더의 특성 측면에서는 사람을 끌어들이는 강력하고 최면적인 눈빛, 매혹적인 목소리 등이 카리스마를 형성하는 데 도움이 되는 것으로 제시하였다. 또한 제스처나 말투 등도 카리스마 형성에 도움을 준다. 아울러 추종자들의 특성도 리더의 카리스마 형성에 큰 역할을 한다. 수용적이고 의존적인 추종자들일수록 리더의 카리스마를 받아들이기 쉽다. – 백기복, 리더십의 이해 –

나의 카리스마 리더십 진단

※ 카리스마 리더십 진단을 위한 질문지이다. 아래의 〈응답 양식〉을 활용하여 각 질문에 응답하고 결과를 알아보자.[63]

응답 양식

1	2	3	4
결코 그렇지 않다.	가끔 않다.	자주 그렇다	항상 그렇다

63) Nahavandi, A(2000), *The Art and Science of Leadership*, Prentice, Hall

문 항	
1. 나는 높은 수준의 자신감을 보여준다.	(　　)
2. 나는 나의 아이디어에 대해서 절대 의심하는 태도를 보이지 않는다.	(　　)
3. 나는 명확하고 잘 정리된 비전을 가지고 있다.	(　　)
4. 나는 에너지 수준이 높다.	(　　)
5. 나는 해야 할 일에 대해서 많은 열정을 보인다.	(　　)
6. 나는 감정적인 표현을 잘 한다.	(　　)
7. 나는 나의 아이디어를 매우 잘 표현한다.	(　　)
8. 나는 또박또박 말한다.	(　　)
9. 나는 내가 다른 사람들에게 요구하는 것은 내 자신도 스스로 다 한다.	(　　)
10. 나는 바람직한 행동에 있어 솔선수범하며 언행이 일치하도록 행동한다.	(　　)

진단법

※ 위의 10가지 항목의 응답을 모두 합하면 최고 40점이다. 점수가 높을수록 카리스마적 리더이다. 일반적으로 30점 이상이면 높은 카리스마적 리더십, 25~30점이면 비교적 카리스마적 리더십, 25점 미만이면 카리스마 리더십과 거리가 있는 것이라고 평가한다.

☞ **나의 카리스마 수준은 어느 정도인가?**

사례 : 독일에서의 카리스마 교육

지능지수(IQ), 정서지수(EQ)에 이어 인간의 능력을 재는 척도로 카리스마 지수(CQ)가 새로이 등장, 관심을 모으고 있다.

독일의 시사주간지 포쿠스가 「카리스마-성공의 비밀」이라는 제목으로 소개한 내용에 따르면 요즘 미국, 독일, 오스트리아 등에선 「카리스마」, 「리더십」 등과 관련된 연구소들이 성업 중이며 이들이 제시하는 여러 가지 「성공의 기준」 가운데 하나가 소위 CQ라는 것.

이들의 설명 중에는 손쉽게 활용할 수 있는 10개 항목의 CQ 자가진단법도 있다. 예컨대 『어떻게 이 일을 더 잘 할 수 있을까』라고 묻기보다 『도대체 왜 이 일을 하는가』라고 묻는 사람이, 상사와 의견이 다를 때 조심스럽게 그의 의견을 고치려 하기보다 솔직히 『틀렸다』고 얘기하는 사람이 더 큰 카리스마 성향을 가졌다는 식이다.

여기서 말하는 「카리스마」란 타인에 대한 흡인력과 공동체 내의 신뢰감, 지도력 등을 포괄적으로 표현하는 말이다. 더욱 구체적으로 미국 남캘리포니아대학 리더십연구소의 제이 콩거 소장(43)은 △자신과 남을 모두 고양시킬 수 있는 비전을 제시하고 △신뢰감과 전문적 식견을 갖추며 △타인의 동참을 설득할 수 있을 것 등을 카리스마적 지도자의 요건으로 제시한다.

얼핏 보면 우리나라 기업체 간부연수과정에 흔히 나오는 「지도자의 자질」 같은 내용과 상당부분 유사하기도 하다.

공·사설의 교육과정이 러시를 이루다 보니 개중에는 코미디 같은 카리스마 개발법도 있다. 성욕을 느낄 때 진동하는 양쪽 허벅지 사이의 근육을 이완-수축시키는 훈련을 계속하라든지 게, 초콜릿, 불콩 등 카리스마 촉진식품을 상식하라는 등의 방법이 그것.

베를린 자유대학의 베른트 구겐버르거 교수는 카리스마교육이 성업을 이루는 배경을 이렇게 설명한다. 『우리는 홍수처럼 쏟아져 들어오는 각종 정보에 압도되어 점점 판단에 자신을 잃게 된다. 그러다 보니 자연히 카리스마적 인물을 찾게 된다. 그의 덕성이 「결단력」이든 「활력」이든 이름은 중요하지 않다.』

-〈자료 : 동아일보, 1996. 2. 15〉-

제 4 절 리더의 윤리적 품성과 봉사를 중시하는 이론

4.1 개 요

최근에 떠오른 사회적 이슈의 하나가 윤리(또는 도덕성)이다. 윤리는 정치와 공공부문 및 기업경영 등 사회의 모든 부문에서 선택의 문제가 아니라 필수의 요건이 되고 있다. 리더십 영역에서도 윤리의 문제가 부각된 것은 최근의 일이다. 미국의 경우 경영과 리더십에서 윤리의 문제가 강조되어 왔지만, 체계적인 학술적 접근은 1995년 켈로그 재단의 후원에 의해 리더십에서의 윤리 문제가 연구되어 1997년에 「윤리-리더십의 핵심; Ethics ; The Heart of Leadership)」으로 출간되면서 구체적인 학문적 관심이 시작된 것으로 보인다.[64)]

우리나라에서도 21세기에 접어들면서 리더십의 윤리는 경영윤리와 더불어 필수주제가 되었다. 성장지향의 산업사회에서는 성과를 가장 중요시하여 수단의 정당성 문제에 대해서는 관대하였지만, 이제는 올바른 수단과 성과를 함께 중요시하는 것이다. 이러한 시대적 요구에 부응하기 위해서는 리더의 윤리적 품성문제를 진지하게 고려해야 한다. 리더의 도덕성에 흠이 있으면 다른 우수한 자질들도 좋은 평가를 받을 수 없게 된 것이다.

리더의 윤리적 자질요소는 많이 제시되고 있지만, 다섯 가지 원칙을 참고로 제시한다.[65)] **첫째는 타인을 존중하는 것이다.** 타인의 존중은 어떤 일의 수단이 아니고 그 자체가 목적이다. 내가 존중받고 싶듯이 타인을 존중해야 한다는 것이다. **둘째는 타인을 위한 봉사이다.** 이는 이기적 동기보다도 이타적 동기를 높게 평가하는 것이다. **셋째는 공정성을 견지하는 것이다.** 이는 사람들을 나의 이해에 따라 차별적으로 대하지 않으며 사람들이 지닌 가치를 올바르게 평가해 준다는 것이

64) Northouse, Peter G. *Leadership*, (김남현 외 역, 2001, 경문사), 「리더십」, 376-377쪽.
65) Northouse, Peter G. *Leadership*, 윗 책, 338-397쪽.

다. **넷째는 정직해야 한다는 것이다.** 정직성은 리더에 대한 신뢰의 가장 중요한 기반이다. 신뢰를 잃은 리더는 모든 것을 잃었다고 해도 과언이 아니다. 또한 정직성은 다른 사람과의 진실한 소통의 열쇠인 것이다. **다섯째는 공동체를 일구는 것이다.** 리더십은 혼자 달리고 혼자 연주하는 일이 아니다. 목표를 향해 함께 달리고 협주를 하며 화음을 만드는 일이다.

현대사회의 리더십 관점에서 또 하나의 괄목할 만한 변화는 부하에 대한 리더의 봉사적 태도이다. 전통적으로 리더십은 부하가 리더에게 헌신해야 하는 것으로 이미지화되어 있었다. 그러나 최근의 한 흐름은 리더의 역할이 부하를 위해 봉사해야 하는 것으로 전환된 것이다. 물론 구성원이 리더를 추종하고 직무에 헌신하게 하는 리더십의 지향점이 변화한 것은 아니지만 리더의 실행방법이 변화한 것이다. 부하를 위한 리더의 헌신에는 이미 리더의 윤리적 품성이 전제되어 있다.

본 절에서는 리더의 봉사를 중시하는 서번트 리더십과 자기희생적 리더십을 소개하고자 한다.

4.2 서번트 리더십

4.2.1 개 념

서번트 리더십의 개념은 AT&T에서 경영에 관한 교육과 연구를 담당했던 Robert K. Greenleaf가 1977년에 지은 「Servant Leadership」에서 처음 제시하였다. 당시에는 주목을 받지 못했으나 1996년에 미국의 경영서적 전문출판사인 Jossey-Bass사가 「On Becoming a Servant Leader」의 제목으로 출간한 것을 계기로 새롭게 관심을 갖게 되었다.

남에 대한 봉사의 의미를 가진 '서비스(service)의 어원'은 하인(servant)에서 비롯되었다고 한다. 서번트 리더십은 '타인을 위한 봉사의 마음에 초점을 두고, 종업원과 고객 및 커뮤니티를 우선으로 여기며 그들의 욕구를 만족시키기 위해 헌신하는 리더십'으로 정의된다. Greenleaf는 서번트 리더십의 기본 아이디어를 헤

르만 헤세(Herman Hesse)의 작품인 「동방으로의 여행(Journey to the East)」에서 얻었다고 하였다.

「동방으로의 여행」은 여러 명의 동방여행자들을 위해 그들의 허드렛일을 하는 레오(Leo)라는 인물에 초점을 맞추고 있다. 여행 중에 레오가 사라지기 전까지 모든 일은 잘 되어갔지만, 어느 날 그가 사라지자 일행은 혼돈에 빠지고 결국 여행은 중단되었다. 사람들은 레오가 없어진 뒤에야 그가 없으면 아무것도 할 수 없다는 사실을 깨달았다. 레오는 특별한 존재였던 것이다. 일행 중 한 사람은 몇 년을 찾아 헤맨 끝에 한 종교교단에서 레오를 만나게 되었다. 거기서 그는 심부름꾼으로만 알았던 레오가 그 교단의 정신적 지도자이며 훌륭한 리더라는 것을 알게 되었다. 레오는 서번트 리더의 전형으로 제시된 것이다.

4.2.2 서번트 리더의 특징

그린리프 연구센터의 연구소장인 Spears는 다음과 같이 서번트 리더의 주요 특성을 제시하였다.[66]

① **경청**(Listening) : 경청은 부하를 존중과 수용적인 태도로 이해하는 것이다. 적극적이고 능동적인 경청을 통해 부하의 욕구를 정확히 알게 된다.

② **공감**(Empathy) : 공감이란 차원 높은 이해심이며 리더는 부하와의 감정의 공감을 형성하여 일체감을 갖는다.

③ **치유**(Healing) : 치유는 리더가 부하들을 이끌어 가면서 보살펴 주어야 할 문제가 무엇인가를 살피는 것이다.

④ **스튜어드십**(Stewardship) : 부하들을 위해 자원을 지원하고 봉사해야 한다.

⑤ **부하의 성장을 위한 노력**(Commitment to the growth of people) : 부하들의 성장과 전문적 발전 및 정신적 성숙의 기회와 자원을 제공한다.

---

66) 미국 인디애나 폴리스에는 그린리프 연구센터(Greenleaf Center for Servant Leadership)가 있으며 서번트 리더십의 연구와 프로그램 등을 개발하고 있다.

⑥ **공동체 형성**(Building community) : 조직구성원들이 서로 존중하며 봉사하는 진정한 의미의 공동체를 만들어 간다.

서번트 리더십을 구성하고 평가하는 요소들은 다양하게 개발되어 왔다. 서번트 리더십은 전체적 이미지가 직관적으로 쉽게 인식되지만 구체적인 요인들은 다소 모호한 경향이 있었다. 서번트 리더십과 직접 관련되는 성실, 겸손, 섬김, 배려, 자기개발 독려 등의 세부요인들을 살펴보면 〈표 3.7〉과 같으며 자기평가에도 좋은 참고가 될 것이다.

표 3.7 서번트 리더십을 구성하고 평가하는 요인들

주요 요인	세부 요인
성실	솔직하게 대함, 진실을 위해 비난을 감수함, 남에게 요구한 것을 나도 실천함, 옳고 그름을 중시함, 조작하지 않음, 정직성을 지킴, 친절을 생활화함, 신뢰를 쌓음, 윤리를 해치는 일과 타협안함.
겸손	더 나은 사람에게 양보함, 타인에게 공을 돌림, 나의 약점을 인정함, 잘못을 인정하며 배움, 동료와 일하면서 인정과 보답에 욕심을 바라지 않음, 남의 경멸에도 겸손을 유지함, 부하에게서도 배움, 나의 잘못을 인정함, 남을 칭찬함, 남에게 의지함을 인정함.
섬김	타인의 위치를 존중함, 남을 모시려 함, 공동의 일에서 개인적 희생을 감수함, 부당한 비난을 감수함, 온화한 마음, 리더의 책임감을 감수함, 대접받기보다 대접함, 함께 일하는 사람의 이익을 배려함, 남을 성공시킴, 타인이 서번트 리더가 되도록 영감을 줌, 동료의 인종과 종교 등을 개의치 않음.
배려	남의 복지에 관심, 남들을 이해하려 노력함, 남의 요구를 도와주려 함, 상담하려 함, 나의 도움을 개방함, 남을 배려함이 그에게 도움이 된다고 믿음, 용서함, 남의 말을 경청함.
자기개발 독려	부하의 재능을 찾으려 함, 능력을 발휘하게 함, 실수를 관용함, 자기개발의 시간과 투자를 권함, 나의 시간과 에너지로 도움, 남들의 성장을 돕도록 역할함, 나를 능가할 사람을 발굴하려 함.

자료 : 월간 「Leaderpia」(2007. 4) 52-55쪽에서 발췌하여 정리하였음.

4.3 자기희생적 리더십

자기희생적 리더십(Self-sacrificial Leadership)은 조직상황에서 리더의 자기희생의 불가피성과 과정을 설명하고 있다. 조직이 어려움에 처한 경우에 리더가 자기희생적인 리더십을 발휘하면 구성원들의 태도와 행동의 변화적 반응을 통해 조직성과에 영향을 미친다는 것이다.67)

회사가 도산위기에 처했을 때 경영자가 자신의 권한과 편익을 반납하고 회사원들과 숙식을 같이 하면서 힘든 일을 같이 함으로써 회사원들에게 감동을 주고 모두가 열심히 일하여 회사를 다시 살린 사례들에서 이러한 리더십을 발견할 수 있다. 조직에서 리더십이 필요한 이유는 조직설계를 완전하게 할 수 없기 때문이며, 리더가 자기희생을 하는 세 가지 대상은 업무, 보상, 권한이다.

자기희생적 리더십의 모델은 조직수준의 거시적 차원과 구성원 심리현상의 미시적 차원으로 구성되어 있다(그림 3.4 참조). 거시적 차원의 리더십은 조직변화의 제도적 메커니즘에 대해 영향을 미치는 것이며, 미시적 차원은 부하와의 상호 작용을 통해 부하의 인지, 태도, 행동 등에 영향을 미치는 행위로 보았다.

이 이론에서 리더십이란 조직설계의 불안전성(IOD ; Incompleteness of Organizational Design) 때문에 필요한 것이라고 인식한다. 어느 조직이든 완벽하게 조직을 설계할 수 없으므로 조직은 불안정하게 되고, 이러한 불안전성은 조직변화를 필요로 하게 되면서 이 과정에서 리더십의 개입을 필요로 하게 된다는 것이다.

조직 불안전성(IOD)을 해소하는 과정에서 구성원들은 기술격차나 과잉비용과 같은 불안정성을 흡수하기도 하고 기피하기도 한다. 그런데 조직 불안정성을 개인이 흡수하기에 너무 크다고 느끼거나, 흡수가 조직유효성에 기여하지 못할 것이라고 판단되면 구성원들은 불안전성을 흡수할 동기가 감소하여 기피행위를 보인다. 특히 구성원들이 희생을 하더라도 조직의 회생 가능성이 낮다고 판단하면

67) ① Choi, Y.(1995), A theory of self-sacrificial leadership, Doctoral Dissertation, University of Kansas, Lawrence, KS.
② 최연(2001), "자기희생적 리더십 : 연구현황과 과제". 「인사관리연구」, 24(2).

그림 3.4 자기희생적 리더십 모델

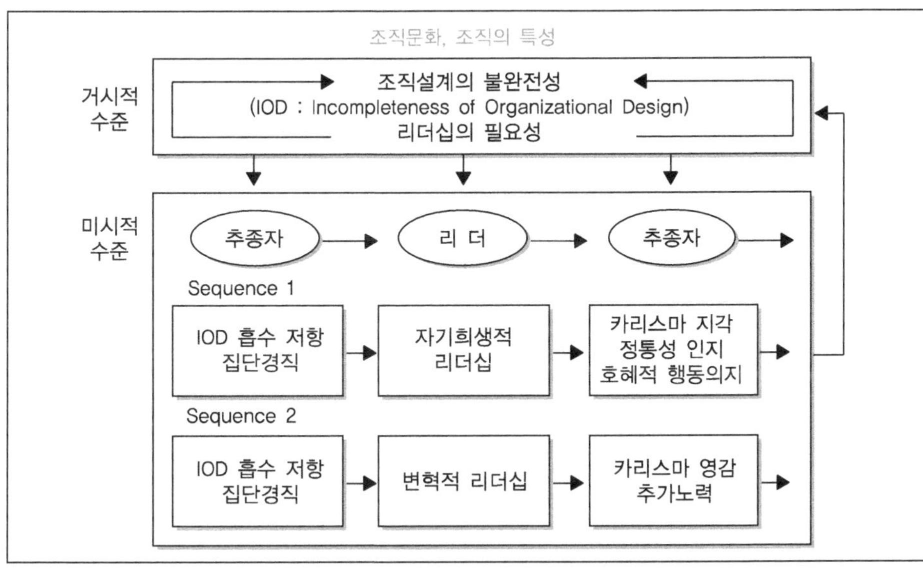

자료 : 최연(2001), "자기희생적 리더십 : 연구현황과 과제", 219~237.

더욱 기피할 것이다. 이러한 기피행위는 조직 전체로 급격히 확산되는데, 이 때 경영자가 선택할 수 있는 한 대안이 자기희생이다.[68]

따라서 조직불안전성이 클수록 리더십의 개입을 더욱 필요로 하게 되고, 이 때 리더가 자기희생을 통해 상황을 극복할 수 있다는 믿음을 주는 상징적 행위를 하여야 한다. 그러한 행동이 구성원들의 소극적이고 기회주의적인 태도와 행동을 포기하게 하는 중요한 계기를 만들 수 있다. 리더의 자기희생적 행동은 부하들에게 강한 메시지를 전달함과 동시에 상호유대적인 관계를 유지하는 고리가 된다.

리더의 자기희생은 세 가지 범주에서 이루어진다.[69] **첫째, 업무분장**(division of labor)상의 자기희생으로써 위험하고 힘들며 기피되는 업무, 역할, 순번 등을 자청하는 희생이다. **둘째, 보상분배**(distribution of rewards)상의 자기희생으로써 자기에게 정당하게 분배되어야 할 금전적 · 비금전적 보상을 포기하거나 미루고 줄

68) 아이어코카가 크라이슬러의 회장으로 취임하며 1달러의 연봉을 자청한 것이 한 예이다.
69) Choi, Y & Mai-Dalton, R.(1999), The model of followers' responses to self-sacrificial leadership : An empirical test, PP. 397~421.

이는 희생이다.[70] **셋째, 권한행사**(exercise of power)상의 자기희생으로써 리더에게 합법적으로 주어진 자원과 권한 등의 사용을 자제하거나 포기하는 희생이다.[71]

리더의 이러한 자기희생적 행위는 구성원의 인지, 정서, 행위에 영향을 미치게 된다. 자기희생적 리더십은 어느 한 순간에 커다란 희생을 보여주는 급진적 스타일과 오랜 기간에 걸쳐 꾸준히 보여주는 점진적 스타일로 구분된다. 급진적 스타일은 조직이 위기에 처해 있을 때 나타날 가능성이 높고, 점진적 스타일은 오랜 기간에 걸쳐 하나의 문화로 자리잡게 될 가능성이 높다. 리더의 자기희생이 구성원들에게 영향을 미쳐서 나타나는 반응은 리더에 대한 카리스마 인지, 리더에 대한 정통성 부여, 리더와 부하간이 상호유대적 행동, 그리고 리더추종과 희생참여 및 과업에 대한 몰입 등이다.

사례 : 세상에서 가장 아름다운 모습

시장의 작은 분식점에서 찐빵과 만두를 만들어 파는 어머니가 있었습니다. 어느 날 소나기가 내리기 시작하자 어머니는 서둘러 우산을 들고 딸이 다니는 미술학원으로 갔습니다. 학원 문을 열려다 말고 자신의 옷차림을 살폈습니다. 작업복에 낡은 슬리퍼, 앞치마엔 밀가루 반죽이 덕지덕지 묻어 있었습니다. 감수성이 예민한 여고생 딸을 생각한 어머니는 학원이 파할 때까지 기다리기로 했습니다.

어머니가 문득 3층 학원을 올려다봤을 때, 마침 창문에서 어머니를 내려다보던 딸과 눈이 마주쳤습니다. 어머니는 반갑게 손짓을 했지만 딸은 잠시 보다가 얼굴을 돌렸습니다. 초라한 엄마가 기다리는 걸 원하지 않는 것 같아 어머니는 고개를 숙인 채 그냥 돌아섰습니다.

한 달 뒤 어머니는 학생회관에서 미술학원 학생들의 작품전시회가 있다는 연락을 받았습니다. 딸이 부끄러워할 것만 같아 망설이던 어머니는 저녁에야 이웃집에 가게를 맡기고 전시회장에 갔습니다. "끝나 버렸으면 어쩌지…" 다행히 전시회는 끝나지 않았습니다. 벽에 걸린 그림들을 살펴보던 어머니는 한 그림 앞에서 그만 가슴이 덜컹 내려앉았습니다.

제목은 '세상에서 가장 아름다운 모습'

비, 우산, 밀가루 반죽이 허옇게 묻은 앞치마, 그리고 낡은 신발. 그림 속엔 학원 앞에서 딸을 기다리던 자신의 초라한 모습이 고스란히 들어 있었습니다. 어머니에게 다가온 딸은 환하게 웃고 있었고, 모녀는 그림을 보며 꼭 껴안았습니다.

– 사랑은 표현할 때 더욱 빛나는 것입니다 –

---

70) 정당하게 주어지는 휴가나 성과급을 반납하는 행위 등이다.

71) 종업원들과 숙식을 함께 하고 배정된 운전기사를 다른 직무에 돌리는 행위 등이다.

4.4 진성 리더십

4.4.1 개념

진성리더십은 미국 네브라스카-링컨 대학의 갤럽 리더십 연구소의 변혁적 리더십과 윤리적 리더십을 바탕으로 사회와 조직구성원으로부터 존경과 신뢰를 받을 수 있는 리더십의 제시와 개발에 대한 연구에서 시작 되었다. 진성리더십(Authentic Leadership) 이론이 바로 리더의 자질, 즉 품성을 강조한 리더십 이론이다. 진성리더십은 어떤 특정한 리더십 스타일을 추구하거나 지향하는 것보다는(George, 2003), 리더자가 자신에게 초점을 맞춰 그들의 구성원들에게는 모범이 되는 인물로서의 역할을 수행하는 점에서 기존의 리더십 이론과 다소 차이가 있다(Avolio & Gardner, 2005). Avolio(2003)는 기존의 변혁적 리더십, 카리스마적 리더십, 윤리적 리더십 등을 진성리더십이라고 하는 새로운 리더십의 틀로 합치는 연구가 필요하다고 주장하였다. George(2003)는 현 시대는 기업윤리의 붕괴 등 사회상황이 진정성이 있고 도덕적이며 성품에 기초한 진성리더십을 요구한다고 하였다. 이후, Avoliio, Luthans & Walumbwa(2004)는 오늘날 조직에 가해지는 여러 가지 독특한 어려움들은 기본적인 자신감, 희망, 낙관주의, 복원력, 그리고 존재의의를 회복시켜주는 진성리더십을 가장 바람직한 리더십 유형으로 제시하였다. 결국, 진성리더십(Authentic Leadership)이란 긍정적 자기개발을 이루면서 구성원들과 함께 일하는 리더로서, 높은 자아인식과 내면화된 도덕적 측면, 정보에 대한 균형적 처리, 관계적 투명성을 장려하기 위한 긍정적 심리 수용력과 긍정적 윤리 분위기 모두를 촉진하는 리더 행동의 패턴이라고 정의된다(Walumbwa, Avolio, Gardner, Wernsing & Peterson, 2008).

진정성은 개인의 노력을 통해서 획득 가능한 대상으로 사회적 맥락에서 이해하여야 한다(Chan et al, 2005). 선행 연구에서 진정성의 개념은 연구자마다 다소 차이가 있지만, 자아인식(Self-Awareness)과 자아규제(Self-Regulation)라는 두 가지 측면에서 공통점을 찾을 수 있었다. 특히 Harter(2002)는 진성은 한 개인이 자기 스스로를 알고, 자신 내면의 생각과 감정, 가치관 등에 일치되도록 행동하는 것으로 정의하고 자기인식(Self-Awareness)과 자기규제(Self-Regulation)라는 두 가지 요소로 이루어져 있다는 것을 강조하였다.

진성이란 단어가 리더십과 같이 처음 쓰이기 시작한 것은 경영학에서가 아니라 사회학에서였다. 미국의 사회학자 Seeman(1969)은 특정한 역할로부터 기대되는 행동 예를 들면 'CEO라면 모름지기 이래야 돼' 라는 식으로 사람들이 CEO에 대해 가지고 있는 기대에 지나치게 몰입하거나 자신을 과대 포장하려는 행위를 통틀어 비진성(unauthenticity)이라고 이야기했다. 하지만 경영학에서 진정성이란 단어가 쓰이기 시작하고 리더십 이론이 본격적으로 개발되기 시작한 것은 미국에서 기업 스캔들이 터지기 시작한 2000년대 이후다. 그리고 이론의 초점도 사회학에서처럼 진정성이 결여된 리더의 행동에 맞춰진 게 아니라 긍정심리학(Positive Psychology)에 바탕을 둔 리더의 진정성에 포커스가 맞춰졌다.

이렇게 등장한 진성리더십의 본격적 연구는 2003년 이후로 글로벌 기업의 도덕적 해이로 인한 도산과 조직이 직면한 급변하는 환경적 불확실성 하에서 기본적인 자신감, 희망, 낙관주의, 회복력 등 존재의의를 복원시켜주는 새로운 리더십의 요구 때문이라고 볼 수 있다. 리더십 관련 연구자들은 진정성의 개념을 중심으로 진성리더십에 관하여 정의하고 있다.

특히 최근 리더십 분야의 연구는 비전 제시형 리더십(Sashkin, 1988; House & Podsakoff, 1992)과 카리스마적 리더십(Conger & Kanungo, 1987; Klein & House, 1995; Gardner & Avolio, 1998), 변혁적 리더십(Avolio & Bass, 1995; Bass, 1997)으로 대표되는 영감을 강조하는 리더십 분야에 집중하여 이루어졌다. 이러한 리더십들은 조직 내부의 의사결정이 리더에게 집중되며, 리더 자신만의 이익을 위해서 부하들을 이용할 수 있다는 것(Bass & Steidlmeier, 1999; Price, 2003)으로 비판을 받았고, 이를 계기로 리더십 연구자들은 진정성을 갖춘 리더와 진정성을 갖추지 못한 리더에 대해 연구하기 시작하였다. Avolio 등(2004)에 따르면 진정성을 갖춘 리더는 스스로가 자신이 어떻게 생각하고 행동하는지에 관하여 제대로 인식하고 있으며, 부하들에게도 자신의 가치관, 도덕적 관점, 지식, 강점 등에 대

해 스스로 잘 인식하고 있다고 여겨지는 사람이라고 하였다. 그리고 자신이 속한 상황을 잘 인지하고 있으며, 자신감이 있고, 희망적이고 긍정적이며 쾌활하고 높은 도덕성을 지닌 점을 진정성을 갖춘 리더의 특징이라 하였다.

또한 Luthans & Avolio(2003)는 조직 내에서의 진정성을 갖춘 리더와 부하 모두 자기인식과 자기규제 행위를 지속적으로 함으로서 긍정적인 자기개발을 하게 하는 조직 상황을 이끌어 내는 과정이라고 하였다. 이 외에도 진성리더십을 행하는 리더들에 대한 특징으로 정직, 충성심, 평등과 같은 자기초월적 가치가 반영된 행동을 할 것이며(Michie & Gooty, 2005), 그들이 속한 집단이나 더 나아가 사회 전체의 이익에 초점을 둔 도덕적 기준이나 가치관을 가진다고 하였다(Howell & Avolio, 1993). 진성리더십은 리더가 진성을 가지고 구성원들과 의사소통 한다는 리더십의 유형으로 Avolio & Gardner(2005) 등에 의해 발전되는 개념으로 2005년 저명한 세계적 리더십 잡지인 'Leadership Quarterly'에서 중요 안건으로 다루어졌고, Walumbwa & Avolio(2008)등에 의하여 진성리더십의 측정척도 ALQ(Authentic Leadership Questionnaire)가 개발되고 타당성을 인정받으면서 활발하게 연구들이 진행되고 있다. 그리고 진성리더십은 리더의 자아개념을 중심에 두기 때문에 공식적으로 리더라는 역할에 있을 때뿐만 아니라, 홀로 있을 때에도 항상 리더로서 행동한다고 하였다. 또한 자신을 찬양하는 부하들을 추구하기보다는 리더 자신의 자기 개념을 확실하게 하여 자신의 진정성을 향상 시켜줄 부하들을 추구한다고 하였다(Bass & Steidlmeier, 1999).

그러나 진성리더십은 리더의 진성이 부하들에게 인지될 때에 비로소 진정리더십으로서 기능한다고 할 수 있다(Avolio & Gardner, 2005; Eagly, 2005). 리더십은 항상 리더와 부하간의 관계이기 때문이다(Howell & Shamir, 2005). Sparrowe (2005)도 진정성 리더가 지닌 투명성과 일관성이 자동적으로 부하들의 변화를 이끌어내지는 못한다고 하였다. 즉, 아무리 리더가 진정성을 지녔다 하더라도 리더의 진정성을 부하들이 인지하지 못한다면 진성리더십으로서 작용하지 못한다는 것이다(Eagly, 2005).

4.4.2 진성리더십의 구성요소

기존 리더십과 개념상 뚜렷한 차이가 있는 진성리더십의 구성요인에 대한 연구는 2000년 초부터 활발히 이루어져 오고 있다. 진성리더의 척도에는 4가지 차원을 측정하고 있는데 자아인식, 균형 잡힌 정보처리, 내재화된 도덕적 관점, 관계적 투명성이다(Walumbwa, Avolio, Gardner & Peterson, 2008).

첫째, 자아인식(self-awareness)이다. 자아인식은 자신의 특성, 가치관, 동기, 감정 인지를 인식하고 신뢰하는 것을 의미한다(Ilies et al., 2005). Kernis(2003)는 자아인식이란 자신의 동기, 감정, 욕구 및 자신과 관련된 정보를 인식하고 신뢰하는 것으로서 주된 대상은 자신의 강점, 약점, 특성과 정서라고 설명하였다. 그는 또 인간의 양면성에 대한 수용을 강조하면서 자아인식은 자신의 욕구, 가치관, 감정, 양면성의 인식과 함께 그것들이 어떻게 자신의 행동에 영향을 미치는지 아는 것이라고 주장하였다.

둘째, 균형 잡힌 정보처리(balanced processing of information)이다. Gardner 등(2005)은 인간이 정보처리, 특히 자신과 관계되는 정보를 처리할 때는 본질적으로 흠이 있고 편향되기 마련이라는 사회심리학적 연구를 바탕으로 편향되지 않은 정보처리(unbiased processing)라는 용어 대신에 균형 잡힌 정보처리(balanced processing of information)라는 용어를 주장하였다. Kernis(2003)는 편향된 정보처리의 원인이 낮은 자긍심(low self-esteem)이나 확고하지 못한 높은 자긍심(fragile high self-esteem)에 있다고 보고 확고하게 높은 자긍심(secure high self-esteem)을 가진 사람들이 정보를 보다 객관적으로 처리할 수 있다고 설명하였다. 진성리더는 정확하고 균형 잡힌 자기진단과 사회적 비교를 하려는 자기검증 수준이 높아 자기방어기제의 방해를 받지 않고 자기진단에 기초하여 자신의 신념과 가치관에 따라 행동할 수 있다(Gardner et al, 2005).

셋째, 관계적 투명성(relational transparency)이다. 관계적 투명성은 가까운 인간관계에서 개방성과 진실성을 소중하게 생각하고 가까운 사람들이 자신의 장점과 약점을 함께 볼 수 있도록 돕는 것으로서 선택적인 자기개방과 대비되는 개념

이다(Kernis, 2003). May 등(2003)은 진성리더십이 자신의 약점과 한계를 투명하게 드러내는 것이라고 설명하면서 신념, 가치관 등 기존의 투명성의 범주에 약점과 한계를 추가하였다. 또한, Gardner 등(2005)은 관계적 투명성이 솔직한 대화와 자신에 관한 정보의 개방을 포함한다고 주장하면서 리더가 자신을 알고 수용하면 할수록 신뢰성, 개방성, 생각과 감정의 공유수준이 더 높다고 주장하였다.

넷째, 내재화된 도덕관점(internalized moral perspective)이다. 내재화된 도덕관점은 외부압력의 통제 대신에 자신의 내적인 도덕기준과 가치관에 따라 행동하는 자기규제 과정(self-regulatory process)이다. 내재화된 도덕관점을 가진 사람들은 다른 사람들이 자신에게 얼마나 영향을 미칠 수 있도록 허용할지에 대해서 스스로가 통제력을 갖고 있다. May 등(2003)과 Luthans와 Avolio(2003)는 진성리더와 진성리더십에는 윤리와 도덕, 즉 긍정적인 도덕적 관점이 핵심적이라고 보았다.

4.5 평 가

지식정보사회의 특징은 조직 내에서 상급자와 하급자간의 지식과 정보의 질과 양의 격차가 모호해지고, 지시와 감독위주의 리더십방식으로는 조직을 이끌기기 어렵다는 것이다. 리더가 부하들보다 우월한 위치이므로 봉사를 받아야 한다거나 리더가 권위적인 힘으로 부하들을 이끌어야 한다는 고정관념에 기초한 리더십 패러다임의 한계를 인식할 필요가 있다.

리더가 부하들을 존중하고 그들을 위해 헌신하며 그들의 미래를 위해 노력해야 한다는 서번트 리더십과 같은 패러다임은 시대적 변화의 한 흐름이다. 서번트 리더십은 이론적 주제로서 뿐만 아니라 경영실무에서 많은 기업과 공공조직의 교육훈련 프로그램에 포함되고 있다. 다만, 리더의 봉사적 역할과 희생적 헌신이 고정화될 경우에 공식적 권한의 엄정한 집행이 어려워지거나 위급한 상황에서 권위적인 강압적 리더십이 필요함에도 실행이 어려울 수 있음을 유념해야 한다.

특히 초기에는 낮은 수준의 봉사와 희생으로 리더십 효과를 얻을 수 있지만, 만성이 되면 더 높은 수준의 봉사와 희생을 요구하게 되고 부하들의 기대수준이 점차 상승하기 때문이다. 또한 모든 부하들이 리더의 희생에 대해 감동으로 화답하는 것은 아니며 당연시하기도 한다. 이러한 점이 신앙적 차원이 아닌 현실에서의 인간적 차원에서는 봉사와 희생의 리더십의 발휘를 어렵게 한다. 그러므로 리더는 자신의 봉사적 가치관부터 정립하고 봉사의 범위를 설정하여 부하들이 인식하게 함으로써 융통성 있게 리더십을 발휘할 수 있는 여유공간을 확보하는 지혜가 필요하다.

별빛 한마디

사랑의 마음

· 항상 남을 이용하려 하고, 남의 것을 빼앗으려 하는 사람, 매사에 타산적이고 고립적인 사람은 질병에 잘 걸리고, 일단 병에 걸리면 잘 낫지 않는다.
반면에 믿음과 신념을 가졌고, 이웃을 사랑하며, 남에게 베풀기를 좋아하는 사람은 병에 잘 걸리지도 않고 걸리더라도 치료하기 쉽다.

– 하버드 의대, 스티븐 로크 교수 (하영목, 〈오늘〉에서 재인용) –

과제 3-4 나의 리더십 실패경험

나의 리더십 실패경험을 적고 토론을 통해 그 원인이 무엇인지 해결책을 찾아보자.

☞ **나의 리더십 실패경험 적어보기**

최근까지 나의 주변에서 일어났던 작은 경험이나 리더십의 상황, 리더십 발휘노력, 기타 관련된 정보 등을 적으면 된다.

☞ **나의 리더십 실패경험 토론하기**

발표를 듣는 사람들은 발표자의 문제점이 무엇이었는지? 그리고 해결책이 무엇인지 함께 토론한 내용을 적어보자.

☞ **나의 리더십 실패경험 해결책 찾기**

자신의 리더십 실패사례에 대한 문제의 원인과 해결책을 도출해보자.

사례 1 : 실수도 재산이다

1928년 런던 세인트메리병원 의과대학의 알렉산더 플레밍교수는 어떤 병원균에 대한 실험을 하고 있었다. 그는 실험용 페트리 접시 위에 세균을 번식시킬 목적으로 접시 위의 배양기에 세균이 묻은 철사를 긋고 재빨리 뚜껑을 닫았다. 그러나 이 과정에서 공기 중의 페니실륨 곰팡이가 섞여 들어가 버려 실험은 실패해 버렸다.

다른 실험자라면 안타까워하며 페트리 접시를 폐기했겠지만 플레밍 교수는 여기서 특이한 점을 발견하였다. 곰팡이 주위의 세균이 모두 죽어 있었던 것이다. 분명 곰팡이가 세균을 죽이는 물질을 생성하는 것이라고 생각한 플레밍 교수는 곰팡이에 대한 연구를 계속하였고, 이것이 바로 오늘날 세계에서 널리 쓰이고 있는 항생제 페니실린의 탄생이었다.

– 국방부(2008), 리더십교육 프로그램 발췌 –

사례 2 : 살해된 리더들

돌이켜 보면, 이 세상에 리더의 위치에 있다가 살해된 사람들이 꽤나 많다. 저 먼 옛날 로마의 씨이저를 비롯하여 백범 김구 선생과 박정희 전대통령, 이스라엘의 이차크 라빈 전총리와 이집트의 사다트 전대통령, 그리고 미국의 링컨, 케네디, 마틴 루터킹 등등 누구나 쉽게 떠올릴 수 있는 사례들만도 금방 열 손가락에 꼽힌다. 어디 그뿐이랴. 스스로 목숨을 끊은 리더들은 또 얼마나 많았으며 어둠 속에서 패배의 아픔을 달래며 외로운 말년을 보내야 했던 이들은 얼마나 될까? 리더의 직위를 수행한다는 것은 때로는 이처럼 외롭고 힘들고 목숨까지 위협 받는 일이다. 기업의 경우도 마찬가지다. 구조조정이며 경영혁신이며 인력합리화며, 수없이 많은 변화를 추구해 나아가는 과정 속에서 일이 항상 무난하게 성과를 내게 되는 경우는 드물다. 밤낮없이 일에 매달리다가 쓰러져 운명을 달리하는 경우들도 어렵지 않게 찾아볼 수 있다. 물론 이렇게 극단적인 결과를 초래하지는 않았다고 하더라도 직위에서 쫓겨났던가 감옥에 들어가 앉아 있는 예들은 더 많다. 조직이나 나라를 책임진 리더의 위치에 있는 사람이 획기적인 변화를 추구하고 싶어할 때, 기득권세력들로부터 엄청난 반발과 음모가 작용하게 된다는 것을 우리는 역사 속에서 배운다. 리더의 숭고한 뜻이 실현되어 이미 성과를 창출하였다면, 살해 됐던가 쫓겨났다고 해서 실패한 리더는 아니다. 하지만 아직 실현되지 않은 숭고한 비전을 갖고 있는 잠재적 리더가 있다면, 자신의 앞에 놓여 있는 험난한 장애물들을 예견하고 슬기롭게 극복해 낼 수 있는 역량까지도 갖춰야 한다는 것을 잊지 말아야 할 것이다.

–〈자료 : 백기복(2006), 「리더십 리뷰」, 창민사, 362쪽〉–

별빛 한마디

돈으로 살 수 없는 것들

- 침대는 살 수 있지만 잠은 살 수 없다.
- 책은 살 수 있지만 지혜는 살 수 없다.
- 음식은 살 수 있지만 식욕은 살 수 없다.
- 사치품은 살 수 있지만 문화는 살 수 없다.
- 장식품은 살 수 있지만 아름다움은 살 수 없다.
- 약은 살 수 있지만 건강은 살 수 없다.
- 아첨은 살 수 있지만 존경은 살 수 없다.
- 동료는 살 수 있지만 우정은 살 수 없다.
- 오락은 살 수 있지만 행복은 살 수 없다.

REVIEW ISSUES

① 최근의 현대적 리더십이론의 흐름을 요약하여 설명해 봅시다.

② 슈퍼 리더십과 셀프 리더십 및 임파워먼트의 관계를 논의해 봅시다.

③ Manz & Sims의 리더유형의 사례를 일상에서 찾아봅시다.

④ 부하와 자녀들을 셀프 리더로 육성하는 방법들을 제안하고 논의해 봅시다.

⑤ 카리스마가 특정한 사람들의 재능인지, 모든 사람들의 잠재되어 발현될 수 있는 재능인지 사례를 찾아 논의해 봅시다.

⑥ 현실생활에서 거래적 리더십의 핵심적인 요인의 사례를 찾아봅시다.

⑦ 카리스마적 리더십과 변혁적 리더십의 공통점과 차이점을 찾아봅시다.

⑧ 우리의 일상에서 서번트 리더십의 사례를 찾아봅시다.

⑨ 우리나라에 그리고 당신에게 가장 적합할 것 같은 현대적 리더십을 찾아봅시다.

제4장 한국적 리더십 연구

리더십이 모든 인간의 보편적인 본성에 뿌리를 둔 현상인가 아니면 문화마다 달라지는 현상인가 하는 문제는 논란의 대상이다. 그러나 일반적으로 한국적인 풍토에 더 적합한 리더십이 있을 것이라는 이미지를 가지고 있다.

리더십 이론이 주로 미국에서 생성되었지만, 한국에서의 연구도 일부나마 진행되고 있다. W이론과 혼 이론은 한국적 정서를 반영하려는 노력이다. 이슈 리더십은 독창적인 논리체계를 가지고 있다. 이러한 한국적인 몇몇 연구노력과 함께 군에서의 리더십 연구를 간략히 소개한다.

한국인의 의식구조나 문화의 특성에 관한 논의는 많고 다양하다. 다만 이에 바탕을 둔 리더십연구는 부족한 실정이지만 부분적으로나마 리더십 발휘의 실무적 지침을 간략히 제시하고자 한다.

제 1 절 한국적 리더십을 탐구한 연구

1.1 개 요

경영학과 리더십이론은 서구사회를 모델로 미국의 이론이 중심이 되어왔는데, 이는 산업사회에서의 미국의 영향력을 반영하는 것이다.[1] 서구이론의 편중에 대한 반성으로 한국적 이론의 탐색노력이 증가하고 있지만[2] 연구결과가 선명한 단계는 아니며 한국화의 효용성에 대한 의문도 제기되고 있다.[3]

'한국적 경영'의 논의가 활발해진 것은 1990년대에 이면우의 'W이론'부터라고 볼 수 있다. 리더십연구는 1960년대에 처음 논문으로 발표되었고 1980년대까지는 외국이론들의 소개수준의 연구들이 주류를 이루다가 1990년대에 자체의 연구수준이 높아지기 시작한 것으로 평가된다.[4]

한국적 이론의 논의는 두 가지 점을 인식해야 한다. 하나는 문화의 지속과 변동에 관한 시간차원이다. 전통가치의 지속은 미래가치의 기회를 상실할 가능성을 내포한다. 다른 하나는 한국적 특수성과 세계적 보편성의 갈등과 조화에 관한 공간차원이다. 서구편향은 한국풍토와 괴리된 이론을 낳게 되고, 한국학에 대한 집착은 문화적 폐쇄성을 초래할 수 있기 때문이다.

본 항에서는 한국적 경영의 실체를 탐구한 이론들과 우리나라 학계에서 제시한 리더십 이론 등을 소개하고자 한다.

---

1) 기업 경영문제에 관한 한 미국에서 개발된 경영기법들이 세계적으로 90% 정도 진파되고 있다고 해도 과인은 아니다. 김성환(1998), 「K이론」, 12쪽.

2) 인문사회과학 학술지인 「전통과 현대」의 창간(1997)은 한국적 전통의 보편논리를 찾기 위한 노력이다. 육군은 1999년에 한국적 지휘개념으로서 '임무형 지휘'를 정립한 바 있으며, '한국군 리더십의 모형과 발전방향'을 주제로 세미나를 개최하였다.

3) ① 김성환(1998), 「K이론」, ② 남기덕, "한국군 리더십의 모형과 발전방향"(1999) 등.

4) 백기복(2001), "리더십 2000 : 리더십 연구의 새로운 패러다임", 320쪽.

1.2 W이론과 혼 경영

1.2.1 W이론

W이론[5])은 선진외국에서 도입한 경영이론의 무분별한 산업현장 적용이 오히려 비능률과 문제점들을 발생시켰다고 보고, 한국적인 독창적 경영철학을 세우기 위한 이론 틀이다. **W이론에 의하면 한민족 고유의 특성은 '신바람'이며 정신적 기반은 실사구시(實事求是)이다.** 한국적 경영을 정립하기 위해서는 실사구시 정신에 투철한 지도자가 필요하다. 지도자는 국민으로부터 신뢰와 존경을 받으면서 정보혁명시대에 국민들에게 밝은 전망을 제시하고 가정 · 산업계 · 대학 · 정부 등 각계에서 신바람을 불러일으켜야 한다.

W이론은 완벽한 이론체계를 갖춘 것은 아니며 신사고 이론 등으로 보완하고 있다.[6]) 그에 의하면 '흩어지면 살고 뭉치면 죽는다', '사촌이 땅을 사면 배가 아파야 한다'가 정상적인 인식이며, '아나바다 운동(아껴 쓰고 나눠 쓰고 바꿔 쓰고 다시 쓰자는 소비절약운동)은 오히려 중소기업을 위축시키는 운동'으로 평가한다. W이론의 지향점은 종업원들의 능력을 이끌어내어 경쟁에서 이기도록 하는 우수한 경영철학을 찾는 것이다. 그 것은 한국인의 의식 속에 축적된 민족고유의 마음인 신바람이라고 본다.

1.2.2 신사고 이론

우리 국민이 열망하는 국가발전을 위해서는 기술개발과 한국의 혼이 깃든 경영철학과 남들을 이끌어 갈 선진국 형 사고방식이 선행 되어야 한다. 이를 위해 우리는 이면우의 20가지의 경영철학이 필요한 시점에 와 있다. 우리 주위를 둘러보자. 전 세계의 시장이 단일화되고 세계적인 기업들이 진출하지 않은 곳이 없

5) 이면우(1992), 「W이론을 만들자」, 저자는 'W이론'의 W에 특별한 의미를 두지는 않는다. 미국에서 X와 Y이론을, 일본에서 Z이론을 명명하였기 때문에 그 다음 가까운 알파벳 문자인 W를 사용한 것이다.

6) ① 이면우(1997), 「신사고 이론 20」 ② 「신 창조론」(1998), 한국경제신문사

다. 우리들도 이제 안방에만 안주해 있어서는 살아남을 수가 없을 것이라는 것은 동네 꼬마들도 알고 있는 사실이다. 우리가 갖고 있는 고정된 관념으로 세계를 정복한다는 것은 어불성설이며 오히려 이제 안방시장에서도 창조적이지 못한 발상과 제품은 인기를 끌지 못하고 있는 상황에서 무방비한 상태로 세계 시장에 진출한다면 패배의 쓴 잔을 들이키는 어려운 사태만을 맞이하게 될 것이다. 이러한 현실 속에서 경쟁력을 갖추는데 필요한 新사고를 위한 밑바탕이 되는 것은 교육일 것이다. 도전하는 자세, 창조적인 사고 및 고정관념을 갖지 않는 자세 등을 키워내는 것은 단시일 내에 어떤 일시적인 계기를 통해 이뤄지는 것이 아니다. 교육이 백년지대계 이듯이 당장 눈앞의 이익은 크지 않더라고 100년 후 자랑스런 우리의 모습을 보기위해서 우리의 정신세계를 차근차근 이식해 나가야 할 것이다. 이면우의 신사고 이론의 20가지는 아래와 같다.

(1) GS-2 이론

고스톱 2등 (Go Stop-2) 해서 돈 따는 놈 봤냐? 기업이 당면하고 있는 문제는 핵심기술 하나가 모자라서, 고급인력이 부족해서, 선진국이 기술이전을 안해서, 그리고 주위 경영여건이 악화되어 기업이 잘 안된다고 하는데 그것은 고스톱에서 결정적인 패가 없어서, 하나가 모자라서, 앞 사람이 너무 방해를 해서 돈을 잃었다고 하는 것이나 마찬가지 이다. 2등에도 두 종류가 있는데, 하나는 1등의 도움을 받는 2등, 또 하나는 1등의 도움을 전혀 받지 않은 2등이 있다고 한다. 개발도상국 제조업의 고질적인 악순환의 고리를 벗어나기 위하여 낙후기술 도입을 탈피하고 우리 독자 고유기술을 창출해야 한다. 고스톱 2등도 돈을 잃는 것은 마찬가지이다. 어떤 일을 하든 간에 1등이 아니면 안되겠다는 생각이 굳어야 한다. 정부에서도 이것만은 대한민국이 최고다 라고 인정받을 수 있는 국가정책을 수립해야 한다. 결국 1등이 되는 가장 확실한 방법은 아무도 하지 않은 일을 가장 먼저 착수하는 것이다.

(2) P-2 이론

포커게임에서는 2등 한 사람 (Porker-2) 이 제일 먼저 망한다. 글로벌 경쟁을 포커게임으로 비유하면, 우리나라는 (당시 기준으로) 포커실력이 부족한 채로 선진국들의 주축으로 결성한 WTO의 강요로 판돈이 큰 포커판에 마지못해 참석하는 초보자와 같다. 그중 가장 큰 문제점은 아직도 우리가 위기감을 느끼지 못하고 있는 것 같다. 남보다 먼저 위기를 느끼고 변화를 적극 수용함으로써 미래시대를 선도하는 지도자가 필요하다. 미래에 대한 명쾌한 비전을 제시하고 전문가다운 전문지식 및 이루고자 지속하는 집념이 필요하다. 포커게임에서 가장 빨리 망하는 방법은 별 대책 없이 남을 따라하는 것이다. 확실히 딸 것 같지 않은 경우를 잘 판단하여 재빨리 죽어야 한다. 우리의 독특한 방법으로 경영혁신을 이루어 내야 한다는 것이 P-2 이론의 핵심이다.

(3) 자전거 이론

많이 넘어질수록 빨리 배운다. 우리는 무슨 일을 추진하는 과정에서 실수하지 않을까 혹시 시행착오가 있지 않을까 걱정을 하면서 일 자체를 미루거나 피해가는 경우가 많다. 하지만 실수가 잦을수록, 시행착오가 많을수록 좋은 결과를 낼 수 있다. 우리 사회도 실수를 격려하고 더 잘할 수 있도록 도와주는 관용이 필요하다.

(4) 프로야구 이론

프로야구 타격왕의 타율은 3할 5푼이다. 실제 아무리 야구를 잘하는 타자라도 타격왕은 3할 5푼밖에 되지 않는다. 성공률이 90퍼센트 이상이라고 생각해 보라. 흥분/긴장/초조감이 전혀 없지 않겠는가. 하는 일마다 성공하는 사람은 경계할 필요가 있다. 끈기를 가지고 최고가 되기 위하여 노력하는 과정이 중요하다.

(5) 처음 이론

처음 좋아하는 사람은 업무도 세계 최고만을 고집하여야 한다. 우리나라 남자들

은 배우자 또는 데이트 상대자로서 처음을 고집하는 경향이 심하다. 이렇게 숫처녀만 고집하면서 일이나 기술에 대해서는 선진국에서 오래전에 경험한 고물기술, 고물제품만을 답습하는가? 사업에도 처녀성이 있다. 처녀등정, 처녀항해, 처녀취항 등 남들이 해보지 못한 신규 사업과 신규분야를 창출해야 한다. 신기술, 신제품 그리고 신규시장과 신규소비자의 신규취향 등을 집중 연구하고 한국 고유의 최신 경영혁신 이론을 개발하여 처녀분야를 창출해야 한다.

(6) 모범생 이론

모든 학생들이 모범생이 된다면 우리나라는 머지않아 망할 것이다. 여기서의 모범생은 하라고 하는 것만을 잘하는 사람을 지칭한다. 이들이 하라는 것에만 충실하고 안주하며 지내다 보면 결국은 도태되는 부류에 속하고 말 것이다. 비전을 가지고 기존의 틀을 깨고 창조적인 사고와 개척정신을 가진 새로운 개념의 모범생을 발굴하고 집중 육성해야 한다.

(7) 아령이론

아령운동을 한 후에 팔이 떨리지 않으면 아령 무게를 늘려야 한다. 우리는 일상적으로 하는 일이면 최선을 다하지 않고 적당히 하게 되는 경향이 있다. 경쟁시대에서의 여유는 곧 퇴보와 같다. 나는 아령 몇 킬로그램에 머물러 있는지 냉철히 되돌아보고 한계를 두지 않고 목표를 향해 지속적으로 노력해야 할 것이다.

(8) 영안실 이론

작년 이맘때 생각과 지금 생각이 같으면 나는 1년간 영안실에 있은 셈이다.

사람들은 익숙한 것은 선호하고 변화에 저항하는 경향이 있다. 어제와 오늘의 생각의 차이를 인정하고 지난번의 시행착오나 오류를 되풀이 하지 않기 위하여 끊임없이 노력해야 한다.

(9) 황포돛대 이론

어디로 가는 배인지도 모를 때에는 절대로 노를 젓지 말아야 한다.(황포돛대 가사 : 어디로 가는 배냐 황포돛대야~ 노래에서 착안된 이론) 목표가 불분명한 배는 표류하기 쉽다. 항해목적과 도착지를 명확하게 설정해야 언제, 얼마나 열심히 노를 저여야 하는지 알 수 있다. 잘못 떠난 황포돛대는 더 나아가기 전에 불러들이고, 새로운 항구와 새로운 항로를 개척해야 할 것이다.

(10) 사회공적 이론

우리 사회의 발전을 가로막는 세 가지 부류의 사회공적이 있다. ① 무식한 사람이 전문직에 앉아있는 경우 ② 무식한 사람이 소신을 갖고 있는 경우 ③ 무식한 사람이 부지런한 경우 모르는 것은 주위에 물어보고 배우려고 하는 의지가 필요한데 무식한 사람이 전문직에 있거나 소신을 가지고 있으면 그런 배움의 기회를 가지려고 시도나 노력을 하지 않는다. 결국은 발전이 없다. 목표를 설정하고 매진하는 자세가 필요할 것이다.

(11) 축전지 이론

아무리 용량이 큰 축전지라도 전선이 연결되어야 쓸모가 있다. 축전지 용량에 해당하는 우리의 지식수준도 중요하지만, 이보다 더 중요한 것은 지식을 전달하는 방법 즉, 발표능력(말하기)과 보고서 작성능력(쓰기)이다. 청중이 이해하지 못하면 본인의 책임이다. 정확한 내용을 효과적으로 전달할 수 있는 기술도 필요하다.

(12) 미식축구 수비이론

전통문화를 보존하고 싶으면 해외에 전파하라. 미식축구에서의 공격팀은 실제 가장 재빠르게 피해가는 것을 중요한 기술로 삼고 있다. 반면 미식축구에서의 수비수의 역할은 공격이다. 상대 공격진이 공을 가지고 피해 나가지 못하도록 덤벼들어 쓰러뜨리는 것이다. 이와 같이, 가장 확실하게 우리 전통문화를 보존하는 방법은 계속 우리의 문화를 창조하고 세계 각국으로 전파를 해야 한다. 그리고

미식축구 공격수들과 같이 해외로 진출하여 대중의 심성을 어떻게 사로잡을지에 대한 생각을 해야 한다.

(13) 송곳이론

어려운 일은 송곳같이 뚫고 나가야 한다. 넓은 물건으로 하염없이 때리는 것 보다 때로는 날카로운 송곳으로 한 군데만을 집중적으로 뚫는 것이 더 효과적인 경우가 많다. 가장 중요한 일 한 가지만 골라 전력을 다해야 한다. 상품기획과 시장 전략도 마찬가지 이다. 어려운 일을 추진할 때에는 모든것에 우선하여 한가지 일에만 송곳같이 집중하여 돌파해야 한다.

(14) 개혁주기 이론

조직의 개혁주기는 2.5년이다. 조직의 수명은 30년이며, 이 동안에 도입, 성장, 성숙, 쇠퇴를 거치며 하나의 단계마다 세번 이상의 혁신을 반복하고 있다. 이렇게 따지면 혁신은 2.5년마다 반복하고 있는 셈이다. (30년 나누기 4 나누기 3) 기업의 경영여건이 위기를 맞을 때마다 경영혁신을 추진하는 계기로 활용해야 하며, 위기를 도약의 기회로 활용해야 한다. 창의적인 혁신은 기존 업무의 혁신과 함께 새로운 업무의 도입을 동시에 준비하는 것이다.

(15) 유망사업 이론 : 218 – 218 = 0

선진국에서 거론된 유망사업 218개가 우리에게도 유망한지 분석해 보니 우리에게 진정한 유망사업은 하나도 없다는 결론이 나왔다. 이는 선진국의 유망사업은 우리에게는 유망하지 않다는 결론을 도출하였다. 유망사업을 해외 보고서에 의존하여 검토하는 한, 우리는 유망한 사업을 찾을 수 없을 것이다. 실사구시(實事求是) 정신에 근거하여 우리의 기술수준을 제대로 분석하고 새로운 미래 사업을 창출해야 한다.

(16) 불가사리 이론

첨단기술은 불가사리 모양을 하고 있다. 기술선진국들의 첨단산업은 국가간에 중복되지도 않고 국가 간의 경합도 없다. 각 국가가 최선의 노력을 다해 한 분야를 집중 연구개발 하는 것이다. 우리는 불가사리의 돌기와 돌기 사이에 새로운 첨단기술이 창출됨을 인식하고, 신규 사업을 찾아야 하고, 불가사리가 발전하여 밤송이가 되도록 다양한 첨단기술을 개발해야 한다.

(17) 미친놈 이론

조직사회가 발전하려면 미친놈을 찾아야 한다. 미친 사람의 특징은 주위의 조건에 상관없이 한 분야에 집중적으로 미친다는 것이다. 기업에서도 이렇게 한 사람이 특정한 부분에 몰두하여 성과를 이루어 내는 경우가 많음을 인식해야 한다. 혁신적인 생각을 하고 새로운 시점에서 발상을 하여 고집스레 밀고 나가야 한다.

(18) 비전(Vision) 이론

가슴이 울렁거려야 한다. 비전의 필요조건은 염원과 목표가 명시되어 있고 집념과 각오가 서려 있어야 한다는 것이며, 충분조건은 듣는 사람의 가슴이 울렁거려야 하며, 신바람이 나야 한다는 것이다. 그것이 힘든 과정들의 고통을 극복하는 자극제가 된다.

(19) 지도자 이론

자라나는 지도자는 징조가 있고, 몰락하는 지도자는 증세가 있다. 경영자는 목표를 위하여 주어진 자원과 주위 여건을 최대한 효율적으로 활용해야 한다. 지도자는 변화를 추구하는 사람으로, 비전의 실현을 위해 변화에 능동적으로 대응하고 노력해야 한다.

(20) W 이론

선진국이 되려면 우리 고유의 철학이 있어야 한다. (W의 정의는 주위의 War나 Win, World 등과는 달리 일본, 미국 등에 X, Y, Z 이론이 있어 W라고 단순히 명명한 것이라 한다). 우리 고유의 경영철학을 만들기 위하여 사고의 혁신, 발상의 전환, 상식의 회복이 필요하다. 보이는 것을 포기하고 보이지 않는 것을 추구할 줄 아는 자세가 필요하고, 등대 같은 비전과 투철한 목표의식, 이정표 같은 마스터 플랜이 있어야 한다. 그리고 변할 것과 변하지 않을 것을 명확하게 구별하는 지혜가 필요하다. 결국 W이론은 철학이 독특해야 산업, 기술, 제품도 독특할 수 있으며, 생각이 앞서 나가야 행동도 결과도 선진적이 된다는 것이다.

1.2.3 흔 경영

흔 **경영**[7]**은 우리 민족이 장·단점의 양면적 속성을 가지고 있으며 일을 잘 할 때와 못할 때의 차이가 매우 크다는 점에 초점을 맞추고 있다.** 무너져가는 회사를 사원들의 힘으로 살리기도 하고 악성분규로 멀쩡한 회사가 도산하기도 한다. 이는 두 가지 상반된 사회심리적 사이클에 기인한다. 하나는 공생의 공동체주의와 자발성 및 창의성의 순환을 통해 에너지를 증폭시키는 '홍(興)의 사이클'이고, 다른 하나는 집단적 이기주의와 소극성의 악순환을 통해 불만을 축적시키는 '한(恨)의 사이클'이다. 따라서 한국적 경영의 핵심은 홍의 사이클을 고양하고 한의 사이클을 억제하는 것이다.

홍의 사이클 형성과정을 다음과 같이 제시하고 있다. 첫째, 공존공생의 공동체로서의 조직질서와 분위기를 만들어 나간다. 합리적이고 교과서적인 경영기법보다 적극적인 배려와 인간적 유대에 의한 방법이 효과적이며 반복적인 노력을 통해 형성된다. 둘째, 업무의 자율성을 높이면서 선의의 경쟁을 고양한다. 가능한 권한을 위임하고 능력발휘의 기회를 주는 신뢰감을 보여준다. 성공과 실패의 어떤 경우라도 신뢰감을 느끼도록 격려하는 태도가 중요하다. 셋째, 개개인의 자발

7) 이장우와 이민화(1994), 「흔 경영」. 김영사.

성과 혁신성향을 고취하고 관리한다. 소극적인 태도와 노출 회피의식을 공개적인 장으로 유도해 나간다. 넷째, 자발성과 창의성 및 성과에 대한 공정한 보상을 한다. 승진이나 연봉제 등의 장기적 주기의 보상은 효과가 적으므로 일상의 작은 성과에 대해서도 인정하고 보상한다.

구성원간에 인간적 교감을 바라며 긍정적 교감이 형성되면 엄청난 에너지를 발휘하고 공동체의식으로 발전하여 집단의 운명을 자신의 운명으로 받아들이기도 한다. 한은 억울하고 분한 감정을 발산하지 못하고 안으로 심화하여 자학으로 해소하려 했던 생활상에서 연유한 것이다. '한의 사이클'은 구성원을 존중하지 않고 억압해도 되는 통제의 대상으로 간주하는데서 발생한다.

흔 **경영은 한국적 리더십의 일곱 가지 방향을 제시한다.** 첫째, 리더와 부하간에 정서적인 교감이다. 교감이 이루어질 때 리더를 추종하며 과업에 몰입한다. 둘째, 자부심을 심어주고 비전과 희망을 제시하여야 한다. 셋째, 리더의 솔선수범이다. 윗사람의 솔선은 인간적 감화와 유대감의 핵심적 고리가 된다. 넷째, 부하를 믿어주어야 한다. 사람은 자신에 대한 인정욕구가 있어서 스스로에 대한 재량권을 갖고 싶어 한다. 이를 리더가 인정하고 행동으로 표현하는 방식이 부하에 대한 신뢰이다. 다섯째, 실패를 아량으로 수용하는 것이다. 부하가 창의적이고 도전적이기를 바란다면 시행착오와 실패를 관용하고 후원해 줄 수 있어야 한다. 여섯째, 상벌이 공정하고 엄격해야 한다. 잘해도 그만 못해도 그만인 분위기에서는 의욕적으로 일 할 수 없게 한다. 일곱째, 칭찬과 격려를 아끼지 않아야 한다. 공식적인 보상제도 외에도 세심한 마음 살핌이 의욕을 북돋게 한다.

1.3 이슈 리더십

1.3.1 개 요

이슈 리더십[8]은 기존의 이론과는 차별되는 독창적인 이론으로, 기본논리를 3단계의 리더행위로 구성하였다. 즉 주어진 상황에서 중요한 이슈를 창안하는 행위, 창안된 이슈를 관련 구성원들(오디언스)에게 설득하여 동참과 몰입을 이끌어 내는 행위, 그리고 이슈를 성공시키기 위한 효과적인 실천시스템을 구축하는 행위이다.

이슈 리더십은 기존의 리더십 이론들과 몇 가지 특징적인 차이를 가지고 있다고 밝히고 있다.

첫째, 이슈 리더십에서는 직급이나 나이에 관계없이 보다 창의적이고 핵심적인 이슈를 창안해 내는 사람이 리더가 된다. 이슈를 창안하는 사람을 이슈 리더라고 칭하고 그 이슈의 추진에 동참하고 몰입하는 사람들은 오디언스가 된다. 오디언스는 이슈에 관심을 가지고 동참하는 상·하급자와 동료 및 이해관계자들이다.

둘째, 리더는 고정되어 있지 않고 이슈에 따라 바뀐다. 이슈 Q의 리더는 다른 구성원이 제안한 이슈 P의 오디언스로 참여할 수 있는 것이다. 따라서 조직구성원 모두는 자기가 창안한 이슈의 리더인 동시에 다른 이슈의 협력자, 지원자, 실천 담당자, 비판자 등의 입장에서 오디언스의 역할을 하게 된다. 이슈 리더와 오디언스의 관계는 상·하의 관계가 아니라 역할 분담의 파트너의 관계로 볼 수 있다.

셋째, 이슈 리더십은 개인의 문제이면서 동시에 조직의 문제이다. 개인이 어떻게 이슈 리더가 될 수 있는가를 설명해 줄 뿐만 아니라 조직 차원에서 이슈 리더들을 어떻게 확보하고 육성하며 유지할 것인가에 대해서도 해답을 제시한다.

넷째, 기존의 리더십 이론들은 상위계층에 초점을 두고 있는데 비해 이슈 리더십은 계층에 관계없이 적용할 수 있다. 경영층 및 신입사원을 포함하여 누가 조직에 중요한 이슈를 효과적으로 개발하고 설득하여 성과를 내느냐가 중요한 것이다.

8) 백기복(2000), 「이슈 리더십」. 창민사.

1.3.2 이슈 리더십의 3차원

이슈 리더는 세 차원의 행동을 통해 리더십을 발휘한다. 즉 이슈의 창안과 오디언스의 확보 및 실천시스템의 구축인데, 이를 이슈 Pull과 오디언스 Push 및 시스템 Power라고 부른다. 이러한 명칭으로 백기복은 이슈 리더십을 '리더십 3P모델'이라고도 한다. 각 차원의 영역별 이슈 리더의 행동 항목들은 〈표 4.1〉과 같다.

표 4.1 이슈 리더의 구체적 행동항목

구분	주요 행동지표
이슈 Pull 영역의 행동	· 새로운 아이디어를 찾기 위한 탐구활동 · 다른 사람들의 탐구활동을 격려하고 지원함 · How보다는 What에 항상 중점을 두고 생각함 · 아이디어를 위한 토론을 좋아 함 · 권위나 격식보다는 아이디어 위주로 교류함 · 주어진 업무에만 얽매이지 않음 · 지시를 기다리지 않고 스스로 일을 찾아 나아감
오디언스 Push 영역의 행동	· 이슈를 다양한 측면에서 패키지화 함 · 적절한 오디언스를 선정하여 이슈를 판매함 · 이슈 실천에 따르는 비용과 혜택을 구체적으로 제시함 · 이슈가 오디언스의 책임 영역임을 내세움 · 평소에 일의 추진에 대한 신뢰를 구축함 · 추진과정에서의 적절한 지원을 약속함
시스템 Power 영역의 행동	· 이슈의 실행을 위한 지원체제를 점검함 · 시스템의 비효율을 극복하기 위한 남다른 노력을 기울임 · 이슈의 성공적 실천을 위하여 계획하고 전략을 세움 · 실천담당자들의 동기유지를 위해서 심리적 지원을 함 · 실천과정에서 필요한 자원과 정보를 지원함 · 전 방향 오디언스들의 조정역할을 수행함.

자료 : 백기복(2000), 98쪽.

성공적인 리더십을 발휘하기 위해서는 적절한 이슈를 창안하고 오디언스를 몰입시키며 시스템을 효율화하여야 한다. 시스템 Power없이 나머지 두 조건들만을 만족시킨다면, 아이디어가 있고 사람도 따르나 실천이 효과적이지 않아 성과를 제대로 내지 못하게 될 가능성이 크다. 세 요소는 서로 곱의 관계여서 어느 하나가 0이 되면 전체가 0이 되는 속성을 갖는다. 공식으로 아래와 같이 표현할 수 있다.

$$\text{이슈 리더십} = (\text{이슈 Pull}) \times (\text{오디언스 Push}) \times (\text{시스템 Power})$$

1.3.3 이슈 리더의 유형

이슈 리더십은 3P 메커니즘에 따라 3P가 모두 갖추어진 리더를 이상형으로 하여 1P결핍형, 2P결핍형, 3P결핍형으로 유형을 분류한다. (표 4.2 참조)

표 4.2 이슈 리더의 유형

유 형	3P			명 칭
	이슈 Pull	오디언스 Push	시스템 Power	
3P 이상형	○	○	○	이상형
1P 결핍형	×	○	○	이슈 결핍형
	○	×	○	몰입 결핍형
	○	○	×	실천 결핍형
2P 결핍형	○	×	×	환상형(이슈 의존)
	×	○	×	관리형(몰입 의존)
	×	×	○	선심형(실천 의존)
3P 결핍형	×	×	×	의문형

자료 : 백기복(2000), 109쪽.

(1) 3P 이상형

3P가 모두 적절히 갖추어진 이상적인 유형이다. 윤리성을 갖춘 성공적인 카리

스마적 리더나 변혁적 리더와 비슷하며 이슈창의적인 행동이 더욱 두드러진다. 이슈를 중심으로 최고 경영자 등 누구와도 이야기하여 설득하는 능력이 있고 이슈실행에 필요한 자원을 동원할 능력을 가지고 있다. 세종대왕은 대표적인 3P이상형 리더이다.

(2) 1P 결핍형

3P 중에서 한 가지가 결핍한 유형이다. 결핍요소에 따라 세 가지의 유형으로 구분된다.

① 이슈 결핍형 : 일은 열심히 하는데 시간이 지나면 허탈한 경우가 발생한다. 대체로 자기가 주도적으로 이슈를 찾아내지 못하고 지시 받은 일들은 체계적으로 일은 잘 해 낸다. 자기가 일을 했다는 느낌보다 누군가를 잘 보필했다는 주변인으로서의 역할의 느낌을 갖게 된다. 사고의 틀은 점차 고착되어 새로운 이슈창출의 기능이 퇴화된다. 이러한 유형은 관리중심 또는 관계중심적 스타일에 집착하게 되며, 특히 혁신조직에서는 서서히 도태될 가능성이 높다.

② 몰입 결핍형 : 이슈 창안도 잘하고 추진능력도 갖추고 있지만 오디언스들에게 이슈를 어필하지 못하는 사람들이다. 좋은 이슈를 창안하고 시스템 효율을 갖추더라도 오디언스들의 참여와 몰입을 확보하지 못하면 이슈를 성공적으로 달성하기 어렵다. 이러한 몰입결핍은 이슈를 창안하는 사람의 신뢰에 문제가 있는 경우, 이슈의 주제나 이슈 활동에 대한 오디언스들의 이해가 부족한 경우 구성원들의 체계적인 저항이 있는 경우에 발생할 가능성이 높다. 몰입의 결핍은 오디언스들의 노력을 지속시켜주는 동인이 약하기 때문에 이슈추진은 오래 가지 못한다.

③ 실천 결핍형 : 이슈를 창안하고 이슈를 실천하는 것은 별개의 문제이다. 아이디어는 풍부하여 이슈 창안을 잘하고 타인들에게 어필하여 설득도 잘하는데 실천시스템을 제대로 구축하지 못하거나 실천력이 약한 리더를 말한다. 이런 리더들은 효과적인 실천시스템에 대한 안목이 부족하여 실적이 저조하면 성과에 대한 불안감으로 초조해져서 사람들을 다그칠 가능성이 높다.

(3) 2P 결핍형

2P 결핍형은 두 개의 요소가 부족하여 하나의 요소에만 의존하는 유형이다.

① 이슈 의존형 : 아이디어는 많으나 그를 인정하고 따르는 사람들도 별로 없고 실천의 추진력이 미약한 경우이다. 흔히 말로만 모든 것을 하려는 사람으로 몽상가라는 평가를 받는다. 이러한 경우에 문제의 근원은 대부분 리더에게 있다. 과거에 약속을 지키지 않아 오디언스로부터 신뢰를 잃고 이슈에 대한 책임의식이 없어 결과에 책임을 지지 않았거나 시작은 했으나 끝을 보여주는 예가 별로 없다. 이런 리더들은 성장과정에서 비정상적인 생활과 학습 및 경험에서 영향을 받은 경우가 많다.

② 몰입 의존형 : 오디언스들의 몰입에 주로 의존하여 일을 하는 유형이며 두 가지 형태로 나타난다. 하나는 관계에 대한 몰입으로 오디언스들에게 선심을 쓰며 적절한 이슈창안이나 업무시스템이 결여된 상태에서 그들과의 호의적 관계에 매달려 일에 동참하기를 원한다. 이러한 선심형은 조직목표보다 구성원들의 요구의 충족에 치우치는 경향이 있다. 사무실을 잘 꾸며주고 회사의 비용으로 종업원들을 위한 레저 숙박시설을 짓거나 노조와의 협상에서도 비합리적인 급여 인상에 동의해 준다. 다른 하나는 시간에 대한 몰입으로 근무시간 등에 관심을 가지고 통제하려고 한다. 어떤 일을 해야 할지를 판단하지 못해서 출퇴근시간을 강조하고 자신의 통제범위에 있도록 하려는 스타일이다.

③ 실천 의존형 : 자신이 맡은 일만 열심히 하는 유형이다. 다른 사람들의 동참이나 몰입을 촉진하거나 요구하지도 않는다. 일이 있으니까 할 뿐 무엇을 왜 하는지는 중요하지 않고 주어진 업무나 사건적 이슈만을 처리하면 된다고 생각한다. 바쁘다는 자체가 커다란 만족감과 우월감을 준다. 조직차원에서는 효율을 위한 효율이 지배하는 양상을 띤다. 저돌적, 공격적, 불도저형 등의 평가를 보상으로 생각한다.

이러한 리더는 여러 가지 문제를 야기한다. 끝없는 시행착오를 겪게 되고 조금만 생각하면 쉽게 얻을 수 있는 지혜도 힘들게 얻는다. 위에서 시키는 일이나 주어진 일에 대해서 밀어붙이는 식으로 실천해 나아간다. 오디언스들의 불평이나 의견을 저항으로 이해하고 강력한 규율로 이겨내야 하는 것이라고 생각하여 밀고 나가는 스타일이다.

(4) 3P 결핍형

진정한 의미에서 리더라고 할 수가 없으나 현실적으로 이러한 유형이 관리자들이 흔히 있다. 대개 기본자격이 미달인 상태에서 리더의 지위에 정치적으로 임명된 경우이다. 조직의 현실에서 무엇이 중요한지를 파악하지 못하고, 오디언스들의 지지와 몰입도 얻지 못하며 업무추진 시스템을 구축하지 못하므로 리더십 발휘가 거의 불가능하다.

별빛 한마디

혁신과 추진

- 무슨 일이든 처음부터 100% 찬성으로 추진되는 일은 없다. 만약에 있다면 그것이 오히려 위험한 일이다.
  어떤 일을 추진할 때 90%가 반대하고 10%가 찬성할 경우, 찬성하는 이가 10%밖에 없다고 생각하지 말고 90% 보완자가 있다고 생각하자.
  – 이명박 (17대 대통령)의 '청계천은 미래로 흐른다'에서 –
- 리더는 관리자가 아니라 변화와 혁신을 주도하는 사람이다. 리더는 희망을 파는 사람이며, 내가 잘하는 것이 아니라 남을 잘하게 만드는 사람이다. 방향을 제시하고 사람들이 가지고 있는 역량을 최대한 발휘하도록 도움을 주는 것이 리더의 역할이다. – 김재우 (벽산 부회장) –

1.4 '힘'과 '정'의 2차원 연구

힘과 정의 2차원 연구는 한국에서 새롭게 제안된 이론은 아니다. 그러나 오세철의 연구(1979)[9] 등은 우리나라 리더십 연구의 초기에 복수이론과 복수방법론을 사용하여 한국적 정서인 '정'을 주요변수로 설정하여 리더십 유형과 효과성의 관계를 연구하였다는 점에서 의미가 있다. 리더십의 두 차원을 힘(power)과 정(affection)으로 설정하고, 다양한 리더십 이론을 실증적으로 검토하여 리더십 유형을 자선적 **권위형**(높은 힘과 높은 정), **민주형**(낮은 힘과 높은 정), **독재형**(높은 힘과 낮은 정), **자유방임형**(낮은 힘과 낮은 정)으로 구분하여 한국사회에서의 효과성을 검증하였다.

연구결과 첫째, 자선적 권위형 리더의 집단에서 가장 높은 생산성을 보였으며, 직무만족과 응집력에서도 가장 효과가 좋았다. 민주형 리더의 집단에 대한 만족이 독재형이나 자유방임형보다 높았으나, 독재형과 자유방임형 사이의 유의적인 차이는 없었다. 둘째, 생산성에 있어서 독재형과 민주형 사이에 유의적인 차이가 없었다.

별빛 한마디

옥석가리기

어려운 결정을 무작정 미루는 것, 단 한 사람의 마음도 불편하지 않게 하려고 노력하는 것, 기여도와 상관없이 모두를 똑 같이 친절하게 대하는 것… 리더의 이런 행동 때문에 정말로 미치는 쪽은 그 조직에서 가장 창의적이고 생산적인 사람들이다.

– 콜린 파월(전 미국 합참의장/국무부 장관) –

9) 오세철(1979), "집단 상호작용과 성과에 미치는 지도유형의 효과", 「문화와 사회심리이론」, 박영사, 168-222쪽.

제 2 절 실천적 시사점

2.1 연구결과의 시사점

① 리더십의 특성들은 의식구조와 연계되는 것인데 한국인의 의식구조에 관한 연구는 많지만 리더십과 연계한 연구는 많지 않다는 점이다. 한국에서 만든 이론의 틀이 없으므로 리더십 요인을 도출하는 연구도 미국의 이론모형과 요인들을 사용하기 때문으로 본다.

② 한국적 리더십 요인들은 주로 업무시스템 요인보다 정, 관심, 인간미, 감성 중시, 신뢰와 같은 인간관계 요인과 관련되어 있다는 점이다. 이는 리더십이 인간심리의 문제이므로 당연한 것일 수 있지만, 미국의 리더십은 업무시스템까지 포괄(가령, 과업지향적 리더십)하는 것과는 달리 한국사회는 집단주의 문화 속에서 인간관계를 통한 성과를 지향하기 때문으로 이해할 수 있다.

③ 가장 효과적인 리더십은 힘과 정을 모두 강하게 발휘하는 유형이다. 이는 미국의 리더십 연구에서 중요하게 평가받는 Blake와 Mouton의 관리격자에서 이상형으로 가정하는 9.9형과 유사하다.

④ 현재까지는 유교문화를 바탕으로 한 리더십이 효과적일 수 있었지만 그 영향력이 감소될 것이라는 점이다. 공동사회에서 이익사회로 전환하면서 이익사회의 가치들이 강화될 것이기 때문이다.

⑤ 우리나라의 리더십은 큰 틀에서는 조직경영의 보편적 원리를 지향하고 구체적인 실행에서는 한국적인 정서를 활용해야 효과가 좋을 가능성이 크다.

⑥ 사회변화에 따라 리더십 패러다임의 변화에 주목해야 한다는 점이다. 이익사회와 지식정보화사회로의 이행과정은 기존의 권위적 질서에 의한 효과성을 약화시킬 가능성이 크기 때문이다.

2.2 실천적 방향

첫째, 이상적인 리더십은 업무능력과 인간미를 겸비하는 것이다.

Blake & Mouton의 관리격자(Managerial Grid)에서 과업지향 행동과 인간지향 행동을 모두 적극적으로 실행하는 팀형, 강한 힘과 깊은 정의 자선적 권위형이 이상적이다. 회사원들에 대한 한 조사에 의하면, 인간적인 면이 있으나 능력이 부족하고 우유부단한 모습의 상사를 제일 싫어했으며, 능력이 있으면서 인간미도 갖춘 상사를 제일 좋아했다.10) 인간미란 능력이 바탕이 되었을 때 증폭효과가 있으며, 지위와 격식에 얽매이지 않는 행동에서 생겨난다. 지위의 차이가 클수록 파격적인 행동에서 인간미의 감동을 크게 느껴 리더십효과를 증폭시킨다.

둘째, 권력적 문화에서는 베품과 감사의 상호작용이 효과적이다.

우리나라는 1990년대 이후 제도적 민주화가 급격히 진전되었지만 여전히 가부장적이고 권력지향적 문화는 강하게 지속되고 있다. 이러한 문화에서는 윗사람은 베풀고 아랫사람은 감사할 때, 베품의 사이클은 지속되고 상호 신바람이 발생한다. 하급자의 감사의 피드백이 없으면 상급자의 베풀고자 하는 마음은 지속되기 어렵다. '부하에 대한 관심', '정의 교감', '시혜와 보은의 가부장 관계', '자선적 권위형' 등의 의미는 이러한 리더십 관계를 나타내는 것이다.

다만, 리더는 베품에 있어서 감사의 피드백을 기대하지 않는 마음가짐이 중요하다. 베품과 감사는 수직관계의 개념이다. 서구문화의 유입과 이익사회로의 변화에서 리더는 수평관계에서의 인간관계에 익숙해지도록 노력해야 한다.

셋째, 사람들은 정감있는 개인적 유대감을 원한다.

우리나라는 정의 사회이며 업무의 합리성보다 인간관계의 친밀성이 강한 동기요인이 된다. 권력적 성향과 결부하여 상급자와 내집단의 감정을 느낄 때 추종동기가 강화된다. 또한 리더의 집단적 배려보다 개인적 배려가 효과가 크다.

정과 유대감을 느끼도록 하는 것은 좋으나 지나친 배려를 기대하지 않도록 주

10) 조선일보(2001. 11. 21.) "내가 좋아하는 상사", "내가 싫어하는 상사", 56면.

의할 필요가 있다. 정은 베풀고 나누되 얽매이면 안 된다는 것이다. 정에 얽매이면 리더로서의 자유의지의 공간이 좁아지고 엄정하지 못하여 곤경에 빠지게 된다. 진정한 리더의 정이란 부하의 희생을 요구하는 결심을 하였을 때에도 부하가 기꺼이 복종하게 하는 것이다. 아울러 일부 구성원과의 유대감이 다른 구성원들의 소외감을 유발시키지 않도록 유념해야 한다.

넷째, 흥(興)을 활성화하고 한(恨)의 발생을 예방하고 억제해야 한다.

흥은 인간적 공감대 형성을 통해 개인이 존중받으며 자발성과 창의적 능력을 마음껏 발산할 때 생기는 심리적 에너지이다. 한의 원인은 주로 모멸적 대우, 체면 손상, 수치심, 배신 등이다. 한은 악감정과 보복감정의 동기가 되며 특히 모멸과 수치스러운 일이 공개적인 상황에서 일어난다면 회복하기 어려울 정도로 관계가 악화된다. 흥의 사이클을 활성화하고 한의 발생을 예방해야 한다.

다섯째, 부하집단 내의 핵심적인 주도자에 대해 영향력을 갖는다.

리더가 성원들을 일일이 개별적으로 통솔하는 것은 어렵다. 집단에는 주도하는 소수와 추종하는 다수가 존재하는데 선·후배나 나이 등 집단 나름의 규범에 따라 집단에는 중심인물이 존재한다. 우리나라처럼 집단주의의 문화적 풍토에서는 중심인물을 장악하거나 원만한 관계를 갖는 것이 리더십 발휘에 중요하며 효과적이다. 중심인물은 힘의 모멘트가 되어 집단을 움직이는 축이 되는 것이다.

여섯째, 부하를 신뢰하고 때로는 인간적 포용력을 발휘하자

우리나라에서는 배짱있는 상급자를 좋아하고 협량의 쫀쫀한 상급자는 싫어한다. 경우에 따라 배짱있는 사람처럼 행동이라도 할 줄 알아야 한다. 하급자들은 자신을 믿어주는 상급자, 성과를 부하의 공적으로 인정해 주는 상급자, 부하의 실수를 덮어주기도 하는 상급자, 부하를 더 높은 사람에게 대변해 주는 상급자, 위엄을 감수하고 모험의 기회를 주는 상급자를 좋아하고 따른다.

일곱째, 상황에 적합한 솔선수범을 하자.

솔선수범은 우리나라에서 대표적인 리더십 실천요인이다. '윗물이 맑아야 아랫물도 맑다', '애들 보는 앞에서는 냉수도 못 마신다' 등의 속담처럼 리더부터 올바

른 언행을 하라는 의미이다. 솔선수범이란 계급과 지위에 걸맞도록 실행해야 한다. 특히 솔선수범은 업무보다 인품과 윤리적인 면에서 요구된다. 부도덕성으로 나쁜 평판을 받는 리더는 일에서 솔선수범한다고 하여 부하들이 따르지 않는다. 훌륭한 리더는 어려울 때 함께 극복해 나갈 수 있다는 믿음을 주는 사람이다.

전문가 의견

존경받는 리더

사람들은 당연히 훌륭한 상사가 있는 부서에서 근무하고 싶어 한다. 취업 사이트인 '사람인'의 조사(2006년)에 의하면, '사내에 존경하는 상사가 있다'는 응답(48.4%)보다 '불만스러운 상사가 있다'는 응답(73.4%)이 더 많았다. 존경 받지 못하는 리더는 부하를 떠나게 한다. 어떤 리더가 존경을 받을까?

① 부하의 성장을 돕는 리더 : 존경 받는 리더는 부하 직원을 키워준다. 직장인들은 직장을 단순히 '돈을 벌기 위한 곳'이 아니라 '자아실현의 장소'로 여기고, 자신의 가치를 높이기 위해 노력한다. 배움과 성장을 상사가 도와줄 때 더욱 그에게 헌신하게 된다.

② 부하를 배려하는 리더 : 많은 상사들은 '일과 개인의 삶은 다른 것'이기를 기대한다. 그러나 직장인들의 현실은 개인적인 일이 안 풀리면 업무에 집중도 어렵다. 개인의 삶이 행복한 사람이 직장에서도 좋은 성과를 낸다고 한다. 부하들은 고충을 보듬고 배려하는 리더에게 감사하고 따른다.

③ 의견을 존중하고 인정해 주는 리더 : '역발산기개세(力拔山氣蓋世)'의 항우는 범증과 같은 훌륭한 참모들의 조언을 무시한 독단적 리더였다. 반면 유방은 한신이나 장량과 같은 참모들의 의견에 귀를 기울였다. 그 결과는 아는 바와 같다. 창의성이 중시되는 조직에서 부하들과의 언로를 막아버리면 리더는 현장의 생생한 이야기로부터 고립되고 팀의 에너지를 결집할 수 없다. 언로가 막힌 부하에게 무엇을 기대할 것인가?

④ 공을 부하에게 돌릴 줄 아는 리더 : 프로젝트가 성공하면 흔히 공은 리더에게 돌아온다. 리더가 열심히 헌신한 부하의 노고를 잊으면 다시 헌신을 얻기 힘들다. 조사결과들은 부하들의 공을 가로채는 '얌체형' 상사를 꼴불견 1위로 꼽는다. 부하들에게 공을 돌리면 그 공은 반드시 리더에게도 돌아온다. 문제가 발생했을 때 부하 탓으로 돌리는 것도 부하의 마음을 멀게 하는 행동이다.

'君之視臣如手足, 則臣視君如腹心(임금이 신하를 자신의 손과 발처럼 중요하게 여긴다면, 신하는 임금을 자신의 배와 심장처럼 소중하게 여길 것이다)의 공자말씀을 음미해 보자.

– 박지원 (LG경제연구원, 「주간경제」 899호 2006. 8. 28) –

과제 4-1 나의 EQ(감성지수) 테스트

개념 및 정의

- 감성지수는 감정적 지능지수라고도 한다. 지능지수(IQ)와는 질이 다른 지능으로, 마음의 지능지수라고 할 수 있다. 심리학 저술가인 대니얼 골맨(D.Goleman)이 저서 《감성지능(Emotional Intelligence)》에 감성지수를 제시하면서 대중화되었다.
- 내용으로는 첫째, 자신의 진정한 기분을 자각하여 이를 존중하고 진심으로 납득할 수 있는 결단을 내릴 수 있는 능력 둘째, 충동을 자제하고 불안이나 분노와 같은 스트레스의 원인이 되는 감정을 제어할 수 있는 능력 셋째, 목표 추구에 실패했을 경우에도 좌절하지 않고 자기 자신을 격려할 수 있는 능력 넷째, 타인의 감정에 공감할 수 있는 공감능력 다섯째, 집단 내에서 조화를 유지하고 다른 사람들과 서로 협력할 수 있는 사회적 능력 등을 들 수 있다.
- EQ는 자신과 다른 사람의 감정을 이해하는 능력과 삶을 풍요롭게 하는 방향으로 감정을 통제할 줄 아는 능력을 의미한다. EQ가 높은 사람은 갈등 상황을 만났을 때 그 상황을 분석하고 자신의 처지를 정확하게 인식할 수 있는 능력을 갖추고 있다. 감정적 대응을 자제함과 동시에 다른 사람에 대한 공감적인 이해를 나타낸다.
- 골맨은 이런 태도를 '정서면에서의 지성'이라 하고 그 육성의 필요성을 강조했다. 미국의 교육학자들도 친구들과 잘 어울려 놀지 못하는 아이가 학교를 중퇴할 확률이 평균보다 8배나 높다는 사실을 지적하며, 유아기부터 EQ를 키우는 감정교육을 실시하도록 권고하고 있다. 그러나 아직 IQ처럼 정형화된 EQ 테스트 방법은 정립되어 있지 않다.

– Gloeman, D.P(1998), "Working with emotional Intelligence" bloomsbury, London –

나의 EQ(감성지수) 진단(1)

※ 당신의 행동에 가장 근접하는 항목에 ✓ 하시오.[11]

1. 당신은 지금 극심하게 흔들리는 비행기 안에 앉아 있다. 어떻게 행동할 것인가?
   ① 대수롭게 생각하지 않고 조용히 읽던 책을 계속해서 읽는다.
   ② 스튜어디스의 태도로 상황의 심각성을 확인해보는 한편, 신중을 기하기 위해 구명조끼를 한 번 만져 본다.
   ③ ①과 ②의 중간쯤
   ④ 모르겠다. 생각해 보지 않았다.

2. 당신은 딸을 데리고 몇몇 이웃 아이들과 함께 놀이터에 갔다. 갑자기 한 아이가 울기 시작하였는데, 다른 아이들이 그 아이와 같이 놀려고 하지 않기 때문이다. 당신은 어떻게 행동할 것인가?
   ① 간섭하지 않는다.
   ② 어떻게 하면 다른 아이들이 그 아이와 같이 놀아줄까 하고, 우는 아이와 함께 골똘히 생각한다.
   ③ 그 아이에게 울지 말라고 친절하게 이야기한다.
   ④ 장난감을 가지고 우는 아이의 마음을 다른 곳으로 돌린다.

3. 당신은 좋은 성적을 기대했던 중간시험을 망쳤다. 어떤 반응을 할 것인가?
   ① 다음번 시험에서 성적을 올리기 위해 학습계획을 세우고, 이 계획을 철저하게 지키겠다고 결심한다.
   ② 앞으로 더 열심히 노력하겠다고 결심한다.
   ③ 스스로에게 그 과목의 성적은 그렇게 중요하지 않다고 말하며, 그 대신 성적이 더 잘 나온 과목에 집중한다.
   ④ 교수와 면담하고 성적을 다시 한 번 생각해 달라고 부탁한다.

---

11) 홍명희(1996), 「EQ(감성지능개발학습법」, 해냄출판사, 26-33쪽

4. 당신의 전화로 어떤 물건을 판매하는 일을 하고 있다. 그런데 당신이 접촉한 15명의 고객이 당신의 전화에 퇴짜를 놓았다. 어떻게 행동할 것인가?
   ① 오늘은 포기하고, 내일은 운이 좋아질 것이라고 기대한다.
   ② 성공하지 못한 원인이 무엇인가 골똘히 생각한다.
   ③ 다음번에 전화할 때는 다른 방식으로 시도하고, 그렇게 빨리 포기해서는 안 된다고 자신을 타이른다.
   ④ 이것이 당신에게 맞는 직업인지 자문한다.

5. 자동차를 운전하던 당신의 여자 친구는 위험하게 바로 앞으로 끼어드는 다른 자동차 운전자 때문에 몹시 흥분했다. 그녀를 달래기 위해 당신은 어떻게 행동할 것인가?
   ① "잊어버려, 아무 일도 생기지 않았잖아"라고 말한다.
   ② 그녀의 마음을 돌리기 위해 그녀가 좋아하는 카세트테이프를 꽂는다.
   ③ 그녀와의 연대감을 나타내기 위해 그녀의 욕설에 동조한다.
   ④ 당신도 최근 비슷한 경험을 한 일이 있는데, 알고 보니 그 차가 구급차였다고 이야기해준다.

6. 당신과 당신 파트너 사이에 언쟁이 벌어졌다. 둘은 매우 흥분한 상태이고 사실이 아닌 다른 비난으로 서로를 공격한다. 어떻게 행동할 것인가?
   ① 20분 간의 휴식을 제의하고, 그 뒤에 논쟁을 계속한다.
   ② 싸움을 중지하고 더 이상 아무 말도 하지 않는다.
   ③ 유감스럽다고 말하고, 상대방에게 용서를 청한다.
   ④ 정신을 차리고 잠시 숙고한 후, 당신이 할 수 있는 범위에서 당신의 관점을 설명한다.

7. 당신의 세 살 난 아들은 갓난아이 때부터 낯선 사람과 환경에 소심한 반응을 보이며 수줍음을 매우 많이 탄다. 어떻게 대처할 것인가?
   ① 그 아이가 선천적으로 수줍어한다는 사실을 인정하고, 어떻게 하면 아이를 위협적인 상황으로부터 보호할 수 있을까 숙고한다.
   ② 아동심리학자와 상담한다.
   ③ 아이를 의도적으로 새로운 사람과 상황에 가능한 한 많이 직면하게 하여 불안을 떨치게 한다.

④ 아이에게 다른 사람과 많이 어울릴 수 있도록 용기를 주는 경험들을 하게 한다.

8. 당신은 어렸을 때 피아노를 배웠으나 오랫동안 치지 않았다. 이제 당신은 피아노를 다시 치려고 한다. 어떻게 하면 가장 빨리 배울 수 있을까?
   ① 일정한 시간에 매일 연습한다.
   ② 어렵지만 습득할 수 있는 곡을 선택하여 연습한다.
   ③ 실제로 피아노를 치고 싶을 때에만 연습한다.
   ④ 상당한 노력을 들여야만 칠 수 있는 매우 어려운 곡을 선택하여 연습한다.

진단법

문항 1 : ① = 20점, ② = 20점, ③ = 20점, ④ = 0점

④ : 당신이 스트레스 반응을 의식하고 있지 않다는 것을 보여 준다.

문항 2 : ① = 0점, ② = 20점, ③ = 0점, ④ = 0점

② : 감성지능이 있는 부모는 아이들의 부정적 감정을 감성훈련의 기회로 삼는다.

문항 3 : ① = 20점, ② = 0점, ③ = 0점, ④ = 0점

① : 스스로의 동기부여는 무엇보다도 행동계획을 세우고 관철시킬 수 있는 능력 속에서 나타난다.

문항 4 : ① = 0점, ② = 0점, ③ = 20점, ④ = 0점

③ : 낙관주의자는 어려운 상황을 배울 기회가 있는 도전으로 간주한다. 자기 자신에게 책임을 돌리거나 절망하지 않고 끝까지 견디며 항상 새로운 것을 시도한다.

문항 5 : ① = 0점, ② = 5점, ③ = 5점, ④ = 20점

④ : 몹시 화가 난 사람에게 그 분노에 대해 설명을 해주면 빨리 진정된다.

문항 6 : ① = 20점, ② = 0점, ③ = 0점, ④ = 0점

① : 흥분한 육체가 다시 진정될 때까지의 시간은 20분 혹은 그 이상의 시간 동안 싸움을 중단하는 것이 적절하다.

문항 7 : ① = 0점, ② = 5점, ③ = 0점, ④ = 20점

④ : 선천적으로 수줍어하는 아이들은 불안을 야기하는 상황에 점차적으로 직면한다면 자신이 갖고 있는 억제감을 쉽게 떨칠 수 있다.

문항 8 : ① = 0점, ② = 20점, ③ = 0점, ④ = 0점

② : 성취 가능한 도전의 경우에 잠재되어 있던 성취능력이 가장 잘 발휘될 수 있다.

평 가

- 60점 이하 : 감성지능 개발 학습법을 읽으십시오. 지능지수와는 달리 감성지수는 상대적으로 쉽게 향상될 수 있습니다.
- 60~120점 : 당신의 감성지수는 평균입니다.
- 120점 이상 : 당신의 감성지능은 상당한 수준입니다. 당신은 자신과의 문제가 없으며, 자신의 감정을 잘 다루고 다른 사람을 잘 이해할 뿐 아니라 다른 사람들과 다감하게 교체하는 편입니다.

☞ **나의 EQ(감성지수) 수준은?**

별빛 한마디

성공리더로부터 배우는 교훈

뛰어난 리더는 슈퍼맨과 같은 만능이 아니다. 피터 드러커가 얘기했듯이 시대를 관통하고 모든 환경에 맞는 리더십 역량은 존재하지 않는다. 월드컵 4강의 히딩크, 야인시대의 김두한, 고려의 태조 왕건, 해신(海神) 장보고, 불멸(不滅)의 이순신… 최근 언론을 통해 친숙해진 성공 리더들이다. 이들을 통해 본질적인 성공요인과 시사점을 찾아본다. 위대한 지도자는 타고 날 수도 있지만, 효과적인 리더는 만들어지는 것이다(Great leaders may be born, but effective leaders are made).

① 자신만의 색깔(Self-identity)을 정하라 : 'Good to Great'의 저자인 Collins는 위대한 기업은 분명한 수익창출 포인트가 있는 사업에 집중한다고 한다. 리더십도 자신의 정체성이 분명한 리더십 브랜드를 구축하는 사람이 성공한다.

② 높은 역경 극복 지수(Adversity Quotient)를 갖춰라 : 지능지수(IQ)나 감성지수(EQ)보다 역경극복지수(AQ, Adversity Quotient)가 성공의 기준으로 떠오른다. 역경극복지수가 받쳐주지 않는 지능과 감성은 제대로 힘을 발휘할 수 없다. 아울러 부하들에게 역경극복능력을 갖추게 하는 것이 리더의 의무다.

③ 비전을 제시하고 이를 모두의 꿈으로 만들어라 : 리더에게 필수적으로 요구되는 것은 '비전'이다. 비전을 조직구성원들의 꿈으로 내면화시켜야 한다. 아울러 꿈을 실현할 실행 계획(Action Plan)이 반드시 필요하다. 실행계획이 없다면 리더는 몽상가에 불과하다.

④ 최고의 동지들과 파트너십을 형성하라 : 유비와 제갈공명, 제 환공과 관중, 징기스칸과 4준마, 빌 게이츠와 스티브 발머처럼 최고의 동지들과 상생의 파트너십을 형성한다. 동지들의 조언과 헌신이 성공의 밑거름이 된다.

⑤ 머물러 성을 쌓지 말고 새로운 길에 나서라 : 일본의 니케이 비즈니스는 기업의 평균 수명이 30년이라고 한다. 성공 리더는 새로운 변화의 방향을 읽고 새로운 영역을 개척하는 변화의 주도자이다.

– 〈노용진, LG 경제연구원, 주간경제 842(2005. 7. 22)〉 –

나의 EQ(감성지수) 진단(2)

※ 다음 각항에 대하여 귀하가 얼마나 잘할 수 있는 능력을 가지고 있는지를 평가해 보자. 응답하기 전에 실제 상황을 생각하고 정확히 답해보자.[12)]

응답 양식

1	2	3	4	5
별로 잘못한다.		보통이다.		매우 잘 한다.

항 목	1	2	3	4	5
1. 신체적 이상을 감정으로 표현하는 것					
2. 압박을 받는 상황에서도 태연하게 행동하는 것					
3. 나의 행동이 다른 사람들에게 미치는 영향을 아는 것					
4. 다른 사람과의 갈등에 대한 성공적 해결책을 제시하는 것					
5. 화날 때 금방 가라앉히기					
6. 화가 나려 할 때, 그것을 아는 것					
7. 다른 사람들이 심한 스트레스 하에 있을 때 알아채는 것					
8. 다른 사람들과 의견의 일치를 이루는 것					
9. 내가 지금 어떤 감각을 사용하고 있는지를 아는 것					
10. 재미없는 일을 할 때 동기를 유발시키는 것					
11. 다른 사람들이 감정을 통제하도록 돕는 것					
12. 다른 사람들을 기분 좋게 만드는 것					
13. 내가 기분이 바뀌는 순간을 알아채는 것					
14. 내가 다른 사람들의 분노의 표적이 될 때 침착함 유지하기					
15. 다른 사람에게 동정심을 표현하기					
16. 필요할 때 다른 사람에게 충고와 감정적 지원 제공하기					
17. 내가 자기 방어적일 때, 그것을 아는 것					
18. 말한 것을 실행하는 것					
19. 다른 사람들과 친밀한 대화를 나누는 것					
20. 다른 사람에 대한 느낌을 그 사람에게 정확히 전달하는 것					

12) 백기복의(2009), 「리더십의 이해」, 창민사, 111-112쪽

진단법

20개 항목의 응답점수들을 다 합한다. 합한 점수(내 점수) 결과 판단법

(내 점수 ≥ 80) → [고 EQ] [감성지능이 높은 리더]

(50 ≤ 내 점수 < 80) → [중 EQ] [감성적 리더십 발휘의 기초는 되어 있는 리더]

(내 점수 < 50) → [저 EQ] [감성지능 개발이 필요한 리더]

☞ 나의 EQ(감성지수) 정도는?

사례 : 태도와 행동의 이해

사람은 나름대로 습관, 신념, 태도 등을 가지고 있고 이것이 행동과 깊게 연관되어 있습니다. 태도는 대부분 자신의 가치관을 반영하고 있으며 성격을 구성하는 요인이 됩니다. 이것은 매우 작은 부분처럼 보이지만 대화, 설득 등 여러 면에 영향을 줍니다. 행동에는 사회적 행동도 있지만 반사회적 행동도 있고 이상행동도 있습니다.

사회적 행동은 다른 사람에게 도움을 주고 사회 발전에도 기여하지만 반사회적 행동은 다른 사람을 괴롭히고 피해를 줍니다. 이상행동은 여러 심리장애 및 행동장애로 인해 대인관계가 원만하지 못한 것을 말합니다. 인간관계를 연구하는 리더는 행동의 여러 측면을 보다 깊이 있게 이해하고 사회적으로 바람직한 삶의 자세를 구축해 나가야 합니다. 삶의 자세에는 여러 종류가 있지만 인간관계에서는 자신을 긍정함은 물론 상대방도 긍정하는 자세가 무엇보다 필요합니다. 무엇보다 정신적 가치관을 바로 가지고 인간관계의 여러 장애를 극복해 나가야 합니다.

이렇게 함으로써 자신과 사회에 유익이 되는 태도와 행동을 계속 배양시켜 나갈 수 있습니다.

–〈양창삼의 인간관계와 갈등관리에서〉–

별빛 한마디

체력

- **나폴레옹** : 1796년 가르다 호반 전투에서 악천후 속에서 다섯 마리의 말을 갈아타며 전투지휘를 하였다. 말 다섯 마리에 필적하는 체력을 보유했던 것이다.
- **롬멜** : 1933년에 43세로 스키부대 대대장으로 부임한 초기에 스키를 메고 눈이 쌓인 고지를 오르내리는 시합에서 젊은 장교들보다 강인한 체력을 보임으로서 그들을 압도하였다.
- **전쟁에서 체력의 중요성** : 전쟁이란 극심한 육체적 피로를 수반한다. 강인한 체력이 있어야 수면부족, 굶주림, 혹한과 혹서, 행군의 피로 등을 극복하고도 치열한 전투를 치르고 승리할 수 있는 것이다. 높은 수준의 지능, 도덕성, 전술지식, 판단력 등 다른 리더십요소들도 체력의 뒷받침 없이는 제대로 발휘할 수 없다.

– 〈클라우제비츠(전쟁론)〉 –

REVIEW ISSUES

① 인간의 본성은 문화가 달라도 동질적인 것인지, 아니면 문화가 다르면 이질적인지를 논의해 봅시다. 또한 동서양 등의 문화의 차이에도 불구하고 동질적인 인간의 본성은 어떤 것인지를 찾아봅시다.

② 인간간에 서로 거래적으로 교환하는 가치들이 어떤 것인지를 예를 찾아보고, 리더십에 비추어 교환의 효과를 논의해 봅시다.

③ 흥(신바람)과 한을 경험했던 사례를 찾아봅시다.

④ 이슈 리더십에서 리더의 3P행위의 현실적인 사례를 찾아보고, 자신은 어떤 리더유형인지 비추어 봅시다.

⑤ 우리나라 신세대 학생들의 특성과 그들에 대한 바람직한 리더십을 논의해 봅시다.

⑥ 힘(과업지향)과 정(인간지향)이 조화된 리더십의 사례를 찾아 그 효과를 논의해 봅시다.

⑦ 한국적인 의식구조와 문화의 특성을 제시하고, 효과적인 리더십행위들을 논의해 봅시다.

제 5 장 비전을 개발하고 공유하기

리더의 가장 중요한 역할은 조직의 미래의 모습인 비전과 목표를 설정하고 제시하는 일이다. 조직구성원들의 가슴 속에 비전을 지향하는 희망을 심어야 한다. 비전은 리더의 욕망의 산물이 아니라 구성원들과 함께 이루어나가야 할 조직의 좌표라는 점을 명심하자.

비전은 구성원들에 의해 추진된다는 점에서 구성원들과 공유되어야 추진력을 얻을 수 있다. 리더가 비전을 제시하여도 구성원들에게 외면을 받는 경우가 많다. 리더가 독단적으로 설정하여 구성원들의 이해를 얻지 못하거나, 비전이 조직의 현실과 미래를 제대로 반영하지 못하기 때문이다. 비전의 중요성을 인식하고 비전의 개발과 공유, 그리고 실행조건에 관하여 논의한다.

제 1 절 비전과 목표의 의미

비전이란 무엇인가? 하버드 경영대학원의 존 코터는 "비전은 미래의 그림으로써, 조직구성원들이 그 미래를 창조하기 위해 노력해야 하는 이유를 명시적이거나 묵시적으로 나타낸 것"이라고 정의한다. 비전은 미래 희망의 지향점이며 좌표인 것이다. 비전은 조직의 핵심 가치를 반영해야 하며 현재 지향하고 있는 가치에 새로운 생명을 불어넣어야 한다.[1)]

21세기 들어 기업을 비롯한 사회 각 부문의 조직들은 비전경영의 중요성을 강조하며 비전선포식 등의 행사를 통해 비전을 향한 변화와 혁신을 부르짖고 있다. 비전은 일상의 화두가 되었다. 비전은 이익창출보다 더 근본적이고 상위의 가치인 조직의 존재목적 또는 사명, 유지해야 할 핵심가치, 그리고 도전할 만한 목표 등의 요소로 구성된다.[2)]

별빛 한마디

비전은 희망의 다른 이름

- "리더란 희망을 파는 사람이다(A leader is a dealer in hope). 어렵고 힘들수록 미래의 희망을 고취해야 한다."
  – 나폴레옹 –
- 배를 타고 항해를 하고 싶은 사람이 있다면, 목재를 가져오게 하고 다듬어서 배를 만드는 법을 가르치려고 하지 말라! 대신 그들에게 저 넓고 끝없는 바다에 대한 동경심을 심어줘라"
  – 생떽쥐베리 –

---

1) 이상혁(2006. 7. 4), "리더의 명쾌한 비전은 성장의 원동력", 리더피아에서 재인용.
2) 세계 47개의 일류기업들의 기업헌장과 비전 및 경영원칙 등을 해설한 다음 자료를 참고하기 바람. Johns. P. & Kahaner, L.(1995), *Mission* (이진우 역, 「미션」, 2004). 거름.

〈표 5.1〉은 비전을 행동화하는 과정을 일련의 연속선으로 보여주고 있다.

표 5.1 비전의 행동화 스펙트럼

구분	의미	바람직한 특성	실현가능성(구체성)
환상	현실성이 미약하더라도 이루어지기를 바라는 꿈과 같은 희망	① 창의적 상상력 ② 대중과의 공감	
비전	환상과 현실을 잇는 최상의 희망	① 마음에 이미지화 가능 ② 명확한 미래방향 제시 ③ 장기적 핵심가치 ④ 실현 가능성	낮음 (추상적) ⇧
목표	비전을 현실에서 실현해 나가면서 성과를 가늠할 수 있는 좌표	① Specific(구체성) ② Measurable(측정가능) ③ Achievable(달성가능) ④ Relevant(타당성) ⑤ Time-based(시간성)	⇩
계획	목표실현을 위한 시간 등의 자원 활용 판단	① 치밀성 ③ 적시성 ② 변화대응성	높음 (구체적)
과제	계획에 의해 실행할 행동목록	① 추진력 ② 협동성	

자료 : 필자가 구성하였음.

① 환상 : 가장 이상적인 희망을 의미하며 추상적인 상태이다. 가령, '세계의 시장을 완벽하게 장악하며 모든 부문에서 영원히 최고를 유지하는 기업'과 같은 것이다.

② 비전 : 환상을 현실적으로 실현할 수 있는 가장 높은 수준의 희망이다. 비전은 구체적인 계량적 지표를 포함하여 표현되기도 하지만 흔히 추구하는 가치와 방향만을 제시한다. 조직에 따라 비전과 목표를 통합하여 설정하기도 한다. 가령, 인텔(Intel)의 비전은 '탁월한 컴퓨터 부품 공급업체가 됨으로써 우리의 고객과 사원, 주주를 위해 봉사한다.'이다.

③ 목표 : 비전의 달성정도를 측정이 가능하도록 계량적 지표로 표현한 좌표이다. 흔히 개인이나 조직에서 도달할 곳을 설정한 가장 구체적이고 중요한 지표이다. Intel의 목표의 일부는 '펜티엄 프로세서를 역사상 속도가 가장 빠른 칩으로 만든다. 모든 가격대의 시스템 성능을 2배로 늘린다. 새로운 PC제품의 90%가 인텔 검증제품이 되도록 한다.'이다.

④ 계획 : 목표달성을 위한 자원동원 및 활동구상이다. 1년 또는 1개월 등의 기간이 설정된다.

⑤ 과제 : 계획에 의해 실행해야 할 행동목록이다. 행동목록들은 계획에 의해 작성되지만 목표와 비전을 향해 정렬되어 있어야 한다.

다섯 단계의 스펙트럼의 가장 윗부분인 '환상'은 실현가능성이 매우 낮으며, 아래의 단계로 내려올수록 실현가능성은 높아진다. 우리는 자신의 생애와 조직의 지향점이 스펙트럼의 어느 수준에 있는가를 점검할 필요가 있다. 멋진 미래를 꿈꾸면서 실현되었을 경우의 달콤함에만 젖어 구체적인 목표를 설정하지 못하고 실천계획이 없다면 환상에만 머물러 있는 몽상가형이다.

또한 실현가능성이 있는 비전을 멋진 표현으로 제시하여 구성원들의 가슴을 설레게는 하지만, 비전을 체계적으로 추진할 수 있는 목표와 계획을 제시하지 못하는 경우도 많다. 비전을 미화한 멋진 구호에 구성원들의 동기가 유지되기를 바라는 리더십은 생명력이 오래 가지 못한다. 더구나 현 상황에서 해결해야 할 과제에만 매달리고 미래의 그림을 그리지 못한다면, 조직의 미래에 대한 방향도 잡지 못한 채 조직의 운명을 풍랑에 맡겨놓은 것과 같다고 볼 수 있다.

환상은 불필요하거나 나쁜 것이 아니다. 환상으로부터 새로운 발상이 생겨나고 창의적인 아이디어가 번뜩일 수 있는 것이다. 발견이란 새로운 것을 찾는 것이기도 하지만 사물을 새로운 눈으로 보는 것이기도 하기 때문이다. 다만 환상에만 머물러서는 안 되며, 현실과의 고리인 비전과 목표로 구체화되어야 한다. 비전과 목표야말로 조직활동의 출발점이자 지향점이 된다.

참고로 우리나라에서 가장 대표적이 기업그룹인 삼성과 현대는 비전을 〈표

표 5.2 삼성그룹과 현대그룹의 비전

구분	비전	내 용	비 고
삼성	경영이념	인재와 기술을 바탕으로 최고의 제품과 서비스를 창출하여 인류사회에 공헌한다.	존재이유, 사명
	핵심가치	인재제일, 최고지향, 변화선도, 정도경영, 상생추구	
현대	경영이념	꿈과 희망을 향한 도전과 창의적 예지로 풍요로운 내일을 창조한다.	
	비전	2010년 매출 20조원의 세계 초우량기업으로 성장 • 21세기형 첨단 제조·서비스 사업체계 확립 • 세계 일류 산업군 육성 • 남북경협 사업지속 추진 및 민족공영에 기여 • 일등기업문화와 존경받는 기업상 정립	미래방향

자료 : 2009년 삼성과 현대그룹 자료

5.2〉와 같이 설정하고 있다.

비전은 개인과 조직의 희망이다. 사람은 현재의 형편이 어려워서 좌절하는 것이 아니라 희망이 없기 때문에 좌절한다. 리더는 조직과 구성원들의 마음 속에 희망감을 불어넣어야 하며 그 것이 리더십 발휘의 가장 중요한 첫 걸음이다.[3)]

비전은 다음과 같은 중요한 기능을 한다.

첫째, 조직과 구성원들에게 정향감(正向感)을 제공한다. 정향감은 현재의 좌표에서 어디로 갈 것인가를 알고 있다는 심리적 믿음이다. 여행할 때 지도를 보면서 목표의 좌표를 아는 것과 같다. 현재의 위치란 아무리 좋다 하더라도 머물러 있을 수 있는 곳이 아니다. 가야할 곳을 알아야 어떻게 갈 것인가도 판단할 수 있는 것이다.

둘째, 조직활동을 정렬시키는 기능을 한다. 조직은 부문별로 매우 다양한 활동을

3) 젊은이들의 취업이 매우 어렵다. 그러나 취업 후 1년 이내에 이직자가 절반이 넘는다. 그 주된 이유 중의 하나는 발전가능성, 즉 비전이 불확실하기 때문이다.

통해 움직인다. 이 활동들의 구심점이 불명확하면 조직에너지는 분산되어 시너지 효과를 얻을 수 없다. 비전은 조직활동의 구심점 역할을 하면서 목표설정과 계획수립의 준거가 된다.

셋째, 구성원들의 공동체의식을 형성하여 조직몰입을 활성화한다. 모든 사람은 자기 나름의 이상을 지니고 있다.[4] 자신의 이상이 조직의 이상 속에서 실현될 수 있다고 믿을 때 조직의 이상에 몰입할 수 있다. 비전은 소속감을 바라는 사람들의 참여욕구를 충족시키면서 조직몰입에 긍정적으로 작용하는 것이다.

비전으로 향하는 길은 목표라는 좌표를 통해 이어져 있다. 비전은 흔히 추상적으로 표현되므로 목표를 통해 구체적으로 형상화되는 것이다. 조직에 따라 비전과 목표를 구분하지 않고 통합하여 설정하기도 한다.

전문가 의견

인생목표를 정하기 전에…

인생의 목표를 정하기 전에 반드시 다음 네 가지를 점검해보아야 한다.
첫째, 자신이 정말 잘 하는 것(재능)인가,
둘째, 정말 하고 싶은 것(열정)인가,
셋째, 사회가 원하는 것(수요)인가,
넷째, 옳다는 확신이 드는 것(양심)인가?

– Sean Covey (프랭클린 코비 부사장) –

4) 개인차원의 인생비전에 관해서는 다음 자료를 참고하기 바람. 강상구(2005), 「성공하는 나의 비전 만들기」, 어드북스.

제 2 절 비전의 개발

좋은 비전은 조직의 미래 방향을 명확하게 제시하고, 비전실현 주체들이 효과적이고 올바른 방향으로 행동하도록 동기를 부여한다. 밤하늘의 북극성과 같은 것이다. 리더십에서 비전의 문제는 비전을 어떻게 개발할 것인가 하는 것과 어떻게 조직구성원들이 공유하도록 할 것인가에 관한 것이다.[5] 먼저 비전개발의 의미와 방법을 탐색해 본다.[6]

비전은 희미한 오로라가 아니라 선명한 무지개가 되어야 한다. 「Good to Great」에서 Collins는 위대한 기업과 비교 대상이 되었던 기업의 차이를 설명한다. 위대한 기업의 리더들은 복잡한 상황에서 고슴도치처럼 본질적인 것만 가려서 단순화하지만, 비교대상 기업의 리더들은 여우처럼 방만하고 일관성이 없는 방향감각을 가지고 있다는 것이다.

고슴도치 개념은 세계에서 최고가 될 수 있는 일, 경제엔진을 움직이는 일, 그리고 깊은 열정을 가진 일의 세 부분의 결합으로 구성된다. 가장 바람직한 상태는 세 가지를 모두 충족하는 것이다. 그러나 최고가 될 수 있는 기술적 능력이 있으나 열정이 부족하다면 기술적 우위는 오래 가지 못한다. 아울러 열정이 있으나 최고가 될 기술적 능력이 부족하거나 경제적으로 의미가 없다면, 일은 재미있을지 모르나 성과를 내지는 못할 것이다.[7]

Disneyland를 세운 Walt Disney는 딸들과의 공원 나들이에서 우연히 자신의 사업에 관한 구상을 하게 된다. 그는 유쾌해야 할 공원 나들이에서 불결함과 쓰레기, 종업원들의 불친절, 부모들에게는 지루하기 짝이 없는 공원을 경험하였고,

---

5) 한상엽(2003. 5. 12), "죽은 비전, 살아 숨쉬는 비전", (LG경제연구원, 주간경제 727호)을 참고.

6) 비전의 설정과 개발에 관하여 다음 자료를 참조하기 바람. ① 김창원(1996), 「성공적인 NEW LEADERSHIP」, 서울프레스. ② 김위찬 · 마보안(2005), Blue Ocean Strategy(강혜구 역, 「블루오션 전략」, ③ 박영태(2005), 「Innovation Stories」 네모 북스.

7) Collins(2001), *Good to Great* (이무열 역, 「좋은 기업을 넘어 위대한 기업으로」, 2002), 141-179쪽.

Hollywood를 방문했을 때는 여행자들이 눈요깃거리에 목말라 하는 것을 감지하였다. 그러한 경험이 몇 차례 거듭된 끝에 1948년 'Mickey Mouse Park'라고 불리게 된 공원의 비전이 태어난 것이다.

월트 디즈니의 꿈과 같이, 비전은 어렵거나 형이상학적인 것이 아니라 단지 누구나 실현하고 싶어하고 희망하는 것들을 의미한다. 디즈니의 비전은 이렇게 설명되어 있다.

"기차역이 있는 메인 빌리지는 녹색마을이나 아니면 선과 분위기가 어우러져서 온화한 공원 주변에 세우고, 공원에는 의자, 연주무대, 식수대, 나무, 키 작은 관목들을 두어 사람들이 앉아서 편안히 쉴 수 있는 장소가 되도록 할 것이다. 같이 온 부모나 할머니들까지도 아이들 너머로 놀이를 구경하면서 아주 편안하고 시원하다고 느낄 수 있다면 더할 나위가 없겠다."

그가 현실에서 느낀 불편함을 해소하고 싶었던 사항들을 잘 걸러낸 비전이 우리에게는 디즈니랜드라는 환상적인 공원으로 현실화된 것이다.

사례 : 비전은 미리 보는 것

디즈니월드가 문을 열었을 때 월트 디즈니는 이미 죽고 없었다. 그 행사장에서 아내가 그를 대신하여 연설하게 되었는데, 청중 앞에 그녀를 소개한 사회자가 "디즈니 여사, 디즈니 씨가 이것을 볼 수 있었다면 얼마나 좋았을까요?"라고 말하자 그녀는 대답했다.

"그 양반은 우리보다 먼저 보고 가셨답니다."

스칸디나비아 항공사(SAS ; Scandinavian Airline Systems)의 Jan Carlson 사장의 비전은 당시 쇠퇴하고 있던 국제항공산업에서 스칸디나비아 항공사를 사업상 비행기를 빈번하게 이용하는 고객들을 위한 최고의 항공회사로 만들겠다는 것이었다. 그의 꿈은 항공사에 종사하는 사람이라면 누구나 생각할 수 있었던 것이다. 그는 비즈니스 손님을 관광객과 구분하여 비즈니스 고객을 위한 유로클래스 등급을 만듦으로써 큰 성공을 거두었다.

비전을 개발하는 방법은 리더십 스타일과 밀접하게 관련되어 있다. 리더가 독단적인 판단으로 설정할 수도 있고 구성원들의 참여를 통해 민주적인 방법으로 설정할 수도 있다. 문제는 구성원들을 얼마나 잘 설득하여 이해시킬 수 있는가이다.

비전개발에서 가장 바람직한 방법은 개발초기부터 구성원들을 참여시키는 것이다. 구성원들이 참여하여 개발한 비전은 구성원 전체가 공유하게 되어 몰입과 실행력이 강해진다. 비전은 경영자만의 것이 아니라 모든 직원들의 것이다. 회사에서 제시한 비전이 자신의 비전실현에 도움이 된다고 생각할수록 비전몰입을 상승한다. 회사의 비전이 일부 계층만을 위한 비전이라거나 회사만을 위한 것이라고 느낀다면, 구성원들을 비전으로 정렬시키는 것은 거의 불가능하다.

비록 리더가 비전을 결정해 놓았다고 하더라도 형식적으로라도 참여적 의사결정을 거치는 것이 실행과정에서 추진력을 얻게 된다. 성공하는 기업들은 회사의 비전이 사원의 개인적 발전을 위한 방향과 일치한다는 믿음을 줌으로써 헌신할 수 있는 동기를 불러일으킨다.

미국의 의류회사인 Levi Strauss사의 예를 보자. 세계에 퍼져 있는 200명의 최고 경영진급들을 한 자리에 불러 모아 비전수립팀이 미리 준비한 50개의 가치 카드(value card)를 나누어 주고, 가장 중요하다고 생각하는 순으로 정리하도록 하였다. 선택한 카드들은 회의실 벽에 붙여 놓고, 서로 선택한 카드가 무엇인지를 볼 수 있도록 하였다. 그 결과 사람들이 느낀 첫 감정은 놀라움이었다. 대부분의 사람들이 자신과는 다른 순서로 정렬된 가치 카드를 보게 되었기 때문이었다. 이후, 토의를 거쳐 전사적으로 공유하여야 할 가치를 뽑아내고, 최고 경영자의 생각을 반영하여 또 한 차례의 토의를 거친다. 이러한 과정을 통해 구성원들의 가치를 최대한 반영한 비전을 수립하였다. 구성원들의 비전과 회사의 비전을 같은 선상에 놓을 수 있게 되는 것이다.

현실적으로 비전의 개발과 공유가 중요하다는 사실을 인식하고 있지만 그 과정에서 많은 어려운 몇 가지 이유들이 존재한다.[8] 첫째, 대부분의 사람들은 변화를 싫

8) 일상에서 얻는 추상적인 느낌이나 착상을 전달가능한 수단으로 표현하여 구체적인 현실로 접목해 나가는 13가지의 생각의 도구를 흥미롭게 정리한 다음 자료는 비전의 개발과 공유에 관한 인식에 유용한 참고가 될 것임. R. & M. Root-Bernstein(1999), *Spark of Genius* (박종성 역, 2007), 『생각의 탄생』, 에코의 서재. 비전공유가 어려운 이유에

어하기 때문이다. 때로는 자신의 발전에 도움이 되는 변화마저 싫어하는 경향이 있다. 변화에 대한 소극성이나 저항이 비전을 불필요한 것으로 인식하게 한다. 둘째, 변화관리능력의 부재로 인한 불안이 비전의 제시를 방해한다. 비전만 제시하고 관리하지 못하면 혼란이 가중되기 때문이다. 새로운 리더가 등장하여 희망이 가득찬 목소리로 비전을 제시하면, 추종자들이 그 비전을 따라가기는 하지만 기대했던 변화를 경험하지 못하면 비전은 흔들리게 된다. 셋째, 리더의 책임감 결여 때문이다. 리더가 조직의 미래에 대한 확신이 없고 책임감을 갖지 못할 경우, 조직의 발전을 위한 좋은 비전을 만들기도 어렵고 만들었다 하더라도 몰입적인 공유를 이끌어내기도 어렵다.

그러므로 비전의 개발은 조직상황과 미래변화의 분석, 현 조직가치의 평가와 새로운 가치의 탐색, 구성원들과의 적절한 커뮤니케이션과 참여, 리더의 확고한 의지가 있을 때 제대로 이루어질 수 있는 것이다.

별빛 한마디

미래

- 영원히 살 것처럼 꿈을 꾸고, 내일 죽을 것처럼 오늘을 살라. - 제임스 딘 -
- 상급자가 제시하는 계획은 직원에게는 명령일 뿐이다. 하지만, 직원이 일의 시작단계부터 참여하면 직원의 사명이 된다. - 미 상 -
- 귀 뚫은 남자는 용서할 수 있지만, 귀가 막힌 남자는 용서할 수 없다. 과거 있는 남자는 용서할 수 있어도, 미래가 없는 남자는 용서할 수 없다. - 인터넷 -

관하여는 다음 자료를 참고. 이상혁(2006. 7. 4), "리더의 명쾌한 비전은 성장의 원동력", 리더피아.

제 3 절 비전의 공유

비전의 공유는 비전의 개발만큼 중요하다.[9] 조직을 경영하다보면 발버둥을 쳐도 벗어나기 힘든 역경에 처할 때가 있다. 도산과 재건의 갈림길에서 성공과 실패는 비전의 공유여부에 달려 있을 때가 많다. 조직의 힘이 분산되어 흩어지고 마느냐 아니면 힘을 결집하여 시너지효과를 창출하느냐가 관건이 되는 것이다.

비전공유의 성패를 가늠할 수 있는 요건들을 살펴보자.

첫째, 구성원들과의 커뮤니케이션이다. 이는 구성원들을 설득하고 이해시킴으로써 비전에 대한 몰입을 촉진하기 위한 노력이다. 구성원들은 리더가 비전을 한번 제시하였다고 해서 당장 동의하거나 몰입하는 것이 아니다. 구성원들은 리더가 여러 번 반복적으로 강조할 때 비로소 '중요한 이야기인가보다'라고 인식하기 시작한다.

변화관리의 전문가인 Kotter 교수의 연구에 의하면, 회사에서 발생하는 연간 커뮤니케이션 중 비전공유를 위한 내용은 1% 미만이라고 한다. 크고 작은 회의, 메모와 신문기사, 공식적이거나 비공식적인 접촉 등 가능한 다양한 수단들을 이용하여 비전을 사내에 전파하여야 한다. 비전을 구성원들이 이해하기 쉽도록 효과적인 커뮤니케이션 기술을 개발하여야 한다.

비전의 공유는 단순히 비전의 내용을 알리는 것이 아니다. 회사의 비전은 먼 미래에 관한 이야기이고, 이를 실행해야 하는 구성원들은 주로 단기적인 목표에 의해 행동하기 때문에 인식의 차이가 나타날 수밖에 없다. 비전이라는 큰 그림에는 공감을 하지만, 일상적인 업무에서 요구되는 것들과 비전과의 연계성을 찾기

9) 1999년 G.E의 잭 웰치 회장이 한국을 방문하였을 때, "세계에서 가장 존경받는 경영자로서의 리더십 비결이 무엇입니까?"라는 물음에 대해 잭 웰치는 "딱 한 가지입니다. 나는 내가 어디로 가는지 알고 있고, GE의 전 구성원은 우리가 어디로 가는지를 알고 있습니다."라고 답했다. 미래에 대한 분명한 비전을 가졌고 이를 모두의 비전으로 만들었다는 것이다.

가 쉽지 않다. 경영진들은 지속적인 커뮤니케이션을 통하여, 구성원들이 지금 해야 할 일이 비전의 달성에 어떻게 연결되어 공헌하는지를 분명하고 체계적으로 이야기해 줄 수 있어야 한다.

1970년대 이스트먼 코닥(Eastman Kodak)사는 복사기 사업에 뛰어들어 우수한 복사기의 집중적 판매전략으로 크게 성장하였다. 그러나 쇠퇴의 징후가 드러나면서 1984년에는 4,000만 달러에 달하는 재고까지 쌓였다. 사람들은 문제의 심각성을 알고 있었지만 해결방안에 대한 동의는 이루어지지 않고 있었다.

Chuck Troubridge는 신상품 개발조직의 관리자로서 중요하다고 생각되는 구성원들과 대화를 나누기 시작했다. 특히 중요한 영역은 Bob Crandall이 책임을 맡고 있는 엔지니어링과 제조 부문이었다. 트러우브리지와 크랜덜의 비전은 관료주의에서 탈피하여 분권화된 조직을 창출하여 재도약하는 것이었다. 그러나 그들의 비전은 쉽게 전달되지 못했다. 그래서 그들은 주문 모임, 매월 생산회의, 100명의 감독자가 참여하는 새로운 프로젝트에 대한 토의, 주기적인 현장토의, 복사기제품 저널, 팜플렛 발행, 대화편지(dialog letter) 프로그램 등을 통해 모든 직원과 만나는 시간과 기회를 마련했다. 이와 같이 집중적으로 조직을 재정렬한 결과 6개월이 지나면서 효과가 가시화되기 시작하여 큰 성과로 나타났다.

둘째, 가능한 조직의 비전에 동조할 수 있는 사람을 선발한다. 또한 구성원들을 조직비전에 동조하도록 변화시킨다. 비전의 실행주체는 사람이다. 비전달성을 지속하기 위해서는 조직의 비전과 추구가치에 동조할 수 있는 사람을 선발해야 불필요한 노력을 줄이면서 비전몰입을 증가시킬 수 있다. 세계 최고의 소프트웨어 회사인 Microsoft사의 경우를 보면, 구성원들의 업무수행을 모니터링하는 장치가 없음에도 직원들은 몰입하여 일을 한다. 이러한 배경에는 인력 선발에 있다. Microsoft사의 사원 선발과정은 복잡하지만 그 기준은 매우 간단하다. 도전적이고 성실하며 창의적으로 일하고자 하는 열정과 의지를 지닌 사람만이 Microsoft의 일원으로 참여할 수 있다는 사상이 깔려 있다. 또한 구성원들의 의식변화는 교육훈련의 중요한 목적의 하나이다.

셋째, 구성원들에게 가치를 제공할 수 있어야 한다. 기업들은 도전적이고 야망에 찬 비전을 수립하지만, 시간이 지나면서 비전은 사람들로부터 잊혀진 채 회사 정문이나 사무실에 간판으로만 걸리게 되는 경우가 많다. 무엇이 문제인가? 비전을 달성하는데 실패하는 중요한 원인 중의 하나는 구성원들이 비전에 몰입할 수 있도록 동기를 부여하지 못하기 때문이다.

구성원들의 비전공유와 실행노력이 충분하지 않은 중요한 이유는 비전달성을 통해 무엇을 얻을 수 있는지가 분명하지 않기 때문이다. '회사의 발전이 곧 개인적 성공이고, 그 속에서 개인적 가치를 얻을 수 있다'라는 이야기만으로는 충분하지 않다. 구성원들의 비전몰입을 지속시키기 위해서는 비전행동에 대해 보상가치를 제공해야 한다. 조직이 제공할 수 있는 가치들은 다양하다.

① 경제적인 보상과 정서적 활력소 : 경영진들은 돈을 가장 중요한 동기부여수단으로 여기는 경향이 있다. 그러나 돈이 전부는 아니다. 높은 고객 만족도로 유명한 Southwest Airline사는 경쟁사보다 높은 임금을 주지는 않지만, 구성원들의 열정이 높고 헌신적이었다. 재미와 활력처럼 경제적 보상 이상의 것을 제공하고 있기 때문이다. Fortune지에 일하기 좋은 기업으로 선정된 Container Store사의 직원은 "나는 여기서 더 나은 사람이 되었다", "휴가 때 동료가 그리웠다", "인간답게 인정받고 일할 수 있는 곳이 여기다"고 이야기한다. 경제적 보상은 중요한 동기부여수단인 것은 분명하나 지속적인 수단으로서는 한계가 있다.

② 성장기회 : 많은 근로자들은 "내가 이 회사에서 얼마나 더 많은 돈을 벌 수 있을까"보다 "내가 이 회사에서 얼마나 더 성장할 수 있을까"에 더 많은 관심을 갖는다. 물질적 보상을 통해 회사의 비전에 참여하기를 요구하기보다 개인적인 비전을 달성함으로써 회사에 기여할 수 있도록 유도하는 것이 필요하다. 가령 혁신의 체질화로 유명한 3M은 구성원 개개인의 역량을 개발하여 성장하도록 도와주는 것이 회사 비전과 개인 비전을 동시에 달성하는 길임을 인식하고 경력개발제도를 적극적으로 활용하고 있다.

넷째, 리더의 정열이다. 슈퍼 리더십이나 변혁적 리더십에서 가장 중요한 성공

요인은 리더 스스로가 모범자가 되는 것이다. 리더가 진심으로 열정을 가지고 추진한다고 느낄 때 구성원들의 참여가 증진한다. 리더가 비전을 진심으로 설득하고 열정적으로 매진할 때 구성원들의 공유의식과 몰입을 이끌어 낼 수 있다.

다섯째, 일과 삶의 균형을 맞춰주어야 한다. 사회변화에 따라 조직의 목표와 발전을 우선적으로 생각하던 사고방식이 개인적인 삶을 우선시하는 사고로 전환되고 있다. 업무로 인하여 개인적인 삶이 위협을 받는다면 이직마저도 불사한다. 세계적 컨설팅 기관인 Ernst & Young사는 '일-삶의 균형(Work-Life Balance)' 프로그램을 통하여 맞춤식의 유연근무제 도입 등 구성원들의 다양한 요구에 부응하고 있다. 구성원은 회사라는 거대한 시스템을 구성하는 하나의 부품이 아니라, 각자가 자신의 가치를 존중받고 욕구를 충족시키려고 인간이다. 개인가치와 조직비전의 양립 및 조화는 구성원들의 비전몰입과 열정을 끌어 낼 수 있는 기초이다.

리더의 자격 여부를 평가하는 가장 중요한 요소 중의 하나는 비전을 설정하고 실천해 나갈 수 있는가 하는 것이다. 이는 리더에게 필요한 다른 자질들의 초석이 되는 부분이다. 비전으로부터 자기성찰, 현실인식과 미래에 대한 전망, 창조적인 능력의 발휘, 그리고 독창적인 세계를 구현하는 힘이 생겨나기 때문이다.

전문가 의견

경영혁신과 조직원의 공감대

경영혁신에서 무엇보다 중요한 것은 조직원 간의 공감대 형성이다. 혁신은 경영자 혼자 하는 것이 아니나. 모든 조직원이 함께 그리고 자율적으로 실천하는 것이 중요하다. 혁신에서 필요한 리더십은 지시나 명령이 아니라 설득을 중시하는 스타일이다.

– 이채욱 회장(G.E 코리아)과 신창재 회장(교보생명)의 대담에서 – 조선일보 2006. 7. 25. –

별빛 한마디

코카콜라 회장의 시간잔고

매일 아침 당신의 계좌에 86,400달러를 입금해 주는 은행이 있다고 상상해 봅시다. 그런데 당일에 다 쓰지 않으면 잔액이 모두 사라진다면 어떻게 하시겠습니까? 당연히 그 날 모두 사용하겠지요. 시간은 우리에게 이런 계좌와도 같습니다. 매일 우리는 86,400초를 부여받습니다. 사용하지 않으면 사라지고 더 많이 사용할 수도 없습니다. 그날의 시간을 제대로 사용하지 못하면 그만큼 손해를 보는 것입니다. 단지 오늘의 잔고를 갖고 살아갈 뿐입니다.

건강과 행복과, 그리고 성공을 위해 최대한 많이 뽑아 쓰십시오.
우리는 흘러가는 시간 속에서 최선을 다해 하루를 보내야 합니다.
일년의 가치를 알고 싶으면, 학점을 받지 못한 학생에게 물어보십시오.
한달의 가치를 알고 싶으면, 미숙아를 낳은 어머니를 찾아가 보십시오.
하루의 가치는 신문 편집자들이 잘 알고 있을 겁니다.
한 시간의 가치는 사랑하는 이를 기다리는 사람에게 물어보십시오.
일분의 가치는 열차를 놓친 사람에게, 일초의 가치는 목숨과 잃을 뻔한 아찔한 사고를 순간적으로 피한 사람에게,
천분의 일초의 소중함은 아깝게 은메달에 머문 육상 선수에게 물어보십시오.

당신이 가지는 모든 순간을 소중히 여기고, 당신과 시간을 함께 하는 사람을 사랑하십시오. 시간은 기다려 주지 않고 어제는 지나간 역사이며 미래는 알 수 없습니다. 오늘이야말로 우리에게 주어진 최고의 선물, 그래서 우리는 현재(present)를 선물(present)이라고 부릅니다.

–코카콜라 회장의 2000년 신년사 중에서–

과제 5-1 비전의 개발

개념 및 정의

- 비전(Vision)은 자신이 누구이고, 어디로 가고 있으며, 무엇이 그 여정을 인도할지를 아는 것이다. 즉 미래에 대한 구상, 미래상, 전망 등을 뜻하는 말이다.
- 비전은 미래의 그림으로써, 구성원들이 그 미래를 창조하기 위해 노력해야 하는 이유를 명시적이거나 묵시적으로 나타낸 것이다. - 존 코터 -

비전 진단

※ 리더십의 필수 자질인 비전의 중요성과 의미를 생각해 보고 자신의 미래의 삶을 이끌어 갈 자신만의 비전을 만들어 이를 추구하는 생활을 실천해보자.
자신의 비전을 테스트하기 위해 아래의 각 문항을 읽고 해당란에 체크(√)를 하시오.[10]

번호	문 항	점수
1	일생을 통해 반드시 성취해야 할 일의 종류를 구체적으로 생각하고 있습니까? (a) 예 (b) 아니오	
2	추구하는 이상적인 인간형이 있습니까? (a) 예 (b) 아니오	
3	아침 일찍 일어나고 싶습니까? (a) 예 (b) 아니오	
4	하루 24시간은? (a) 너무 많다 (b) 충분치 않다 (c) 알맞다	
5	일생에서 가장 중요한 다섯 가지 가치들을 나열할 수 있습니까? (a) 올바르게 나열하기 위해서는 시간이 필요하다 (b) 빠르고 쉽게 할 수 있다. (c) 못한다.	

10) 조앤나 코주브스카(스티비 남 역, 1999), 「카리스마가 되는 7가지 열쇠」, 책과 길

번호	문　항	점수
6	상상하는 것을 즐깁니까? (a) 아니오 (b) 예, 그러나 상상이 현실화될 수는 없다고 생각한다. (c) 예, 사람들도 나의 상상을 하고 있다	
7	그러면 상상이 중요하다고 생각합니까? (a) 예　　(b) 아니오	
8	상상 중 하나라도 현실화시켰던 경험이 있습니까? (a) 예　　(b) 아니오	
9	생각할 시간이 필요하다고 상사나 웃어른에게 말한 적이 있습니까? (a) 없다　　(b) 있다	
10	자신이 찬성한 일을 동료가 강하게 비난한다면 어떻게 하겠습니까? (a) 당황할 것 같다　　(b) 가만히 있는다　　(c) 함께 논의한다	
11	다음 중 어떤 종류의 사람을 좋아합니까? (a) 논리적이고 이성적인 사람　　(b) 창조적이고 틀을 깨는 사람 (c) a, b 모두 아니다　　(d) a, b 모두	
총점		

사례 1 : 비전의 중요 예화

미국의 알라스카 주는 텍사스 주의 두 배가 넘고 미국 본토의 5분의 1에 해당하는 큰 땅 덩어리이다. 본래 알라스카는 소련 땅이었던 것을 1867년에 720만 달러를 주고 사들였다. 정부가 알라스카를 사들이자 의회가 떠들고 일어나 국무장관 슈워드와 존슨 대통령을 소환하여 맹공격을 퍼부었다. 이유는 아무 쓸모도 없는 땅을 엄청난 돈을 주고 그것도 의회를 무시하고 제 맘대로 사들였다는 것이었다.

의회에 불려나간 대통령은 "죄송합니다. 이미 사버린 걸 어떻게 하겠습니까? 의회를 거칠 마음이 있었지만, 그렇게 되면 매스컴이 떠들고, 소문이 퍼지게 되고, 그렇게 되면 소련이 팔지 않겠다고 하거나 값을 많이 달라고 할 것 같아서 국무장관과 의논해서 샀습니다"라고 사과했지만 의원들은 "이 바보들아, 정 얼음이 그렇게 필요하다면 겨울에 꽁꽁 언 미시시피 강의 얼음을 깨다가 너희 집 안방에 둘 것이지 미쳤다고 쓸모도 없는 땅 덩어리를 720만불 씩이나 주면서 사들였느냐"고 욕을 퍼부었다.

그 후, 의회가 조사단을 파견하여 알라스카를 조사해 보았더니 금과 백금이 가득하고 풍요한 어장과 산림이 우거져 있고, 석유가 무진장 매장되어 있었다. 코가 납작해진 의회는 대통령에게 "의회에서 있었던 당신의 사과를 돌려드립니다. 알라스카는 얼음 창고가 아니라 보물창고입니다. 잘 샀습니다"라고 칭찬했다는 것이다.

－〈전세환(2008), 「날개 달아 세상으로」, 향군안보복지대학, 155쪽〉－

진단법

※ 점수표

점 수 표					획득점수
1.	(a) 5	(b) 2			(　　)
2.	(a) 5	(b) 0			(　　)
3.	(a) 3	(b) −1	(c) 5		(　　)
4.	(a) 0	(b) −5	(c) 3		(　　)
5.	(a) 3	(b) −5	(c) 0		(　　)
6.	(a) 0	(b) −3	(c) 5		(　　)
7.	(a) 5	(b) −1			(　　)
8.	(a) 5	(b) 0			(　　)
9.	(a) 0	(b) 10			(　　)
10.	(a) −5	(b) 0	(c) 5		(　　)
11.	(a) 4	(b) −5	(c) 0	(d) 3	(　　)
총 점					(　　)

☞ 이 테스트에서 획득 가능한 총 점수는 60점이다. 만약 자신의 점수가

- 55점 이상이면, 비전과 방향성과 열정을 가진 사람이다.
- 40에서 55점 사이이면, 비전의 열쇠를 갖기 위한 몇 가지 방법을 찾아야 한다. 하지만 지금도 비전감각이 아주 나쁜 것은 아니다.
- 30에서 40점 사이라면, 개선해야 할 점이 많다. 잠재력을 발휘하고 목표의 방향을 잡기 위해 많은 노력을 해야 한다.
- 30점 이하라면, 인생의 목표가 무엇인지 알아내기 위해 자신이 존경하는 사람에게 도움을 청할 필요가 있다.

비전 선언문

작성목적

- 목표를 제시하고 사람을 고무시키는 것이 비전 선언문 개발, 작성의 목적이다.

• 성공한 사람들은 비전이 있고 비전선언문을 작성해 두고 이를 선언하며 인생을 좀 더 구체적으로 살면서 노력해 나간다.

비전 선언문의 실천

• 단순히 비전을 세우는 것만으로는 위대해질 수 없다.
• 위대한 인생들의 가슴에는 하나같이 강력한 성취도구인 비전선언문이 있었다. 그리고 비전선언문을 선언하며 강력하게 실천하였다.

효과적인 비전 선언문 특징[11)]

1. 원기와 홍분을 불러일으키고 방향을 제시하여야 한다.
2. 보통 25단어 내외로 간단 명료해야 한다.
3. 쉽게 기억할 수 있어야 한다.
4. 현 상태에 대한 개선을 제시하여야 한다.
5. 사람이나 사회의 필요를 공급하거나 향상시켜야 한다.
6. 미래에 긍정적인 청사진을 제시하여야 한다.
7. 정신을 고양시키는 것이되 터무니 없이 훌륭한 것이어서 달성하기 불가능한 것으로 비쳐져서는 안 된다.
8. 너무 광범위하고 일반적이지 않아야 한다 ⇨ 구체적이고 분명할수록 좋다.

예) 육군 비전 : 21C 미래전에 대비한 첨단 정보, 과학군을 육성한다.
월트디즈니 : 어린이로부터 노인에 이르기까지 모든 사람들을 꿈과 환상의 나라로 인도한다.

---

11) 김광수 외(2008), 「대학생과 리더십」, 학지사, 258쪽

나의 비전 선언문 작성

1. 내가 죽은 후에 사람들이 나에 대해 이렇게 말해 주었으면 하는 말이나 내 묘비명에 기록되기 원하는 내용을 한두 문장으로 적어 보자.

2. 효과적인 비전 선언문의 특성을 생각하면서 자신의 비전 선언문을 만들어 보자. 두 줄 이하로 하되 간결하면서도 핵심내용을 담아야한다.

3. 비전슬로건을 만들어보자. 짧은 한 두 마디로 위의 비전 선언문의 내용을 내포할 수 있도록 인상적으로 표현해야 한다.

※ 실행계획은 육하원칙에 의거하여 구체적으로 계획해 실천한다.

사례 2 : 권한위임, 팀장의 빛과 그늘

우정사업본부는 2006년에 '팀제'를 도입하면서 '자금운용팀'을 신설했다. 팀장은 하루 3000억 원 정도를 전결 처리한다. 상급자의 결재를 받는 투자결정이 30%에서 5%로 줄었고 소요시간은 3~7일에서 하루로 줄었다. 전결권이 58%에서 85%로 확대되었기 때문이다. 2005년 조사에 의하면 기업의 약 70%가 팀제를 도입하였고, 행정자치부 등 공직사회도 도입하고 있다.

막중한 권한과 책임이 팀장에게 이양되면서 스트레스도 가중되고 있다. 과거에는 결재과정에서 '윗분들이 걸러 주겠지'라는 기대가 있었지만 이젠 거의 모든 책임을 져야 한다. 과거 부장의 역할은 조직관리에 치중했지만 팀장의 책임이 더 무겁다고 느낀다.

주요기업들은 정기적으로 팀장급의 정신건강관리를 하며, 회장이 직접 팀장들을 챙긴다. 리더십 평가와 교육은 물론 수시로 팀장들의 어려움 등에 대해 대화한다. 회장과의 직접 대화를 통해 팀장들은 자부심을 느끼며 체계적인 교육으로 압박감도 상당히 줄었다고 한다.

휴넷-리더피아의 '팀장 리더십 스쿨'에는 기업이 위탁 교육신청이 넘친다. '팀장 경영학', '팀장 유머', '팀장 생활백서' 등의 팀장 관련 신간은 26권으로 지난해 10권에 비해 크게 늘었다. 전문가들은 팀장의 책임과 권한, 기대성과와 장단점을 잘 검토하여 시행해야 한다고 말한다. – 동아일보(2006. 10. 10) –

과제 5-2 나의 성격과 리더십(Big 5 모델)

개념 및 정의

맥크래와 코스타는 성격구조에 대한 지속적인 연구를 통해 Big 5 모델을 개발하였다. 그 후 몇 번의 수정을 통해 현재 가장 많이 활용되는 성격의 5요인 모델로 자리 잡았다. Big 5 모델은 성격을 다섯 가지 요인으로 분류하고, 각 요인은 하나의 범주에 포함되는 유사한 많은 특성들을 포괄하고 있다. 다섯 가지 성격요인은 정서적 안정성, 외향성, 개방성, 포용성, 그리고 신중성이다.

– 이상호, 「조직과 리더십」, 북넷 –

Big 5 모델(5가지 성격요인)

① 정서적 안정성 또는 신경증성

정서적 안정성(Emotional Stability)은 다양한 환경에 대한 정서적인 반응패턴에 관한 것으로, 침착, 인내, 안정, 차분, 평안 등의 개념으로 구성되어 있다. 정서적 안정성은 때로 그 반대적 의미인 신경증성(Neuroticism)으로 판단되기도 한다. 신경증성은 불안함, 초조, 걱정, 짜증 등의 개념으로 구성되어 있다.

② 외향성

외향성(Extroversion)은 자신의 감정을 솔직하게 표현할 수 있고, 사람 사귀기를 좋아하는 성향을 의미한다. 외향성은 사교적이고 말을 많이 하며, 확신을 주고 활동적인 특징 등을 포함한다. 그 반대인 내향성은 수줍고 소극적이며 내성적이고 조용한 특징 등이 포함된다.

③ 개방성

개방성(Openness)은 개인이 갖는 관심의 범위와 관련된 것으로, 새로운 경험이나 혁신에 대한 거부감이 적고 도전에 많이 관여하는 성향을 의미한다. 개방성은 혁신적인 경험을 즐기고 변화수용도가 높으며 상상력과 호기심이 많고 외적 자극에 민감한 특징 등을 포함한다. 그 반대적 특징으로는 현실 안주, 보수, 전통, 관습 등이 포함된다.

④ 포용성

포용성(Agreeableness)은 대인관계와 관련된 것으로 다른 사람과 편안하고 조화로운 관계를 유지하는 성향을 말한다. 포용성은 예의바르고 착하며 협력적이고 너그러우며 배려하고 인내하고 신뢰하는 특징 등을 포함한다. 그 반대적 특징으로는 고집, 냉철, 비판, 차가움, 무정 등이 포함된다.

⑤ 신중성

신중성(Conscientiousness)은 사회적 규칙, 규범, 원칙들을 기꺼이 지키려는 성향을 나타낸다. 목표달성에 관심과 노력을 집중하고 실수없이 체계적으로 실천하는 성향이다. 신중성은 세심하고 철저하며 조직적이고 책임감 있는 특징 등을 포함한다. 그 반대되는 특징으로는 무계획, 나태, 쾌락추구, 부주의, 나약 등이 포함된다.

별빛 한마디

선과 악의 공존

세상을 쓸어버리는 40여일간 대홍수가 있었다. 노아는 큰 방주를 만들어 모든 창조물의 한 쌍씩을 새로운 세상으로 옮기라는 신의 사명을 받았다. 평소부터 악(惡)을 미워하던 선(善)이 이 소식을 듣고 노아를 찾아가 태워줄 것을 요청했다.

노아는 거절했다. 짝이 없었기 때문이다. “노아님, 악은 정말 나쁜 놈이거든요. 이번 기회에 영원히 떼어버려야 합니다.” 기도를 올린 후 노아가 말했다. “안 된다. 네가 선인 것은 악이 있기 때문이다. 악이 없으면 그 순간 선도 존재할 수 없는 것이다.” 빛과 그림자를 뗄 수 없듯이… 선은 악을 찾아 데리고 와서야 비로소 방주를 탈 수 있었다. 새로운 세상에서도 선과 악은 여전히 함께 있는 것이다.

– 〈탈무드〉 –

Big 5 성격특성 진단 12)

※ 자신의 상황을 가장 잘 나타낼 수 있는 항목을 찾아 ○표 하시오.

	질 문 문 항	전혀 그렇지 않다			보통 이다			매우 그렇다
1	나는 사교성이 좋다는 이야기를 자주 듣는다.	1	2	3	4	5	6	7
2	사람들은 내게 친근감을 느낀다고 한다.	1	2	3	4	5	6	7
3	나는 일상생활에서 항상 생기가 넘친다.	1	2	3	4	5	6	7
4	나는 매우 활동적인 사람이다.	1	2	3	4	5	6	7
5	나는 다른 사람들과 이야기를 하는 것이 즐겁다.	1	2	3	4	5	6	7
6	나는 다른 사람들보다 변덕스러운 편이다.	1	2	3	4	5	6	7
7	나는 쓸데없는 걱정을 많이 하는 편이다.	1	2	3	4	5	6	7
8	나는 쉽게 불안해 하는 편이다.	1	2	3	4	5	6	7
9	나는 다른 사람들보다 신경질적이다.	1	2	3	4	5	6	7
10	나는 질서를 잘 지키는 편이다.	1	2	3	4	5	6	7
11	나는 맡은 일을 책임감 있게 잘한다.	1	2	3	4	5	6	7
12	나는 다른 사람보다 부지런한 편이다.	1	2	3	4	5	6	7
13	나는 무슨 일을 하기 전에 항상 신중하게 생각하는 편이다.	1	2	3	4	5	6	7
14	나는 어려운 사람들을 잘 도와주는 편이다.	1	2	3	4	5	6	7
15	나는 다른 사람들에게 다정다감한 편이다.	1	2	3	4	5	6	7
16	나는 다른 사람에 대한 배려가 많은 편이다.	1	2	3	4	5	6	7
17	나는 다른 사람에게 부드러운 편이다.	1	2	3	4	5	6	7
18	나는 다른 사람에게 동정적인 편이다.	1	2	3	4	5	6	7
19	나는 창의적인 일을 좋아한다.	1	2	3	4	5	6	7
20	나는 상상력이 풍부한 편이다.	1	2	3	4	5	6	7
21	나는 지적인 편이다.	1	2	3	4	5	6	7
22	나는 호기심이 많은 편이다.	1	2	3	4	5	6	7
23	나는 감정이 풍부한 편이다.	1	2	3	4	5	6	7
24	나는 철학적인 편이다.	1	2	3	4	5	6	7
25	나는 모험심이 많은 편이다.	1	2	3	4	5	6	7

12) Keyes, C.L.M., Shmotkim, D & Ryff, C.D(2000), "*Optimizing well-being : The empirical encounter of two traditions*", Journal of personality and Social psychology, Vol. 82.

진단법

성격문항 : 외향성(1−5); 신경증성(6−9); 신중성(10−13); 포용성(14−18); 개방성(19−25)

☞ 나의 성격 성향은?

사례 : 온몸으로 말하라

보디랭귀지는 몸짓이나 표정 등의 제스처는 의사 전달뿐 아니라 상대방과의 관계를 맺는 데에서도 중요한 역할을 한다. 이를테면 처음 만난 사람끼리 손을 내밀어 악수하는 것이 그렇다. 악수는 세계적으로 가장 보편적이며 대표적인 우정과 협조를 상징한다.

굳이 악수가 아니더라도 상대방에게 손을 내민다는 것은 혼약, 동의, 계약 등을 의미한다. 손을 활짝 펴는 것은 평화, 우정, 믿음의 의미다.

반면 상대방을 향해 주먹을 불끈 쥐어 보이는 것은 적개심과 공격성, 위협의 표시다. 운동경기에서 두 손을 번쩍 쳐드는 행동은 승리를 의미하기도 한다.

−〈유재화(2010), 「재미있게 말하는 사람이 성공한다」, 책이 있는 마을, 52−53쪽〉−

별빛 한마디

열정만 있다면 청춘은 영원하다

칠순이 넘은 노부인 두 명이 있었다. 한 명은 이제 살 만큼 살았다고 생각하며 사후의 일을 정리하기 시작했다. 반면 다른 한 명은 어떤 일을 하는 데는 연령보다는 마음가짐이 중요하다고 생각했다. 그래서 고령에도 불구하고 등산을 배우기 시작했다. 그 후로 부인은 25년 동안 줄곧 높은 산을 등산했다. 그 중에는 세계적으로 유명한 고산도 있었다. 그에 그치지 않고 훗날 95세 나이로 일본의 후지산을 등반하기도 했다. 그럼으로써 이 산에 오른 최고령의 기록을 세웠는데, 그가 바로 유명한 후다 크로스부인이다.

− 〈하오즈, 삶의 열정을 깨우는 일상 만들기, 팜파스, 2006〉 −

REVIEW ISSUES

① 비전의 의미와 중요성을 논의해 봅시다.

② 비전과 목표의 차이를 설명해 봅시다. 비전행동화 스펙트럼에서 자신의 현재의 모습을 분석해 봅시다.

③ 새로운 비전의 개발이 필요함에도 잘 안 되는 이유를 찾아 논의해 봅시다.

④ 비전을 구성원들과 공유하는 것이 매우 중요하다. 공유의 성패의 이유와 효과적인 공유의 방법을 찾아봅시다.

⑤ 구성원들로 하여금 비전에 참여하고 몰입하게 하는 방안들을 탐색해 봅시다.

⑥ 구성원들로 하여금 비전에 참여하고 몰입하도록 하기 위해 조직은 구성원에게 가치를 제공해야 합니다. 어떤 가치들을 제공할 수 있는지를 구체적으로 논의해 봅시다.

⑦ 비전을 지속적으로 발전시키는데 있어서 방해요소들을 찾아 논의해 봅시다.

제6장 구성원의 마음의 힘을 북돋우기

조직의 비전이 설정되면 리더는 구성원들이 비전실현을 위해 적극적으로 헌신하도록 활동해야 한다. 구성원들의 힘을 북돋우어야 하는 것이다.

6장에서는 구성원들의 마음의 힘을 북돋는 활동으로써, 원활한 커뮤니케이션과 동기부여 및 권한위임을 논의한다.

커뮤니케이션은 리더와 구성원간을 비롯하여 조직 내에 정보의 흐름을 원활하게 하는 기능을 한다. 동기부여는 리더십의 핵심활동으로써 구성원들에게 직무수행의 심리적 에너지를 증대시키는 기능을 한다. 권한위임은 구성원들에 대한 신뢰의 표현이며 슈퍼 리더십의 중요한 방법론이고, 자신의 능력을 스스로 발휘하게 하면서 새로운 능력개발의 계기를 제공한다.

이러한 활동들은 리더의 마음가짐이나 태도, 그리고 기술적인 기법과 관련된 것이다. 구성원들의 힘을 북돋우는 리더십의 본질은 구성원들을 사랑하고 신뢰하는 데에서 비롯된다. 사랑과 신뢰 없이 사람다루는 기술만 능한 사람은 리더라기보다는 인간관계 기술자이다. 사랑하는 마음과 사랑의 기술을 함께 갖추도록 노력하자.

제 1 절 원활한 커뮤니케이션

리더와 구성원간의 커뮤니케이션이 원활하면 구성원들은 더욱 힘을 낸다. 커뮤니케이션에 담기는 메시지는 리더의 비전과 의도 및 정보 등이다. 커뮤니케이션은 리더와 구성원과의 상호작용적인 양방향 과정이므로 서로간의 감수성을 높여 업무의 효율성은 물론 인간적인 갈등을 예방하고 신뢰를 높이는 효과도 얻을 수 있다. 리더십 실천에서의 커뮤니케이션 문제를 살펴본다.[1)]

1.1 커뮤니케이션의 의미와 중요성

유기체가 건강하려면 흐름이 원활해야 한다. 흐름이 막히면 고장이 나고 병이 생기는 것이다. 사람의 몸도 피와 기맥의 흐름이 원활해야 건강을 유지한다. 기업도 돈과 정보가 잘 흘러야 사업이 잘 되는 것이다.

커뮤니케이션은 경영은 물론 인간생활의 모든 영역에 걸쳐 있는 문제이다. 개인간의 1 : 1 커뮤니케이션에서부터 매스 커뮤니케이션과 같이 대중을 수신자로 하는 영역까지 다양하다. 그러나 리더십 영역에서의 커뮤니케이션은 구성원들과 원활히 소통하여 리더의 비전과 가치를 공유하고, 구성원 간에 정보와 감정을 정확히 소통하여 업무의 비효율과 갈등의 감소를 통해 조직목표달성의 효율성을 높이는 활동이다.

리더의 커뮤니케이션은 리더가 구성원에 대해 전달하는 일방적인 것이 아니라 상호 양방적인 것이다. 그리고 그 효과성은 리더가 송신한 메시지의 양에 의해 결정되는 것이 아니라 구성원이 수신하여 받아들인 정도에 의해 결정된다. 커뮤니케이션은 흐름이다. 리더십에 있어서 리더와 구성원간에 비전을 공유하고 정보

1) 커뮤니케이션에 관하여 다음 자료들을 참고하기 바람. ① 박동수 외(2002), 「조직행동」, 경세원, 364-394쪽. ② 박경현(1997), 「리더의 화법」, 대한문화사, ③ 김명준 외(1999), 「커뮤니케이션 혁명과 정보화 사회」, 법문사.

와 감정의 교류가 원활하다면 리더십 효과성은 상승할 것이고 제대로 소통되지 않는다면 리더십 효과성은 저하될 것이다.

리더는 커뮤니케이션의 효과를 저해하는 요인을 적절히 통제하고 소통기법을 익혀서 조직구성원간 정보와 감정의 흐름을 원활하게 할 수 있어야 한다. 리더십에 초점을 두었을 때, 커뮤니케이션의 목적은 조직과 리더의 비전 및 의도를 구성원들에게 정확히 인식시키고 공유하며, 구성원들과의 정보 및 감정의 교류를 통해 인간관계를 좋게 하고 업무효율성을 높이는 것이다.

전문가 의견

전달과 공유의 차이 – 왕의 남자 –

우리는 의사소통을 할 때 내 생각을 먼저 전달하려고 한다. 그런데 아무리 전달을 잘해도 돌아오는 반응이 기대에 못 미치는 경우가 많다. 왜 그럴까? 전달은 소통이 아니기 때문이다. 일방적인 전달도 메시지가 오가기 때문에 전달받는 사람과 의사소통이 된 것처럼 착각하기 쉽지만, 그건 힘에 의한 강제일 뿐이다.

영화 〈왕의 남자〉에서 연산이 광대패를 만나기 전까지 경험한 것은 일방적인 전달이었다. 신하들은 선왕을 본받으라는 메시지만을 전달했다. 그에게 유일한 소통의 창구는 장녹수 뿐이었기에 그토록 녹수를 사랑한 것일지도 모른다.

그러나 사람을 더 즐겁게 하는 소통은 교환이 아니라 공유에서 나온다. 장생과 공길의 광대패는 청중과 놀이판을 공유한다. 그들은 어떤 메시지를 전달하려고 하지 않는다. 설교나 교훈도 없다. 그저 같이 느끼고 같이 즐길 뿐이다. 청중이 반응하고 놀이를 공유할 때, 공연의 힘은 더 커진다. 광대들의 공연을 통해서 연산은 생전 처음으로 공유를 경험한다. 연산은 체통도 잊고 파안대소할 수 있었고, 무대로 들어와 공연에 참여하게 된다.

공유란 강한 힘을 가진 소통방법이다. 성공하는 회사는 직원들과 비전을 공유한다. 사실 영화라는 일방적인 전달매체를 통해 공유하는 느낌을 받기란 쉽지 않다. 그런데 〈왕의 남자〉는 해냈다. 연산과 광대패와의 공유, 〈왕의 남자〉와 관객의 공유는 성공적이었다.

※ 〈왕의 남자〉 : 2005년 12월에 개봉한 이준익 감독의 사극영화. 관객 1,230만 명을 돌파한 최고 흥행작. 대종상 7개 부문 수상.

– 장근영 〈좋은 생각 : 2006년 3월호〉의 내용을 요약 –

1.2 커뮤니케이션의 구성요소

커뮤니케이션이 이루어지려면 여러 가지 요소가 존재해야 한다. **필수적으로는 송신자, 수신자, 메시지, 매체의 4개 요소가 있어야 한다.** 또한 부수적인 두 개의 요소가 있는데, 피드백과 장애요인이다. 필수요소는 하나라도 빠지면 커뮤니케이션 자체가 형성되지 않으며, 부수요소는 결여되더라도 커뮤니케이션은 이루어지지만 커뮤니케이션의 효과성을 판단하기가 어렵다. 이 요소들을 연결하여 모형화하면 〈그림 6.1〉과 같다.

그림 6.1 커뮤니케이션 모형

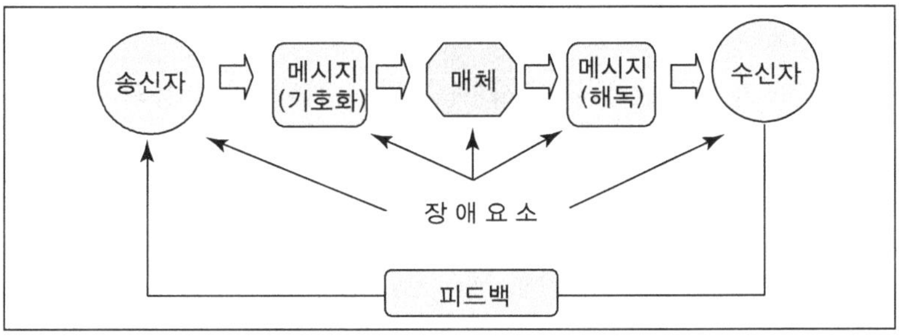

① 송신자(sender) : 메시지를 보내는 사람이다. 리더십은 리더를 조직과정의 주체로 설정하므로 송신자는 주로 리더이다. 그러나 구성원이 리더에게 보고 등의 메시지를 먼저 보내는 역할인 경우에는 리더가 수신자가 될 수도 있다.

② 수신자(receiver) : 송신자가 메시지를 받도록 의도한 대상이다. 개인일 수도 있고 집단일 수도 있다. 리더십에서는 리더가 송신자라면 구성원이 수신자가 된다.

③ 메시지(message) : 송신자가 수신자에게 보내고자 하는 내용이다. 메시지는 정보, 의미, 감정 등 다양하다. 흔히 메시지는 송신하기 전에 기호화(encoding)한다. 기호로 변환하지 않은 메시지는 송신자의 마음속에만 존재할 뿐 수신자와의 소통에 의미를 갖지 못한다. 기호화하는 형식은 다양하다.

- 말 : 메시지를 기호로 변환하는 가장 보편적인 방식의 하나이다. 메시지는

한국어나 영어 등의 말의 종류, 말의 고저, 분량, 순서 등으로 기호화된다.

- 글 : 메시지를 기호로 변환하는 가장 보편적인 방식의 하나이다. 메시지는 한국어나 영어 및 한자 등 글의 종류, 글씨체와 크기, 분량, 논리 등으로 기호화된다.
- 상징(symbol) : 사랑의 하트 모양, 조직의 정체성을 나타내는 뱃지, 교통신호등의 색깔 등은 메시지를 변환한 기호들이다.
- 신호(sign) : 기쁘거나 슬픈 표정, 오거나 가라는 의미의 손짓, 겸손하거나 거만한 의미의 몸짓, 경기에서 심판의 규칙 사인 등도 메시지를 기호화하는 방법이다.

④ 매체(media channel) : 송신자와 수신자간의 교류에서 기호로 변환한 메시지를 옮기는 수단이다.

- 말로 기호화한 메시지는 대면, 전화, 방송 등의 방법으로 전달할 수 있다.
- 글로 기호화한 메시지는 편지, 문서, 게시판, 전자우편, 출판물 등의 방법으로 전달할 수 있다.
- 상징으로 기호화한 메시지는 그림, 사진, 그래프(실적과 관련한 메시지), 장식(계급장 등의 지위), 공간(위엄을 나타내는 사무실의 크기) 등으로 전달할 수 있다.
- 신호로 기호화하는 메시지는 신체에 의한 방법(몸짓, 손짓, 눈짓 등)이나 도구에 의한 방법(호루라기, 깃발, 장미꽃다발 등)으로 전달할 수 있다.

⑤ 피드백(feedback) : 수신자는 자신에게 전달된 기호화된 메시지를 해독(decoding)하게 된다. 메시지의 해석을 통해 송신자의 의도를 파악한다. 해독한 의미는 다시 송신자에게 보내져서 커뮤니케이션의 과정을 이어간다. 피드백을 통해 커뮤니케이션이 얼마나 효과적으로 이루어졌는지를 가늠할 수 있다

⑥ 장애요소(noises) : 커뮤니케이션과정에는 대화 중의 잡음처럼 다양한 형태의 장애요소가 반드시 존재한다. 커뮤니케이션의 효과성을 높이기 위해서는 이러한 장애요소들을 최대한 통제하고 제거해야 한다.

별빛 한마디

말하기와 듣기

- 위대한 연설가에게는 공통점이 있다. 'KISS(Keep It Simple, Stupid)'! 단순하게, 그리고 알아듣기 쉽게 하는 것이다. 진부한 표현, 과장된 문장, 전문 용어들은 거의 쓰지 않는다. 평이하고 단순한 표현으로 감동적인 연설을 할 수 있는 것이다. – 래리 킹, 〈대화의 법칙〉 중에서 –
- 설득력 있는 의사소통에서 당신이 범할 수 있는 최대 실수는 당신의 견해와 감정 표현을 최우선 순위에 두는 것이다. 사람들이 진정으로 원하는 것은 자기 말을 들어주고 자기를 존중해 주며 이해해 주는 것이다. 자기 말을 이해하고 있다고 느끼는 순간, 사람들은 당신의 견해를 이해하려는 동기를 부여받는다.

– 데이빗 번스 (펜실베니아대 교수) –

1.3 커뮤니케이션의 장애요인과 개선

1.3.1 커뮤니케이션의 장애요인

커뮤니케이션에서 나타나는 장애요인들 살펴보면 다음과 같다.

(1) 언어의 부정확성과 해석상의 요인

① 어의(語義) 해석의 문제 : 단어의 추상성이나 난해함으로 인해 송신자와 수신자간의 해석의 차이가 발생한다. 아울러 송신자와 수신자가 서로 알 수 없는 모호하고 부정확한 표현을 할 때 장애가 발생한다.

② 말의 부정확 요인 : 부정확한 발음, 너무 많고 빠른 말, 사투리, 속어 등에서 나타나는 장애이다.

③ 글의 부정확 요인 : 바르지 못한 글씨체나 너무 작은 글씨 및 문법상의 오류 등에서 나타나는 장애이다.

(2) 인간의 불완전성에 의한 요인

① 지각적 요인 : 송신자와 수신자 모두에게 발생할 수 있다. 사람마다 성장과정과 욕구 및 가치관이 다르기 때문이다. 가령 특정한 사물에 대해 가지고 있는 고정관념, 한 가지 사실에 대한 이미지로 다른 사실도 유추하여 평가하는 후광효과, 선호하는 기준에 따라 정보를 받아들이는 선택적 지각 등이 예가 된다.

② 신뢰성의 부족 : 송신자와 수신자 모두에게 해당되지만 송신자에게 더욱 중요하다. 인간적인 신뢰의 결여는 메시지를 왜곡하여 해석하게 한다.

③ 자기보호적인 여과작용 : 송신자가 자신에게 유리하도록 메시지를 왜곡하거나 수신자가 자신에게 유리하게 정보를 해석하여 받아들이는 경우를 말한다.

④ 커뮤니케이션의 분위기 : 경직된 조직문화나 큰 권력거리는 원활한 의사소통에 장애가 된다. 메시지와 관계없거나 불편한 사람이 동석한 경우도 장애가 된다.

(3) 메시지의 부적절한 기호화와 매체에 의한 요인

① 정보의 과다 및 과소 : 정보가 수신자가 수용하기에 버거운 분량이거나 송신자의 의도를 알기 어려운 정도의 과소한 양일 때 발생한다.

② 메시지의 복잡성 : 혼합되고 정돈되지 않은 여러 개의 메시지가 섞여있을 때의 장애이다.

③ 부절절한 기호화 : 메시지의 의미를 제대로 기호화하지 못한 경우에 발생한다.

④ 잘못된 매체 : 메시지에 적합하지 않은 매체를 선택할 때 송수신자간 올바른 이해에 장애가 발생한다.

(4) 물리적 환경요인

① 시간압박 : 메시지 전달에 시간이 부족한 경우에 발생한다.

② 물리적 불편 : 너무 멀거나 가까운 거리, 전화기의 기능장애 등이다.

③ 환경의 불편 : 주변의 시끄러움이나 답답한 실내공기 등은 커뮤니케이션 과정에 장애가 된다.

전문가 의견

가치를 떨어뜨리는 7가지 언어습관

1. 상습적으로 고민거리를 말한다. : 일을 하다보면 크고 작은 난관에 부딪치게 마련이지만 선불리 입 밖으로 내색하지 말라. 특히 당신에게 도움을 주지 못하는 사람에게라면… 잦은 푸념은 당신의 무능력을 광고하고 다니는 격이다.

2. 모르는 것은 일단 묻고 본다. : 모르는 것은 죄가 아니다. 짚고 넘어가야 한다. 모르면서 아는 체 하면 더 큰 실수를 부를 수 있다. 그러나 해결방안을 생각도 하지 않고 일단 묻고 보자는 태도는 문제가 있다. 질문의 절제 역시 당신의 능력을 인정받는 전략이 될 수 있다.

3. 이유를 밝히지 않고 맞장구를 친다. : 분명한 이유없이 남의 의견에 쉽게 동조하지 말라. 당신의 가치가 떨어진다. 일이 잘 되면 좋지만 일이 안 풀리면 원망의 대상에 당신이 포함될 수 있다.

4. 네! 라는 답을 듣고도 설득하려 든다. : 동조와 허락을 받아낸 것에 대해서는 더 이상 설득하려 들지 마라. 당신의 처지를 다시 설명하고 동조를 확인하는 것은 소심하다는 인상을 남길 뿐이다. 공감을 얻어야만 안심하는 습관을 버리자.

5. 죄송해요. 라는 말을 남용한다. : 죄송하다는 말은 자신의 잘못을 인정하는 말이다. 정말 당신의 잘못이 있다면 사유와 대안도 설명하라. 습관적인 죄송은 상대방에 대한 배려가 아니라 무관심을 보여주는 것이다

6. 스스로 함정에 빠지게 하는 말. 제가 해볼게요. : 당신은 모든 일을 처리하기 위해 조직에 있는 것이 아니며 조직도 그런 기대를 하지 않는다. 당신의 업무 외의 일까지 나선다면 사람들은 그걸 당연시하게 된다. 당신이 해야만 할 일에 역량을 집중하고 당신이 하지 않아도 되거나 상관없는 일에는 나서지 말라.

7. 부정적 의견을 되묻는다. : 조직에서는 업무상 의견차가 있을 수 있고 당신의 언행이 상대의 마음에 들지 않을 수도 있다. 당신이 확신이 선 일을 추진할 때 태클세력들에게 왜요? 뭐가 잘못됐죠? 라고 되묻지 말라. 쓸데없는 감정 노출로 경계심을 살 필요가 없다. 결과로만 말하면 될 일이다.

– 백지연, 〈자기 설득 파워〉 중의 내용을 요약 –

1.3.2 커뮤니케이션의 개선방안

완벽한 커뮤니케이션은 존재하지 않는다. 커뮤니케이션의 모형을 고려하면서 장애요소들의 제거에 관심을 기울인다면 상당한 수준의 개선효과를 가져올 수 있다.

(1) 송신자로서의 가치를 높이자

리더로서 커뮤니케이션을 잘 한다는 것은 리더의 정보와 메시지가 구성원들에게 설득력을 갖는다는 것이다. 믿을 수 있고 알아들을 수 있도록 쉽게 메시지를 전달하는 것이 효과적인 커뮤니케이션 방법이다. Walter가 제시하는 〈표 6.1〉의 단정한 스타일이 대체로 상대방에게 신뢰를 줄 수 있고 효과적이다.

표 6.1 의사소통 스타일의 비교

구분	단정한 스타일	공격적인 스타일	단정하지 않은 스타일
성향	• 표현이 명확, 발전지향적 • 다른 사람을 이용하지 않는 윤리적 관념	• 표현이 명확, 발전지향적. • 다른 사람을 이용하여 부당한 이익을 얻으려 함	• 소심하고 자신감이 부족하며 자기부정적임.
언어적 요소	• 직접적이고 확실한 언어 • 타인의 행동에 대한 평가나 귀인이 없음 • 인간적인 차별적 언어를 사용하지 않음 • '나'와 '우리'를 사용	• 날카롭고 모욕적인 언어 • 타인의 행동에 대한 평가와 귀인 • 성별 등 차별적 언어 사용 • 명백한 위협이나 윽박지름	• 조건적인 언어 • 확신이 부족한 언어 • 부정적인 의미의 언어
비언어적 요소	• 부드러운 시선과 진지한 목소리 • 편안하지만 굳건한 태도 • 메시지에 맞는 표정 • 이해를 돕는 선택적인 끼어들기	• 노려보는 듯한 시선 • 위협적인 제스춰 • 큰 목소리 • 잦은 끼어들기	• 시선접촉이 거의 없음 • 아래를 보는 시선 • 계속적인 몸놀림 • 약한 목소리

자료 : 박동수 외(2004), 조직행동, 371쪽에서 재인용하면서 일부 용어를 수정하였음.

① **신뢰성을 높이자.** 인간적인 정직함과 정보의 정확성이 중요한 요소이다. 리더는 문제해결을 위해 거짓말과 같은 술수의 유혹을 받는다. 술수는 당장의 급한 문제를 일시적으로 해결할 수는 있으나 반복되거나 진실성이 의심받게 되면 더 큰 어려

움을 맞게 된다. 아울러 리더가 구성원에게 제공하는 정보가 부정확할 수 있다. 이는 리더가 잘못 알고 있다는 것과 부정직하다는 것은 다른 차원이지만, 반복되거나 중대한 정보의 착오일 때에는 리더의 커뮤니케이션 신뢰도가 위협받게 된다.

② **말과 글의 표현능력을 높이자.** 기호화의 능력과 전달능력을 길러야 한다. 메시지를 간명하고 쉽게 구성하고 효과적으로 전달해야 한다는 것이다.

③ **말하기보다 듣기를 잘 하자.** 흔히 말을 잘 듣는 것이 잘 하는 것보다 어렵고 중요하다고 한다. 리더가 말을 많이 할수록 커뮤니케이션 효과는 떨어질 가능성이 높다. 리더는 말을 많이 하는 것보다 구성원들의 말을 많이 듣는 것이 나을 때가 많다. 상대방의 말을 잘 경청하기 위해서는, 상대방에게 주의를 기울이고 말하는 내용에서 유용한 정보를 찾으려고 하며, 말하는 내용과 더불어 전체적 분위기를 감지하면서 메시지의 전부를 들은 후에 판단하는 태도가 바람직하다.

별빛 한마디

리더가 말이 너무 많으면…

- 이야기의 요점이 분산되어 말하고자 하는 취지가 흐려진다.
- 듣는 사람의 집중력이 떨어져서 핵심을 놓치고 혼란스럽게 한다.
- 같은 내용을 중언부언하고 불필요한 말을 하게 된다.
- 리더의 의중을 모두 밝혀서 구성원의 의견을 차단하게 된다.
- 비밀스런 내용이나 개인의 프라이버시를 발설할 수 있다.
- 잘못된 내용을 얘기할 경우에 이를 바로 잡으려고 하다보면, 더욱 문제가 생기는 내용을 넛붙여 문제를 확대시키게 된다.
- 경청하지 않는 부하들에게 강압적으로 이해시키려 한다.
- 리더가 부하들을 신뢰하지 못하고 강요한다고 느끼게 한다.
- 말이 가지를 치다보면 불필요한 업무들이 늘어나게 된다.
- 내용이 많아 모순되는 내용이 포함되면 리더의 견해의 일관성을 유지하기 어렵다.
- 리더의 무게감이 떨어져서 허풍쟁이나 가벼운 사람으로 비친다.
- 부하들을 리더에 대해 의존적으로 만들고, 참여기회와 자율성을 떨어뜨린다.
- 다른 사람이 오해하거나 감정을 건드리는 내용을 말할 수 있다.
- 부하들이 리더의 이야기는 대충 듣거나 무시할 수 있다.
- 리더 스스로 자만심과 자기논리에 빠져 점점 고립될 수 있다.

－〈리더가 말이 너무 많을 때 일어날 수 있는 문제점〉에 대한 토의에서 사관생도들이 제시한 내용－

(2) 메시지를 기호와 매체로 잘 연결하자.

① **메시지의 기호화와 매체의 적합성이 높을수록 커뮤니케이션이 효과는 높아진다.** 메시지의 서술식 작성과 도표화 중에서 어떤 것이 적합한지는 메시지의 성격에 따라 다를 것이다. 또한 이를 전달하는 매체도 문서전달이나 브리핑 및 전화 등 다양한 방법이 있으므로 적합성을 잘 고려해야 한다.

② **메시지는 분명하게 표현되어야 한다.** 메시지의 목적이나 내용이 불분명하고 수신자에 따라 해석이 달라질 수 있는 내용은 좋지 않다. 가령 "생산성 향상에 최선을 다 할 것", "가능한 빠른 시간에 보고할 것" 등은 "생산성 5% 향상", "9월 20일까지 보고" 등으로 명확하게 표현해야 한다.

(3) 비언어적 방법을 개발하고 활용하자.

커뮤니케이션에서 비언어적 수단(nonverbal communication)이 언어적 수단보다 많이 사용된다. 비언어적 커뮤니케이션은 자체만으로도 메시지의 전달이 가능하지만, 대개 언어와 연계하여 언어적 방법을 보완하거나 강조하면서 의미를 완성한다. 비언어적 방법은 언어적 방법보다 느낌이 직접적이어서 의미전달력이 큰 경우가 많다. 또한 언어적 메시지의 내용을 보충하고 확인하는 정보가 담겨 있다는 것을 흔히 직감적으로 알 수 있다.

① **신체언어(body language)를 잘 사용하자.** 몸짓, 손짓, 눈짓, 자세, 제스처, 표정, 포옹이나 악수 등의 신체적 접촉 등은 모두 중요한 비언어적 수단이다.

② **부수적 언어의 표현이 중요하다.** 말의 속도, 음질, 음조, 음량, 미소, 하품, 감탄사, 투덜거림, 한숨, 맞장구, 억양 등은 언어적 표현과 결합하여 정보 및 송·수신자와 관련한 메시지를 나타낸다.

③ **공간적 위치의 의미를 고려하자.** 대체로 가까운 공간거리는 친밀하거나 중요한 관계라고 인식하고, 상대적으로 먼 거리는 공식적이거나 불편하다고 여기는 관계를 나타낸다. 좌석에서 서로 앉는 위치의 의미도 생각해 보자.

④ **장식 등의 상징물을 잘 활용하자.** 복장, 옷의 장식, 부착물 등이 주는 효과를 고려하자. 가령 공사현장을 방문하는 경영자가 깨끗한 양복에 구두를 신었을 때

와 작업복에 작업화를 신었을 때 근로자에게 주는 이미지는 달라진다.

(4) 물리적 환경을 잘 조성하자.

① **산만한 분위기는 커뮤니케이션을 방해한다.** 회의 중에 들락거리고 전화벨이 울리며 프리젠테이션 보드에는 햇빛이 들어 잘 보이지 않는 등의 장애요소를 제거해야 한다.

② **중요한 상담 등을 할 때에는 방을 정돈하고 복장도 단정하게 갖추어 방문자가 하급자라 하더라도 존중받는다는 느낌을 갖도록 하는 것이 좋다.** 그렇지 못할 경우 메시지의 교환 이전에 불쾌감 등으로 커뮤니케이션 효과를 얻기 어렵다.

(5) 개방된 조직분위기를 만들자.

① **상급자와 하급자간의 권력거리를 줄이고 개방적 분위기를 만들자.** 우리나라는 권력거리가 큰 문화에 속한다. 하급자가 상급자를 어려워한다는 것이다. 특히 상급자에게 부정적인 내용 등은 얘기하기 어렵다. 리더의 친화적인 인간미와 의전적 절차의 간소화 등으로 심리적 거리감을 줄이는 선행적 행동이 필요하다.

② **필요한 정보를 공유하고 알려주자.** 모든 정보를 구성원들이 공유할 필요는 없다. 그러나 관련자에게 적절한 정보를 미리 주고 공유하는 것은 커뮤니케이션 효과를 높이는데 매우 중요하다.

별빛 한마디

말과 침묵

- 귀담아 듣는 것은 지혜를 가져다주고, 지껄이는 것은 후회를 가져다준다. – 이태리속담 –
- 당신이 입을 열고 말할 때, 그것은 침묵보다도 가치가 있는 것이어야 한다. – 아라비아속담 –
- 지혜로운 사람은 귀가 길고 혀가 짧다. – 영국 속담 –
- 당나귀는 긴 귀로 구별할 수 있으며, 어리석은 자는 긴 혀로 구별할 수 있다. – 유태격언 –
- 다변(多辯)은 남을 감동시키지 못한다. 오히려 상대가 마음껏 얘기하도록 내 버려두는 것이 좋다. – 데일 카네기 –

제2절 적극적인 직무동기의 부여

2.1 동기부여의 의미와 중요성

현대적인 의미의 동기부여에 관한 연구는 1950년대부터 본격적으로 시작되었다. 대표적인 이론들은 **Maslow의 욕구단계이론**, **McGregor의 X, Y이론**, **Herzberg의 2요인 이론**, **Vroom의 기대이론**, **Adams의 공정성이론** 등이다. 이 이론들은 조직행동 분야는 물론 리더십분야에서도 구성원들의 직무동기 활성화방법에 관한 배경적 지식을 제공하고 있다. 인재의 선발과 더불어 인재의 능력 발휘 여부가 성과를 좌우한다. 구성원들이 자신의 역량을 최대한 발휘하도록 하려면 리더가 부하의 기를 살리고 주인의식과 자신감을 심어주는 것이 중요하다.

리더십은 지식의 문제가 아니라 실천의 문제이다. 즉 아는 것이 중요한 것이 아니라 실천을 통해 영향력으로 작용해야 비로소 의미가 있는 것이다. 리더십 실천의 대표적인 활동이 동기부여이다. 동기부여란 동기를 자극하여 직무를 더욱 열심히 수행하도록 심리적인 힘을 활성화시키는 활동이다. 동기가 부여된 사람이 일하는 수준과 직무동기가 부여되지 않은 사람의 일의 수준은 큰 차이가 있다. 리더는 구성원들의 직무동기를 활성화하고 강화할 수 있는 안목과 다양한 수단들을 확보하고 실행할 수 있어야 한다.

별빛 한마디

유한 킴벌리의 3H

- 손(Hand)을 움직였을 때에는 개인의 능력을 20~30%, 머리(Head)를 움직이면 40~50%, 가슴(Heart)를 움직이면 100~200%의 능력을 이끌어낼 수 있다 – M kiss –

2.2 동기부여의 주요이론

(1) Maslow의 욕구단계이론(Need Hierarchy Theory)

① 개념과 내용 : 가장 널리 알려진 대표적인 내용이론이다. Maslow는 인간의 욕구가 단계에 따라 일어난다고 보았다.[2] 그는 욕구들을 〈표 6.2〉와 같이 다섯 단계로 나누었다.

표 6.2 Maslow의 욕구단계

욕구단계	내 용	차원
자아실현 욕구 (self-actualization)	자신의 가치를 추구하여 성취하려는 욕구	고차원 욕구
자존 욕구 (esteem needs)	존경, 명예, 인정을 얻고자 하는 욕구	⇧
애정 욕구 (love needs)	사랑, 소속감, 타인과의 관계를 맺으려는 욕구	⇩
안전 욕구 (safety needs)	안전과 안정을 확보하려는 욕구	저차원 욕구
생리 욕구 (physiological needs)	배고픔이나 성적 욕구 등의 생리적 충족 욕구	

자료 : Maslow. A.H.(1943), "A Theory of Human Motivation", pp. 370-396.

욕구단계이론은 다음과 같은 몇 가지 원칙에 의해 설명된다. 첫째는 **결핍의 원칙**으로써, 사람은 결핍된 욕구를 충족하기 위하여 그 욕구충족의 방향으로 동기가 유발된다는 것이다. 물론 결핍을 느끼는 정도가 강할수록 욕구의 강도와 동기유발의 강도는 높아진다. 둘째는 **충족의 원칙**으로써, 결핍상태였지만 충족이 된 욕구는 더 이상 동기유발요인이 되지 않는다는 것이다. 셋째는 **진행의 원칙**으로써, 생리욕구와 같은 하위욕구가 충족된 후에 자아실현과 같은 상위욕구의 충족

2) Maslow. A.H.(1943), "A Theory of Human Motivation", *Psychological Review*, July, pp. 370-396.

을 향하여 진행된다는 것이다.

Maslow는 가장 높은 욕구수준인 자아실현적인 사람들은 심리적으로 매우 건강한 사람들이며 다음과 같은 15가지 특징을 보인다고 하였다.3) 첫째, 현실을 효과적으로 인식하고 쾌적한 관계를 갖는다(more efficient perception and more comfortable relations with it). 둘째, 자신과 다른 사람 및 상황을 주어진 그대로 인식하고 수용할 줄 안다(acceptance self, others, nature). 셋째, 사고와 행동에 있어서 자발성을 가진다(spontaneity). 넷째, 인생에서 사명감과 성취감을 가지고 문제를 지향한다(problem centering). 다섯째, 고독 속에서도 상심보다는 초연할 줄 알며 자기만의 세계의 욕구가 있다(the quality of detachment ; need for privacy). 여섯째, 사회적 환경 속에서 독립적인 자율성을 갖는다(autonomy). 일곱째, 인생의 여러 일에 대해 늘 새롭고 신선한 인식을 갖는다(continued freshness of appreciation). 여덟째, 삶의 과정에서 절정의 경험과 신비의 경험을 추구한다(peak experience and mystic experience). 아홉째, 사회적 관심이나 동정심 등의 인간미를 지니고 있다(social interest). 열번째, 다수와의 피상적인 관계보다 소수의 사람들과 깊은 인간관계를 맺는다(deeper and profound interpersonal relations). 열한번째, 민주적인 성격을 갖는다(democratic character structure). 열두번째, 수단과 목적, 그리고 선과 악의 구분을 분명히 한다(discrimination between ends and means, between good and evil). 열세번째, 철학적이면서도 공격적이지 않은 유머센스를 갖는다(philosophical, unhostile sense of humor). 열네번째, 소박하고 보편적인 창의성을 지닌다(naive and universal creativeness). 열다섯번째, 주위의 행태에 쏠리지 않고 자신의 기준과 주관으로 행동한다(resistance to enculturation). 물론 자아실현적 인간들이 위의 특징들을 모두 가지는 것은 아니지만 일반적으로 이러한 지향점을 가진다는 것이다.

---

3) Maslow. A.H.(1954), *Motivation and Personality*, 2nd ed., pp. 153-174. 신영상(1996), 136-137에서 재인용.

② 리더십의 의미[4] : 첫째, Maslow의 이론은 리더가 부하들의 직무동기를 활성화하기 위하여 또는 리더를 추종하도록 하기 위하여 어떤 요인들을 자극하고 보상으로 제시해야 하는가를 알려주고 있다. 이를 위해서는 부하들의 욕구를 정확히 진단하는 것이 중요할 것이다.

둘째, 이 이론의 여러 원칙들은 현실적으로 모두 검증이 된 것이 아니며, 현실과 다른 점들이 있다는 것을 고려하여 리더십에 참고해야 한다. 가령, 모든 사람이 욕구단계를 순서적으로 밟아가는 것이 아니라 건너 뛸 수도 있다. 그리고 사람들이 다섯 단계의 욕구를 모두 가진 것은 아니다. 사람에 따라 안전욕구나 애정욕구까지만 관심이 있을 수도 있다. 또한 종교적 순교자는 자아실현 욕구 하나만을 추구하는 경우일 수도 있다. 아울러 욕구단계가 역방향으로 진행될 수도 있다. 예를 들어 젊은 시절에 이념운동을 통해 자신이 원하는 이상사회의 건설에 전념하던 사람이 나중에 공허함을 느끼고 생리적 욕구나 안전욕구를 추구하는 경우도 있다. 예술을 통해 자존욕구나 자아실현 욕구만을 추구하던 사람이 나중에 하위욕구를 추구하는 경우도 마찬가지이다.

셋째, 고차원 욕구와 저차원 욕구를 직무와 연결시켜서는 안 된다는 점이다. 가령 저차원 욕구를 육체적 직무수행자에 연계시키고 고차원 욕구를 교수나 예술가 등의 정신적 직무수행자와 연계시키는 것은 적절하지 않다. 욕구단계는 수행직무와 연계성이 없는 중립적인 것이다. 가령, 이윤만 추구하는 상업주의적 예술가도 있을 수 있고, 자신의 작품을 완성한다는 정신으로 일을 하는 건축미장공이나 요리사도 있기 때문이다. 그리고 욕구를 저차원과 고차원으로 계층화할 수 있는가도 논란이 된다. 오히려 육체적 욕구나 정신적 욕구 등으로 구분하는 것이 적절할 수 있다.

넷째, 한 단계의 욕구가 충족되면 그 욕구가 다시 동기유발요인이 되지 않는다고 하지만, 이는 단기적인 상황 또는 일회적인 경우이다. 배고픔이 채워지면 일시적으로는 생리적 욕구가 충족되지만 시간이 지나면 다시 배고프게 된다. 또한

---

4) '리더십의 의미'는 이론과 관련한 자료 등을 참고하여 필자가 정리한 것이다. 이하 같음.

사회적 소속감을 바라는 사람이 이를 충족하기 위하여 어떤 단체에 가입하고 나면, 욕구가 종료되는 것이 아니라 더 강해져서 더욱 높은 수준의 단체에 가입하고 싶을 수도 있는 것이다.

다섯째, Herzberg의 두 요인이론과 연계하여 보면, 저차원 욕구들은 위생요인과 관련이 많고 고차원 욕구들은 동기요인과 많다고 볼 수 있다.

(2) Herzberg의 2요인이론(Two Factor Theory)

① **개념과 내용** : Herzberg는 현장의 많은 종업원들에 대한 면접조사를 통해 직무에 대해 긍정적 태도 혹은 부정적 태도를 유발시키는 요인을 탐색했다.[5] Herzberg는 직무만족에 영향을 주는 동기요인(motivator)과 직무불만족에 영향을 주는 위생요인(hygiene factor)이 별개로 존재한다고 보았다.

표 6.3 Herzberg의 2요인

구분	동기요인(내재요인, 만족요인)	위생요인(외재요인, 불만족 요인)
정의	직무 자체로부터 도출되는 것으로 성장에 대한 개인적 욕구를 충족시켜주는 요인	직무환경에서 생기는 외적·물리적인 요인들로써, 제거하면 불만족을 없애주는 요인
요인	성취감, 일에 대한 인정, 책임감, 성장과 발전, 보람 등	회사정책, 감독, 급여와 지위, 대인관계, 직무환경과 근무조건, 직무 안정 등

만족요인은 만족에 영향을 미치며, 충족되지 않는다고 해서 불만족이 생기는 것은 아니라는 것이다. 마찬가지로 불만족 요인이 제거된다고 해서 만족이 증가하지는 않는다는 것이다. 가령, 음식을 먹을 때 만족을 주는 요인들은 음식의 맛이나 영양과 같이 음식자체에 관한 것이다. 그러나 식탁의 청결이나 종업원의 서비스 등은 음식자체와 무관한 요인들로써 만족을 주지는 못한다. 즉 불결한 식탁이나 불친절한 서비스 등은 불만족을 주지만, 이들을 좋게 바꾸면 음식에 대한 만족이 증가하는 것이 아니라 불만족이 제거된다는 것이다.

---

5) Herzberg. F.(1964), "The Motivation-Hygiene concept and problems of manpower", *Personnel Administrator* 27.

② 리더십의 의미 : 첫째, 리더십활동이 주목할 요인은 동기요인이다. 동기요인들은 직무의 자발성을 높일 수 있는 정신적 요인들이기 때문이다. 둘째, 위생요인의 불만족을 해결하지 않고 동기요인에만 집중할 경우 리더십의 지속력을 얻기 어렵다. 따라서 위생요인의 해결과 동기요인의 활성화를 동시에 추구해야 한다. 셋째, 동기요인과 위생요인이 각각 만족과 불만족에만 관련된다고 보고 있지만, 현실적으로는 명백하게 구분된다기보다는 서로 결합되는 경향이 있다. 위생요인이 좋지 않으면 직무만족에도 영향을 미칠 수 있기 때문이다. 리더는 직무동기의 활성화에 도움이 되는 방향으로 두 요인을 적절하게 활용해야 할 것이다.

(3) McGregor의 XY이론(XY Theory)

① 개념과 내용 : McGregor는 인간의 본성에 대해 두 가지의 구별되는 견해를 제시하였다.[6] 인간의 본성을 피동적인 것으로 보는 X관점과 능동적으로 보는 Y관점으로 나누어 본다. 두 관점을 비교하면 〈표 6.4〉와 같다.

표 6.4 McGregor의 XY이론의 인간관

X 관점	Y 관점
① 인간이 본질적으로 일을 싫어한다.	① 인간을 스스로 일을 찾아서 수행한다.
② 인산은 책임을 회피하려 한다.	② 인간은 스스로 책임지려 한다.
③ 인간은 창의력을 발휘하지 않는다.	③ 인간은 자발적인 창의력을 발휘한다.
④ 인간은 생리 및 안정욕구에 의해 동기화된다.	④ 인간은 자존욕구와 자아실현욕구에 의해 동기화된다.
⑤ 인간은 자기통제력이 약하다.	⑤ 인간은 자기통제력을 가지고 있다.

XY이론은 인간을 보는 가정적인 관점이다. 사실상 인간은 어느 한 면만을 가지고 있는 것은 아니다. 다만 이해의 편의상 이분법적으로 나누어 놓았다는 것을 이해해야 한다. 그러나 어떤 관점으로 인간을 보는가에 따라 조직행동은 크게 달라지는 것은 사실이다.

6) McGregor, D.(1960), *The Human side of Enterprise*, N.Y., McGraw-Hill.

XY이론은 오하이오 주립대학교의 리더유형연구와 연계하여 볼 수 있다. 즉 구조주도형 리더십의 인간관은 X관점과 관련성이 많으며, 배려형 리더십의 인간관은 Y관점과 관련성이 많은 것으로 보인다. 그러나 이는 어느 리더십이 더 효과적인가는 나타내는 것은 아니다. 인간의 본성은 우열의 판단이전에 본질적인 상태 자체로 먼저 이해할 필요가 있다.

② 리더십의 의미 : 첫째, 리더는 자신이 어떤 관점에 있는가를 먼저 살펴야 한다. 인간본성에 대한 관점은 리더십 행동에 직접 영향을 미치기 때문이다. X관점에서는 부하를 통제하고 감독하는 행위를 늘리고 상벌로 다루려고 할 가능성이 높으며, Y관점에서는 부하를 신뢰하여 자율성을 인정하고 위임하는 행동을 할 가능성이 높을 것이다.

둘째, 사람은 양쪽의 본성이 혼합되어 있으며 사람에 따라 정도의 차이가 있다고 보는 것이 바람직하다. X 또는 Y의 어느 한쪽에 치우친 극단적인 시각은 극단적인 행위를 낳을 가능성이 크므로 리더의 행동선택을 폭을 제한할 수 있기 때문이다. 리더의 행동폭이 좁아진다는 것은 바람직하지 않다.

셋째, McGregor는 Y관점의 인간관이 X관점의 인간관보다 바람직하다고 믿으며, 구성원들에게 의사결정, 책임, 도전적인 직무참여 등의 기회를 주는 것이 직무동기를 높인다고 보았다. 그러나 Y인간관에 의한 리더십이 항상 더욱 높은 성과를 나타낸다는 확고한 증거가 발견된 것은 아니지만, 오늘날 지식정보사회의 특성을 고려할 때 Y관점에 의한 조직시스템 운영과 리더십 발휘가 더욱 바람직한 것으로 인식되고 있다.

사례 : 인디언 추장의 마음에 먹이주기

한 늙은 인디언 추장이 어린 손자에게 인간의 내면에 일어나고 있는 '큰 싸움'에 관하여 이야기하고 있었다.

"얘야, 우리 모두의 마음속에서는 늘 큰 싸움이 일어나고 있단다."

"어떤 싸움인데요?"

"두 늑대간의 싸움이지. 한 마리는 악한 늑대로서 그 놈이 가진 것은 화, 질투, 슬픔, 후회, 탐욕, 거만, 자기 동정, 죄의식, 회한, 열등감, 거짓, 자만심, 우월감, 그리고 이기심이란다. 다른 한 마리는 좋은 늑대인데 그 녀석이 가진 것들은 희망, 기쁨, 사랑, 소망, 인내심, 평온함, 겸손, 친절, 동정심, 아량, 진실, 그리고 믿음 같은 것이란다."

손자가 물었다. "어떤 늑대가 이기나요?"

추장은 간단하게 답했다. "그야 내가 먹이를 주는 놈이 이기지." －M kiss에서－

(4) McClelland의 성취동기이론(Achievement Motivation Theory)

① 개념과 내용 : 개인의 동기는 사회문화적 환경과 상호작용하는 과정에서 학습되며 개발될 수 있다는 전제하에 동기요인들을 설명하고 있다.7) 즉 보상된 행위는 학습되고 그렇지 않은 행위는 소멸하게 된다는 학습과정의 강화이론에 근거한다. 세 가지 동기요인인 성취욕구, 친화욕구, 권력욕구는 서로 계층이 없으며 동시에 작용할 수도 있다. 이 욕구들을 자극하여 행위를 하도록 만드는 것이 동기유발이라고 보는 것이다.

성취동기이론을 이루고 있는 세 가지 욕구는 다음과 같다.

첫째, 성취욕구(Need for Achievement : n-Ach)는 어려움을 극복하여 목표를 이루려는 욕구와 다른 사람들과의 경쟁에서 능가하고 싶은 욕구, 그리고 능력을 발휘하여 자신의 가치를 높이려는 욕구를 말한다. 성취욕구는 높은 성과를 달성하는데 가장 핵심적인 에너지가 된다. 성취욕구를 높이기 위해서는 높은 성취의 매력을 느끼고 맛보게 하며, 높은 성취인의 특성을 내면화하도록 교육하고 학습하도록 한다.

7) McClelland, D.C(1985). *Human Motivation*, Scott Freshman.

둘째, 권력욕구(Need for Power : n-Pow)는 타인을 제압하는 위치에서 타인을 통제하고 영향력을 행사하고 싶은 욕구이다. 권력은 리더 개인의 사적 이익을 추구하는 개인화된 권력과 조직과 구성원의 이익을 추구하는 사회화된 권력으로 구분할 수 있는데, 리더는 강한 권력욕구를 적절한 수준에서 통제할 수 있어야 하며 사회화된 권력을 추구해야 한다.

셋째, 친교욕구(Need for Affiliation : n-Aff)는 다른 사람들과 친근하고 밀접한 관계를 맺으려는 욕구이다. 성공적인 경영자들이 더 높은 친화욕구를 가졌다고 보는 것은 아니다. 다만 친화에 대한 지나치게 낮은 관심은 조직의 협동성이나 인간관계의 발전에 불리한 결과를 초래할 수 있다.

② 리더십의 의미 : 첫째, 리더의 입장에서 구성원들이 직무의 성취를 경험하고 학습할 수 있는 기회와 여건을 만들어 주는 것이 좋다. 둘째, 리더 자신과 구성원들의 권력욕구를 적정하게 통제할 수 있어야 하며, 권력욕구는 조직을 위하는 사회화된 권력방향으로 발현되는 것을 장려해야 한다. 사리사욕의 방향으로 발휘되는 경우 조직은 정치의 장이 될 위험성이 있다. 셋째, 구성원의 친화욕구가 강한 경우에 리더는 친화적 행동으로 이를 적정한 수준에서 수용할 수 있어야 하며, 리더 자신의 친화적 욕구가 낮다 하더라도 친화적 관심을 가지고 친화적 행동을 할 수 있어야 한다. 넷째, Maslow의 이론에 비추어보면 성취욕구는 자아실현욕구와, 권력욕구는 자존욕구와, 친화욕구는 애정욕구와 연계되므로 관련성을 이해하는 것이 리더십에 도움이 될 것이다.

2.3 구성원들의 기(氣) 살리기

2.3.1 기 살리기의 의미와 중요성

아무리 힘이 좋아도 기(氣)가 죽으면 힘을 쓸 수가 없다. 기 살리기란 사기진작과 같은 의미이다. 전투나 운동시합은 물론 모든 경쟁에서는 기선을 잡아야 실력을 마음껏 그리고 자유자재로 발휘할 수 있다. 기 살리기는 인재경영과 동기부

여의 정신이며 방법이다.

일본의 자동차 기업인 도요타와 마쓰다의 성공과 실패의 원인을 연구한 마쓰이 겐이치는 "도요타와 마쓰다가 보유한 인재수준에는 거의 차이가 없었다. 다만 두 기업의 격차는 인재의 능력발휘 수준에 있었다."고 말한다. 기가 살아있는 사람은 행복감을 더욱 느낀다고 한다. 행복한 직장인이 더 높은 성과를 창출한다. 월 마트의 창업자인 샘 월튼에 의하면, 직원들이 행복하면 고객도 행복하다는 것이다. 직원이 고객을 잘 대하면 고객은 다시 찾아올 것이므로 행복감이 사업 수익의 진정한 원천이라고 보는 것이다.

사람의 힘은 몸의 힘(體力), 머리의 힘(智力), 마음의 힘(心力)의 총합이다. 기(氣)란 마음의 힘과 관계되면서 체력과 지력에 영향을 미친다. 기가 살아있으면 용기, 배짱, 자신감, 추진력, 집념 등이 증가한다. 기 살리기의 목적은 구성원들의 직무의욕과 자신감을 높여서 직장과 직무에 자부심을 가지게 함으로써 직무성과와 직무생활의 질을 향상시키고자 하는 것이다.

2.3.2 기 살리기의 방법과 사례

사기를 진작하는 방법은 복지후생제도처럼 비용을 투입해야만 시행이 가능한 방법과 비용을 투입되지 않으면서 정신적인 힘을 북돋우는 방법이 있다. 이는 Herzberg의 동기요인과 위생요인을 충족시키려는 노력과 비슷하다. 많은 조직들에서 사용하는 기 살리기 방법들은 주로 복지후생제도와 연계되어 있으면서 이를 통해 정신적인 자부심을 갖게 한다. 기를 살리는 것이 반드시 비용이 투입되어야만 하는 것은 아니지만, 비용을 투입할 수 있으면 더욱 다양하고 효과적인 사기진작 정책을 시행할 수 있을 것이다.[8)]

아울러 효과가 높은 사기진작방법도 반복되면서 제도화되면 그 효과가 감소한

8) 가정의 행복을 관찰해보면, 돈이 많으면 그 자체가 행복을 보장하는 것은 아니지만, 행복의 확률이 높아질 수 있다. 돈이 많지 않아도 행복한 경우를 많이 볼 수 있다. 돈으로 살 수 없는 행복감도 있기 때문이다. 그러나 행복은 돈이 없어도 된다는 생각은 옳지 않다. 돈도 있으면서 돈으로만 얻을 수 없는 행복도 얻을 수 있는 것이 가장 바람직하다.

다는 점을 고려해야 한다. 특수한 것도 익숙하면 일반화되기 때문이다. 그러므로 한계효용의 주기를 고려하여 새로운 사기진작 방안을 탐색해나가야 한다.

① 장점을 찾아서 격려하고 칭찬한다.

사람이란 자신을 알아주는 사람을 위해서 열심히 일하는 사회적 동물이다. 알아준다는 것은 자신의 장점과 성과를 인정해주고 격려하는 일이다. 칭찬은 가장 보편적이고 실행하기에 편리한 기 살리기의 방법이다.[9] 예를 들어 외식전문업체 신세계 푸드는 칭찬 릴레이 운동을 전개하고 있다. 웹진 'You & I'에 칭찬릴레이 코너를 개설하여 모든 직원들이 칭찬을 받을 때까지 릴레이하도록 한다. 칭찬받은 사람은 5일 이내에 다른 직원을 칭찬하면서 칭찬 파도는 번져나가는 것이다. 칭찬릴레이는 여러 회사와 군부대 등에서 광범위하게 실행하고 있다.

② 외부적으로 자랑거리를 만들어준다.

다른 조직의 사람들에게 자랑거리가 있으면 기가 산다. 어린 시절에 남들에게 없는 물건을 가지게 되면 어깨가 으쓱해지고 자신감이 생겼던 기억들이 있을 것이다. 청소년기에는 메이커 제품, 성장해서는 명품을 갖고 싶어 하는 것도 비슷한 심리이다. 그러나 반드시 비싼 물질적인 것만이 자랑거리는 아니다. 자랑거리에는 나만의 독특한 개성적인 것들을 포함한다.

회사에서 시행하는 기살리기 방법들을 보면 다양하다. 해외연수, 휴가철의 휴양소 운영, 명절 때의 선물, 직원들의 건강검진, 맞춤식 복지제도, 진학 및 자격증 공부의 지원, 육아휴직, 질 좋은 복장과 같은 것이다. 다른 회사에서 시행하지 않는 차별적인 자랑거리일수록 사기진작에 효과가 높다.

③ 가족에게 자부심을 갖게 한다.

이러한 활동은 외부에 대한 자랑거리이기도 하지만 가족들에 대해서도 매우 큰 의미가 있다. 외부적인 자랑거리와 결합하여 사기의 시너지를 창출한다. 우리나라의 남성들의 경우를 보면, 자기는 고생하더라도 부모와 아내 및 자녀들이 만

9) 모든 형태의 칭찬이 바람직한 것은 아니며 올바르게 칭찬을 해야 한다. 다음 절 2.4(올바른 칭찬 : 칭찬의 양면성)의 내용을 참조하기 바람.

족을 하고 긍지를 가지면 기가 살아나고 어려움을 잘 극복한다. 부인과 자녀들을 회사에 초청해서 가장이 하는 일이 얼마나 가치있고 중요한 일인가를 알려주기, 자녀들에 대한 장학금 수여, 자녀들에게 해외연수 등 외국어 학습기회 제공, 경・조사의 지원, 음악회 등의 공연 초청, 장기근속자에 대한 가족과의 해외여행 제공, 신입사원의 부모를 초청한 감사이벤트 등 가족들을 뿌듯하게 해 줄수록 조직구성원들의 사기는 올라간다.

④ 성장감을 갖게 한다.

사람들은 다른 사람에 비해 자신이 정체되어 있거나 퇴보하고 있다고 느낄 때 기가 죽는다. 자신이 발전하며 크고 있다는 성장감을 주어야 하는 것이다.

⑤ 마음속에 흥(興)의 사이클을 만들고 한(恨)의 사이클을 방지하는 것이다.

신바람을 나게 하는 흥의 사이클을 통해 기를 살리는 것도 중요하지만, 기를 죽이지 않는 것이 더욱 중요한다.[10] 직원들을 인간적으로 존중하고 대우하는 조직문화의 형성이 매우 중요하다. 하급자에 대한 언어, 질책의 방법 등에서 억울하거나 분노의 감정을 갖지 않게 해야 한다. 상을 주는 일은 쉬우나 벌을 주는 일은 어렵다. 인간적 존중을 받지 못한다고 느낄 때 조직에 대한 자부심이나 직무에 대한 자신감이 생겨날 수 없다.

⑥ 최고경영자는 조직활동의 중심(重心)에서 구성원들을 격려한다.

최고경영층은 조직활동의 중심(重心)에 있어야 한다. 조직 전체 중에서 가장 핵심적인 임무를 수행하는 곳, 가장 어려운 일을 수행하는 곳, 각 부문의 프로젝트에서 가장 어렵고 핵심적인 단계에 있는 곳이 중심이며, 최고경영층은 그러한 현장을 적시에 방문하여 구성원들로 하여금 '최고경영자가 우리를 잊지 않고 있다'는 느낌을 갖게 할 때 사기가 높아진다. 전장에서 지휘관은 모든 전투현장을 일일이 찾아볼 수 없다. 전투력의 중심을 파악하고 그 곳의 힘이 솟도록 해야 한다. 그러므로 모든 조직의 CEO는 보좌진으로 하여금 항상 조직활동의 중심을 확인하여 현장격려 스케줄을 편성하도록 기능을 부여하는 것이 바람직하다.

---

10) 한국적 정서인 신바람에 대해서는 제4장 2절(한국적 리더십을 탐구한 연구)을 참고하기 바람.

전문가 의견

직원의 기를 살리는 LEADER

- Listen(명령보다 직원들의 이야기를 경청하라) : 켈의 법칙(Kel's law)에 의하면, 피라미드형 조직에서 직급이 한 단계씩 멀어질수록 심리적 거리감은 제곱으로 늘어난다. 적극적인 경청은 직원들을 자신감을 갖고 자발적이며 창의적으로 일을 하게 한다.
- Express(관심과 기대를 표현하는데 인색하지 마라) : 기대감이 성과에 미치는 영향은 '피그말리온 효과(Pygmalion effect)'에서 입증된다. 직원들을 존중하면서 유능한 사람으로 대하라.
- Applaud(못한 것을 질책하기 보다는 잘한 것을 칭찬하라) : 칭찬이 중요하다고 생각하지만 실천하기란 쉽지 않다. 칭찬에도 기술이 필요하다. 결점을 들추어내기 보다는 칭찬하려고 노력하라.
- Depend on(의심하지 말고 믿고 맡겨라) : '의인불용 용인불의(疑人不用 用人不疑)'. 의심 가는 사람은 쓰지 말고 쓴 사람은 의심하지 말라. 일의 윤곽과 방향성만 일러주고 나머지는 맡겨보라. 때로는 실수를 용인할 수 있어야 한다. 새로운 도약의 에너지로 활용하게 될 것이다.
- Educate(일하는 방법을 가르쳐라) : 가장 따르고 싶은 상사는 일하는 방법(노하우)을 가르쳐 주는 상사라고 한다. 현대사회에서 일에 대해 자신감을 가지는 인재는 만들어지는 것이다.
- Rear(약점을 보완하기 보다는 강점을 육성시켜라) : 누구나 강점과 약점을 동시에 가지고 있다. 약점의 보완에 주력하면 강점의 개발과 발휘에 소홀하게 된다. 결점은 40%만 보고 장점은 60%를 보라.

– 조범상(2006), "직원의 기를 살리는 리더", LG 경제연구원, 주간경제 875호 –

2.4 올바른 칭찬

2.4.1 칭찬예찬에 대하여

칭찬은 구성원의 동기를 부여하고 기를 살리는 중요한 방법이다. 칭찬은 고래도 춤추게 한다고 한다. 이러한 예찬론에는 칭찬은 삶의 활력소가 되어 인간관계와 동기부여에 도움이 되므로 모든 형태의 칭찬은 바람직한 것이며 칭찬을 싫어하는 사람이 없을 것이라는 생각이 전제되어 있다. 회사는 물론 다양한 조직들에서 칭찬 릴레이가 장려되고 인간중심 리더십의 필수적인 실천사항으로 인식되고 있다. 모든 칭찬은 좋은 것이라는 생각 때문인지 칭찬의 긍정적인 면만 강조하고 있으며 오히려 칭찬을 너무 쉽게 여기는 경향도 있는 것 같다.

칭찬의 긍정성을 부정하는 사람들은 거의 없을 것이다. 그러나 칭찬은 항상 좋은 것인가? 우리는 사물을 바라볼 때 그 상대적인 면도 살펴보는 지혜가 필요하다. 한 면만 보면 일방적이고 편향적인 사고를 가지기 쉽고, 그러한 사고는 오히려 예상하지 않은 부정적인 결과를 낳기도 한다. 그래서 '칭찬의 효과는 각양각색이어서 슬기로운 자는 겸손하게 만드나 어리석은 자는 그의 연약한 두뇌에 현기증을 일으켜 더욱 교만하게 만들기도 한다.'라거나, '바보를 칭찬하는 것은 그의 어리서음에 물을 주는 것과 같다.'라는 경구들이 한 면만 보는 칭찬의 시각을 경계하고 있는 것이다.

빛과 어둠, 선과 악처럼 세상의 모든 사물에는 양면성이 존재하듯이 칭찬에도 뒷모습이 있을 수 있다고 보는 것이 이치에 맞고 슬기로운 생각이 아닐까? 칭찬은 우리의 생활을 밝게 하는 보석과 같은 것이므로 보석처럼 귀하게 생각하는 마음이 있어야 한다. 심리가 단순한 아이들과 달리 어른들은 칭찬에 대한 반응이 다양하다. 칭찬의 빛과 그늘을 함께 살펴보면서 바람직한 칭찬을 생각해 본다.

2.4.2 칭찬의 빛과 그늘

① **칭찬을 받으면 사람들은 대체로 기쁨을 느낀다.** 칭찬한 사람에게 감사하며 칭찬에 보답하기 위해 더욱 열심히 일을 하겠다는 마음의 다짐을 한다. 이것이

칭찬의 효과이다. 그러나 사람에 따라 기쁨만이 아니라 동시에 부담을 느껴서 방어적으로 반응할 수도 있다. 가령, 칭찬에 감추어진 자신의 부족함 등이 나중에 드러날까봐 불안해하기도 하며, 남에게 주목받는 것을 싫어하기도 한다. 특히 면전이나 다른 사람들 앞에서 공개적으로 칭찬을 받으면 쑥스러워 하여 계속해서 칭찬을 받으려는 마음보다 오히려 피하려는 태도를 가지는 사람도 많다. 칭찬은 사람을 무대 위에서 춤추게 하기도 하지만 무대 뒤로 숨게 하기도 하는 것이다.

그러므로 상대방의 성격과 심리를 고려하여 공개적인 칭찬을 꺼려하는 부하를 구태여 무대 위에 세울 필요는 없는 것이다. 오히려 개인적으로 만나는 자연스러운 시간에 진정한 관심을 보여주는 것이 부담없는 잔잔한 칭찬이 될 수가 있다. 또한 면전에서의 칭찬을 부담스러워하는 부하에게는 간접칭찬이 좋을 때가 많다. "부장님이 회의 때에 김 대리가 지난 번 프로젝트를 잘 했다고 칭찬하시던데". 다른 사람으로부터 이런 이야기를 듣는다면 쑥스럽지 않으면서 기쁘지 않을까?

② **칭찬은 아무리 순수한 의미일지라도 평가의 한 형태이다.** 즉 칭찬하는 사람이 칭찬받는 사람을 평가하는 것이며 대부분 칭찬하는 사람이 우월한 입장에 있음을 의미한다. 그러므로 칭찬을 받는 사람은 좋은 평가를 받았다는 것을 기쁘고 고맙게 생각하는 것이 칭찬의 효과이다.

그러나 타인에게 평가를 받는다는 사실 자체를 인간적으로 싫어하는 사람은 칭찬에 대해서 오히려 불편한 감정을 가질 수 있다. 특히 자존심이 강하고 심리적으로 성숙한 사람들은 남이 자신을 평가하는 자체를 싫어하는 경향이 있다. 리더십 이론에서도 직무능력과 심리적 성숙도가 높은 부하에게 적합한 리더십행동은 자율에 맡기는 위임형이다. 상급자의 능력이나 인품을 낮게 평가하는 하급자는 상급자의 칭찬을 오히려 냉소적으로 받아들일 수 있음을 유념할 필요가 있다.

특히 상·하급자 관계나 전문영역 등에서의 칭찬은 더욱 부정적 반응을 낳을 수 있다. 가령 소대장이 대대장의 훈시에 대해 "말씀 잘 하셨습니다."라고 했다고 생각해 보자. 또한 일반인이 유명한 화가의 그림에 대해 "잘 그린 그림이군요."라고 했다면 대대장이나 화가는 어떤 감정이 생길까? 이럴 때는 "대대장님 말씀은 제 생활을 돌아보는데 도움이 되었습니다.", "선생님의 그림을 보면 평화

로움을 느낍니다."처럼 평가형식이 아니라 감사한 마음이나 자신의 감정을 말하는 것이 옳다.

③ **칭찬은 대부분의 상황에서 긍정적 효과를 나타내지만 적절치 않은 상황에서 칭찬은 받는 사람에게 오히려 해를 줄 수도 있다.** 많은 사람들이 모인 회의에서 상급자가 어떤 하급자를 지목하여 "제일 잘 했다. 앞으로 큰 일도 맡길 수 있겠어."라고 칭찬했다고 하자. 칭찬한 사람은 그 하급자에게 신뢰와 기쁨을 주었다고 생각하겠지만 하급자는 남들의 질투와 경쟁심, 상급자와의 관계에 대한 의심 등의 짐을 함께 짊어져야 할 것이다. 칭찬은 하는 사람의 입장과 기분으로 할 것이 아니라 받는 사람의 입장을 고려하는 것이 옳다.

흔히 '칭찬은 여러 사람 앞에서, 질책은 남몰래 개인적으로 하라'라는 말이 있다. 맞는 말이다. 다만 공개적으로 칭찬하는 경우는 경연대회 등에서 우수한 성적을 냈다거나 다른 사람들이 꺼려하는 일을 위험을 무릅쓰고 수행한 경우 등 모든 사람들이 객관적으로 칭찬받을 업적을 인정하는 경우이다. 특히 공적보다 과장하여 칭찬을 받으면 부담스럽게 받아들일 가능성이 크다. 칭찬은 만들어 내거나 부풀리지 말고 사실 그대로에 기초해야 한다.

④ **칭찬은 사람들의 자율적 노력을 인정해 주고 활성화하는 의도를 가지고 있으며 대부분의 칭찬은 그러한 효과를 얻는다.** 그러나 의도와는 반대로 자율성이나 창의성을 억제할 수 있다. 칭찬은 칭찬받는 사람의 언행이나 일의 방법 등이 칭찬하는 사람의 기준에 적합하였다는 것이므로, 앞으로도 칭찬한 사람의 기준에 따라주어야 한다는 심리적 부담을 가질 수 있다. 이러한 부담은 칭찬한 사람의 기준과 다른 방법을 시도했다가 잘못될 경우 질책을 받을 수도 있다는 심리로 작용하여 오히려 새롭고 창의적이며 도적적인 시도에 제한을 줄 수 있다.

그러므로 칭찬하는 사람의 일방적 평가기준을 강조하거나 준수를 요구할 것이 아니라 창의적인 노력과 새로운 도전적인 시도에 대해서도 자신감을 가질 수 있도록 적절히 배려해 주는 것이 좋다.

⑤ **칭찬을 질책의 고리로 사용되는 경우가 있다.** 곧바로 질책하는 것이 부담스

럽거나 사기를 저하시킨다는 생각 때문에 "자네가 일을 잘한다고 생각하네. 그런데 다만… 이런 점은 좀 고치면 좋겠고.." 이런 식의 칭찬을 듣는 사람은 일방적의 질책에 비해 장점도 알아주므로 고맙게 생각하게 된다.

그러나 오히려 역효과를 낳을 수 있다. 이런 식의 칭찬을 받은 사람은 흔히 칭찬보다 꾸지람을 받았다는 감정을 느끼게 할 수 있다. 이런 경험의 누적은 칭찬을 긴장되고 두렵게 만들어 칭찬하는 사람과 칭찬 자체를 회피하게 만들 수 있다. 칭찬할 때는 칭찬만 하고 질책할 땐 질책만 하는 것이 서로 엮어서 하는 것보다 나을 수도 있음을 생각하자.

⑥ **누구도 사람들의 모든 잘잘못을 알 수 없다.** 더군다나 리더의 위치에서는 구성원들의 활동을 충분히 관찰하기가 쉽지 않다. 그러므로 칭찬도 선택적일 수밖에 없다. 여러 사람이 칭찬받을 일을 했는데 몇 사람만 눈에 띄어 그 사람만 칭찬했다고 하자. 한 사람에 대한 칭찬이 더 많은 사람들을 실망시키거나 공정성에 의심을 낳게 할 수 있다. 그러므로 칭찬은 받는 일부 구성원이 아니라 모든 구성원들을 고려하면서 하는 지혜가 요구된다.

⑦ **일상적인 칭찬이라도 하지 않는 것보다는 관심을 가져주는 것으로 여겨서 고맙게 생각하게 되는 것이 대부분 사람들의 마음이다.** 그러나 의례적이고 반복적인 칭찬이 사람을 부려먹기 위한 수단으로 느끼게 되면 오히려 거부감을 갖게 하고 칭찬의 한계효용을 감소시켜 칭찬에 무감각하게 만들 수 있다. 또한 칭찬이 일상화되면 칭찬하지 않는 경우는 질책으로 느낄 수 있다.

'칭찬은 금이나 다이아몬드같이 희귀성에 그 가치가 있다. 흔하고 형식적인 칭찬은 그 가치를 하락시키며 더 이상 칭찬을 기대하지 않게 할 뿐 아니라 칭찬을 받아도 고맙게 생각하지 않는다.'라고 한 사무엘 존슨이나 '처음 칭찬은 충분히 기분을 좋게 하며 그것을 하나의 혜택으로 받아들이게 하지만, 횟수가 많아지면 하나의 빚으로 여기게 될 뿐 아니라 우리의 장점을 강요하는 것 이상의 아무 것도 아닌 것이 된다.'라고 한 올리버 골드 스미스의 얘기도 귀담아 들을 만 하다.

⑧ **칭찬은 칭찬할 내용에 대해 가능한 정확하게 하는 것이 좋다.** 피상적인 칭찬

은 오히려 칭찬받는 사람에게 거부감을 줄 수 있다. 어떤 사람을 진심으로 칭찬하고 싶다면 정말 칭찬할 만한 것을 찾아야 한다. 칭찬을 들을 만한 일에 대해 칭찬을 듣거나 칭찬의 내용이 나의 잘 한 일을 정확하게 반영한 것이라면 기분이 좋고 그 것을 살펴준 칭찬한 사람에게 고마움을 느끼게 된다. 내용이 모호한 칭찬은 듣는 사람의 노력을 대충 살폈거나 제대로 모른다는 것을 반증할 수 있다. "보고서를 잘 작성했고 수고했어."처럼 모호한 칭찬보다 "논리가 신선하고 자료가 정확했어."라는 구체적이고 분명한 칭찬은 작성한 사람의 노력을 꼼꼼히 살펴주었다는 믿음을 준다. 사람들이란 어떤 일을 잘 해 내었을 때 스스로 자긍심을 갖는다. 그리고 어떤 부분을 특히 잘 했는지를 스스로 안다. 그러한 노력에 대해 좋은 평가를 받으면 자부심이 높아진다.

'까닭 없이 칭찬하는 사람을 경계하라' 라는 일본 속담이나, '자신이 충실히 노력한 부분이나 내용을 제대로 알지 못하고 대충 칭찬하면 오히려 그 칭찬은 형식적인 것으로 여겨서 섭섭하게 느껴지고 오히려 강요당하는 것 같아 기분을 상하게 한다.'라는 데이빗 흄의 충고도 있다.

⑨ **결과만 칭찬하면 노력에 대한 동기를 약화시킬 수 있다.** 칭찬은 일의 결과에 대한 것이 많다. 성과가 훌륭하지 않더라도 과정에서의 노력을 올바로 평가할 때 용기를 북돋게 한다. "새로운 방법이라고 자랑하더니만 성과가 이게 뭐냐?"와 "성과는 좋지 않았지만 새로운 방법을 개발하여 적용한 노력은 높이 평가하네. 잘 보완하면 훨씬 좋아질 것이라고 믿네."를 비교해 보자.

⑩ **굵직하고 중요한 것만 칭찬의 대상이라는 생각은 칭찬의 본질을 간과할 수 있다.** 흔히 칭찬에 인색한 이유는 사소한 장점들을 대수롭지 않게 여기거나 굵직한 것을 칭찬해야 한다고 생각하기 때문이다. 그러나 인간의 심리란 섬세한 면도 지니고 있다. 일상에서 작은 칭찬거리를 찾아보자. 넓은 초원을 태우는 불도 시작은 작은 불씨 하나이듯이 사랑과 존경이나 인간관계의 좋고 나쁨도 출발점은 뜻밖에 사소한 것일 때가 많다. '높은 것만을 칭찬하지 말라. 평야와 언덕도 큰 산처럼 자연의 일부이다.'라는 베일리의 말을 음미하자.

2.4.3 아름다운 칭찬을 위하여

칭찬 자체는 우리의 일상과 조직생활에서 긍정적이고 유익한 기능을 한다. 그러나 칭찬예찬이 넘치는 속에서도 무분별한 칭찬을 경계하는 지적들을 눈여겨 볼 필요가 있다. 칭찬은 우리의 정신생활을 윤택하게 하는 것이며 일상의 햇볕과 같은 것이다. 대체로 칭찬은 사소한 것이라도 칭찬받을 만 한 일에 대해 적시에 칭찬받을 구체적 내용에 대해 간결하게 하는 것이 좋다.

그리고 칭찬의 생명은 칭찬에 담긴 진정성과 신뢰성, 그리고 칭찬받는 사람의 마음을 배려하는데 있다. 의례적인 칭찬은 마음의 감동을 주기 어렵다. 그러나 대부분의 경우 칭찬하지 않는 경우보다 칭찬하는 것이 바람직하다. 또한 칭찬하는 사람의 입장에서만 볼 것이 아니라 칭찬받는 사람의 성격이나 전문성, 칭찬의 격식과 내용, 칭찬의 시간적 · 공간적 상황 등을 가려서 칭찬한다면 우리 삶에서 인간관계는 훨씬 더 좋아질 것이다.

별빛 한마디

칭찬 격언

- 큰 소리로 칭찬하고 작은 소리로 비난하라. – 러시아 격언 –
- 시소(SISO) : 마음의 밭에 '긍정'을 심으면 긍정적인 결과가 나오고 '부정'을 심으면 부정적인 결과를 낳듯이, 생각 속에 성공을 넣으면(Success In) 성공의 결과(Success Out)가 나온다. – 박형미 –
- 칭찬을 좋아하는 자는 유혹도 좋아한다. – 토마스 우드로우 윌슨 –
- 무가치한 칭찬은 가면을 쓴 풍자이다. – 헨리 브로드허스트 -
- 어둠을 몰아내는 것은 더 짙은 어둠이 아니라 빛이다. – 필자 –

제 3 절 참여와 권한위임의 활성화

3.1 참여와 권한위임의 중요성

정책의 결정과 실행과정에 구성원들을 참여시키고 그들에게 권한을 주는 가장 중요한 목적은 조직과 과업에 대해 주인의식을 갖게 하기 위해서이다. 나의 일을 하는 것과 남의 일을 대신하는 것은 비교가 어려울 정도로 현저한 차이가 있다. 경제체제에 관한 자본주의와 사회주의의 결정적 차이는 재화들이 '나의 것인가'의 여부이다. '나의 것'일 때 애착과 주인정신이 스미는 것이다. 20세기 이념적 실험은 사회주의의 붕괴로 막을 내렸음을 역사가 보여주고 있다.

조직의 일을 나의 일처럼 할 때 열정과 책임의식이 솟으며 성과가 높아진다는 사실에는 이견이 없다. 참여와 권한위임은 구성원들로 하여금 주인의식을 갖게 하는 것이며 이론적으로는 임파워먼트 및 슈퍼 리더십의 방법이다.

참여(participation)와 **권한위임**(delegation)은 리더의 권한영역의 일부를 구성원들에게 나누어주는 활동으로써 권력공유, 분권화, 민주적 관리 및 리더십, 자문 등과 동질적인 범주에 있다.

참여는 주로 의사결정 영역의 문제로써, 리더가 주도적인 결정권을 유지하면서 구성원들의 견해를 수용하고자 하는 것이다. 리더와 구성원간의 관계에서 권한의 무게중심이 리더에게 있다는 것이다. 구성원의 견해를 어떤 수준에서 어느 정도까지 수용할 것인가는 리더의 판단에 달려있다. 그러나 위임은 리더의 의사결정권의 일부를 구성원에게 위양하는 것이므로 위임된 권한범위에서는 업무를 담당한 구성원이 주도적인 결정권을 갖는다는 점에서 차이가 있다. 만일 의사결정과정에서 구성원의 참여를 대폭 개방하고 존중한다면, 그러한 참여는 위임 수준이 될 수 있을 것이다.

전문가 의견

링겔만 효과(주인의식)

독일의 심리학자 링겔만은 집단 속에서 개인의 공헌도를 측정하기 위해 줄다리기 실험을 했다. 1대 1 게임에서 1명이 내는 힘을 100%로 할 때, 참가자수가 늘면 개인이 어느 정도의 힘을 쏟는지를 측정했다. 2명일 때는 93%, 3명일 때는 85%, 8명일 때는 49%의 힘밖에 쓰지 않았다. 집단참가자가 늘수록 1인당 공헌도가 낮아지는 현상을 '링겔만 효과'라고 한다. 여러 명 중의 한 사람일 때는 익명성이라는 환경에서 개인은 숨는 것이다.

미국에선 다른 실험이 있었다. 바닷가에서 한 청년이 휴양객 옆에서 녹음기로 음악을 즐기다 바닷물에 뛰어든다. 다음엔 도둑 역할을 맡은 사람이 녹음기와 그 청년의 소지품을 챙겨 달아난다. 누가 봐도 도둑임에 분명했지만 20회 실험 중 4명의 휴양객만이 도둑을 잡으려고 했다. 똑같은 상황에서 하나만 바꿔봤다. 청년이 "제 물건 좀 봐 주세요"라고 직접 부탁하고 바닷물에 뛰어들었다. 그랬더니 놀랍게도 19명이 도둑을 잡으려고 시도했다. 미국 심리학자 치알디니 박사는 이것을 '일관성의 원리'라고 했다. 약속한 자신의 말에 일관성을 유지하기 위해 애쓰게 된다는 것이다.

이런 현실에서 경영자의 과제는 무엇인가? 개인에게 '주인 의식'을 심어주는 것이다. 주인의식은 개인에 대한 따뜻한 관심을 가지고 책임과 권한, 그리고 보상을 분명히 해줄 때 생겨나는 것이다.

– 한국경제신문 (2003. 2. 23) –

3.2 의사결정 참여와 리더십

3.2.1 의사결정의 유형과 참여

참여의 문제는 주로 의사결정과정에 관한 것이다. 그러므로 의사결정에서 구성원의 견해를 수용하는 결정방식을 참여적 의사결정이라고 한다. 의사결정의 유형 속에서 참여의 의미를 살펴보기로 한다.

Yukl(2002)은 의사결정과정을 결정권에 대한 영향력의 연속선으로 보고 4가지의 전형적인 유형을 제시한다.[11] (표 6.5 참조)

표 6.5 의사결정의 연속선과 유형

〈전제적 의사결정〉	〈자문〉		〈공동의사결정〉	〈위임〉
리더의 영향력 반영이 높음	←	영향력	→	구성원의 영향력 반영이 높음

전제적 의사결정(autocratic decision) : 리더가 다른 사람의 의견을 거의 구하지 않거나 영향을 받지 않고 자신이 가진 정보와 판단기준에 의해 결정하는 방식이다. 구성원들의 영향력이 거의 반영되지 않는다.

자문(consultation) : 다른 사람의 의견이나 아이디어를 구하여 참고한 후에 혼자서 결정을 내리는 방식이다. 구성원들의 영향력이 어느 정도 반영될 수 있다.

공동의사결정(joint decision) : 구성원들과 토의하여 공동의 결론으로 결정을 내리는 방식이다. 리더가 훨씬 더 많은 영향력을 갖지는 않으며 구성원들의 영향력은 리더와 비슷한 수준으로 반영된다.

위임(delegation) : 리더가 과업을 실행할 집단이나 구성원에게 의사결정에 대한 권한과 책임을 부여한다. 리더는 의사결정의 가이드 라인을 설정하거나 결정사항을 실행하기 전에 승인을 요구할 수도 있지만, 의사결정은 구성원에 의해 주도적으로 이루어진다.

〈표 6.5〉의 네 유형은 참여 정도에는 차이가 있지만 구성원들이 의사결정과정에 참여하고 있음을 보여준다. 전제적 의사결정이 구성원의 참여도가 가장 낮은 방식이며, 위임이 구성원들의 참여도가 가장 높은 방식이다. 〈표 6.5〉와 같은 연속선상의 의사결정 유형을 더욱 세분화한 연구들도 있으나, 의사결정에 미치는 리더와 구성원집단의 영향력을 기준으로 삼고 있다는 점에서 〈표 6.5〉와 유사하다.[12]

---

11) Yukl(2002)의 내용을 김창걸(2003), 126-136쪽에서 참조.

12) 의사결정과 구성원의 참여도를 다룬 다음의 연구들을 참고하기 바람. ① Tannenbaum, R, & Schmit, W.H.(1973), How to choose leadership Pattern, *Harvard Business Review*, ② Vroom, V.H. & Yetton, P.W.(1973), *Leadership and Decision Making*, The University of Pittsburgh Press.

3.2.2 참여와 리더십의 의미

참여는 리더십을 활성화하기 위한 방법이지만 참여자체가 리더십의 효과성을 보장해 주는 것은 아니다. 참여가 리더십에 어떤 효익과 의미를 갖는지를 살펴본다.

① **흔히 구성원의 참여도가 높은 리더십 방식을 참여적 또는 민주적 리더십으로 부르고 있으며 바람직한 리더십으로 받아들여지고 있다.** 하지만 반드시 좋은 효과성을 보장하는 것은 아니다. 리더십 행동유형이론에서 Iowa 대학교의 독재형, 민주형, 자유방임형의 효과성에 관한 논의와 유사하다. 효과성은 상황조건에 따라 달라진다.

② **구성원의 참여를 확대하면 의사결정의 질을 높일 수 있다.** 구성원들이 가지고 있는 현장의 정보와 감각을 활용하여 리더가 잘 알지 못하는 부분에 대해 보완할 수 있기 때문이다.

③ **의사결정의 수용성을 높이고 추진력을 강화할 수 있다.** 사람들은 자신이 참여한 의사결정을 자신의 의사결정으로 수용하는 심리적 경향이 있다. 또한 의사결정과정을 이해하고 있으므로 문제의 성격을 정확하게 식별할 수 있는 것이다. 그러므로 결정사항의 추진과정에서 동기와 책임감이 강화되고, 대외적으로 결정사안의 정당성을 확보하기 위해 더욱 과업을 성공시키려고 할 것이다. 그러나 특히 유의할 점은 의사결정이 잘못된 것으로 판명나는 경우에 의사결정 책임을 구성원의 탓으로 돌리면 안 된다는 것이다. 책임은 여전히 리더에게 있는 것이며 구성원들에게 책임을 물을 경우에는 참여의 통로가 닫히게 될 것이다.

④ **의사결정 참여 자체에서 만족감을 얻을 수 있다.** 자신이 영향력을 행사했다는 느낌, 자신이 존중받고 있다는 느낌, 자신보다 지위가 높은 리더에게 자문했거나 도움을 주었다는 느낌 등은 의사결정의 수용성을 높이는 효과와 더불어 긍정적인 심리적 효과를 줌으로써 직무만족감을 높여 준다.

⑤ **조직정보를 공유하여 조직 및 대인 감수성을 높이고 구성원들의 안목과 능력을 개발하는 계기가 된다.** 조직정보를 알게 되어 자신의 직무 외의 직무에 대한

이해를 넓힘으로써 직무감수성을 향상시키고, 의사결정과정의 참여를 통해 보다 넓은 안목을 가지게 되어 자신의 능력개발의 계기로 삼을 수 있다.

⑥ **참여의 효익은 다양하다.** 그러나 참여의 문제점도 고려하여 참여의 방법을 결정해야 한다. 첫째, 의사결정이 늦어져서 타이밍을 놓칠 수 있다. 둘째, 구성원들이 현재 상태를 선호할 경우 미래지향적인 혁신적 결정보다 현실지향적인 보수적 결정을 할 수 있다. 셋째, 영향력 확보를 위한 경쟁 때문에 조직화합을 저해하는 조직정치를 증가시킬 수 있다. 넷째, 참여가 일상화될 경우 리더의 영향력 범위가 좁아져서 리더십 발휘의 여건이 제약될 수 있다. 다섯째, 전원합의 등의 완전한 참여의 요구가 있을 경우 극소수의 구성원에 의해 리더십활동의 발목이 잡힐 수 있다.

참여적 리더십은 문제점 때문에 회피해야 할 것이 아니라, 문제점에도 불구하고 효익이 훨씬 크기 때문에 활성화하는 것이 바람직하다. 민주화와 정보화의 진전에 따른 사회변화속에서 구성주체들의 참여는 당연한 것으로 인식되며 요구도 강해질 것이다. 참여의 문제점들은 부수적인 변수이므로 참여의 실행과정에서 여러 상황을 고려하여 수위를 조절해 나가야 할 것이다.

별빛 한마디

명령과 사명

- 짐을 스스로 지면 무겁지 않다. – 영국 속담 –
- 친구가 없어도 혼자 일을 해 나갈 수 있다고 생각하면 잘못이다. 그런데 친구가 없으면 혼자서 일을 처리할 수 없다고 생각하는 것은 대단히 잘못된 생각이다. 그리고 자기가 없으면 친구가 일을 할 수 없다고 생각하는 것은 더욱 큰 잘못이다. – 탈무드 –
- 한 사람의 지원자는 억지로 끌려온 열 사람보다 낫다. – 아프리카 속담 –

❖ 상사가 제시하는 계획은 직원에게 명령일 뿐이다. 하지만, 직원이 시작단계부터 참여하도록 하면 직원 개인의 사명(使命)이 된다. ❖

3.3 권한위임과 리더십

3.3.1 권한위임의 의미와 어려움

권한위임은 참여에 비해 더욱 적극적으로 구성원의 영향력을 인정하고 실행에 반영하는 조치이다. 참여와의 차이점은, 참여는 의사결정과 실행의 주체가 리더인데 비하여 위임된 권한의 실행주체는 구성원 즉 과업실행자라는 점이다. 그러므로 장점과 문제점의 영향도 더 크다고 볼 수 있다.

위임의 유형은 위임의 내용과 수준에 따라 가늠할 수 있다. 즉 자유재량권을 얼마나 주느냐에 달려있는 것이다. 위임의 내용은 다음과 같이 나누어 볼 수 있다.

첫째, 일의 위임이다. 가령 생산품에 대한 검사까지를 담당하고 있는 생산부장이 자신의 하급자인 품질팀장에게 검사업무를 맡기는 경우이다.

둘째, 권한의 위임이다. 검사의 수량, 검사의 방법, 불량품에 대한 조치 등 품질검사에 필요한 일들이 많다. 이러한 일들에 대해 부장의 사전승인을 받도록 한다면 권한위임이 적은 것이고, 포괄적으로 팀장에게 결정의 재량권을 준다면 권한위임의 수준이 높은 것이다. 권한위임은 특정영역만의 문제가 아니라 구매, 생산, 판매, 마케팅, 교육훈련 등 조직전반에 걸친 문제이다.

셋째, 새로운 통제방법을 시행함으로써 권한을 위임하는 것이다. 가령 보고의 내용을 줄이거나 보고의 주기를 늘리는 것과 같은 통제방식의 변화이다.

복잡하고 불확실한 경쟁 환경에서 유연하고 신속하게 움직이는 조직을 만들기 위한 유용한 방법은 권한위임을 더욱 활용하는 것이다. 그러나 권한위임이 충분한 효과를 나타내지 못하는 이유는 무엇일까?

조직현장에서 권한위임이 기대만큼 원활하게 이루어지는 것은 아니다. 리더지위에 대한 불안과 잠재적인 문제점들에 대한 염려가 존재하기 때문이다. 위임이 원활하지 않은 여러 가지 이유들이 있다.

첫째, 인간의 권력욕구와 관련이 있다. 사람들은 권력적 지위를 유지하면서 다른 사람들에게 영향력을 행사하기를 원한다. 권한의 위임은 나의 권력의 일부를

다른 사람에게 양도하는 것이라고 여기므로 내키지 않는 것이다. 권한은 한정되어 있어서 다른 사람에게 주면 그만큼 권한의 양이 줄어든다고 생각한다. 지식정보사회에서 더 이상 피라미드식의 조직운영은 안 된다는 인식 때문에 필요와 강요에 의해서 권한을 위임하는 조치를 한다. 그러나 얼마 지나지 않아 대부분의 권한들이 제자리로 돌아와 있음을 보게 된다.[13]

둘째, 위임한 일의 결과에 대한 책임의 문제가 위임을 주저하게 한다. 권한을 위임한다고 해서 책임까지 위임하는 것은 아니다. 일이 잘 되면 좋으나 잘못될 경우에는 책임만 지게 되는 상황을 회피하고 싶은 것이다.

셋째, 하급자의 능력에 대한 신뢰가 부족하기 때문이다. 하급자의 경험이 부족하고 하급자가 다른 일에서 성공하지 못한 경우에는 일을 맡기는 것이 쉽지 않다. 그러므로 권한위임은 업무능력을 검증받은 소수에게 주어지게 되는 경향이 짙다.

넷째, 조직정치와 관련하여 인간적인 신뢰가 부족하기 때문이다. 조직에 형성되어 있는 비공식적인 경쟁적 파벌이나 연합들과의 관계 속에서 나의 편이 아닌 상대편에 속한 하급자에게 권한위임을 하기는 어렵다. 위임은 나의 영향력을 줄이고 상대방을 강화하는 일이기 때문이다.

다섯째, 성취욕구가 강한 리더들은 모험심이 필요한 도전적인 과업을 즐기는 경향이 있다. 이러한 매력적인 과업을 하급자들에게 맡기는 것이 아쉬우며 리더 스스로 성취감을 느끼고 싶어하는 것이다.

여섯째, 조직에서 대부분의 과업들은 시간과 자원 면에서 여유있게 처리할 수 있는 일이 많지 않고 실패해서는 안 되는 과업들의 연속이다. 실험을 할 만한 여유가 없는 것이다. 실패가 곧 조직위기를 초래하는 경우에 리더는 위임을 쉽게 할 수 없는 것이다.

13) K. Murrell, 김기쁨 역(2004), 「권한위임의 기술」, 지식공작소.

3.3.2 권한위임의 방법과 효과

그렇다면 권한위임 문제를 어떻게 해결해야 하는 것일까. 먼저 권한위임의 의미들을 정확히 이해해야 한다. 권한위임은 한 사람이 다른 사람에게 권한을 주는 것이 아니라 영향력의 창조적 분배이다. 권한위임의 본질은 상호간에 영향을 줌으로써 서로의 능력을 키우고 더 많은 권한을 누릴 수 있게 하는 것이다. 권한은 준만큼 줄어드는 제로섬(zero-sum)이 아니라 용도를 넓힐수록 늘어나는 플러스섬(plus-sum)이다. 권한위임은 구성원에게 정보와 지식과 결정권을 주고 지원하여 그들을 가치있게 여기게 함으로써, 상호간에 정보와 지식 및 감정의 공유가 일으키는 자기효능감의 상승 과정을 통해 리더의 영향력은 물론 구성원의 영향력을 증가시키는 것이다.

권한위임을 영향력의 창조적 분배의 의미로 실천하는 조직에서는 리더십이란 소수의 리더가 아닌 모든 직원으로부터 발현되는 것이라고 생각한다. 직원들은 업무수행을 위한 권한이 있을 때 성공할 가능성이 높다는 것을 알고 있다. 리더는 직원과 정보를 공유하며 촉진자 혹은 코치의 역할을 한다. 또한 직원들의 재능과 능력을 최대한 발휘하게 한다. 당면한 상황을 헤쳐 나가기 위해 필요한 역량이 무엇인지를 정확히 알고 이를 잘 해결할 수 있는 사람을 발견하려고 노력한다. 부서와 조직의 경계를 넘어 외부에서까지도 유능한 사람을 찾아 일과 권한을 맡긴다. 한 명의 탁월한 리더가 모든 해답도 가지고 있을 것이라고 믿기보다는 유능한 인재들이 재능과 능력을 펼칠 수 있도록 업무와 책임, 그리고 기회를 제공함으로써 목표를 달성한다.

그러면 권한위임 조직을 만드는 방법은 무엇일까. 권한을 주기만 하면 되는 것이 아니다. 권한위임에도 적절한 능력이 필요하다. 정보 제공, 리드, 코칭, 봉사, 동기부여 등이 바로 그것이다. 권한위임이 잘 되는 조직을 만드는 방안을 살펴본다.

첫째, 정보를 제공하는 것이다. 정보를 제공하기 위해서는 리더 자신이 먼저 정보를 가지고 있어야 한다. 정보가 없고 아이디어가 없음에도 불구하고 아는 척하거나 자기가 아는 분야에만 매달리는 것은 조직에 해를 끼치는 일이다. 정보가

있을 때 새로운 아이디어를 발견할 수 있고 직원에게 줄 수 있으며 공유할 수 있는 것이다. 그러므로 리더가 업무수행과 성과 달성에 필요한 정보를 가지고 있고 확장시켜 나가야 한다. 그리고 업무관련 구성원들에게 나누어 주어야 한다.

둘째, 권한이 상황에 따라 필요한 사람에게 옮겨 다닐 수 있도록 하는 것이다. 지식정보사회에서의 조직구조는 다단계의 수직적인 계층구조보다 수평적 구조가 효과성이 높은 경우가 많다. 커뮤니케이션 라인은 직무가 관련된 방향으로 연결되고 움직여야 한다. 이런 구조에서는 리더십이 한 사람에 의해 발휘될 수가 없으며 리더 혼자서 모든 의사결정을 할 수가 없다. 리더의 역할은 일하기 좋은 환경을 조성해 주는 것이다. 만일 리더 자신이 업무내용을 잘 모른다면 그것을 잘 아는 사람이 그 일을 하도록 부분적으로 리더 역할을 이동시킬 수도 있는 것이다.

셋째, 인적 자원의 중요성을 알고 구성원의 역량개발을 위한 상호작용을 증진한다. 구성원들이 존중받고 있다는 것을 느끼게 해야 한다. 코칭과 멘토링이 유용한 실천방법이다. 권한위임을 실천하는 대화에는 특별히 사용하는 언어가 있다. 예를 들면, 가능성과 창조성을 암시하는 언어, 어떤 도전 과제에도 맞서고 기회를 발견하려는 언어, 참여적이고 상대방에게 주의를 집중하는 언어, '나'보다는 '우리'라는 표현으로 팀워크를 암시하는 언어 등이다. 코칭과 멘토링은 대화의 언어뿐 아니라 리더와 대화한 것을 실행으로 옮기도록 하는 것이 중요하다.

넷째, 서번트 리더십을 실천하는 조직을 만드는 것이다. 일반적인 조직에서는 최고경영층이 꼭대기에 있으면서 가장 큰 영향력을 행사하지만 권한위임 조직에서는 고객이 맨 꼭대기에 있다. 그 다음이 직원이고 경영층은 맨 밑에 있다. 그래서 권한위임을 실천하는 리더는 고객을 만족시키기 위해 항상 직원들의 요구사항이 무엇인지에 귀를 기울인다. 직원들이 고객을 가장 잘 알기 때문이다. 또한 직원들을 3R의 관점에서 대한다. 즉 존경심(respect)을 가지고 대하고 그들에게 필요한 자원(resource)을 적시에 제공하며 지속적인 성취가 가능하도록 직원에 대한 재투자(reinvestment)를 한다.

다섯째, 동기부여로써, 구성원들 스스로 동기를 활성화 하도록 하는 것이다. 리더는 구성원들이 스스로에게 동기를 부여할 수 있도록 촉진해 주는 역할을 한다.

사람들로 하여금 그들이 사랑하는 일을 찾도록 해 주며 개인 비전을 소중하게 여겨야 한다. 그리고 개인 비전을 회사 비전과 연계시켜 줌으로써 회사의 비전이 자신과 관계가 있는 것임을 알도록 해 주어야 한다. 직원들에게 학습하고 성장할 기회와 책임감을 줌으로써 자신이 가지고 있는 역량을 최대한 발휘하도록 도와주는 것이다.

권한위임이 주는 여러 가지 장점과 효익을 살펴본다.

① 하급자는 독자적인 결정과 실행을 통해 능력과 자신감을 발전시킬 수 있다.
② 리더에 대한 의존성을 줄이고 하급자로 하여금 문제의 신속한 처리할 수 있는 기회를 제공한다.
③ 리더가 결정하고 하급자가 실행하는 구도를 탈피하여 하급자가 스스로 결정하고 실행을 함으로써 결정사항의 개선을 기대할 수 있다.
④ 하급자의 과업에 대한 흥미와 과업몰입 및 책임감을 증진시킨다.
⑤ 리더는 과중한 대내적 업무를 덜고 대외적 업무나 전략적 문제에 집중하는 등 시간활용성을 증가시킨다.
⑥ 리더로 하여금 내키지 않는 일이거나 일상적 업무에서의 부담으로부터 벗어나게 한다.

3.3.2 권한위임과 리더십의 의미

권한위임은 리더십에 긍정적인 영향도 미치고 부정적인 영향도 미친다. 리더십에 갖는 의미를 가려본다.

① **업무와 책임 및 권한의 위임이 균형적으로 이루어져야 한다.** 업무와 책임만 주고 권한을 주지 않는 것은 진정한 위임이 아니다. 책임과 권한수준은 서로 비슷해야 한다. 균형적인 위임일 때 구성원은 책임감과 동기가 활성화될 것이다.

② **위임에는 업무성과에 따라 보상책이 시행되어야 한다.** 흔히 위임은 업무량의 증가와 더 큰 책임을 수반한다. 동시에 늘어난 업무량을 수행하면서 성과의 평가에서 자유로울 수 없다. 자기 스스로에 대한 동기부여와 함께 조직도 동기부여를

위한 차별적인 보상체계를 실행해야 한다.

③ **모든 부하들에게 위임이 효과적인 것은 아니다.** 사람에 따라 기계적인 조직구조 속에서 주어진 일만 하는 것을 선호하는 사람도 있다. 일과 권한을 더 갖는 것 자체가 부담이 되어 스트레스를 받는 경우도 흔하다. 구성원과 일의 성격을 보아 위임의 시행수위를 조절해야 할 것이다.

④ **위임을 실행할 때에는 목적을 분명히 해야 한다.** 리더 업무의 분장, 조직구조의 변화에 따른 과업 조정, 구성원의 교육훈련, 구성원의 요구 등 목적에 따라 성과기준을 설정하고 평가를 통해 발전시키는 것이 필요하다.

⑤ **위임이란 리더의 입장에서는 일과 권한 등의 감량이다.** 감량이 가져다주는 효과와 문제점을 동시에 고려한 후에 위임을 실행해야 한다.

사례 : 노드 스트롬 백화점

많은 회사들이 수많은 규칙과 방침을 쌓아 놓고 있다.
규칙을 줄이는 회사는 거의 없다.
미국의 노드 스트롬 백화점은 회사 방침을 수북이 쌓아 놓거나 직원들에 대한 방침을 불필요하게 양산하는 것에 대해 분명한 혐오감을 가지고 있다.
노드 스트롬 핸드북에는 단 하나의 규칙만 기록되어 있다.

제 1 규칙 : 모든 상황에서 스스로의 판단을 활용하라. 더 이상 다른 규칙은 없다.

제 4 절 의사결정

4.1 의사결정 의미와 과정

의사결정이란 '문제를 인식하여 진단하고 해결에 필요한 대안들을 찾아 평가한 후 최적의 대안을 선택하는 일련의 과정'이라고 할 수 있다. 이과정은 문제인식 및 진단－대안의 개발 및 발견－대안평가와 선택－선택된 대안의 실행－사후관리 순으로 진행된다.

4.1.1 문제인식 및 진단

문제란 자신의 현재 상태와 기대하는 상태가 차이가 날 때 발생한다. 문제인식 단계에서 중요한 것은 조기인식이다. 개인에게 있어서 뿐만 아니라 집단이나 조직의 입장에서도 문제의 정확한 조기인식은 매우 중요하다. 조직성공의 열쇠가 문제의 조기인식에 달려 있는 경우가 많다. 특히 최고경영자는 기업에 닥쳐올 문제를 조기에 정확히 인식하는 것이 중요하다. 문제인식단계에서 또 한 가지 중요한 것은 의사결정자와 결정관련자들간의 '인식의 차이(Perceptual difference)'이다. 의사결정자의 판단은 지각, 인지, 성격 등에 따라 영향을 받는다. 인식의 차이는 문제의 공론화 과정에 큰 영향을 미친다.

문제를 인식하는 과정에 오류가 개입될 수 있다. 이 과정에서 발생하는 오류들을 일반적으로 정보오류(Informational Bias)와 지각오류(Perceptual Bias)로 나눈다.

표 6.6 정보오류 및 지각오류

정보오류 (Informational Bias)	· 여러 정보가 의사결정자에게 도달되는 과정에서 왜곡되거나 생략 또는 첨가되었을 때 발생하는 오류 · 조직과정에서의 과정손실 때문에 발생
지각오류 (Perceptual Bias)	· 의사결정자의 지각 능력의 한계로 말미암아 생겨나는 오류 · 개인의 지각적 한계 때문에 발생

결국 이 두 가지의 오류는 의사결정의 질을 떨어뜨리는 결과를 가져오게 된다.

4.1.2 대안의 발견 및 개발

조직에서 해결해야 할 문제가 무엇인지를 올바로 파악한 경영자(또는 관리자)는 문제해결을 위한 대안들을 찾아내야 한다. 정보의 수집 및 조직화 단계라 부르기도 한다. 이 단계는 조직이나 개인의 정보력을 시험할 수 있는 단계이며, 다양한 정보원천의 확보가 매우 중요하다.

4.1.3 대안의 평가와 선택

이 단계는 의사결정에 드는 비용, 각 대안의 장·단점, 해결책 실천의 문제를 생각하는 단계 각종 정보를 통해서 의사결정자가 여러가지 대안들을 개발하였다면 각 대안에 대한 평가가 이루어져야 하며, 그 결과에 따라서 하나 또는 그 이상의 대안이 선택될 것이다.

4.1.4 선택된 대안의 실행

선택된 대안은 실행되어야 한다. 실행되지 않은 결정은 아무런 쓸모가 없다. 이 단계에서는 실행담당자들의 실행의지(동기)가 무엇보다도 중요하다. 성공확률이 낮은 대안이 선택된 경우, 성공가능성을 높일 수 있는 유일한 단계가 실행단계이다. 즉, 선택된 대안에 문제가 있다 하더라도 실행에 옮기는 단계에서 이를 조정하고 실행담당자가 최고의 실력을 발휘한다면 의사결정결과가 효과적으로 나타날 가능성이 커진다. 반대로 아무리 안전하고 훌륭한 대안을 선택했더라도 실행을 나태하게 하면 성공적으로 실행할 수 없게 된다. 물론 실행단계에서 아무리 조정을 잘한다 하더라도 일정한 범위를 크게 벗어나지 못할 수도 있다. 그러므로 우선 적절한 대안이 선택되어야 한다. 대안의 선택이 적절히 이루어지고 또한 선택된 대안의 핵심이 실행단계에서 충실히 실현되었을 때 효과적인 문제해결이 가능해진다.

4.1.5 사후관리

이 단계는 실행결과를 정리, 평가, 조정하는 단계이다. 실적에 따라 보상과 벌이 가해지고 미진한 부분을 보완하게 된다. 또한 실행과정에서 학습한 사항들을 정리하고 재실행을 준비하는 단계이기도 하다. 의사결정자는 어떤 문제에 대한 성공적 의사결정방법을 기억이나 잠재의식 속에 쌓아두게 되고(유지), 이후 유사한 문제발생시 저장된 의사결정방법을 활용하여 문제를 해결하게 된다. 기억이나 잠재의식속에 저장된 자기 나름대로의 방법의 틀을 형성하게 되는 것이다.

4.2 의사결정후의 갈등

의사결정이 아무리 정확하게 이루어졌다고 할지라도 항상 후회나 갈등이 따르게 마련이다. 의사결정에 있어서 한 가지를 선택하게 되면 나머지는 잃게 되기 때문이다. 이러한 갈등은 페스틴저(Festinger)가 제시한 인지부조화에 의한 갈등과 유사하다. 인지부조화에 의한 갈등은 사전적(Predecisional)인 데 반해 이것은 결정 후의 갈등을 의미한다는 점만이 다르다. 결정 후 갈등에 대해서 의사결정자들은 어떠한 반응을 보이는가? 이에 대한 제니스와 만(janis Mann)은 다음과 같이 세 가지 반응을 제시하고 있다. 먼저 결정의 철회로 의사결정자는 자신이 내린 결정에 대해 갈등이 발생하였을 때 이를 철회하고 새로운 방안을 찾아 나서는 경우가 있다. 다음은 실행의 축소로 또 하나의 결정 후 갈등처리방법은 실행규모를 축소하든가 지연하는 것이다. 다른 또 하나는 결정의 재확인으로 자신이 내린 결정에 대하여 갈등이 생겼다 할지라도 그 결정에 대해 긍정적인 면을 더욱 강조함으로써 자신의 결정이 잘된 것이라는 확신을 가지려는 방법이다.

4.3 개인 의사결정수준

개인의사결정은 개인이 혼자서 판단, 선택, 결정하는 과정을 말한다. 물론 사

안에 따라서는 타인에게 정보를 얻기 위해서 질문을 한다든가 의견을 묻는 것까지를 개인의사결정의 범주에 포함시킬 수 있을 것이다. 많은 경우 의사결정자가 스스로 결정을 할 것인가 아니면 집단(예, 하급자들)을 구성하여 결정하도록 할 것인가는 결정자의 선택이다. 개인의사결정에 영향을 주는 요인들로는 스키마, 창의력, 정보처리능력, 휴리스틱스, 개인의 속성 등 개인의 성품과 성향에 관계된 요소들이다.

4.3.1 스키마

스키마(Schema)란 과거의 경험에 의해서 형성된 개인의 인지구조로 정의된다. 스키마는 개인이 어떤 문제에 대하여 개념화하고 판단하여 선택하는 데 영향을 미치게 된다. 스키마란 어떤 사람, 사물 또는 사건에 대해서 각 개인이 머릿속에 과거로부터 형성해 놓은 의미체계이므로 특별하지 않은 일상적 현상에 직면한 경우에는 그에 대한 심도 있는 분석의 과정을 생략한 채 자동적, 습관적으로 스키마가 제공하는 대안을 선택하게 된다. 그러나 현상이 제공하는 정보가, 또는 해결해야 할 문제가 비일상적일 때에는 그에 대한 스키마가 형성되어 있지 않기 때문에 주어진 정보와 갖고 있는 정보를 융합, 분석하여 보다 의식적인 판단과 선택을 하게 된다.

4.3.2 창의성

창의성이란 비범한 대안을 찾아낼 수 있는 능력을 말한다. 즉 과거의 방식이나 상식적 대안과 비교하여 보다 많은 혜택을 주는 대안을 찾아내든가 그것을 보다 효율적으로 현실화시킬 수 있는 능력인 것이다. 따라서 창의성은 개인의사결정에 있어 대안발견 및 평가에 지대한 영향을 미친다.

4.3.3 정보처리능력

개인의 판단과 선택에 영향을 미치는 또 다른 요소는 개인이 갖고 있는 정보처리능력이다. 오늘날과 같이 무수히 많은 정보들이 쏟아져 나오는 상황에서는 낱

낱의 정보에 똑같은 비중을 두고 주의를 기울이기가 힘들다. 보다 정확한 상황진단과 문제정의를 위해서는 정보의 중요성을 정확히 평가하여 신속히 처리할 수 있는 능력이 요구된다.

4.3.4 휴리스틱스

정보처리과정과 관련된 의사결정모델로서 휴리스틱스(Heuristics)가 있다. 이 모델은 의사결정을 하는 데 있어 '어떻게 판단오류가 발생하는가'에 대해 설명하고 있다. 카한만(Kahneman)과 트버스키(Tversky)에 의해 제시된 것으로 그들은 의사결정자가 결정이나 판단을 함에 있어 단순사고와 주먹구구식(rule of thumb) 편법에 의한다고 가정하고 있다. 그러므로 이로 인해 판단오류가 발생하게 되며, 그러한 오류들을 체계적으로 정리함으로써 왜곡된 선택의 과정을 이해하고, 올바른 의사결정에 도움을 주고자 하였다. 표 〈6.6〉은 키한만과 트버스키가 제시한 오류의 유형 중에서 세 가지를 정리한 것이다.

표 6.7 정보처리과정 중 오류유형

오류의 유형	해설
유용성	· 자주 접하여 기억되기 쉬운 사건이 판단에 영향을 미친다. 자주 보도되는 사건은 과소평가하는 경향이 있다. · 판단현장에서 존재하는 특정한 정보 단서가 판단에 영향을 미칠 수 있다.
대표성	· 어떤 사건이나 사람이 특정 집단의 속성을 갖고 있다고 하여 진실를 확인하지 않고 그 집단의 일원으로 판별하는 성향. 예를 들어 A라는 사람이 법관티가 난다고 하여 그를 판사나 검사로 상상해 버리는 경우
고착과 조정	· 특정 값이나 수치를 근거로 미래의 값은 예측하고 난 후, 현재의 상황을 고려하여 예측치에 약간의 수정을 가하는 방법. 최초에 선택되는 값에 따라 선택되는 결과에 큰 차이를 보이므로 오류의 소지가 크다. 내년도 매출 예측을 하면서 올해 매출을 앵커로 잡는 경우가 예가 될 수 있다.

4.5.5 개인의 속성

스키마, 창의력, 정보처리능력, 휴리스틱스뿐만 아니라 개인이 갖고 있는 성격이나 가치관 등의 속성들도 개인의사결정에 영향을 미칠 수 있다. 가치관이란 개인이 판단이나 선택을 함에 있어 사용하는 옳고 그름에 대한 판단기준이다. 가치관은 의사결정의 전 과정에 영향을 미칠 수 있다.

4.4 집단 의사결정 수준

집단의사결정은 개인의사결정과 비교해 볼 때, 집단의 특수성(공동목표, 연대감, 상호작용)으로 인한 여러 가지 특성을 갖는다. 개인수준의 의사결정과는 달리, 집단합의에 의한 의사결정이 중요시되며 다수결, 독단, 참여, 설득 등의 방법들도 동원될 수 있다. 즉 개인의사결정에 영향을 미치는 요소들이 개인적 성품과 지적(인지적) 능력이었다면 집단의사결정에서는 이런 개인적 요소들보다는 집단역학적 요소가 더 많이 작용하게 된다. 개인과 집단의사결정의 차이점 중 하나는 의사결정의 최종단계에 있어 개인의사결정은 선택을 하는 것이고, 집단의사결정은 「집단합의」에 이르는 것이라고 볼 수 있다. 집단의사결정의 특징을 아래와 같다.

① 집단의사결정은 문제해결에 이르는 시간을 길지만 정확도가 높다.
② 어려운 문제해결시 집단 내 구성원이 가지고 있는 모든 자원을 활용할 수 있다.
③ 집단 내 구성원의 능력이 상당히 우수한 경우에 이들은 서로 자원을 공유하려 하지 않을 것이다.
④ 고능력을 가진 개인의 의사결정이 보통의 능력집단의 집단적 의사결정보다 더 나은 결과를 가져온다.

개인의사결정의 장점은 의사결정의 시간을 단축할 수 있다. 집단의사결정의 장점은 의사결정의 정확도와 의사결정에 필요한 정보의 풍부함을 장점으로 한다.

표 6.8과 같이 집단의사결정의 이익과 손실을 구분할 수 있다.

표 6.8 집단의사결정의 이익과 손실

이익	· 구성원으로부터 다양한 정보를 얻을 수 있다. · 다각도로 문제에 접근할 수 있다. · 구성원의 합의에 의한 것이므로 수용도와 응집력이 높아진다. · 의사결정에 참여한 구성원들의 교육효과가 높게 나타난다.
손실	· 집단 내 정치적 힘이 작용한다. · 의사결정시간이 지연된다. · 서로의 의견에 비판없이 동의하는 경향이 있다. · 차선책을 채택하는 오류를 범한다. · 집단사고의 함정에 빠질 수 있다.

4.4.1 집단의사결정시 나타나는 현상

집단의사결정시에 나타날 수 있는 좋지 않은 현상 중에 하나가 집단사고(集團思考: Groupthink) 현상이다. 집단사고에 희생된 구성원들은 대안에 대한 충분한 분석과 토론 없이 쉽게 합의한 대안이 최선이라고 믿으며 적을 과소평가하려는 경향이 있고 범법을 하면서도 자신들은 도덕적이라고 합리화하려는 성향이 있다. 집단사고란 집단구성원들 간의 잘못된 의견일치 추구성향을 말한다. 집단사고에 빠진 구성원들은 자신이 속한 집단이 최고라는 착각에 빠지게 되며 다른 집단에 대해 배타적 아집을 가지고 자기 집단 내부적으로는 구성원들 간에 의견이 일치되어 있다는 착각을 보이게 된다. 자기가 속한 집단의 역량을 과도하게 높이 평가하려는 성향을 가지고 타 집단에 대해서 폐쇄적 아집을 보이며 반대의 의견이 있더라도 스스로 자제하는 등의 획일성 추구성향을 보이게 된다. 그 결과, 집단의사결정이 역기능적 결과를 낳게 된다. 집단사고가 나타나게 되는 전제조건 세 가지로 요약될 수 있다. 첫째, 집단의 응집력이 높은 경우이며 둘째는 집단이 외부로부터 고립되어 있든가 충분한 토의가 이루어질 수 없는 등의 구조적 결함을 갖고 있는 경우이고, 그리고 셋째는 외부로부터의 위험이 임박하여 구성원들 간에 스트레스가 고조되어 있는 경우 등이다.

집단사고에 빠지게 되면 의사결정에 있어 문제해결이 처음 제시된 범위에서 벗어나지 못하게 제한되며 새로운 정보나 변화에 민감하게 반응하지 못한다. 또한 전문가의 조언이나 자문을 무시하며 문제인식에 소극적이고, 상황적응능력이 떨어지게 된다. 극복방안으로 자유로운 토론분위기를 만들든가 카리스마 리더가 있어 집단사고의 원인이 될 수 있는 경우에는 리더 없는 집단토론 방식을 채택하는 것도 좋은 방법이 될 수 있다. 다음은 애쉬효과 현상이다. 이것은 사람들이 심리적으로 다른 사람의 의견을 따라가는 성향을 나타내는 말을 말하는 것으로 1950년대 애쉬(Asch) 교수의 실험에서 유래되었다. 즉, 다수가 공유하는 틀린 생각 때문에 개인의 옳은 판단이 영향을 받게 되는 현상을 「애쉬효과」라고 한다.

4.4.2 효과적인 집단의사결정 기법

조직에서 많이 사용되고 있는 집단의사결정 기법은 블레인 스토밍과 같이 전통적으로 많이 알려진 기법도 있지만 지명반론자법이나 변증법적 문의법처럼 비교적 최근에 많이 이용되고 있는 기법들도 있다.

첫째, 브레인 스토밍이다. 이는 여러 명이 한 가지의 문제를 놓고 아이디어를 무작위로 개진하여 그 중에서 최선책을 찾아내는 방법으로 아래의 규칙들을 활용하여 문제해결에 이르기까지 일련의 과정을 반복하는 기법이다.

① 타인의 아이디어에 대해 비판을 할 수 없다.
② 자유로이 아이디어를 개진할 수 있다.
③ 가능한 한 아이디어를 개진하는 것이 좋다.
④ 개진한 아이디어는 통합하고 발전시켜 나가야 한다.

이 방법에서의 문제점은 중구난방식의 아이디어 제시로 급기야는 문제와 전혀 연관성이 없는 아이디어들을 나열하는 결과를 초래할 수도 있다. 아이디어의 개진에만 초점을 맞추다 보면 현실성을 결여하여 단지 아이디어로만 끝나는 수도 있다. 대안을 발견하는 데는 유효하나 대안을 평가, 선택하는 단계에 이르러서는 다른 기법들과 병용하는 것이 바람직할 것이다.

둘째 명목진단법이다. 이는 약자로 NGT(Nominal Group Technique)법이라고 하는데 〈그림 6.2〉와 같이 진행순서를 요약할 수 있다. 이 방법의 주된 특징은 참석자들로 하여금 서로 대화에 의한 의사소통을 못하도록 하는 데 있다. 그럼으로써, 집단의 각 구성원들이 진실로 마음 속에 생각하고 있는 바를 끄집어 내려는 것이다.

그림 6.2 NGT법 진행순서

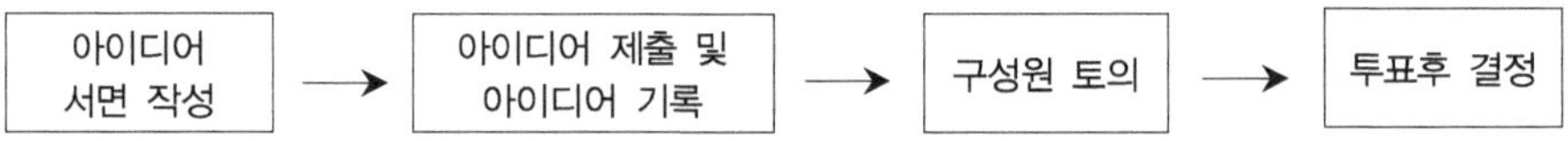

아이디어 서면 작성 → 아이디어 제출 및 아이디어 기록 → 구성원 토의 → 투표후 결정

이 방법을 사용할 때의 지침은 아래와 같다.

① 소집단 구성원들이 테이블에 둘러앉되 서로 말을 하지 않는다.

② 각 구성원들은 문제에 대해 생각하는 바를 백지에 적는다.

④ 다음은 한 사람씩 돌아가면서 자신의 아이디어를 발표하고 서기나 사회자는 구성원 모두가 한눈에 볼 수 있도록 제시되는 아이디어를 칠판이나 큰 차트에 적는다. 각 아이디어에 대한 토의는 하지 않는다.

④ 이 결과로 아이디어 목록이 얻어진다. 그리고 난 다음, 각각의 아이디어에 대하여 구두로 보조설명이나 지지 이유에 대한 설명을 하도록 한다.

⑤ 끝으로 각 참석자들은 제시된 아이디어에 대한 우선순위를 묻는 비밀투표를 실시한다. 최고의 표를 얻은 안이 채택된다.

셋째, 델파이법이다. 이는 구성원이 모인 자리에서 토론을 거쳐 결정을 하는 것이 아니라 전문적인 의견을 설문을 통해서 전하고 다른 사람들의 의견을 보고 나서 다시 수정한 의견을 제시하는 일련의 절차를 거쳐 최종 결정을 내리는 방법이다. 이방법은 NGT와는 달리 의사결정 참석자들이 서로 얼굴을 볼 수 없도록 떨어져 있는 상태에서 시행한다. 또한 이 방법에 참여하는 사람들은 NGT에서와는 달리 사안에 대한 전문가들이다. 이 방법에 대한 가이드라인을 아래와 같다.

① 문제 설정

② 첫 번째 설문지 시행, 응답종합
③ 종합·요약된 다른 사람들의 응답을 본 뒤 두 번째 설문에 각자의 수정된 의견을 제시, 정리 및 재송부
④ 2-4의 과정을 적절한 해결책이 얻어질 때까지 계속함

마지막으로 지명반론자법이다. 이는 지명반론자법 또는 악마의 옹호자법(Devil's Advocate Method)은 집단을 둘로 나누어 한 집단이 제시한 의견에 대해서 반론자로 지명된 집단의 반론을 듣고 토론을 벌여 본래의 안을 수정하고 보완하는 일련의 과정을 거친 후 최종 대안을 도출하는 방법을 말하며 일반적 과정은 아래와 같다.

① 의사결정에 참여한 집단을 둘로 나누든가 집단구성원 중 몇 명을 택하여 지명반론자에 임명한다.
② 한 집단이 먼저 문제해결에 대한 수렴된 의견을 제시한다.
③ 수렴된 의견을 지명반론집단 또는 지명반론자에게 설명을 한다.
④ 반론자는 이에 대한 반론을 제시한다.
⑤ 제시된 의견을 바탕으로 최선의 해결책을 찾을 수 있도록 계속 토론을 한다.
⑥ 이와 같은 절차는 최종안이 나올 때까지 계속된다.

지명반론자는 꼭 집단일 필요는 없고 집단 내 2~3명 정도가 반론자의 역할을 담당해도 된다. 중요한 것은 반론자들이 의무적으로 본래 안의 단점과 약점들을 지적해야 한다는 것이다. 이러한 과정을 거쳐 선택된 안은 생각할 수 있는 여러 상황에 대한 대응방안까지를 포함하고 약점을 보완하게 되어 보다 강력하고 현실 적용성이 높아진다. 특히 전략적 의사결정을 함에 있어 손쉽게 사용할 수 있고 그 효과가 뛰어나다는 측면에서 많이 쓰일 수 있다.

4.5 의사결정의 윤리성

의사결정과 윤리는 불가분의 관계에 있다. 비윤리적 의사결정의 원인은 개인의 비윤리성에 국한되지 않는다. 비윤리적 결정은 사회적, 환경적, 법적, 조직문화적 요인들과 불완전한 관리시스템에 의해서도 영향을 받는다.

4.5.1 윤리적 의사결정, 어떻게 할 것인가?

비윤리적 행동이 발생하는 이유에는 여러 가지가 있다. 첫째, 기업의 의사결정자들이 '내 맘대로 한다'는 식의 방종형 기준을 적용하고 있기 때문이다.(소비자, 공익 무시 등) 둘째, '힘 있는 자가 항상 옳다'는 태도 때문에 윤리적 한계를 넘게 되기도 한다.(거대제벌 개인의 권리 침해 등) 셋째, '불법을 하더라도 걸리지만 않으면 된다'는 옳지 못한 가치관이 또 하나의 원인을 제공한다.(공금횡령 등) 넷째는 법의 허점을 최대한 이용하여 자신의 이익을 극대화하려는 경우이다.(부의 상속 등)

조직의 의사결정자들은 다음과 같은 윤리성 확보의 원칙들을 적용할 필요가 있다.

① 공개의 원칙: 의사결정의 기준이 공개되더라도 떳떳할 수 있는가?
② 분배정의의 원칙: 개인에 대한 평가나 보상의 기준이 임의적이지 않은가?
③ 불가피성의 원칙: 같은 상황에서 누가 결정을 하더라도 똑같은 선택을 할 수 밖에 없는가?
④ 역지사지의 원칙: 자신의 결정에 영향을 받는 사람들의 입장에서 받아들일 수 있는 선택인가?

4.5.2 내부자 고발행위

조직에서 불법적 또는 비윤리적 사건이 일어나고 있을 때 내부의 조직원들이 그것을 시정할 수 있는 사람이나 당국에 비리를 고발하는 것을 내부자고발행위

(whistle-blowing)라고 한다. 내부자고발은 은밀히 진행되는 부조리와 불법, 탈법 또는 비윤리적 사건들을 공개하여 잘못을 시정하는 결과를 가져온다. 내부고발에 대한 인식에 있어서는 문화적 차이가 크다. 서구에서는 내부고발자를 정의로운 일을 한 사람으로 일반적으로 좋게 받아들여지지만 한국에서는 배신자나 의리가 없는 사람으로 낙인찍히는 경우도 많다.

별빛 한마디

무재칠시(無財七施)

어떤 이가 석가모니에게 물었다.
"저는 하는 일 마다 제대로 되는 일이 없으니 무슨 이유입니까?"
"그것은 네가 남에게 베풀지 않았기 때문이니라."
"저는 빈털터리인데, 남에게 줄 것이 있어야 베풀 것 아닙니까?"
"그렇지 않다. 재산이 없더라도 베풀 수 있는 것이 일곱 가지는 있느니라.

첫째는 화안시(和顔施)로 부드럽고 정다운 얼굴로 남을 대하는 것이요,
둘째는 언시(言施)로 사랑, 칭찬, 위로, 격려의 부드러운 말을 하는 것이요,
셋째는 심시(心施)로 마음의 문을 열고 따뜻한 마음을 주는 것이요,
넷째는 안시(眼施)로 의를 담은 눈으로 바라보아 눈으로 베푸는 것이요,
다섯째는 신시(身施)로 짐을 들어준다거나 일을 도와 몸으로 베푸는 것이요,
여섯째는 좌시(座施)로 좋은 자리를 내주어 양보하는 것이요,
일곱째는 찰시(察施)로 굳이 묻지 않고 속을 헤아려서 도와주는 것이다.

네가 이 일곱 가지를 행하여 습관이 붙으면 행운이 따르리라"

과제 6-1 자기관리능력

개념 및 정의

- 자기관리능력은 자기 자신에게 주어진 에너지를 가치 있는 곳에 집중해서 사용할 수 있는 힘을 말한다.
- 천부적인 능력이 출중하면서도 자기관리를 못해서 실패하는 경우가 많은 것은 자기 관리 능력의 중요성을 말해주는 좋은 예이다.

* 자기관리가 리더십의 바탕이 된다는 것을 삶을 통해 보여준 대표적인 인물 중 하나로 프랭클린(Franklin)을 들 수 있다.

효과적인 자기관리

1. 시간관리

스티븐 코비는 "시간을 정의하기를 기다리는 사람에게는 너무 느리고, 두려워하는 자에게는 너무 빠르게 지나가고, 비탄에 빠진 자에게는 너무 길고, 기뻐하는 자에게는 너무 짧고, 그러나 사랑하는 자에게 시간은 영원하리라."라고 하였다. 효과적인 시간관리 방법은 다음과 같다.

가. 시간 양 늘리기

효과적인 시간 관리를 위해서는 조각시간을 어떻게 관리하느냐에 달려 있다. 조각시간이란 피곤을 풀기 위한 휴식 시간, 의미 있는 텔레비전 프로그램 보기, 친구와의 교제 시간 등을 의미하는 것이 아니다. 조각시간이란 말 그대로 아무 의미 없이 그냥 흘려버리는 시간들을 말한다. 그러므로 조각시간을 찾아낸다는 것은 말하자면 쓸 수 있는 시간의 양이 늘어나게 되는 것을 의미한다. 아무 의미 없이 흘러가는 이런 조각시간들 중에서 일부만이라도 활용하게 된다면 귀한 시간의 양을 늘려 뜻있는 일들을 할 수 있다.

나. 시간의 질 늘이기

조각시간의 양을 늘리는 것만큼이나 중요한 것이 시간의 질을 늘리는 것이다. 시간의 질을 높이기 위한 제일 좋은 방안은 일의 우선순위를 정하는 것이다. 즉 주어진 시간에 무엇을 먼저 하고 무엇을 나중에 해도 되는지 일의 우선순위를 정할 때 양질의 시간을 염출할 수 있다. 시간의 질을 높이는 활용도구로 일일, 주간, 월간, 분기, 반기, 연간계획표 등을 들 수 있다.

2. 건강관리

현대사회에서 가장 중요시 되는 것이 건강관리이다. 그래서 선인들은 '돈을 잃으면 일부를 잃는 것이고 건강을 잃으면 전부를 잃는 것'이라고 하였다. 또한 건강은 건강할 때 지키는 것이 가장 현명한 방법이라고 역설하였다. 건강하려면 규칙적인 운동과 병에 걸리지 않도록 노력하는 것이 중요하다. 무조건 열심히 하기 전에 먼저 왜 사람의 몸이 약해지고 건강해지지 않는가를 살펴보고, 역으로 건강하게 할 수 있는 방법을 찾아야 한다.

예방의학계에서는 우리의 몸이 원래의 건강을 잃어버리는 데에는 크게 두 가지 요소가 있다고 한다.

첫째는 왜곡된 신체의 구조와 둘째는 세포에 잔존해 있는 독소로서 이 두 가지를 해결해 나갈 수 있다면 건강을 최고의 상태로 유지한다고 한다.

이런 문제점을 해결하기 위해 아래 제시된 3가지 사항은 매우 효과적인 원리들이다.

가. 바른 자세, 부드러운 관절, 튼튼한 오관이 필요

자세가 바르지 않던 사람이 바른 자세를 갖기 시작한다는 것은 사람의 건강을 회복시켜 주는 가장 근본적인 해결의 실마리가 되는 것이다. 부드러운 관절도 중요하다 굳어져 있는 관절들을 운동을 통해 부드럽게 해주면 혈액순환이 구석구석까지 좋아져 온몸이 개운해지고 부드러운 몸을 유지할 수 있게 된다. 뿐만 아니라 오관(눈, 코, 귀, 입, 목)도 튼튼히 해야 한다.

나. 규칙적인 배변법

다음은 몸의 독소 제거를 통한 체력 기르기이다. 우리 몸은 매우 신비한 구조를 갖고 있다. 인체를 구성하고 있는 가장 작은 단위인 세포는 완벽한 재생산 구조를 갖추고 있기 때문에 논리적으로는 세포가 노화될 수가 없다. 그러나 현실에서는 세포가 노화되고 그 결과 우리 인간은 늙고 결국은 죽을 수밖에 없다.

왜 이런 세포의 노화가 이루어지게 될까?

그것은 우리의 몸에 유입된 독소가 제거되지 않고 남아 있기 때문이다. 우리의 내장이 튼튼해서 모든 음식물의 찌꺼기를 소화해서 배설하는 능력이 있다면 우리의 몸은 독소가 남지 않게 될 것이다.

배설이 잘 안 돼서 변비가 생기며, 몸에 독소가 남게 되어 건강을 유지하기 어렵다. 그러므로 무엇을 먹느냐의 문제보다 더 중요한 것은 잘 배설하는 것이다. 내장 운동을 통해서 내장을 강화시키고 부드럽게 해줌으로써 잘 배설하는 것이 건강에 아주 중요한 요소이다.

다. 숙면법

우리를 노화시키는 독소는 낮의 활동시간에 우리의 몸에 축적된 피로물질들이다. 튼튼한 내장을 단련해 음식물을 통해 유입될 수 있는 독소를 제거하는 동시에 활동을 통해 체내에 유입된 독소들을 제거하는 방법을 잘 익혀야 한다. 특별히 과도하게 뿜어내지기 시작하는 독을 푸는 가장 좋은 방법은 깊은 수면을 취하는 방법이다. 잠에 대한 두 가지 원칙이 있다.

첫 번째는 깊이 자는 것이고,

두 번째는 자신에게 적합한 수면 시간만큼 자는 것이다.

3. 언어관리

자기관리 능력을 기르기 위한 언어관리는 자기관리의 총아이다. 즉 말은 그만큼 그 사람의 속이 밖으로 드러난 것이다. 문제는 훈련하기가 가장 어려운 분야가 바로 언어 분야라는 것이다. 들을 때가 있고 말을 할 때가 있고 잠잠할 때가 있는데 그것을 분간하고 분별해서 언어사용을 하는 것이 쉽지가 않다는 말이다. 특별히 말은 인격을 표현하기 때문에 깊은 인격적 단련을 하지 못한 경우라면 아무리 아름다운 언어로 자신을 포장하려 노력해도 결국은 '말'로 자신의 정체를 나타내기 마련이다. 말은 여러 기능을 한다 말로 남에게 상처를 주기도 하고, 말로 자신을 낮추기도 하며, 말로 남을 높여 주기도 하고, 말로 남을 성공으로 이끌게도 한다.

이런 막강한 힘을 가진 말을 일상생활에서 어떻게 관리할 것인지를 살펴보자.

가. 잘 듣기

잘 듣기는 언어관리의 기본이다. 누구나 익히 알고 있는 효과적인 대화법의 기초적인 진리는 말하기 전에 먼저 잘 듣기부터 하라는 것이다. 제대로 듣지도 않고 말부터 한다는 것은 언어도단이다.

잘 듣기 위해서는 먼저 지적인 능력이 중요하다. 올바른 판단력과 결단력(지력)이 길러져야만 상대방이 무엇을 말하는지 정확하게 인식할 수 있다. 또한 객관화 · 주관화 능력이 중요하다.

자신이 끼고 있는 색안경을 벗어버리고 상대방의 대화를 객관화할 수 있는 힘이 있어야 진정한 경청이 이루어지게 된다. 상대의 말을 객관화하지도 못한 채 자신의 주관적인 이야기를 마구 떠들면 서로의 대화는 이루어지지 않는다.

나. 살리는 말하기

잘 들은 다음에는 효과적으로 자기의 의견을 상대방에게 이야기하는 능력이 필요하다. 그런데 우리의 입술에서 나오는 이야기는 나와 남을 해롭게 하는 말, 그리고 나와 남을 살리는 말 둘 중의 한 가지이다. 5차원 전면교육의 언어관리의 핵심은 '살리는 말하기'이다 옛말에 '말 한 마디로 천냥 빚을 갚는다'라는 말이 있다. 이런 면에서 나와 다른 사람의 입술에서 나오는 말들을 유심히 경청해 보라. 그가 과연 살리는 말을 하고 있는지, 그렇지 못한지? 그리고 나 자신이 과연 살리는 말을 하고 있는지, 그렇지 못한지? 살리는 말은 사람의 영혼에 활력과 생기를 불어넣는다.

다. 말하기의 3원칙

첫째, 말하는 내용이 알아듣기 쉽고 재미있어야 한다.

둘째, 간결해야 한다.

셋째, 깊이가 있어야 한다.

라. 커뮤니케이션의 3원칙

마지막으로 우리말을 효과적으로 전달하기 위해서는 첫째, 소리가 너무 크거나 톤이 높지 않게 말해야 하며 둘째, 말이 너무 빠르지 않아야 하며 셋째, 말을 활기차게 이야기할 수 있어야 한다.

4. 재정관리

인간은 누구나 자신의 미래에 대한 야망과 꿈을 갖고 있다. 이러한 꿈과 야망을 실현시키기 위해서는 무엇보다 경제적으로 성공할 수 있는 방법, 즉 보다 효과적으로 돈을 잘 벌 수 있고 잘 쓰는 재정관리 원칙을 알아야 한다.

가. 재정관리 1원칙 : 반드시 예산을 세우고 세운 그 예산을 지키라는 것이다. 그런데 예산을 세울 때는 항목별로 예산을 세우는 것이 좋다.

나. 재정관리 2원칙 : 수입을 늘릴 방안을 찾지 말고 지출을 줄일 방안을 찾으라는 것이다.

다. 재정관리 3원칙 : 필요 불급한 항목의 구입을 보류하거나 늦추라는 것이다.

라. 재정관리 4원칙 : 5차원적인 요소(지력, 심력, 체력, 자기관리, 인간관계 능력)에 우선순위를 두라는 것이다. 똑같은 지출 항목이 생겼을 때는, 우선순위를 삶의 5가지 구성요소를 회복하고 증진시키는 지출에 두는 것이 좋다.

마. 재정관리 5원칙 : 명분적 지출을 줄이라는 것이다. 명분적 지출이라는 것은 말하자면 다른 사람을 의식한 지출이다.

5. 행동(태도)관리

행동(태도)관리는 간단하다. 새벽 3시에 뜬 눈으로 침대에 누워 어떤 프로젝트를 할 수 있을지 없을 지에 대해 걱정하지 말고, 당신의 태도를 "이것을 할 수 있을까"에서 "이것을 할 수 있다"로 바꿔보라. 똑 같은 네 단어로 구성되어 있고 끝 단어의 어미만 다른 문장이지만 그 의미는 전혀 다르다. 뿐만 아니라 당신의 태도와 시각과 그 결과까지 완전히 변화시킬 것이다. 당신보다 성공한 사람들은 당신보다 더 힘들게 살았으며 자신의 시각을 아래와 같이 자성예언(Self-Fulfilling Prophecy : 자신의 기대가 그 행동과 결과에 얼마나 중요하게 작용하는가를 나타냄)하며 자기관리 해 왔다.

가. 항상 태도를 통제해야 한다는 사실을 상기하라.

나. 상황과 대상에 따라 가장 적절한 태도를 선택하라.

다. 그럴 기분이 아닐 때나 다른 사람이 만류할 때도 그 태도를 유지하라.

라. 그럴 필요가 있고, 또 그러고 싶을 때는 태도를 바꾸라.

마. 항상 당신의 육체적, 정신적 태도를 의식하고 통제하라.

자기관리(행동/태도) 방식들

드러커 교수가 제시한 자기 관리를 위해 스스로 질문할 내용을 보면 다음과 같다.

가. 나의 강점은 무엇인가?

나. 어떻게 나의 성과를 극대화 할 것인가?

다. 나는 무엇에 가치를 두는가?

라. 나는 어디에 소속되어 있는가?

마. 내가 기여하는 바는 무엇인가?

바. 나는 다른 사람과의 관계에 대해 책임을 지는가?

사. 나의 경력은 무엇인가?

자기관리능력 평가하기

※ 효과적인 자기관리란 아래 제시된 다섯 가지 영역을 종합적으로 잘 수행하는 것이다. 현재 자신이 효과적으로 관리하고 있다고 느끼는 것이 있다면 왼쪽에 그것을 적고, 비효과적으로 관리하고 있다고 느끼는 것이 있다면 해당되는 오른쪽에 그 이유를 적어 보자.

효과적인 관리면	영 역	비효과적인 관리면
	시간관리	
	건강관리	
	언어관리	
	재정관리	
	행동(태도)관리	

자기관리능력 진단

※ 다음은 귀하의 일상생활에서 어떻게 자기를 관리하고 있는지 알아보기 위한 것입니다. 각 문항을 잘 읽고 귀하 자신에게 해당된다고 여겨지는 번호를 찾아 문항 옆에 기록 하십시오. 정확한 체온의 특성이 병의 진단과 치료에서 필수적이듯이, 자신의 자기관리 능력을 가능한 정확히 측정해 보고 분석해 보는 것이 중요합니다. 솔직하게 응답하시길 바랍니다.[14)]

전혀 아니다	약간 아니다	보통이다	약간 그렇다	매우 그렇다
1	2	3	4	5

번 호	문 항	점 수
1	분명한 목적을 가지고 한다.	
2	일의 중요도(중요한 일과 덜 중요한 일)에 따라 순서를 정한다.	
3	계획은 좋은데 실천이 따르지 않는다는 말을 주변에서 자주 듣지 않는다.	
4	정보에 대한 정확성과 유용성을 따져본 후 이용한다.	
5	꼭 차를 타야 하는 거리가 아니면 가능한 걷는다.	
6	1주일에 2번 정도는 땀이 날 정도의 운동을 한다.	
7	나는 정상체중을 유지하고 있다.	
8	하루 중 피로한 근육을 풀어주는 가벼운 체조나 운동을 10분씩 하고 있다.	
9	나는 말하기 전에 먼저 잘 듣기부터 하는 편이다.	
10	나와 다른 사람의 입술에서 나오는 말들을 유심히 경청하는 편이다.	
11	말하는 내용이 알아듣기 쉽고 재미있도록 노력한다.	
12	말소리가 크거나 너무 빠르지 않고 활기차게 이야기 하는 편이다.	
13	나는 반드시 예산을 세우고 세운 그 예산을 지키려고 한다.	
14	나는 수입을 늘릴 방안을 찾지 않고 지출을 줄일 방안을 찾는다.	
15	필요 불급한 항목의 구입을 보류하거나 늦추고 있다.	
16	명분 적 지출을 줄이고, 삶의 질 향상에 주안을 두고 지출한다.	
17	나는 현재 내가 하고 있는 일에 잘 집중하는 편이다.	
18	나는 마음먹은 일을 정해진 시간 내에 잘 끝내는 편이다.	
19	해야 할 일이 여러 개 겹쳤을 때, 우선순위를 먼저 정하고 행동 한다	
20	해야 할 일과 하고 싶은 일이 다를 때, 나는 하고 싶은 일을 뒤로 미루고 해야 할 일을 끝마칠 수 있다.	

14) 김광수 외(2008), 「대학생과 리더십」, 학지사, 242-243쪽

진단법

※ 각 영역별 해당문항들의 점수(1점~5점)를 더하여 그 총점을 아래 표에 적어 주십시오.

영 역	해당문항	점수의 범위	본인의 점수	총 점
시간관리	1~4번	4~20점		
건강관리	5~8번	4~20점		
언어관리	9~12번	4~20점		
재정관리	13~16번	4~20점		
행동관리	17~20번	4~20점		

※ 각 영역별 자기관리능력이 어느 정도 되는지 알아보십시오.

☞ 영역별 본인의 점수

4~8점 : 떨어진다 / 9~12점 : 보통이다

13~16점 : 뛰어나다 / 17~20점 : 매우 뛰어나다

☞ 총점

20~44점 : 떨어진다 / 45~64점 : 보통이다

65~84점 : 뛰어나다 / 85~100점 : 매우 뛰어나다

사례 1 : 억만장자들의 검소한 생활습관

* 맨 왼쪽 위부터 시계방향으로 버크셔 헤서웨이의 워런 버핏 회장, 마이크로소프트의 창업자 빌 게이츠, CNN창업자 테드 터너, 영화감독 조지 루카스, 오라클의 공동창업자 래리 엘리슨, 마이클 블룸버그 뉴욕시장.

자신의 재산을 절반이상 사회에 기부키로 한 억만 장자들은 '노블레스 오블리주(noblesse oblige)'를 손수 실천한 사람들로써 6가지 검소한 생활습관을 소개하면 다음과 같다.

1. **집부터 검소하게**

   자산규모 606억달러로 세계 최고 부자인 멕시코의 카를로스 슬림은 30살 때 구입한 집에서 40년째 살고 있다. 투자의 귀재 워런 버핏도 1957년 고향 오마하에서 사들인 방 5개짜리 단독주택에 산다.

2. **통근시 대중교통 이용**

   영국 코드웰그룹의 수장 존 코드웰은 매일 자전거로 회사에 출퇴근한다. 코드웰은 "건강, 환경, 비용 등 모든 면에서 최고의 선택"이라고 말한다.

3. **실용적인 옷차림으로**

   이케아(IKEA)의 창업주 잉그바르 캄프라드는 항상 청바지와 스웨터를 입고 다닌다. 코드웰은 새 옷 대신 기성복만 고집한다.

4. **외모에 과한 투자는 사치이다.**

   구글에 투자해 막대한 돈을 번 데이비드 체리튼은 집에서 부인이 머리를 깍아준다.

5. **차(車)도 검소하게 쓴다.**
   세계 최대 기업 월마트의 짐 월튼 사장은 15년째 똑같은 픽업트럭을 직접 몰고 다닌다. 인도 2위의 재벌 아짐 프렘지의 애마(愛馬)는 소형차인 도요타 코롤라이다.
6. **명품을 멀리한다.**
   버핏은 명품에 대해 "그런 장난감은 귀찮기만 하다"고 말한 바 있다. 최고의 갑부 슬림은 개인용 비행기나 요트가 없다.

* 근검과, 절약, 저축으로 소박하게 살면서 억만장자가 된다.

사례 2 : 황금으로 만들어진 초침

옛날 시계를 아주 잘 만드는 젊은이가 있었습니다. 그가 만든 시계는 시간을 정확하게 알려줄 뿐만 아니라 사소한 장식 하나하나까지도 섬세하고 꼼꼼하게 손질돼 있어 큰 인기를 끌었습니다. 그러나 그는 시계 하나를 만드는 데 너무 많은 시간과 공(功)을 들이다 보니 정작 큰돈을 벌지 못했습니다. 그런 그에게 사람들이 왜 그렇게 시계를 만드는 일에 혼을 쏟느냐고 물었습니다. 그러면 그는 "제가 만든 시계 때문에 누군가가 아주 중요한 약속에 늦게 간다면 큰일이잖아요"라고 대답하곤 했습니다.
이처럼 자신의 일을 무엇보다 소중하게 여기며, 자신이 만드는 시계에 온갖 정성을 기울이던 젊은이에게 어느날 사랑하는 사람이 생겨 결혼하게 됐고 얼마 뒤 아주 예쁜 딸을 얻게 됐습니다. 딸이 태어나자마자 그는 딸을 위해 아주 특별한 시계를 만들기 시작했습니다. 그는 딸이 스무 살을 맞이하면 선물하기 위해 더욱 정성을 기울여 시계를 만들기 시작했습니다.

세월이 흘러 딸은 어느덧 어엿한 성인으로 자랐고, 이윽고 딸이 스무 살을 맞이하는 날이었습니다. 그는 딸 앞에 지난 20년 동안 몰래 만들어 온 시계를 내놓았습니다. 얼핏 보면 여느 시계와 다를 바가 없었지만 그 시계는 딱 하나 다른 것이 있었습니다. 바로 초침, 분침, 시침이 각각 금 · 은 · 동으로 돼 있었던 것입니다. 아버지가 준 시계를 받고 기뻐하던 딸이 물었습니다. "아버지, 시침은 금, 분침이 은, 초침이 동이었더라면 더 좋을 뻔했어요. 우리가 시계를 볼 때 마다 가장 먼저 보는 것이 시침이잖아요" 그러자 그는 빙그레 웃으면서 말했습니다. "많은 사람이 그렇게 생각하겠지. 하지만 초를 아끼지 않는 사람이 어떻게 분과 시간을 아낄 수 있겠니? 시와 분은 초가 모여 만들어지는 법이거든. 초를 허비하는 것은 곧 황금을 잃는 것과 같단다. 초침이 가는 길이 바로 황금 길이지. 세상의 변화는 초침에 맞춰지고 있다는 것을 잊지 말거라"

딸아이는 자신의 손목에 채워진 시계를 보며 말없이 고개를 끄덕였습니다.

– 국방일보(2007. 12. 5일자)에서 발췌 –

REVIEW ISSUES

① 커뮤니케이션 모형을 설명하고, 장애요인들의 현실적인 예를 열거해 봅시다.

② 커뮤니케이션을 잘 하기 위한 방법과 아이디어들을 제안하여 논의해 봅시다.

③ Maslow의 동기부여이론이 가지는 리더십의 의미를 설명해 봅시다.

④ Herzberg는 두 요인이론에서 동기요인은 직무만족과 관련되고 위생요인은 직무불만족에 관련된다고 합니다. 현실적인 예를 들어 타당성을 논의해 봅시다.

⑤ 칭찬은 동기부여의 수단이지만 모든 칭찬이 효과적인 것은 아닙니다. 좋은 칭찬과 좋지 않은 칭찬방법들에 대해 경험했던 예를 찾아봅시다.

⑥ 참여와 위임이 리더십에서 중요한 이유를 설명하고, 현실에서 잘 이루어지지 않는 이유와 예를 찾아봅시다.

⑦ 교재의 내용 외에 구성원들의 사기를 북돋우고 직무동기를 활성화하는 방안들을 찾아 제안해 봅시다.

제 7 장

효과적으로 영향력 발휘하기

리더십은 마음이나 머릿속에서 씨앗을 품지만, 구성원들을 움직이게 하여 성과가 나타날 때 비로소 열매를 맺는 것이다. 구성원들을 조직과 리더가 바라는 방향으로 움직이게 하는 힘이 무엇인가? 그것이 영향력이다. 그러므로 영향력은 리더십의 수단이다.

그리고 영향력이란 잠재적인 힘인 권력이 발휘될 때의 힘을 말한다. 즉 칼집에 든 칼이 권력이라면 그 칼로 인해 발휘되는 힘이 영향력이다. 또한 조직이란 합리적인 권한으로만 움직이는 것이 아니고 정치적인 권력들이 자신들의 이익을 위해 영향력을 발휘하며 살아 움직인다.

본 장에서는 권력과 영향력 등의 개념을 이해하고 영향력을 효과적으로 발휘하는 방안과 조직정치에 대한 인식을 통하여 리더십 발휘를 위한 실천적 시사점을 얻고자 한다.

제1절 권력과 영향력의 이해

1.1 조직의 권력적 속성

권력(power)의 원천개념인 '힘'은 학문의 중요한 대상이며, 자연과학은 물론 사회과학에서도 적용될 수 있는 보편적인 개념이다. 힘은 자연과학의 물리학에서는 에너지의 개념으로 나타나고, 사회과학에서는 권력의 개념으로 나타나는 것이다. 에너지가 자연세계의 원동력이듯이 권력은 인간사회를 생동적으로 움직이게 하는 중요한 원천이다.[1)]

인간세계에서 힘의 관계를 쉽게 관찰할 수 있는 곳이 조직이다. 원래 권력은 정치학의 주된 연구대상이지만 조직영역에서도 활발하게 다루어지고 있다. 서구에서 1950년대부터 조직행위를 포함하여 조직이론이 독립적인 학문분야로 정립되기 시작하면서 조직권력의 문제가 활발하게 조명되기 시작하였다.[2)] 그러나 초기의 권력연구들은 권력을 조직의 본질적인 문제로 인식하기보다는 갈등현상처럼 조직기능의 비정상적 일탈현상으로 취급하였는데, 권력과 공식적 권한을 유사하게 생각했던 당시의 관점으로는 복잡하고 역동적인 권력관계를 설명하기 어려웠기 때문이다.[3)]

조직현상을 권력론적 입장에서 보면, 조직은 상호합의와 조화를 바탕으로 구성된 것이 아니라 이해관계가 대립하고 상충하는 집단들로 구성된 것이며, 조직목표는 합리적인 판단을 거쳐 설정되는 것이 아니라 이해관계자 집단간의 협상의 산물이므로 이해관계의 변화에 따라 달라지는 것이다. 사실상 조직을 실질적으로 움직이는 것은 외면적인 권한구조라기보다도 내면적인 권력구조이며, 힘의 역동

1) Bertrand Russell(1938), *Power : A New Social Analysis*, Allen Unwin, p. 12.

2) 1950년대에 조직연구의 전문학술지(ASQ, AMJ)가 간행되고 March & Simon (Organizations,1958) 등의 전문적인 조직이론서가 출간되었다. Jeffrey Pfeffer(1982), *Organization and Organization Theory*, p. 25.

3) Kieron Walsh, et al(1981), "Power and Advantages in Organizations", *OS*, vol.2, no.2, pp. 132-134.

성은 업무의 합리적인 협조관계가 아니라 집단들의 자원동원 및 활용능력에 관계된 권력의 함수인 것이다. 아울러 조직 내의 모든 인간관계에는 권력관계에 기초한 상호 영향 및 협상관계가 내포되어 있음을 알아야 조직행위를 올바로 이해할 수 있다. 조직문제에 대한 분석에서는 집단행동, 불확실성, 권력, 게임과 전략 등에서 나타나는 구성원들 간의 불평등한 권력관계를 중시해야 한다. 조직의 실질적 권력관계가 실제조직(real organization)의 모습이기 때문이다.[4)]

전문가 의견

조직의 정치적 수준

한 조직을 제대로 움직이려면 조직의 정치유형을 잘 파악해야 한다. 당신의 발전에 맞는 정치환경이라면 좋지만, 피하거나 선택할 수 없다면 조직의 정치방식에 익숙해져야 한다. 조직에는 네 가지 수준의 정치성향이 존재하며, 이러한 성향들은 한 조직 내에 공존하기도 하며 계속 변화한다.

① 최소로 정치적인 조직 : 이런 조직분위기는 매우 우호적이다. 분쟁은 거의 일어나지 않거나 오래가지 않는다. 누군가를 짓밟고 올라서거나 개인의 이익을 위해 누군가를 음해하는 일은 거의 없다.

② 중간정도로 정치적인 조직 : 개인과 집단의 목표달성에 공인되지 않는 수단을 쓰기도 하지만, 사람들이 불만을 나타내면 없어질 수 있다는 전제 하에 사용한다. 분쟁이 일어나기도 하지만 오래가지 않으며 만연하지는 않다.

③ 고도로 정치적인 조직 : 분쟁이 빈번하게 일어나며 편리에 따라 규정을 이용한다. 자기 그룹과 다른 그룹을 구분하며, 많은 금기사항이 있고 생존을 위해 그것들을 잘 알아야 한다. 이런 조직에서 일하는 것 자체가 상당한 스트레스이다.

④ 병적으로 정치적인 조직 : 역량만큼 생산성을 발휘하지 못하며 일상적인 언행들이 분노로 가득 차 있다. 분쟁은 만연해있고 계속된다. 거의 모든 업무가 공식적인 절차나 조직에 상관없이 이루어지고 사람들은 서로 불신한다.

– 캐서린 K. 리어돈, 〈이너 서클〉 중에서 –

4) 박기찬(1991), "새로운 조직연구방법론에 대한 고찰", 20-24쪽.

1.2 권력과 영향력의 개념과 속성

권력에 대한 정의도 다양하다. Weber(1947)는 '권력이란 특정한 사회적 관계에서 한 행위자가 다른 행위자의 저항에도 불구하고 자신의 의지를 관철하는 위치에 있을 수 있는 가능성'으로, French와 Raven(1959)은 '권력이란 주어진 체계 내에서 어떤 개인이나 집단이 다른 사람이나 집단에 영향력을 행사할 수 있는 잠재적 능력'으로,[5] Blau(1974)는 '권력이란 정규적으로 제공되고 있는 보상의 철회, 또는 처벌이란 형태의 억제수단을 통하여 개인이나 집단이 저항에도 불구하고 의지를 다른 개인이나 집단에 관철할 수 있는 능력'[6]으로 정의한다. 한편 Dahl (1957)은 권력이란 '다른 사람으로 하여금 만일 권력이 없었으면 행하지 않았었을 어떤 일을 행하도록 만들 수 있는 능력이다. 가령 A가 B로 하여금 권력의 작용이 없었다면 하지 않았을 행동을 하도록 만들 때 A는 B에게 권력을 가지고 있다'고 규정한다.[7]

한편 권력(power)과 유사한 개념으로 쓰이는 권한(authority)과 영향력(influence)은 권력과는 다른 의미이다. **권한이란 조직의 공식적인 지위에 부여된 합법적인 권력(legitimate power)으로써 권력을 정당화시켜주는 권리(right)이다.** 그러나 권력은 반드시 정당화를 필요로 하는 것은 아니다. 권한은 공식관계에서 조직이나 집단의 목표성취를 지향하는 목적을 지향하고 권력은 개인이나 특정집단의 이익과 영향력의 추구를 지향하는 개념이지만,[8] 일반적으로는 동질적인 의미로 쓰이고 있다. 흔히 권력이 조직목표와 합치되는 방향에서 행사되기를 바라지만 그 것은 이상적인 기대이며 실제는 그렇지 않은 경우가 많다.

---

5) French and Raven(1959), "The Bases of Social Power", pp. 150-152.

6) Peter M. Blau(1974), *Exchange and Power in Social Life*, John Wiley & Sons.

7) R.A. Dahl(1957), "The Concept of Power", *BS*, vol.2, pp. 201-215.

8) A.J. Grimes(1978), "Authority, Power, Influence and Social Control : A Theoretical Synthesis", *AMR*, Oct., pp. 725-726.

권력의 개념 속에 여러 가지 중요한 속성들이 내재되어 있다.

첫째, 권력은 개인에 의해 소유되는 것이 아니라 사회적 관계에서 존재하는 상호관계의 개념이다.[9] 즉 권력은 구조적(structural)으로 특정인에게 고착된 것이 아니라 상호관계의 변화에 따라서 발생하는 과정적(processual)인 것이다. 권력을 개인적 소유처럼 오해하는 것은 권력의 기반과 권력을 혼돈하기 때문이다. 권력은 만들어지거나 행사하지만 소유되는 것은 아니다. 자원, 전문성, 정보, 지위 등의 권력기반을 소유할 수는 있어도 그 것이 곧 권력의 행사를 의미하는 것이라기보다는 권력행사의 잠재력을 의미하는 것이다. 또한 권력은 공식적으로 분배되는 것이 아니라 다양한 이해를 가진 개인이나 집단들의 역학관계 속에서 생성되는 것이다. 그러므로 높은 지위가 곧 강한 권력을 갖는 것은 아니다.[10]

둘째, 권력은 상대방의 저항을 극복하고 의지를 관철하려는 속성을 가지고 있다. 가령 A의 요구를 B가 수용했을 때 A의 권력이 B에게 작용했다고 단정적으로 볼 수는 없다. B의 생각이 A의 요구와 같은 것이었다면 A의 권력작용이 없었다 하더라도 수용할 수 있기 때문이다. 거지에게 돈을 주려고 생각하던 차에 거지가 구걸하여 돈을 주었다면 권력이 작용하지 않았지만, 강도의 위협에 돈을 주었다면 강도의 강제적 권력이 작용한 것이다. 그러나 조직구성원간에 일어나는 복종의 동기는 정확히 알기 어려우므로 복종행위의 결과로써 권력작용 여부를 판단하기도 한다.

셋째, 권력은 특정상황에서만 작용하는 상황제한적인 속성을 지니고 있다. 가령 프로젝트 팀장이 팀원에 대해 가지는 권력은 프로젝트 수행과정에 한정되는 것처럼 권력이 미치는 범위는 특정한 상황에 국한된다.

넷째, 권력의 효용은 절대성의 문제가 아니라 가능성의 문제라는 것이다. A가 B에게 권력을 행사할 때, 그 효과는 B가 A의 권력의도를 받아들이는 정도에 달려 있다. 종교를 탄압하는 폭군의 강제력도 순교자에게는 무력한 것이며, 인간적 대우

9) 정홍익(1983), "組織 權力論 硏究", 서울대 행정대학원, 행정논총, 제21권 2호, p. 111.

10) K. Walsh, et al(1981), "Power and Advantages in Organization", *OS*, vol.2, no.2, pp. 133-134.

가 싫어 회사를 떠나려는 사람에게 보다 높은 수준의 경제적 보수는 권력수단이 되지 못한다.

다섯째, 권력은 아이러니컬하게도 다분히 의존적이다. 권력은 누군가를 통해서 행사된다. 상급자의 권력은 하급자들을 통해 행사되므로 그들에게 의존해야 한다. 상급자에게 하급자란 권력행사의 객체인 동시에 의존기반인 것이다.

여섯째, 권력은 합법성, 보상능력, 전문성 등의 여러 가지 기반으로 구성되어 있다. 리더가 어떠한 종류의 권력기반을 어떻게 사용하느냐에 따라 구성원의 반응 등 리더십의 효과성은 달라진다.

일곱째, 권력은 언제든지 변할 수 있는 동태적인 것이다. 권력의 기반, 크기와 강도, 권력관계의 입장 등 시간과 환경의 변화에 따라 변화할 수 있다.

여덟째, 권력은 상대방의 행동변화를 지향한다. 권력의 행사자는 상대방의 행동이 행사자의 의도에 맞도록 변화되는 것을 추구한다. 상대방이 심리적인 변화보다 행동의 변화가 중요하다.

별빛 한마디

권력의 모습

- 코끼리가 역경에 처했을 때는 개구리조차도 코끼리를 걷어 차 버리려 한다. – 힌두 속담 –
- 넋이 없는 힘은 향기 없는 꽃이다. – 프랑스 속담 –
- 권력의 자리에 있을 때 교만하지 않으면, 어려움에 처했을 때 위태롭지 않게 된다. – 중국 격언 –
- 아무 것도 빌릴 수 없는 친구는 잘 들지 않는 장도칼과 같다. – 러시아 속담 –
- 곰과 우정을 나누어라. 그러나 곁에 손도끼를 준비해 두라! – 러시아 속담 –
- 한국 선수들은 너무 착하다. 생존의 법칙, 뒷골목 생존의 법칙을 알아야 한다. – 히딩크 –
- 목적을 달성하기 위해서는 악마도 성서를 인용한다. – 셰익스피어 –
- 힘이 따르지 않는 의지는 병정놀이하는 어린이와 같다. – 조지 케닝 –
- 친구를 가까이 하라. 그러나 적은 더 가까이 하라 – 마이클 꼴레오네(대부) –
- 정승집 개가 죽으면 문상객이 들끓어도 정승이 죽으면 문상객이 뜸하다 – 한국 속담 –

1.3 권력의 기반

권력의 기반(power bases), 또는 권력의 원천(sources)은 권력연구의 중요한 출발점이다. 본 항에서는 권력기반 연구의 효시로 평가되는 French & Raven(1959)의 분류와, 이를 확장한 Hersey & Blanchard(1982), Morgan(1986), Yukl(1989) 등의 분류를 살펴보고자 한다.

French와 Raven(1959)은 114명의 Michigan대학교 학생들을 대상으로 한 연구에서 복종을 얻어내는데 효과적인 권력의 기반들을 다섯 가지로 식별하였다.

① **합법적 권력**(legitimate power) : 지위에 부여된 권리, 즉 권한을 의미한다. 권한의 내용은 일반적으로 규정이나 직무기술서 등에 규정되며 공식적인 보상권력과 강제권력이 수반된다.

② **보상권력**(reward power) : 권력행사자의 요구에 따랐을 때 주어지는 대가이며, 대상자가 보상을 얻기 위한 욕구를 기초로 성립한다. 이 권력의 크기는 권력행사자의 보상능력과 실행가능성이 보상기대자에게 크게 인지될수록 커진다. 공식적인 보상과 비공식적인 보상을 모두 포괄하는 이 권력의 사용은 대체로 권력행사자에 대한 호감을 증대시키나 지속적이지는 못하다.

③ **강제적 권력**(coercive power) : 권력행사자의 요구에 따르지 않았을 때 주어지는 대가이며, 행사자가 보유하고 통제할 수 있는 처벌능력을 근거로 성립한다. 공식 및 비공식적 강제력을 모두 포괄하는 이 권력은 권력행사자에 대한 호감을 감소시키면서 비교적 오랜 감정으로 남는 지속성을 가지며, 조직생활의 다른 면에까지 영향이 파급될 가능성이 있다.

④ **전문적 권력**(expert power) : 권력행사자의 전문적 능력이나 지식에 대한 신뢰로부터 발생한다. 이 권력의 강도는 권력수용자가 권력행사자의 전문적 지식이나 능력을 인정하는 정도에 달려있다. 이 권력이 작용하는 영역은 다른 권력기반에 비해 제한적인데, 전문성은 비교적 특정분야에 한정되어 있기 때문이다.

⑤ 준거권력(referent power) : 권력행사자의 특출한 인간적 매력에 의해서 발생하는 권력기반이다. 이 권력의 강도는 권력행사자에 대해 권력수용자가 몰입하는 매력의 정도에 달려있으며, 흔히 동일시의 욕구로 나타난다.

Yukl(1989)은 권력기반들을 간명화하여 공식권한, 자원 및 보상통제, 처벌통제, 정보통제 등의 지위권력(position power), 전문성, 친화력, 충성심, 카리스마 등의 개인적 권력(personal power), 의사결정과정의 통제, 연합, 협력, 제도화 능력 등의 정치적 권력(political power)의 세 범주로 나누고 있다.

리더의 권력기반에 대한 연구들은 대체로 French와 Raven(1959)의 연구를 기본으로 하여 다른 연구들의 권력기반을 부분적으로 추가하여 사용하고 있다.

별빛 한마디

권력기반

- 돈을 가지고 노크하면 문은 저절로 열린다. – 영국 속담 –
- 사랑은 달콤하다. 단, 빵이 수반할 경우에만! – 유태격언 –
- 돈이 있으면 네 자신을 모르고, 돈이 없으면 아무도 너를 모른다. – 서양 속담 –
- 가난은 수치가 아니다. 그러나 명예라고는 생각하지 말라. – 유태격언 –
- 천 번의 호소보다 한 번의 협박이 효험이 클 때가 있다. – 중국 격언 –
- 늙은 말은 길을 잃지 않는다. – 중국 속담 –
- 명성을 얻으려는 자는 명성을 따라잡기 어렵지만, 명성에서 도망치려 하는 사람은 명성에게 붙잡힌다. – 탈무드 –
- 자신을 목표로 이끌어주는 지도자라라도 자신의 기분을 이해해주지 않으면 잘 따르지는 않는다. – 링컨 –
- 사랑은 칼 없이도 왕국을 다스리고 덕은 힘을 정복한다. – 영국 속담 –
- 정승집 하인이 정승 노릇한다. – 한국 속담 –

제 2 절 영향력 발휘의 전략

2.1 권력기반의 활용과 효과

리더십은 리더가 권력기반을 가지고 부하에게 영향력을 행사하는 과정이므로 권력은 리더십의 수단이 된다. 그러므로 리더에게는 권력기반을 가지고 적절한 영향력을 행사할 수 있는 기술이 필요하다.

권력적 관점에서 유념해야 할 문제의 하나는 권력은 리더만이 하향적으로 행사하는 것이 아니라 부하들도 나름대로의 권력기반을 가지고 상향적으로 영향력을 행사할 수 있다는 것이다. 왜냐하면 부하들도 개인적으로나 집단적으로 자신들의 권익을 보호하려 하고, 또한 리더의 직무란 본질적으로 부하들에 의존하여 수행되는 것이기 때문이다.

Kelman은 리더의 영향력에 대한 부하들의 태도를 복종과 동일시 및 내면화의 단계로 보았다.[11] 첫 번째 단계인 **복종**(compliance)은 적어도 보상을 받거나 처벌을 피하기 위해서 비자발적이라 하더라도 행동으로 따르는 경우이다. 리더십을 발휘했을 때 기대하는 가장 기본적인 상태이다. 두 번째는 **동일시**(identification)로써 리더를 좋아하므로 리더를 닮고 싶어 하여 모방하고 따르는 경우이다. 세 번째는 **내면화**(internalization)인데 리더가 제시하는 비전이나 가치관에 공감하여 따르는 경우이며, 부하는 행동뿐만 아니라 심리적 태도와 가치관까지 변화하여 리더에 몰입한다.

한편 Yukl(2002)은 영향력의 결과를 부하의 몰입과 복종 및 저항으로 구분한다. **몰입**(committment)은 가장 바람직한 결과로서 리더가 제시하는 가치에 동의하고 적극적으로 수행하는 유형으로 Kelman(1958)의 동일시 또는 내면화를 결합

11) Kelman(1958), "Compliance, identification, and internalization : Three processes of attitude change", JCR, pp. 51-56.

한 의미와 유사하다. 심리적으로도 수용하고 행동으로도 복종한다. 복종(compliance)은 부하가 심리적으로는 수용하지 않더라도, 행동으로는 리더의 요구에 따르는 것이다. Kelman(1958)의 복종과 같은 의미이다. 저항(resistance)은 심리적으로나 행위적으로 리더가 제시하는 가치와 요구를 거부하는 것으로 리더 영향력 발휘의 가장 나쁜 결과이다. 불가피한 상황 여건때문에 리더의 요구를 행동으로 따르는 경우에도 저항감을 가지면서 최소한의 수준에서 과업을 수행한다.

Kelman (1958)과 Yukl(2002)의 견해는 서로 유사한 공통성을 가지고 있다. 영향력 행사결과에 대한 두 견해를 통합하여 정리하면 〈표 7.1〉과 같이 구성할 수 있다.

McClelland(1975, 1976) 등의 연구에서 밝힌 성공적인 리더의 지배적인 동기는 권력욕구였는데, 권력욕구 정도와 함께 권력의 방향이 중요하였다. 높은 권력욕구의 리더들은 '개인적 권력관심(personalized power concern)'과 사회적 권력관

표 7.1 리더의 영향력 행사에 대한 부하의 반응

영향력의 결 과		부하의 반응	부하의 행동 특징
몰입	내면화	행동적 추종 심리적 수용 가치관의 변화	• 효과가 장기적임(가치관이 유지될 때까지) • 리더의 영향력을 내면적/전체적으로 받아들임 • 리더가 제시하는 가치를 위해 희생을 감수함
	동일시	행동적 추종 심리적 수용	• 효과가 중기적임(리더를 좋아하는 한 유지) • 리더의 매력이 싫어지거나 동일시 대상이 바뀌면 추종의지가 약화됨
복 종		행동적 복종	• 심리적으로 몰입하지 않음(저항감은 가지지 않음) • 리더의 영향력에 대해 행동으로 복종함 • 보상이 충족되거나 리더의 강제수단이 약화되면 복종행위가 약화됨
저 항		심리적, 행동적 불복종	• 심리적으로 리더의 영향력을 수용하지 않음 • 리더의 요구를 행동으로 따르지 않음 (복종행위를 하더라도 저항감을 가지고 최소한 수행)

자료 : Kelman(1958)과 Yukl(2002)의 내용을 필자가 결합하여 정리하였음.

심(socialized power concern)' 중의 하나를 갖는 경향이 있었다. 전자는 자기통제력이 부족하고 권력을 충동적으로 사용하며, 부하들의 충성심이 조직보다는 자신에게 향하도록 요구하는 경향이 있다. 반면에 후자의 리더는 정서적으로 성숙된 사람인데, 타인에게 많은 이익을 주려하며 사람을 조종하는 방식의 권력사용을 삼가고 비교적 덜 이기적이다. 조직성과를 높이기 위해 권력을 사용하고 어느 정도 자기이익을 희생할 줄도 알며 부하들이 강한 책임감을 갖도록 만들려고 한다.

한편 권력의 획득만으로 좋은 성과가 보장되는 것은 아니다. 권력이 잘못 사용되는 이유 중에서 특히 리더의 이기적인 이익추구성향이 문제가 된다. 리더의 이기적 권력의도는 권력을 자신의 입지를 강화하기 위해 인위적으로 활용한다. 이러한 권력행위는 조직의 효익보다 비용을 더 많이 발생시키고 구성원의 불만족을 증대시키며, 특히 자신의 왕국(little kingdom)을 구축하려 할 경우 조직전체의 이익을 감소시키고 장기적으로 조직활력을 감퇴시키게 된다.[12)]

2.2 효과적인 영향력의 행사

영향력의 발휘는 기본적으로는 권력기반을 활용하는 것이며, 그 효과성은 상황과 리더 및 부하의 특성에 따라 달라진다. 상황에 따라 합법적인 지시가 효과적일 수도 있고 보상제시가 효과적일 수도 있는 것이다.

〈표 7.2〉에서 보는 바와 같이 영향력은 리더의 조건과 부하의 조건을 고려하여 적합한 수단을 활용할 때 효과성이 높아진다. 아울러 효과성은 리더가 행사한 영향력에 따라 결정되는 것이 아니라 부하가 어떻게 받아들였는가가 중요한 것이다.

조직은 정치의 장이다. 조직에서는 개인과 집단별로 자신들의 이익과 영향력을 확대하고 상대방을 제압하려는 비합법적이고 의도적이며 때로는 비도덕적인 전술들이 사용된다.[13)] 가령, 경쟁자를 깎아내리는 언행, 경쟁자의 업적의 폄하,

12) Kotter(1979), *Power in Management*. pp. 67-79.

표 7.2 영향력을 행사하는 방법

영향력 행사방법	주요 권력기반	리더의 조건	부하의 특성	몰입 가능성
합법적 지시	권한	합법적 지위와 엄정성	합법성의 수용태도	보통
보상의 제시	권한, 보상권력	보상능력, 신뢰성	보상욕구	보통
처벌압력	권한, 강제권력	처벌수단, 신뢰성	처벌회피 심리	낮음
합리적 설득	전문적 권력	논리성, 설득력	이성적 태도	높음
교환적 협상	보상 및 전문적 권력	협상력, 판단력	양보심	보통
감화적 호소	준거권력	호소력, 존경	감성적 민감성	높음
동일시 촉진	전문적 및 준거권력	매력, 모범	리더수용태도	높음
연합압력	권한, 준거, 배경권력	연합관련자 협조	압력자 수용태도	낮음
정보통제	권한, 정보권력	정보력, 신뢰성	정보의존상황	보통
상담	준거권력, 정보권력	상담기술, 정직성	문제해결 및 관계욕구	높음

자료 : Kipnis 등(1980)의 연구를 박동수 외(2002) 255-257쪽에서 재인용하면서 필자가 '주요 권력기반, 리더의 조건, 부하의 특성'의 내용을 추가 및 보완하여 표로 작성하였음.

호의적인 이미지의 조작적 창출, 책임의 전가, 데이터의 조작, 정보의 차단과 왜곡, 다른 사람의 칭찬, 권력적 연합의 형성, 중요한 자원의 확보, 의사결정자에 대한 영향력 확보, 경쟁자의 약점 포착과 활용, 힘 있는 사람의 환심을 사기 등이다. 그러므로 리더는 조직의 권력적 속성을 이해하여 권력관계에 이끌리지 말고 이끌어갈 수 있도록 관심과 능력을 키워야 한다.

---

13) 조직의 정치적 속성을 다룬 다음 자료를 참고하기 바람. ① Rang, G.(2002), *Cain and Abel At Work : How To Overcome Office Politics And The People Who Stand Between You And Success*(강미경 역, 「직장 내 정치학의 법칙」, 2002), 부도덕한 경쟁자에게 승리하는 27가지 행동수칙을 다루고 있음. ② Reardon, C.(2000), *The Secret Handshake : Inner Circle*(장혜정 역, 「이너 서클」, 2001). 조직 내 파워 게임의 실상과 법칙을 규명하고 있음.

2.3 조직정치 이해

2.3.1 조직정치란 무엇인가

조직정치(organizational politics)란,

"조직 내에서 자신이나 집단의 이익을 극대화하기 위해서 다른 사람들에게 비공식적으로 영향을 미치는 과정"이라고 정의된다. 조직정치는 일반적으로 나쁜 것, 피해야 하는 행동으로 인식되고 있으며, 학자들의 연구의 초점도 조직정치가 가져오는 부정적인 측면에 맞춰져 있다.

하지만 개인의 이익뿐 아니라 팀의 이익, 또는 조직의 이익을 가져오기 위한 조직정치도 있을 수 있다. 특히 조직변화를 이룩해야 하는 상황에서 새로운 경영기법의 도입을 상사가 승인하도록 하든가, 구성원들이 수용하도록 하기 위해서 정치적행위를 발휘하는 것은 긍정적 결과를 가져올 수 있다.

조직정치는 실제로 나타나는 정치적 행위와 더불어 '지각된 조직정치'(POP: Perceived Organizational Politics)도 중요시 된다. 실제 연구결과도 지각된 조직정치가 직무만족, 조직몰입, 스트레스, 직무소진(burnout), 냉소주의(cynicism), 이직의도, 생산성 등에 영향을 미치는 것으로 나타났다. 조직정치의 과정은 기본적으로 갈등을 유발하고, 다양한 권력의 원칙들이 사용되며, 윤리나 조직정의(organizational justice)의 문제를 야기하기도 한다. 조직정치는 앞에서 배운 효과적 커뮤니케이션과도 밀접한 관련을 갖는다.

2.3.2 조직원들은 왜 정치적 행동을 하는가?

조직 내의 정치활동을 촉진하는 요인들로는 자원의 희소성, 의사결정의 불확실성, 목표의 모호성, 기술과 외부환경의 다변성, 변화의 발생 등 다섯 가지를 든다(표 7.3).

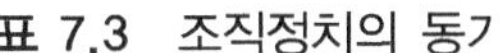

표 7.3 조직정치의 동기

자 원	조직정치는 자원의 필요성과 희소성의 정도에 따라 결정된다. 희소성이 높을수록 정치적 동기도 강해진다. 또한 새로운 자원에 대한 필요성도 조직정치를 발생시킨다.
의사결정	불확실한 상황에서의 의사결정 또는 명확하지 않고 애매한 결정을 내렸을 때 장기전략에 대한 결정일수록 조직정치가 발생할 가능성이 높다.
목 표	목표가 모호하고 불명확하거나 복잡할수록 조직정치가 발생할 확률이 높다.
기술과 외부환경	조직내의 기술이 복잡해질수록, 그리고 외부환경이 불확실하고 동태적일수록 조직정치가 발생할 확률이 높아진다.
변 화	조직구조의 재조정이나 계획된 조직개발노력, 그리고 외부의 압력에 의해 변화가 일어날 때는 조직정치가 보다 크게 작용한다.

2.3.3 조직정치 과정에서 사용되는 정치적 술수와 전략

권력의 원천을 개인적 이해증진을 위해 사용하면 정치적 술수(political tactics)라고 하고 집단이나 조직, 또는 다른 사람들을 위해서 공익적으로 활용하면 정치적 전략(political strategy)이라고 한다. 정치적 술수는 속임수, 반면에, 조작, 거짓말, 과장과 축소 등 다양한 부정적인 방법들을 포함하며 공개적으로 또는 은밀히 사용된다. 정치적 전략은 자신의 이익을 위해서 남에게 해를 끼치는 행위가 아니라 팀이나 조직, 또는 다른 사람들의 이익을 위한 행동이다. 좋은 아니디어를 제시했을 때 믿고 승인해주도록 위사람과 자주 만나고 친밀감을 형성하는 행위, 조직의 발전을 위해서 마음 맞는 조직원들과 연대하는 것, 도움이 필요한 순간을 위해서 평소에 주변 사람들과 신뢰감을 쌓아두는 행위, 전문가로 인정받기 위해서 열심히 연구하는 모습을 보여주는 것 등은 자신뿐만 아니라 조직에도 긍정적 결과를 가져오므로 정치적 전략이라고 할 수 있다. 하지만 같은 행위라고 하더라도 좋게 해석될 수도 있고 이기적 정치행위로 해석될 수도 있다는 점에 유의해야 한다. 학자들은 일반적으로 긍정적 또는 부정적으로 사용되는 조직 내 정치적 행위들을 여덟 가지로 정리하고 있다.

① 다른 사람들을 공격하고 비난하기
② 정보를 정치적 수단으로 활용하기
③ 호의적인 인상을 형성하기 위해 노력하는 것
④ 개인적인 지지기반을 개발해 두는 것
⑤ 다른 사람들을 칭찬하고 감시표시(ingratiation)를 하는 행위
⑥ 뜻이 같은 사람들(allies)과 연대(coalition)하기
⑦ 권력자나 영향력 있는 사람들과 관계형성하기
⑧ 상대방이 '나' 에게 책무감을 느끼도록 만들기

2.3.4 조직정치의 결과

조직정치는 다양한 결과를 낳는다. 부정적인 측면에서의 조직정치는 직무만족과 조직몰입의 저하, 스트레스, 직무소진(burnout), 이직의도, 결근율의 증가, 그리고 성과, 생산성, 조직시민 행동 등의 저하 등을 가져오는 것으로 나타났다. 긍정적 측면의 결과 비판과 반대 집단이 형성됨으로써 조직정치가 잘 관리된다면 건설적 결과를 기대할 수도 있다. 건전한 비판과 건설적 공격과 방어는 조직에 활력을 가져오고 의사결정에 있어 잘못될 수 있는 위험을 줄여준다. 이러한 다양한 결과들은 조직경영에 있어 조직정치를 잘 관리해야 한다는 점을 말해준다.

2.3.5 조직정치는 관리가 필요하다.

조직정치란 적용범위에 따라 방법을 달리할 뿐이지 결코 사라지는 법이 없다. 따라서 이를 억제하려 하기보다는 효율적으로 관리해 가는 것이 중요하다. 개인차원의 조직정치관리는 '인상관리'(impression management)와 관련된다. 인상관리의 기본은 부정적 이미지를 제거하는 방어적 전략과 긍정적 이미지를 제고하는 공격적 전략으로 대별된다. 한편 조직차원에서 효율적인 조직정치관리를 위한 대안들은 다음 〈표 7.4〉와 같다.

표 7.4 조직정치 관리를 위한 방안들

제도 불확실성	· 평가의 원칙과 과정을 분명히 한다. · 성과의 정도에 따라 차별적 보상을 한다. · 성과에 대한 보상은 신속하고 정확하게 집행한다.
집단결탁	· 조직 내 역기능적인 역할을 하는 결탁세력을 제거 분열시킨다. · 개인적인 권력요구보다는 조직이 목표에 전념할 수 있는 비정치적인 태도에 대한 평가를 승진을 결정하는 중요한 요인들 중 하나로 이용한다.
조직정의	· 분배정의, 절차정의, 교류정의를 잘 관리한다.
윤리기준	· 윤리기준을 엄격히 하고 윤리교육을 강화해야 한다.

표에 나타난 바와 같이 표준화된 평가기준으로 업무성과를 평가하고 명확한 보상체계를 통하여 불확실성을 줄이는 것이 중요하다. 특히 조직정의(organizational justice)와 윤리는 정치적 행동을 관리하는데 있어 매우 중요한 도구가 될 수 있다. 조직구성원들은 다음 세 가지 조건이 충족될 때 정의로운 조직이라고 느끼는 것으로 나타났다.

① 능력이나 실력에 합당한 직위를 부여 받을 때
② 조직이 자신을 배려해 준다는 생각이 들 때
③ 의사결정과정에서 책임자가 중립을 지킬 때

이러한 인식에 기초하여 형성되는 조직정의는 분배정의(distributional justice), 절차정의(procedural justice), 교류정의(interactional justice)등 세 가지 유형으로 구분된다. 보상이나 벌, 직무 등을 구성원들에게 배분할 때 결과가 정의로워야 된다는 것이 분배정의이고, 분배의 기준과 절차가 명확하고 공정해야 한다는 것이 절차정의이며, 서로 간에 교류를 할 때 인격적으로 대하고 존중해줘야 한다는 것이 교류정의이다. 이 세 가지 정의가 지켜지지 않으면, 정치적 행위가 활발해질 가능성이 높아진다.

또한 윤리적 기준을 강화하고 윤리경영을 구현하는 것도 파괴적 조직정치를 극복할 수 있는 방법이다. 윤리경영은 투명성에 기초하므로 불확실성이 제거되어 정치적 행위가 발현할 수 있는 조건을 없애준다. 엄격한 윤리기준의 적용은 파괴적 정치행위가 가져올 비용을 높이기 때문에 정치적 행위를 자제시키는 결과를 가져온다.

전문가 의견

사내 정치(社内 政治)

회사에는 사내 정치가 존재한다. 사람들은 자기가 원하는 것을 얻기 위해 전략을 구사한다. 사내 정치는 그 자체가 나쁜 것은 아니지만 방임하면, 사악하고 파괴적인 것으로 변질될 수 있다. CEO가 하는 주요 역할 중 하나는 권력게임, 기만, 고의적인 계략 등의 사내 정치를 관리하는 것이다.

사내 인간관계의 부정적인 면을 지나치게 신경 쓰지 말라. 비즈니스란 권력이나 지위, 또는 이익을 얻기 위한 경쟁이다. 자신이 처한 위치를 파악하고, 주도적으로 통제할 수 있는 권한을 얻어내기 위해 관심을 기울여야 한다. 다른 사람의 태도나 행동에 대해 불필요한 공격을 하지 말라. 때로는 타인의 오만에 대해서 적극적으로 맞서야 한다. 당신을 겨냥해서 놓은 '덫'이 있다는 사실도 무시하지는 말라. 당신이 다른 사람보다 교묘하려고 애쓸 필요는 없지만, 교묘한 사람의 희생양이 되어서는 안 된다. 다른 사람에게 불평하지 말고 신중하고 단호하게 행동해야 한다.

정상으로 올라가는 동안 가능한 적을 적게 만들고, 겁쟁이로 보이지 않게 하라. 상대하기 힘든 경쟁자로부터 교훈을 얻어라. 당신에게 고통을 많이 준 사람에게서 많은 것을 배울 수 있다. 당신의 '적'이 당신의 약점이라고 판단한 것을 신속히 개선하도록 노력하라.

사내정치는 피할 수 없으며, 회사생활의 일부라고 받아들이고 대응방법을 잘 판단한다면 상처를 덜 받을 것이다. 지위가 높아질수록 더 많은 사내 정치와 싸워야 한다. 가장 능력 없는 사람이 "여긴 너무 정치적이야!"라며 불평한다는 사실을 잊어서는 안 된다.

– D.A 벤턴, 〈CEO 정상의 법칙〉 중에서 –

과제 7-1 경청하기

개념 및 정의

- 경청이란 '귀를 기울여서(傾) 듣는(聽) 것'이다.

  – 국어대사전 –

- '경청'에는 '듣다, 관찰하다, 초점을 맞추다, 집중하다, 주의하다, 귀를 기울이다'와 같은 단어들이 포함된다. 즉 경청을 잘한다는 것은 단순히 잘 듣는 것만이 아닌 말하는 사람의 생각을 듣는 사람이 잘 이해하고 있다는 의미이다.

  – 경청의 기술 –

경청 태도

사람들이 흔히 저지르는 실수인 가운데 잦으면서도 큰 상처를 일으키는 것이 다른 사람들 경청태도인데

보통 사람들의 경청 태도 5가지는 다음과 같다.

첫째, 그 사람의 말을 무시하는 경우

둘째, 맞장구치며 듣는 체 하는 경우

셋째, 선택적 청취로 대화에서 어떤 특정한 부분만 듣는 경우

넷째, 집중적 경청으로 상대가 하는 이야기에 주의를 기울이고 그 말에 총력을 집중하며 듣는 경우

다섯째, 가장 고차원적인 '공감적 경청'으로 극히 소수만이 갖는 태도를 가지고 듣는 경우

- **공감적 경청**(empathic listening)
  경청의 최고수준으로서 이야기의 의미파악과 함께 감정의 수준까지 느끼고 있다는 것을 언어적, 비언어적으로 표현해주는 반응을 포함하며, 이것은 본질적으로 자서전적, 즉 자기경험 중심적인 것이다.
- **적극적 경청**(active listening)
  상대방이 자신의 감정을 솔직하게 표현할 수 있도록 적극적으로 수용하면서 들어주는 자세를 말한다. 상대방을 존중하면서 집중해서 듣게 되면 상대방은 자신의 감정이나 사건내용을 털어놓게 된다.
- **반영적 경청**(reflective listening)
  상대방의 말의 의미를 이해하고 있다는 것을 개방적으로 반응한다. 반영적인 경청은 언어적일 뿐 아니라 비언어적인 고개 끄덕임이나 미소를 지음으로서 표현되는데 이를 통해 상대방은 자신의 이야기를 듣고 이해하고 있다고 느끼게 되어 계속 이야기할 수 있게 된다.

4가지 유형의 경청 반응

우리는 보통 남의 얘기를 들을 때 자기의 경험에 비추어 듣는다.

이것은 자서전적 경청으로 아래의 4가지 유형 중 어느 하나로 반응하는 경향을 말한다.

가. 판단 : 이것은 우리가 동의 하느냐 또는 동의하지 않느냐이다

나. 탐사 : 우리 자신의 준거 틀에 입각하여 질문

다. 충고 : 자신의 경험에 비추어 조언

라. 해석 : 자기 자신의 동기와 행동에 근거하여, 사람들의 동기와 행동을 유추하고 설명

이같은 반응 유형들은 자연스럽게 일어난다.

그 이유는 우리가 이런 방식에 이미 깊숙이 젖어 있고, 항상 이런 모델에 둘러 싸여 있기 때문이다.

그러면 이러한 유형들은 우리의 진정한 이해력에 어떤 영향을 미치는가?

예를 들어 자녀와 대화를 할 때, 자녀가 어떤 일에 대해 설명하기 전에 우리가 미리 판단하여 얘기를 한다면 부모와 자식 간에 솔직한 대화가 진행되겠는가?

※ 공감적 경청의 이해를 위한 사례

다음에는 공감적 경청의 이해를 돕기 위한 하나의 사례〈아버지와 아들의 대화〉로서 보통 우리 일상에서 일어나는 경우의 예이다.

"아빠 난 지쳤어요. 학교는 지루하고 따분해요."

"얘야, 무슨 일이 있니?" 〈탐사〉

"학교는 도대체 실용적이 못 된다고요. 난 거기서 얻는 것이 하나도 없어요."

"글쎄, 넌 아직 학교의 좋은 점을 몰라서 그러는 거야. 나도 너 만할 때는 그렇게 생각했단다. 몇몇 과목들은 아무 쓸모없는 것으로 생각했던 일이 기억나는구나. 그러나 나중에는 바로 그 과목들이 내게 가장 큰 도움을 주는 것을 알게 되었지. 꾹 참고 조금만 더 기다려 보렴."〈충고〉

"저는 제 인생의 10년을 학교에 바쳤어요. 아빠는 'x+y'를 배우는 것이 앞으로 자동차 정비사가 되려는 제게 무슨 도움이 될 것인지 말해줄 수 있나요?"

"자동차 정비사라고? 지금 한 말은 농담이겠지?" 〈판단〉

"아뇨, 농담이 아니 예요. 조를 보세요. 그 애는 학교를 그만두고 자동차를 수리하고 있어요. 그리고 돈도 많이 벌고 있다고요. 그게 실용적인 거죠."

"지금은 그렇게 보일지도 모른단다. 하지만 몇 년 더 지나면 조는 자기가 공부를 계속 했었으면 하고 후회하게 될 거야. 너는 자동차 정비공이 되고 싶지 않을거야. 네게는 그것보다 더 나은 직업을 준비하기 위한 교육이 필요해."〈충고〉

"난 모르겠어요. 조는 아주 잘 살고 있어요."

"얘야, 너 정말로 공부에 열중해 보았니?"〈탐사, 판단〉

"물론이지요. 전 지금 고등학교를 2년째 다니고 있어요. 그리고 또 분명 노력해 보았어요. 하지만 헛수고예요."

"얘야, 네 학교는 아주 훌륭한 학교란다. 좀 더 학교를 믿어보렴." 〈충고, 판단〉

"다른 아이들도 저와 마찬가지로 생각하고 있어요."

"너 엄마와 내가 지금의 네가 되도록 하기 위해 얼마나 많은 희생을 해 왔는지 알고 있니? 여기까지 와서 학교를 그만둘 수는 없어." 〈판단〉

"부모님이 저를 위해 희생하신다는 건 저도 잘 알아요. 아빠, 하지만 그것은 소용없는 일이에요."

"자, 얘야. 만일 네가 TV보는 시간을 조금 줄이고, 공부하는 데 좀 더 시간을 늘인다면." 〈충고, 판단〉

"아빠, 소용없어요. 신경쓰지 마세요. 더 이상 이 문제에 대해 얘기하고 싶지 않아요."

공감적 경청의 바른 자세

- 팔짱을 끼거나 다리를 꼬는 자세를 피한다.
- 상대방 쪽으로 약간 기울인 자세를 취한다.
- 따뜻하고 부드러운 시선을 보낸다.
- 편안하고 자연스러운 자세를 취한다.
- 진지한 태도를 보인다.
- 잘 듣고 있다는 표시로 고개를 끄덕인다.
- 듣고 있다는 표시로 "아, 그래, 그랬니? 그랬구나, 그래서, 저런" 등의 간단한 표현을 해준다
- 말을 중간에서 자르지 않는다.

☞ **적극적 경청의 연습**

1. 두 사람씩 짝을 이루어 A, B 역할을 맡은 후 적극적 경청의 좋지 않은 예와 좋은 예를 연습(시연)해 본다. 연습 후, 느낀 점을 말해 본다.

2. 적극적 경청을 하기 위한 필요한 자세나 행동들을 적어보고 토의해보자.

사례 : 링컨의 유머

세계적인 정상들의 특징은 유머와 함께 단순하다. 아브라함 링컨은 늘 유머와 재치로 단순하였다.

링컨은 다음과 같이 유머의 중요성을 말했다.
"나같이 밤낮으로 긴장하는 사람이 만일 웃는 일도 없었다면 벌써 죽었으리라."

항상 위기의 순간을 유머로 반전시켰다. 링컨이 상원의원 선거에 입후보하여 더글러스 후보와 겨루게 되었을 때 일이다. 두 사람이 합동연설을 하던 날, 더글러스가 링컨의 과거 경력을 들먹이며 그를 공격했다.
"링컨 후보는 그가 전에 경영하던 상점에서 팔아서는 안 될 술을 팔았습니다. 이것은 법을 어긴 일이고, 이런 사람이 당선된다면 이 나라의 법과 질서는 어떻게 되겠습니까? 그러므로 링컨은 절대로 상원의원이 되어서는 안 될 사람입니다."
그러나 링컨은 당황하지 않고 이렇게 답변했다.
"예, 더글러스 후보가 말한 것은 사실입니다. 그러나 제가 그 상점을 경영하던 당시 더글러스 후보는 저의 가게에서 가장 술을 많이 사 먹은 최고의 고객이었습니다. 그리고 더 확실한 사실 하나는, 저는 이미 술파는 계산대를 떠난 지 오래되었지만, 더글러스 후보는 여전히 그 상점의 충실한 고객으로 남아 있다는 것입니다."
청중들은 링컨의 재치있는 답변에 박수를 치면서 열광했다. 얼굴이 벌겋게 달아오른 더글러스가 다시 공격했다.
"링컨은 말만 그럴 듯하게 하는, 두 얼굴을 가진 이중인격자입니다."
링컨은 이번에도 당황하지 않고 차분하게 응수했다.
"나를 두 얼굴을 가진 사나이로 몰아세우고 있군요. 좋습니다! 그의 말이 사실이라면 여러분께서 잘 생각해보시기 바랍니다. 만일 제가 두 얼굴을 가졌다면, 오늘같이 중요한 날 왜 제가 이렇게 못생긴 얼굴을 가지고 나왔겠습니까?"

－〈전세환(2008), 「날개 달아 세상으로」, 향군안보복지대학, 191쪽〉－

REVIEW ISSUES

① 조직에서 권력현상이 이루어지는 현실적인 사례를 찾아봅시다.

② 인간과 조직은 다분히 권력적 속성을 지니고 있습니다. 자신은 이러한 속성을 어떻게 생각하고 얼마나 수용하는지 논의해 봅시다.

③ 권력의 속성들에 대한 사례들을 우리의 조직현실에서 찾아봅시다.

④ 사람들은 다양한 권력기반 중에서 상대적으로 강한 부분과 약한 부분이 있습니다. 자신의 권력기반을 분석해 봅시다.

⑤ 권력기반의 사용에 대해 부하들은 여러 가지 반응을 보일 수 있습니다. 부하들의 반응사례와 권력기반의 사용방법의 중요성에 대해 논의해 봅시다.

⑥ 리더의 영향력이 제대로 효과를 보려면 발휘상황에 따라 리더의 조건과 부하의 조건이 합치되는 것이 필요합니다. 사례들을 논의해 봅시다.

⑦ 조직은 정치의 장입니다. 사람들의 정치적 성향은 개인에 따라 차이가 많습니다. 귀하가 조직정치의 현장에서 생존하고 이겨나가기 위한 방법들을 생각해 봅시다.

제8장 난관을 관리하고 극복하기

리더가 구성원과 함께 비전을 공유하고 동기를 부여하며 원활한 커뮤니케이션 속에서 조직을 이끌어간다고 하더라도 불가피하게 어려움을 겪게 된다. 갈등과 위기 및 스트레스는 리더가 겪는 대표적인 어려운 상황이다. 그러나 리더십의 진정한 힘은 갈등과 위기를 극복하는 과정에서 생성된다.

평온하고 정상적인 상황이라면 경영자는 관리적 역할로도 조직을 운영할 수 있다. 그러나 갈등과 위기상황에서는 리더십 역할이 더욱 중요하며, 리더십의 성공과 실패를 가늠하게 된다. 그러므로 리더에게는 갈등과 위기에 대한 기본적인 인식을 바탕으로 어려운 상황에서 올바르게 리더십을 발휘할 수 있는 능력이 요구되는 것이다.

아울러 리더는 구성원의 스트레스는 물론 리더 자신의 스트레스를 예방하고 관리해 나가야 한다. 리더는 무거운 책임감을 느낄 뿐 아니라 수시로 변화하는 다양한 조직상황과 비일상적인 문제들의 중심에 있으므로 구성원과는 차원이 다른 스트레스를 경험하게 된다. 과중한 업무와 스트레스의 지속은 리더의 창의성과 추진력을 고갈하게 하며 조직에 부정적 영향을 준다. 따라서 구성원의 스트레스 해소도 중요하지만 리더도 주기적으로 휴식하면서 리듬을 가지고 활력을 유지해야 한다.

조직이 당면하게 되는 여러 형태의 어려움 속에서 이를 해결하고 방향을 잡아나가야 할 리더의 안목과 역할을 정리해 보기로 한다.

제 1 절 갈등의 이해와 관리

1.1 갈등의 의미와 기능

1.1.1 갈등의 의미와 속성

갈등은 인간의 생활과정에서 여러 가지 형태로 나타나는 보편적 현상으로서 갈등을 경험하지 않는 사람은 없을 것이다.[1] 갈등은 다른 사람과는 관계없는 개인적인 내부의 갈등으로부터 다른 사람과의 관계에서 발생하는 갈등(동료, 가족, 상하급자 등), 조직수준의 갈등(노사관계, 부서간, 조직 내의 집단간, 관리자와 부서원 집단간 등), 사회적 갈등(사회계층, 지역, 종교 등), 그리고 국가수준의 갈등(인종, 문화, 이념 등)에 이르기까지 모든 수준에서 존재하며 갈등을 피하고 산다는 것은 거의 불가능하다. 그러므로 **갈등의 주체는 개인은 물론 집단, 계층, 조직, 그리고 국가가 될 수 있다.**

갈등의 개념은 '역기능과 순기능으로 나눌 수 있는 대립과 적대적인 상호작용', '개인과 집단간의 상호작용이나 활동에서 상대적 손실을 지각한 결과 대립 · 다툼 · 적대적 감정이 발생하는 행동의 한 형태', '개인이나 집단이 다른 사람이나 집단으로 인해 관심사가 좌절되었거나 좌절을 지각한 상태', '이해관계가 타인으로부터 반대되거나 그로 인해 부정적인 영향을 받는다는 것을 지각하는 과정' 등 다양한 의미로 정의되고 있다. 갈등에는 여러 가지 의미들이 내포되어 있어서 특정한 하나의 견해로 설명하기는 매우 어렵다.

또한 갈등이 인간간의 상호관계에서 발생하지만, 갈등관계자들이 동일한 수준으로 갈등을 느끼는 것은 아니며 서로 다를 수 있다.

---

1) 갈등에 관한 참고자료. ① 정우일(2006), 「공공조직론」, 박영사, 664-678쪽. ② 이수도(2002), 「인간관계론」, 형설출판사, 175-213쪽. ③ 박동수 외(2002), 「조직행동」, 경세원, 274-285쪽.

갈등에는 다양한 의미와 속성들이 담겨 있다. 흥미로운 갈등의 속성들을 정리해 본다.

첫째, 갈등은 상호의존적 관계에서 일어난다. 갈등은 예외적으로 혼자만의 문제이기도 하지만 대부분의 경우 다른 사람이나 집단과의 상호작용에서 발생하는데, 특히 서로 의존적일 때 발생하기 쉽다. 갈등의 발생은 어느 한 쪽의 책임이 아니라 상호 복합적인 인과관계를 갖는 쌍방의 책임인 경우가 일반적이다. 다만 서로 책임의 비중을 다르게 인식하는데, 책임을 상대방에게 더욱 귀인시키는 경향이 강하다.

둘째, 갈등은 인간사회에서 제거할 수 있는 비정상적이고 비본질적인 상태로 이해되기도 하지만, 현실적으로는 부분적으로 예방하거나 관리할 수는 있어도 제거할 수 없는 인간과 사회의 본질적인 속성이다.

셋째, 갈등은 추구하는 가치를 얻지 못하거나 상대방과 대립하는 상황에서 해결이 원만하지 않은 경우, 상대방에 대한 기대의 어긋나는 경우, 그리고 상호권력 관계의 불균형 등에서 발생한다. 인간관계에서는 필연적으로 상대방에 대한 기대가 생기기 마련인데 그 기대가 충족되지 않으면 갈등을 경험하게 된다. 또한 상대방과의 관계에서 손해를 입었다거나 감정의 상처를 받았다거나 하는 등의 이익과 감정 등의 불균형은 갈등을 낳게 된다.

넷째, 갈등이 발생하면 갈등을 지각한 사람은 일반적으로 불안, 분노, 긴장, 후회, 적대감, 스트레스 등의 불편한 심리상태를 경험한다.

다섯째, 다른 사람과 관계없는 개인만의 갈등이라도 직접적인 영향은 당사자에게 미치지만 타인에게도 간접적인 영향을 미친다. 가령, 선호하는 두 개의 가치 중에서 하나를 선택해야 하는 사람은 스스로 스트레스를 받으면서, 아무런 관련이 없는 사람에게 짜증을 낼 수도 있다.

여섯째, 갈등은 인간관계와 조직과정에서 파괴적인 역기능으로 작용할 수도 있고 건설적인 순기능으로 작용할 수도 있다. 즉 갈등은 가치중립적인 것이다. 전통적인 관점에서는 갈등을 제거해야 하는 부정적인 현상으로 이해했지만, 현대적 관점은 갈등의 불가피한 속성을 이해하면서 긍정적 기능을 함께 중시하고 있다.

일곱째, 갈등은 항상 명백하게 표면화되는 것이 아니라 숨겨진 채 잠재적인 상태로도 존재한다. 개인차원에서는 갈등이슈 자체나 심리적으로 불편한 잠재적 상태를 포함하는 현상이지만, 타인과의 관계와 조직 및 사회차원에서는 심리적으로 불편한 상태가 표면화되어서 당사자 모두가 불편함을 인식하는 상황을 지칭한다.

여덟째, 갈등은 시간이 지나면서 그 관계와 강도가 변화하는 동태적인 것이다. 한번 발생한 갈등은 발생시점에서의 상태가 지속되기 보다는 역동적으로 변화한다. 갈등이 해소되거나 약화되기도 하고 심화되기도 한다. 또한 갈등참여자가 줄기도 하고 늘기도 하며, 갈등이슈가 변화하기도 하며 다른 갈등으로 번지기도 한다.

갈등은 다양한 원인에 의해 발생하면서 우리의 개인생활과 조직생활에 도움이 되기도 하고 해가 되기도 한다. 특히 리더십과 관련하여 리더는 조직 안에서 발생하는 개인간 또는 집단간의 갈등을 예방하고 관리하는 역할을 수행하게 된다는 점에서 갈등에 대한 이해를 넓히고 순기능적으로 해결하는 능력을 키워야 하는 것이다.

리더는 매듭은 묶는 사람이 아니고 풀어가는 사람이다. 본 항에서는 다양한 갈등수준 중에서 주로 인간관계 및 조직수준에서의 갈등문제를 리더십의 관점에서 논의하고자 한다.

별빛 한마디

장애물과 함께 살기

장애물이 있다고 되돌아가지 말고 난관 앞에서 달아나려고 하지 말라. 강물은 바위를 만난다고 해서 물길을 돌려 거슬러 올라가지 않는다. 강물은 마치 주술사가 상처에 대고 속삭이며 마법을 걸듯이 바위와 장난을 치면서 그 주위로 미끄러지거나 하얀 물보라를 일으키며 솟아오르기도 한다. 그대, 앞으로 나아가고 싶다면 장애물과 함께 춤추며 노는 법을 알아야 한다.

– 장 폴 부르의 〈아메리카 인디언〉중에서 –

1.1.2 갈등의 기능

갈등의 기능은 조직의 효과성에 어떻게 작용하느냐에 따라 순기능과 역기능으로 나눈다. 즉 동일한 갈등현상이라 하더라도 인간관계와 조직에 도움이 될 수도 있고 해가 될 수도 있다. 조직의 효과성에 긍정적으로 작용하는 기능은 순기능이며, 부정적으로 작용하는 기능은 역기능이다. 그러나 조직현실에서 갈등의 순기능과 역기능을 명확하게 구분하기란 쉽지 않다. 동일한 이슈일지라도 상황이 변화하면 순기능과 역기능이 뒤바뀔 수도 있고, 갈등이슈와 정도에 따라 단기적으로는 역기능으로 작용하지만 장기적으로는 순기능으로 작용하기도 한다. 이는 갈등의 양면적 속성을 나타내는 것으로써, 순기능과 역기능을 나타내는 갈등이 별개로 존재하는 것이 아니라 하나의 갈등 속에 순기능적 속성과 역기능적 속성이 동시에 존재하기 때문이다.

순기능과 역기능의 속성을 다섯 가지의 차원에서 비교할 수 있다.[2)]

① **균형 차원**(equilibrium) : 갈등은 개인과 집단 및 조직의 균형을 깨뜨리고 무질서를 초래한다는 점에서 역기능적이다. 그러나 불균형의 경험을 통해 정태적인 상태를 동태적인 상태로 더욱 높은 수준의 균형을 만들 수 있다는 점에서 순기능적이다.

② **통합 차원**(integration) : 갈등은 개인과 집단 및 조직의 통합과 조화를 파괴할 수 있다. 그러나 오히려 갈등은 비온 후에 땅이 더욱 굳어지듯이 갈등이 있은 후에 조직의 내적 응집성을 높여서 조직통합력을 향상시킬 수 있다.

③ **안정 차원**(stability) : 갈등은 개인과 집단 및 조직에 불안과 긴장을 가져와 안정을 해친다. 그러나 어느 정도의 불안과 긴장은 오히려 동태적인 변화와 발전의 돌파구를 제공해 줄 수 있다.

④ **창의성 차원**(creativity) : 갈등은 조직 내의 창의성을 막을 수 있지만, 오히려 갈등상황의 해결과정에서 창의적인 아이디어와 대안들을 유도할 수 있다.

---

2) 이수도(2002), 「인간관계론」, 181쪽.

⑤ 혁신 차원(innovation) : 갈등은 변화와 혁신을 억제하기도 하지만, 적정한 수준의 갈등은 새로운 조직방향의 비전을 찾아 혁신의 계기를 줄 수가 있다.

별빛 한마디

갈등과 화음

- 기업 내에는 불협화음이 있을 수 있다. 리더는 이를 하나의 화음으로 만들어 내야 한다. 그러나 너무 화음을 만들려고 하지 말라. 기업을 생동력있게 유지하는 힘을 빼앗아 버릴 수 있다.

  – 다케오 후지사와(혼다 공동 창업자) –

- 최고급 이혼보다 최하급 화해가 낫다. – 세르반테스 –

1.2 갈등의 원인과 관리

1.2.1 갈등의 원인

갈등의 원인은 이슈와 주체 등 여러 이유에서 발생한다. 미시적인 개인수준에서부터 거시적인 조직수준에 이르기까지 발생하는 갈등의 이유를 살펴보기로 한다. 다만, 갈등의 원인을 조직 내의 수준별로 명확하세 구분할 수 있는 것은 아니며 흔히 복합적으로 발생한다는 점을 이해해야 한다.

첫째, 개인수준의 갈등이다. 갈등 상대자와의 관계보다는 개인 내부의 더 큰 원인에 의해서 발생하는 갈등이며 주로 양자택일 등의 선택의 기로에서 발생한다. 사람은 나름대로의 욕구와 가치관 및 역할을 가지고 있는데, 이것이 외부의 요구와 상충하면 개인은 갈등상황에 놓인다. 결국 개인이 선택하는 대안이 만족스럽지 못할 때 개인 혼자 겪는 갈등이다.

- **욕구의 좌절에서 비롯되는 갈등**(frustration conflict) : 얻고 싶은 가치를 실현하지 못할 때 갈등이 발생한다. 승진을 하고 싶은데 누락된 경우나 전문자격증의 취득에 실패한 경우 등이다.

- **개인의 특이성** : 조직이나 사회적인 원인이 아니더라도 성격이나 가치관 등의 개인적 특성 때문에 스스로 갈등을 일으킬 수 있다. 가령 의사결정을 해야 하는데 특별한 객관적 이유가 없음에도 불구하고 지나친 신중함이나 폐쇄성 등이 갈등을 일으킨다. 이러한 경우 당사자도 내면의 갈등을 겪지만, 조직에는 의사결정 지연이나 정보의 누락 등 영향을 미칠 수 있다.
- **목표의 양립에서 비롯되는 갈등**(goal conflict) : 양립하는 두 개 이상의 가치를 동시에 실현하지 못하거나 회피하지 못할 때 발생한다. 일반적으로 세 가지 경우가 있다. 선호하는 두 개의 가치 중에서 하나를 선택해야 하는 경우인데, 가령 좋아하는 두 개의 직위 중에 한 직위를 선택할 수밖에 없는 상황에서 갈등이 발생한다. 그리고 상반되는 가치가 하나의 대안에 공존하는 경우로써, 가령 보수는 높은데 위험성도 높은 경우이다. 또한 회피하고 싶은 가치들이 동시에 존재하는 경우인데, 가령 현재의 상사가 싫어서 부서를 옮기고 싶은데 옮겨갈 수 있는 부서는 직무가 싫은 상황과 같은 경우이다.
- **역할의 부조화에서 비롯되는 갈등**(role conflict) : 조직생활은 조직에서 개인에게 부여한 역할의 수행으로 이루어지는데 역할수행과정에서 여러 가지 원인으로 갈등이 발생하게 된다. 가령 자신에게 기대된 역할이 불합리하거나 하기 싫은 것일 때, 기대역할을 수행하지 못했을 때, 상급자와 하급자의 역할요구가 서로 상반될 때, 두 개 이상의 상반된 역할을 동시에 수행해야 할 때, 역할이 모호할 때, 역할이 과중할 때 등이다. 이러한 역할갈등의 원인은 개인 간의 갈등과 비슷하거나 복합적인 경우가 많다.
- **의사결정에서 비롯되는 갈등**(decision conflict) : 의사결정의 결과를 받아들일 수 없을 때, 의사결정의 결과가 가져올 영향이 불확실하여 예측할 수 없을 때, 더 나은 결정이 있음에도 정치적인 이유 등으로 채택되지 않는 경우 등에 갈등이 발생한다.

둘째, 개인간의 인간관계에서 발생하는 갈등이다. 조직에서 일어나는 가장 보편적인 형태의 갈등이다. 상사와 부하, 동료와 동료, 그리고 대각적인 관계 등에서 두루 일어난다. 인크루트의 조사(2004. 6. 29)에서 직장 내 갈등심화의 첫째 이유

는 개인간의 치열한 경쟁이었고 가장 많은 갈등대상은 동료였다. 흔히 갈등의 단서를 제공하는 사람과 그 것에 반응하는 사람 간의 차이에서 발생하는 경우가 많다. 개인간의 차이는 주로 성격, 태도, 사고방식, 가치관, 추구가치, 경험 등이며, 그 외에도 한정된 자원 등의 다른 이유들도 존재한다.

- **서로 다른 성격과 가치관 및 스타일의 차이** : 내·외향적 성격, 직선적인 표현, 독단적인 결정스타일, 윤리의식 등의 차이가 갈등의 원인이 된다.
- **현실에 대한 인식의 차이** : 이슈에 대한 비관적 또는 낙관적 인식 여부 등에서 비롯되는 원인이다.
- **서로 추구하는 목적이 배타적인 이해관계** : 서로 양립하거나 조화하기가 어려운 목적을 각각 추구할 때 발생하는 원인이다. 효익에 대한 배분이나 결과의 귀인에 대한 견해의 차이에서도 발생한다.
- **해소되지 않은 선행갈등 등의 적대감정** : 갈등은 상호의존적 교류관계에 있는 사람 간에 쉽게 발생한다. 과거에 풀리지 않은 감정들이 현재의 갈등의 원인이 된다.
- **역할 및 성취 등의 기대의 차이** : 상대방에 대한 역할기대나 성취목표에 대한 기대가 서로 어긋날 때 갈등이 발생한다.
- **상호 의존관계에 대한 불만** : 업무의 의존관계와 지위의 의존관계가 다를 경우 등의 경우이다. 업무는 A가 B에게 의존하는데 어떤 이유 때문에 B가 A에게 의존적으로 복종해야 하는 경우를 예로 들 수 있다. 가령 회사 내에서 선후배의 지위가 바뀌었을 때에 발생하는 갈등과 같은 경우이다.
- **의사전달의 왜곡** : 커뮤니케이션에 있어서 오해와 편견 등의 다양한 왜곡이 발생한다. 이러한 왜곡은 갈등의 원인이 된다.

셋째, 집단수준의 갈등이다. 주로 집단과 집단 사이에서 일어나는 갈등을 말하나, 개인과 집단간의 갈등도 포함한다. 다수의 개인들로 구성된 집단과 집단간의 관계에서 발생하므로 갈등해결에서 리더의 역할이 중요하다. 주로 조직 내에서 부서간 갈등이나 비공식집단간의 갈등이 대표적인 예이다.

- **집단간 부적절한 기능적 의존관계** : 조직 내의 집단들은 기능적으로 상호의

존적인 관계를 형성한다. 가령 마케팅부서의 아이디어가 설계 및 생산부서에 반영될 수 있어야 하는데, 그 경로가 부적절하거나 또는 이를 조정할 제도적 장치가 미비하면 갈등이 발생할 수 있다.

- **경쟁하는 부서 간에 목표와 전략의 상충** : 가령 생산부서는 생산효율성을 추구하고 판매부서는 재고관리를 신경써야 하는 경우 등이다. 생산량은 많은데 판매가 모두 되지 않아 재고비용이 늘어나서 최고경영층의 질책을 받게 되면 갈등이 발생한다.
- **자원확보 등을 위한 영향력 경쟁** : 조직은 권력게임의 정치적 속성을 가지고 있다. 각 집단들은 자신들의 영향력이 강화되도록 최고경영층에 대한 접근성이나 조직자원 등의 확보를 위해 노력하게 되므로 이러한 과정에서 다른 집단들과 갈등을 일으킬 수 있다. 집단수준의 갈등은 최고경영층과 중간경영층의 갈등처럼 계층간에 수직적으로도 발생할 수 있고, 동일계층이나 부문간의 수평적 관계에서도 발생할 수 있다.

넷째, 조직수준의 갈등이다. 조직수준의 갈등은 노사갈등과 같이 조직전체의 구성원이나 부문들이 관계된 갈등, 조직구조상의 문제점에서 발생하는 갈등, 그리고 자원의 부족 등에서 비롯되는 조직과 환경간의 관계에서 발생하는 갈등 등으로 구분할 수 있다.

- **조직환경에 대한 적응의 어려움** : 조직은 변화하는 환경에 적응하거나 변화를 이끌어야 하는데 이러한 과정이 원만하지 않을 때 갈등이 발생한다. 경쟁조직과의 갈등, 사회단체와의 갈등, 정부의 요구와의 갈등 등이 그 예이다.
- **부적절한 업무시스템** : 몇 가지 경우를 살펴본다. 조직구조상의 지위와 역할이 불합리하게 설정되면 갈등을 느낀다. 가령, 총무부에 근무하는데 영업임무를 병행하는 경우에 갈등이 발생할 수 있다. 또한 불합리한 종속관계가 존재하는 경우이다. 예를 들면 인접부서로 파견임무를 받았는데 파견부서장이 전문성이 떨어짐에도 지시를 받아야 하는 경우이다. 아울러 업무비중과 보상의 공정성이 미약할 때도 갈등이 발생한다. 그리고 권한과 능력간의 불균형이 존재하는 경우이다. 가령 능력이 뛰어남에도 권한이 적은 경우 또는

그 반대의 경우에 발생하는 원인이다. 지키기 어렵거나 모호한 규칙이 존재하는 경우에도 갈등이 발생한다. 성과를 내야하는 시간이 촉박함에도 지켜야 하는 규칙이 존재하면 갈등을 일으키는 원인이 된다. 가령, 과장을 거쳐 부장의 결재를 받아야 하는 상황에서, 과장은 자신의 결재를 누락할 경우에 질책을 하는 사람인데 어디에 있는지 알리지도 않고 자리에 없는 경우 등이다.

- **불확실한 상황과 자원의 부족** : 자원이 희소하면 자원을 획득하기 위한 조직 간의 갈등은 물론 조직 내의 개인과 집단 간에 갈등이 발생한다. 자원이 희소할수록 긴장감과 갈등은 증가한다. 또한 의사결정을 위한 시간과 정보가 충분하지 않으면 갈등이 발생한다. 개인과 조직은 의사결정의 연속적 과정에 있다. 의사결정은 적시성이 중요한데 시간과 정보의 부족으로 적절한 의사결정이 어려울 때 갈등이 발생하는 것이다.

갈등의 원인이 작용하여 행동으로 표출되기까지는 일련의 과정을 거친다. 갈등을 느끼면 잠재적인 상태에 있다가 어떤 계기에 의해 현실적인 행동으로 드러나게 되고, 드러난 갈등은 인간관계와 조직과정에 영향을 미치게 되는 것이다. 갈등의 원인을 편의상 개인수준부터 조직수준까지 구분하였지만, 실제로 갈등의 원인은 특정수준의 문제가 아니라 복합적으로 연계된 경우가 많다.

가령 어떤 기업이 제품의 성분 때문에 환경단체와 갈등상황에 있는데, 관련부서들은 자기 부서에 불리한 상황을 회피하기 위하여 책임을 떠넘기거나 또는 문제해결을 통해 경영진의 신임을 확보하기 위해서 경쟁하는 과정에서 갈등을 낳을 수 있다. 또한 관련부서의 담당자는 환경단체의 요구가 옳다고 생각하지만 회사입장에서 문제를 처리하기를 요구하는 상급자의 요구를 거절할 수가 없어서 갈등하게 될 수 있는 것이다.

그러므로 갈등을 해소하기 위해 원인을 탐색할 때는 갈등생성의 복합적 관계를 이해하는 것이 중요하다.

1.2.2 갈등의 관리모형

일반적으로 갈등은 두 갈등주체 사이의 이해관계에서 발생한다. 즉 나의 이익을 추구할 것인가 아니면 남의 이익을 배려할 것인가의 문제이다. 이러한 관계에서 발생하는 갈등을 처리하는 방안은 〈그림 8.1〉과 같이 다섯 유형으로 분류할 수 있다.

그림 8.1 갈등처리 모형

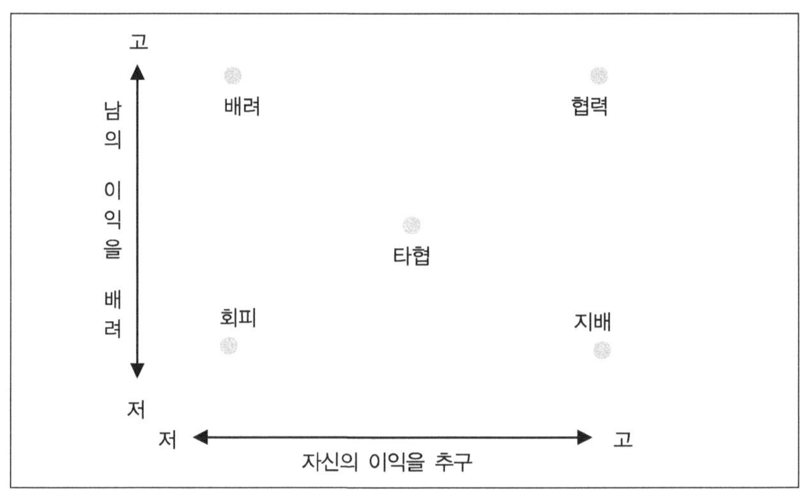

① 지배(dominance) : 남의 이익에 대한 관심과 배려가 적으며 자신의 이익을 유지하고 확대하는 방향으로 갈등을 처리하는 유형이다. 강압, 명령, 투쟁, 무마, 일방적 무시, 사법적 승리, 정치적 책략, 제3자의 동원 등의 방법을 사용할 수 있다.

② 배려(consideration) : 자신의 이익을 추구하는 것보다 남의 이익에 우선적인 관심과 배려를 하여 갈등을 해소하려는 유형이다. 양보와 요구의 철회 등의 방법을 사용할 수 있다.

③ 회피(avoidance) : 나의 이익과 남의 이익 모두에 대한 요구에 관심을 가지지 않음으로써 갈등을 해소하고자 하는 유형이다. 상호포기, 갈등상황의 이탈, 다른 대안의 모색 등의 방법이 사용될 수 있다.

④ 타협(compromise) : 적정한 범위에서 서로 양보하여 절충함으로써 갈등을

해소하는 유형이다. 가장 보편적인 유형으로 합법적인 권한의 행사, 상호 요구의 완화와 조정, 투표, 조건부 양보, 중재 등의 방법이 사용될 수 있다.

⑤ 협력(cooperation) : 모두의 이익을 함께 추구하여 윈-윈의 결과를 지향하여 갈등을 해소하려는 유형이다. 조화를 중시하는 유교적인 우리나라에서는 갈등을 드러내지 않고 최소화해야 한다고 생각하여 아랫사람이 양보하고 동료 간에는 타협하는 소극적인 방식이 주로 사용되는 경향이 있다. 그러한 방식은 진정한 협력이 아니다. 상생(相生)의 협력은 어느 한편의 희생을 전제로 하는 것이 아니라 서로 수용할 수 있는 발전적 방향을 지향하는 것이다. 협력은 가장 바람직한 갈등처리 유형으로 공동의 상위목표 추구, 우선순위 설정, 가치의 교환, 문제점의 공동해결, 추가자원의 확보 등의 방법이 사용될 수 있다.

전문가 의견

사과의 진정한 의미

잘못을 저지르고도 "미안하다"는 말을 하지 못하는 사람의 유형

① 자기반성능력이 없는 사람 : 잘못을 깨닫지 못하므로 사과할 수 없다.

② 교만하고 자기중심적인 사람 : 다른 사람의 잘못에는 엄하고 자기의 과오에는 너그럽다. 문제가 생기면 남의 탓을 하고 오히려 상대를 몰아붙인다.

③ 자신감이 없고 열등감이 심한 사람 : 자기의 과오를 인정하는 것을 열등감의 확인으로 받아들이므로 사과하지 못한다.

④ 무책임한 사람 : 책임 회피를 위해 자신의 잘못을 정당화한다. 오히려 상대방이 원인을 제공했기 때문이라고 주장한다.

사과란 용서를 전제로 하거나 이기려고 하는 것도 아니며, 옳은 일이기 때문에 하는 것이다. 사과란 패자의 굴복이 아니라 자긍심이 있는 사람의 주도적인 행동이다. 잘못의 인정을 부끄러워하지 말자. 마지못해 사과하지 말고 상대방의 눈을 보며 진심으로 미안한 마음을 전달하자.

– 이민규, 〈끌리는 사람은 1%가 다르다〉 중에서 –

1.3 갈등관리의 리더십

인체의 기맥과 혈맥이 원활하지 않으면 병이 생긴다. 조직도 막히면 병리적 현상이 나타난다. 갈등은 조직의 혈맥과 기맥에 장애가 발생한 것이다. 그러나 장애는 항상 나쁜 것만은 아니다. 왜냐하면 인간과 조직은 결코 완벽할 수 없기 때문에 혈기의 장애는 불가피하게 발생하는 것이며, 더 나은 상태로의 개선을 위한 단초가 될 수 있기 때문이다. 그러므로 갈등의 관리란 혈맥과 기맥을 관리하는 것과 같은 이치이다.

리더들이 흔히 빠지기 쉬운 오류 중의 하나가 화합에 대한 갈망이다. 구성원들이 불협화음 없이 조화롭게 움직여야 좋다는 전통적인 관념 때문에 갈등은 조직에 해로운 것으로 인식되어 왔지만, 갈등은 조직을 생동감 있게 만드는 에너지로서의 기능을 발휘할 수 있다. 갈등 자체를 없애려는 희망보다 건설적인 것으로 활용하는 것이 리더의 지혜이다.

갈등을 관리한다는 것은 갈등을 해소하거나 조정함으로써 갈등의 순기능적 역할을 확대하여 조직효과성을 증가시키려는 리더의 행위를 말한다. 그러므로 리더는 갈등이 발생한 때부터 마무리되는 단계까지 관련자들과 상황요인에 대해 영향력을 행사할 수 있어야 한다.

갈등관리의 리더십 실천적 지침을 정리해 본다.

첫째, 잠재적 갈등들을 관심있게 살펴서 파괴적인 형태로 표출되지 않도록 예방한다. 불필요한 갈등야기 잠재자와 집단의 상황을 모니터링 할 수 있는 시스템을 갖추면 도움이 된다.

둘째, 윈-윈의 해결방안을 추구해야 한다. 갈등의 해결이후의 상황을 예측하고 부정적 상황이 발생할 가능성을 예방해야 한다. 특히 갈등을 무마하거나 억압으로 해결하였을 경우에 외면적으로 갈등이 해소된 것처럼 보이지만 더 큰 잠재적 갈등을 내재시킨다. 특히 공정성에 동의하지 않는 패배자는 분노와 좌절로 조직의 어두운 그림자로 남게 된다.

셋째, 갈등의 확산을 적시에 차단하고 갈등의 재생산적 이슈의 확대를 막는다. 특히 아이들 싸움이 어른싸움이 된다는 우리 속담처럼 개인적 갈등이 집단갈등으로 확산될 가능성이 있으므로 유의해야 하고 필요시는 과감하게 차단해야 한다. 갈등을 제때에 관리하지 않으면 시간이 지날수록 상황이 악화되는 '눈덩이 효과(snow ball effect)'가 발생하므로 작은 갈등이 조직의 경쟁력을 약화시키지 않도록 해야 한다. 이러한 경우에 리더의 적시적인 중재행동과 단호한 원칙적 행동이 요구된다.

넷째, 갈등에 관해 리더는 확고한 원칙을 정립하고 구성원들에게 인식시킬 필요가 있다. 용인되는 갈등과 용인되지 않는 갈등을 명쾌하게 제시하고 그러한 갈등들이 발생하였을 때 어떠한 조치를 취할 것인지를 구성원들이 분명히 알도록 해야 한다. 리더가 갈등처리 원칙을 정립할 때에는 리더 혼자서 독단적으로 정할 것이 아니라 구성원들의 정서와 현장의 실정을 살펴서 정해야 하며, 이러한 원칙의 실천이 갈등이 긍정적으로 기능하도록 조직문화로 정착되어야 한다.

다섯째, 갈등의 원천적 문제를 해소하도록 노력해야 한다. 가령 갈등의 원인이 자원의 부족일 경우 추가자원을 확보한다던지 아니면 갈등당사자들에게 자원의 부족을 이해시켜야 한다. 거의 화해가 불가능한 구성원들이 한 부서에 속해 있다면 그들을 다른 부서로 분리하여 배치하는 것이 좋다.

여섯째, 모든 갈등은 리더가 모두 해결해야 한다는 강박관념을 가지지 않는 것이 바람직하다. 리더는 모든 일에 만능의 황금열쇠가 아니다. 갈등은 당사자끼리 해결하는 것이 가장 좋으며 대부분의 사람들은 갈등을 스스로 해결할 능력이 있다. 당사자들의 요청이 없음에도 자의적으로 갈등상황에 개입하면 구성원들은 갈등을 숨기려 하고 리더를 외면할 수 있으며 또 다른 갈등이 발생하거나 갈등문제가 변질될 수 있다. 리더가 구성원들의 문제에 간섭하는 사람이 아니라 갈등상황의 해결에 도움이 되는 역할을 하는 사람으로 인식되도록 해야 한다.

갈등의 예방과 감소 및 해결은 리더의 직책에 근거한 권한을 통해서도 할 수 있고 인간적인 능력의 발휘를 통해서도 할 수 있다. 꼬인 매듭을 풀고 쌓인 벽을 허물어 다리를 놓는 사람이 리더이며, 이것이 갈등관리에서 리더십의 역할이다.

1.4 협상의 이해

우리가 사는 세상은 거대한 협상의 장(場)이며 이는 인간의 모든 행위는 협상과 관련되지 않은 것이 없다는 뜻이다. 오늘날 경제가 개방되고 기업들의 세계화, 국제화가 진전됨에 따라 외국인과의 협상기회도 많아졌고 협상에 따른 결과의 중요성도 그만큼 커졌다. 그럼에도 불구하고 국내에서의 협상기술에 대한 연구나 논의는 매우 일천한 수준이며 앞으로 학자나 실무자로부터 보다 많은 관심의 대상이 되어야 하리라 본다.

1.4.1 협상이란 무엇인가?

협상이란 이해관계가 있는 사람들 간에 상호 교류를 통하여 서로의 이해를 충족시켜 가는 과정이라고 정의할 수 있다. 협상의 결과로 원하는 것을 얻든가 갈등이 해결되기도 하고 서로를 알 수 있는 기회를 갖게 되기도 한다. 세상에서는 뛰어난 능력을 가진 사람들이 성공하지만, 뛰어난 협상력을 가진 사람들이 성공하는 경우도 많다. 협상은 인간관계의 긴장(Tension)을 해소하는 방법이기도 하다. 긴장해소를 목적으로 다른 사람들의 행동에 영향을 미치기 위해서 정보나 권력을 사용하는 것이다.

1.4.2 협상의 과정

일반적으로 협상은 다섯 단계를 거쳐 이루어진다. ① 사전준비, ② 절차합의, ③ 조건제시 및 설명, ④ 해결교섭, ⑤ 합의와 실행 등이다.

제1단계 사전준비에서는 협상의 목적과 목표를 명확히 하고 전략을 수립한다. 상대방의 입장과 생각을 추론하여 대안을 마련하는 것도 중요하다. 상대방을 꼼짝못하게 하는 방안을 찾는 것도 방법일 수 있지만, 서로 체면을 살리고 이득을 얻을 수 있는 상생의 전략을 수립하는 것이 바람직하다. 협상준비는 'BATNA'를 결정함으로써 완성된다. BATNA란 'Best Alternative to a Negotiated Agreement'의

첫자를 딴 조어협상에서의 최소수용조건 또는 차선책을 의미한다. 협상 당사자들은 자기 측의 BATNA 이상의 성과를 얻으려고 노력한다.

제2단계에서는 협상의 관련 당사자들이 절차와 규칙을 합의하는 단계이다. 누가 협상에 참여하여 언제까지 어떻게 합의에 이를 것인가를 결정한다. 이 단계에서 서로의 초기 요구조건을 교환할 수도 있다.

제3단계에서는 서로 원하는 조건을 제시하고 그 배경과 이유, 타당성을 구체적으로 설명한다. 서로 자신의 요구가 타당하다는 것을 자료나 근거를 곁들여 주장하게 된다.

제4단계 해결교섭은 그야말로 주고받는 바게닝(Bargaining)이 일어나는 단계이다. 양보하기도 하고, 상대방의 양보를 요구하기도 하면서 합의를 위해 노력해 나간다. 순발력, 재치, 지혜, 언변, 호소력, 힘의 행사 등 모든 역량이 총동원된다.

제5단계의 합의와 실행은 제4단계에서 합의한 사항을 문서화하고 그의 실행을 위한 구체적 사항들을 결정하는 단계이다. 실무자들의 참여와 노력이 필요하다.

1.4.3 협상의 전술

협상의 전술에는 언어적 전술, 비언어적 전술, 비신사적 술수 등이 포함된다.

표 8.1 협상의 전술

언어적 협상전술에 포함되는 구체적인 행동	비언어적 협상 전술에 포함되는 행동	비신사적 술수에 포함되는 행동
약속, 위협, 권고, 경고, 보상, 처벌, 규범석호소, 공약, 자기 폭로, 질문, 명령 등	침묵, 대화의 중복, 안면의 직시, 신체적 접촉 등	계획적인 속임수, 심리전, 상황적 압력 등

협상의 전술에는 언어적 전술, 비언어적 전술, 비신사적 술수 등이 포함된다.

노련한 협상자는 자극적 용어, 반대제안, 방어나 공격적 대응을 적게 사용하고 지나친 주장을 삼가는 성향이 있으며 예시적 언어구사, 적극적 경청, 질문 및 감정표현에 보다 많이 의존한다.

전문가 의견

NQ 18계명(Network Quotient : 공존지수)

① **꺼진 불도 다시보자** : 지금 힘이 없는 사람이라고 우습게 보지마라. 나중에 큰 코 다칠 수 있다.

② **평소에 잘해라** : 평소에 쌓아둔 공덕은 위기 때 빛을 발한다.

③ **네 밥값은 네가 내고, 남의 밥값도 네가 내라** : 기본적으로 자기 밥값은 자기가 내는 것이다. 남이 내주는 것을 당연하게 생각하지 마라.

④ **고마우면 '고맙다'고, 미안하면 '미안하다'고 큰 소리로 말해라** : 마음으로 고맙다고 생각하는 것은 인사가 아니다. 남들이 네 마음속까지 읽을 만큼 한가하지 않다.

⑤ **남을 도와줄 때는 화끈하게 도와줘라** : 처음에 도와주다가 나중에 흐지부지하거나 조건을 달지 마라. 괜히 품만 팔고 욕먹는다.

⑥ **남의 험담을 하지 말라** : 그럴 시간 있으면 팔굽혀펴기나 해라.

⑦ **회사 바깥사람들도 사귀어라** : 자기 회사 사람들하고만 놀면 우물 안 개구리가 된다. 그리고 회사가 너를 버리면 너는 고아가 된다.

⑧ **불필요한 논쟁을 하지 마라** : 회사는 학교가 아니다.

⑨ **회사 돈이라고 함부로 쓰지 마라** : 사실은 모두가 다 보고 있다. 잘 나갈 때는 그냥 두지만 결정적인 순간에는 그 이유로 잘린다.

⑩ **남의 기획을 비판하지 마라** : 네가 쓴 기획서를 떠올려 봐라

⑪ **가능한 한 옷을 잘 입어라** : 외모는 생각보다 중요하다.

⑫ **조의금은 많이 내라** : 부모를 잃은 사람은 가엾은 사람이다. 너무 아끼지 마라. 나중에 다 돌아온다.

⑬ **수입의 1% 이상은 기부해라** : 마음이 넉넉해지고 얼굴이 핀다.

⑭ **수위 아저씨, 청소부 아줌마에게 잘 해라** : 정보의 발신지이자 소문의 근원일 뿐더러, 네 부모의 다른 모습이다.

⑮ **옛 친구들을 챙겨라** : 새로운 네트워크를 만드느라 지금 가지고 있는 사람들을 소홀히 하지 마라. 정말 힘들 때 누구에게 가서 울겠느냐?

⑯ **너 자신을 발견해라** : 다른 사람들 생각하느라 너를 잃어버리지 마라. 혼자서 조용히 생각하는 시간을 가져라

⑰ **지금 이 순간을 즐겨라** : 지금 이 순간은 네 인생의 가장 좋은 시간이다. 나중에 후회하지 않으려면 지금 이 순간을 즐겨라.

⑱ **아내(남편)를 사랑해라** : 너를 참고 견디니 얼마나 좋은 사람이냐?

– 김무곤, 〈NQ로 살아라〉 중에서 –

과제 8-1 갈등 관리

개념 및 정의

- 어떤 개인(집단)이 추구하려고 하는 목표나 행동이 타인(또는 다른 집단)에 의해 부정적 영향(방해, 좌절 등)을 받았거나 받을 것이라고 지각하는 과정

  – 황규태 외, 조직행동의 이해 –

- 갈등은 관련된 개인이나 집단이 함께 일하는 데 애로를 겪는 상태로, 정상적인 활동이 방해되거나 파괴되는 상태 – H.J. Reitz –

갈등 대처의 실제

1. 최근 자신의 대인관계에서 겪었던 갈등의 경험을 기록해 보고 이 갈등에 대해 자신이 효과적으로 대처한 것과 비효과적으로 대처한 것을 적어보자.

대인관계 갈등내용	
효과적으로 대처한 것	비효과적으로 대처한 것

2. 자신의 갈등대처방식 진단해 보기[3)]

여러분이 지금까지 생활에서 경험했던 혹은 경험하고 있는 주변 사람들과의 갈등상황을 생각하면서 질문에 응답해 주시기 바랍니다. 갈등상황에서 취할 수 있는 세 가지씩의 행동 대안들을 묶어서 제시하였습니다. 각각의 행동 대안에 10점이 부여되어 있습니다. 당신이 이 10점을 원하는 대로 배분할 수 있습니다. 예컨대, 한 대안에 7점을, 다른 대안에 2점을 그리고 제3의 대안에 1점을 배분하는 식입니다. 경우에 따라서는 10점 모두를 한 대안에 배분할 수도 있습니다. 이것은 오직 당신의 선호에 달려 있습니다. 당신이 선호하는 대안들을 선택한 뒤, 각 대안의 첫머리 안에(　　)안에 점수를 기입하십시오.

유의할 사항은 배분한 합계가 10점을 초과해서는 안 됩니다.

평상시에 당신이 갈등상황에 직면했을 때 자주 사용했던 행동방식을 있는 그대로 나타내면 된다.

물 음	답 지
1. 당신은 갈등상황에서 어디에 목표를 두고 행동하는 편입니까?	(　　) A. 합의에 목표를 둔다. (　　) B. 승리에 목표를 둔다. (　　) C. 문제해결에 목표를 둔다.
2. 당신은 갈등해결을 위한 안을 어떤 방식으로 마련하십니까?	(　　) A. 상대편이 수용할 수 있는 안을 찾아본다. (　　) B. 자기가 수용할 수 있는 안을 찾아본다. (　　) C. 여러 안을 만들고 결정은 나중에 한다.
3. 당신은 의견충돌이 일어날 때 어떻게 행동하십니까?	(　　) A. 의견충돌을 피하려고 한다. (　　) B. 의견충돌도 감수한다. (　　) C. 의견과는 관계없이 객관적 원칙을 강조한다.
4. 당신은 갈등관계에 있는 상대를 얼마나 신뢰하십니까?	(　　) A. 신뢰한다. (　　) B. 의심한다. (　　) C. 신뢰여부와는 관계없이 진행한다.
5. 당신은 갈등관계에 있는 상대를 보통 어떻게 대하십니까?	(　　) A. 협조자로서 대한다. (　　) B. 경쟁자로서 대한다. (　　) C. 문제해결자로서 대한다.
6. 당신은 갈등에 대처할 때 주로 무엇에 가치를 두십니까?	(　　) A. 인간관계에 가치를 둔다. (　　) B. 이해관계에 가치를 둔다. (　　) C. 이해관계와 인간관계를 따로 생각한다.

3) 김광수 외(2008), 「대학생과 리더십」, 학지사, 294-297쪽

6. 당신은 갈등에 대처할 때 주로 무엇에 가치를 두십니까?	( )	A.	인간관계에 가치를 둔다.
	( )	B.	이해관계에 가치를 둔다.
	( )	C.	이해관계와 인간관계를 따로 생각한다.
7. 당신은 화해를 성립시키기 위해 어떻게 행동하십니까?	( )	A.	화해를 성립시키기 위해 불리한 조건도 받아들인다.
	( )	B.	화해의 대가로 자신에게 유리한 조건을 요구한다.
	( )	C.	화해보다는 쌍방에게 유리한 선택 안을 생각해 낸다.
8. 갈등상대방과 의견이 대립될 때 보통 어떻게 행동하십니까?	( )	A.	자기의 주장을 포기하는 편이다.
	( )	B.	자기의 주장을 고수하는 편이다.
	( )	C.	주장보다는 이익에 초점을 둔다.
9. 당신은 상대편의 압력에 어떻게 행동하십니까?	( )	A.	상대의 압력을 받아들이는 편이다.
	( )	B.	상대에게 압력을 가하는 편이다.
	( )	C.	압력이 아닌 원칙에 따른다.
10. 당신은 갈등해결을 위해 상대방과 이야기할 때 어떻게 하십니까?	( )	A.	자기의 최저선을 밝힌다.
	( )	B.	최저선을 감추고 유도한다.
	( )	C.	최저선을 내는 방법을 피한다.

갈등해결을 위한 과제

1. 최근 갈등을 겪고 있는 상황을 적어보고 상대방에게 하고 싶은 말(상황, 느낀 감정, 생각 등)을 보내지 않는 편지 형식으로 써보자.(A4 1매 정도)
2. 위 상황과 관련, 상대방의 입장이 되어 나에게 보내는 편지를 써보자.(A4 1매 정도)
3. 두 편지를 쓰고 난 후의 소감과 자신의 갈등해결을 위한 구체적 행동실천 방안을 정리해 보자.

시선의 종류로 알아보는 갈등관련 심리상태

- 노려보기 – 상대를 위협하기 위해 시선을 고정시키는 행위
- 두리번거리기 – 호기심을 반영하며 타인의 집이나 방에서는 상대의 환심을 사기 위해 일부러 부러운 눈으로 두리번거리기도 한다.
- 곁눈 질 하기 – 들키지 않고 뭔가 볼 때, 부끄럽다는 계산된 수줍음의 신호로 사용
- 눈 내리깔기 – 윗사람에 대한 겸손의 신호, 복종심을 나타난다.
- 눈 들어올리기 – 반항이나 설득과정에서 이의를 제기하거나 무죄임을 주장할 때
- 눈 부라리기 – 상대의 기를 꺾을 필요가 있을 때

• 멍하게 먼 산보기 – 뭔가를 상상하고 있을 때 또는 뭔가를 상상하고 있는 듯한 환상적인 인상을 심으려 할 때
• 토끼 눈 뜨기 – 놀란 때나 상대방에게 놀랐다는 시늉을 전달할 때
• 눈짓(윙크) – 상호간에 공모가 있음을 알리고 남들보다 가까운 사이임을 나타낼 때
• 가늘게 뜨기 – 피로감이나 지속적인 고민이 있음을 표현하기도 하고 상대방에게 측은지심을 발동시키기 위한 의도로 사용됨
• 안 쳐다보기(한눈팔기) – 상대를 경멸하거나 무시하고 있음을 나타내기 위해 시선을 거두는 것
• 깔보기 – 안 쳐다보기보다 더 적극적으로 경멸감을 표현하기 위해 곁눈질로 위쪽부터 훑어보다 아래쪽에서 멈추는 시선

사례 : Plastic Lumber사의 Robbins사장

미국 오하이오 주 Akron 시에서 Plastic Lumber Company(PLC)를 운영하는 Alan Robbins는 일부러 자신의 공장을 범법자들이 우글거리는 시내 다운타운에 세웠다. 그들에게 다시 한번 스스로를 입증할 수 있는 기회를 주기 위해서였다. PLC는 쓰고 버린 우유병이나 콜라 병들을 재생시켜 건축자재를 만드는 회사이다. 50명의 종업원들을 고용하고 있으며 이들 모두에게 의료보험 혜택도 제공하고 있다.

회사를 시작하면서 Robbins는 자신이 종업원들에게 보스이면서 동시에 친구로 여겨지기를 바랬다. 돈이 없는 종업원들에게는 개인적으로 돈을 빌려주기도 하고 일을 끝내고 귀가하는 작업자들을 불러 모아 맥주를 마시며 함께 어울리는 것도 한 두 번이 아니었다. 그는 항상 팀웍을 강조하였으며 작업 현장에서 작업자들로부터 새로운 아이디어를 얻기 위해서 많은 시간을 보냈다. 비용도 들고 또 종업원들에게 실시하도록 되어 있는 마약 복용여부 검사도 하지 않고 있었다. 게다가, 그는 종업원들이 상식이 있다면 위험한 기계를 작동하는 일을 한다는 것을 알면서 술을 마시고 작업에 임하거나 마약을 복용하고 나오지는 않으리라고 믿었다.

그러나 그의 이러한 생각은 잘못된 것이었다. 그의 관계 중심적 스타일은 현재와 같은 상황에서는 효과적이지 않았다. 주변에 마약범들이 우글거리는 지역에서 살면서 기술도 지능도 모자라는 작업자들에게 무조건적인 배려와 자유를 제공하는 것만 가지고 그들의 행동이 바뀌리라고 기대하는 것은 무리였다. 그들은 자주 전화 한 통 없이 결근을 하든가 늦게 나오는 일이 많았고 술이나 마약에 취한 채 출근해서는 행패를 부리거나 서로간에 난투극을 벌이곤 하였다. 그러던 중, 싸움을 벌였던 두 작업자를 해고시키면서 Robbins는 자신의 스타일을 바꾸기 시작했다. 그들은 손에 쇠파이프까지 들고 상대방을 패기 위해서 쫓아다니느라 공장 안을 난장판으로 만들어 놓고 있었다. 이제 Robbins는 좋은 친구로서 공장을 이끌어 보겠다던 이상을 버리게 되었다. "작업자들이 공장에 출근을 하도록 만드는 것이 큰일입니다." 그가 내뱉듯 던지는 한마디에서 그 간의 좌절과 새로운 각오를 느낄 수 있었다.

–〈Daft, R. L. 1999, Leadership, pp.96–97〉–

제 2 절 위기의 이해와 극복

2.1 위기의 의미와 속성

진정한 리더십은 일상적이고 안정된 상황이 아니라 비일상적인 위급한 상황에서 발휘되는 것이다. 위기에 대처하는 능력에 따라 기존의 리더는 물러나고 새로운 리더가 떠오르기도 한다. 위기(crisis)는 다양하게 의미가 논의되고 있지만, 대체로 조직의 재정이나 명성에 심각한 손실을 끼치는 예기치 못한 사건을 말한다. Lerbinger(1997)는 위기를 조직의 미래 성장과 이익, 혹은 생존에 위협을 가할 가능성이 있는 사건으로 정의하고 있다.[4] 위기에는 여러 속성들이 내재되어 있다.

첫째는 불확실성(uncertainty)이다. 위기는 언제 닥칠지 알기 어렵기 때문에 예측하지 못한 상태에서 발생하는 사건이다. 기대하지 않은 것(unexpected)이라기보다는 예측하지 못한 것(unpredictable)이다.

둘째는 급작성(suddenness)이다. 흔히 갑자기 발생하기 때문에 놀라운 사태로 인식된다. 그러나 한국의 1990년대 후반의 IMF사태처럼 발생하기 전에 경고신호가 나타나기도 한다. 다만 알아채지 못하거나 간과하기 때문에 위기가 발생한다.

셋째, 시간제약성(time compression)이다. 위기는 언제까지나 방치할 수 없는 사건이므로 적절한 시간 내에 대응하고 처리해야 한다. 또한 위기는 시간의 경과에 따라 내용과 정도가 변화하는 것이다.

넷째, 위협성과 손실(threat & loss)이다. 위기는 조직의 일상적인 운영이 어려울 정도의 위협이 되며 재정과 명성의 손실을 초래한다. 위기의 수준에 따라 조직에 부분적인 영향을 미칠 수도 있고 전반적인 영향을 미칠 수도 있다. 때로는 한 조직의 위기가 해당 산업계나 사회 전체에 영향을 줄 수도 있다.

4) Lerbinger O.(1997), *The Crisis Manager : Facing Risk & Responsibility*, N.J, Lawrence Erlbaum Associates.

수많은 불확실성과 위험에 노출된 조직과 기업들은 항상 위기관리 또는 위험관리에 신경을 기울인다. 어떤 기업들은 해외출장 때도 임원들을 여러 비행기에 나눠 태운다. 한 비행기에 탔다가 추락이라도 하면 회사의 기능은 올 스톱되기 때문이다.

위기는 그 인식시점에서의 대응에 따라 위기상황이 악화될 수도 있고 개선될 수도 있기 때문에 리더의 위기관리 능력이 중요한 것이다. 리더십을 결정적으로 빛나게 하는 것은 위기관리 능력이다.[5)]

사례 : 세클턴의 위기극복 리더십

1915년1월 세클턴 경(Sir Ernest H. Shackleton, 1874~1922)과 27명의 남극횡단 탐험 대원들을 태운 인듀어런스호는 웨들해의 부빙(浮冰)들 사이에서 갇혀버렸다. 10여개월을 부빙 속에 갇혀 남극바다를 표류하던 배는 압력을 견디지 못하고 난파하고 만다. 새클턴과 대원들은 배에서 탈출해 부빙위에 텐트를 치고 다시 5개월여를 버텨냈다. 그들은 79일 동안 해가 없는 남극의 겨울혹한을 견뎌냈고 식량이 바닥나 물개기름으로 연명했다.

하지만 그들은 결코 포기하지 않았다. 세 척의 작은 보트에 텐트를 찢어 돛을 달아 또 다시 차디찬 남극바다에 배를 띄웠다. 추위, 배고픔, 향수, 그리고 무엇보다도 절망과의 처절한 싸움을 벌인 끝에 그들은 영국을 떠난 지 755일 만에 모두 살아서 돌아왔다. 이들을 이끈 세클턴의 리더십이 역사에 빛나는 장면이다.

그의 스토리에서 가장 중요한 요소는 절대 포기하지 말라는 것이다. 포기하지 않는 한 미래는 열려 있고 기회는 온다. 위기탈출과 극복은 결국포기하고 싶은 마음과 싸우는 일이다.

2.2 위기의 원인과 관리

위기는 그 원인을 원천적으로 해소하거나 발현되지 않도록 차단하는 것이 가장 바람직하나 인간은 모든 위기의 원천을 근본적으로 통제할 수 없다. 위기의 원인과 관리에 관한 기본적인 견해들과 방안을 살펴본다.[6)]

5) 다음 자료를 참조바람. Roberts. W. 최창현 역(2004), 「위기관리 리더십」. 한언.

6) 상세한 내용은 다음 자료를 참고하기 바람. ① Mitroff. I. et al.(2000), Crisis Preparation in Organization. ② Mitroff.

2.2.1 위기의 원인

위기는 다양한 원인으로부터 발생한다. 주요 원인들은 다음과 같다. 가령 조직의 생존에 결정적인 영향을 미치는 중요한 기술의 손상이나 경쟁력 상실 등의 기술적 원인(technological), 재무상태의 악화나 경기침체 등의 경제적 원인(economic), 주요정보의 유출 및 교란 등의 정보의 원인(informational), 생산설비의 파손이나 기계적 고장 등의 물리적인 원인(physical), 중요한 인적자원의 손실이나 경쟁력 저하 등의 인적 원인(human resource), 이미지 왜곡과 악화로 인한 대외신뢰도에 의한 평판의 원인(reputation), 이기주의나 무사안일주의 만연 등의 조직문화의 원인(cultural), 태풍이나 산불 등의 자연재해에 의한 원인(natural disasters) 등이다.

이러한 위기들은 조직내적 원인과 조직외적 원인으로 나누어볼 수도 있지만, 선명하게 구분하기 어려울 때가 많으며 또한 위기는 하나의 원인에 의해서 일어나기보다는 여러 원인들이 복합적으로 작용하거나 또는 연쇄적으로 작용하여 발생한다. 따라서 리더는 위기가 발생하면 그 원인을 정확히 진단하는 일이 무엇보다 중요하다.

별빛 한마디

석탄 속의 다이아몬드

- 장애란 뛰어넘으라고 있는 것이지 걸려 엎어지라고 있는 것이 아니다. 불운(不運)은 몇 배의 노력으로 극복하고, 호운(好運)은 성장에 활용해서 힘을 비축해야 한다.

  – 정주영 (전, 현대그룹 명예회장) –

- 작은 한 덩어리의 석탄이 찬란한 다이아몬드가 되기까지는 커다란 압력이 필요하다. '고난'이라는 포장 속에는 '강한 힘'이라는 선물이 들어 있다.
- 비관론자들은 모든 기회에 숨어 있는 '문제'를 보지만, 낙관론자들은 모든 문제에 감춰져 있는 '기회'를 본다.

I.(2001), Crisis Leadership Leaders stop the parade in companies, ③ Mitroff, 하정필 역(2006), 「미트로프 위기경영」.

2.2.2 위기의 관리와 극복

위기는 예고 없이 찾아올 수도 있고 어느 정도 예측한 상태에서 맞을 수도 있다. 위기관리를 논의하기 전에 위기의 감지부터 위기가 경과한 후의 학습단계까지의 단계를 먼저 정리한다.

① **위기의 감지 단계**(signal detection) : 위기를 경고하는 신호들을 발견하고 위기 예방을 위해 적절하게 대응한다. 위기는 외면적으로는 갑작스럽게 불거지지만, 사실상 경고신호들이 있는 경우가 많다. 마치 화산이 폭발하기 전에 여러 징후들이 있고, 원만했던 인간관계가 원수처럼 등지게 될 때는 여러 차례 위기를 알리는 단서들이 있기 마련이다. 초원을 태우는 큰 불도 작은 불씨에서 시작되고 큰 균열도 작은 틈새에서 시작되듯이 큰 위기도 감지할 수 있는 단초가 있다.

② **대비와 예방 단계**(probing and prevention) : 조직의 구성원들은 이미 알려진 위기의 잠재요인들을 점검하여 이들이 위기까지 발전하지 않도록 한다. 위기가 발생할 가능성이 높은 부문이나 이슈들은 미리 예방조치를 하고, 위기가 감지되면 초기 대비가 중요하다. 많이 알려진 위기요소를 중심으로 위기관리계획(CMP)의 수립, 조직의 위기 관련 취약점 진단, 위기관리팀과 대변인의 선정 및 교육, 위기 포트폴리오의 구성, 위기 커뮤니케이션 시스템 정비 등을 포함한다.

실제 위기에 대비하여 준비한 요소들을 실제로 실행을 통하여 정기적으로 점검되어야 한다. 모의 테스트 및 가상훈련과 실제 상황에서의 실행이 모두 포함된다. 우리나라의 민방위 훈련이나 태풍 대비 훈련, 미국의 토네이도 대비훈련, 일본의 태풍 대비훈련 등이 좋은 예이다.

③ **피해의 최소화 단계**(damage containment) : 위기가 발생하면 피해확산을 막아야 한다. 위기가 조직의 다른 부분이나 주변 환경으로까지 확산되지 않도록 노력한다. 초기대응을 통해 위기를 처리하지 못하면 호미로 막을 일을 석가래로도 막기 힘든 상황이 초래될 수 있다.

④ **회복 단계**(recovery) : 위기에 대한 대응으로 위기가 극복되거나 경과하면

구성원들은 가능한 빨리 정상적인 조직운영이 재개될 수 있도록 노력한다.

⑤ 학습 단계(learning) : 구성원들은 위기관리 및 대응 경험을 분석하여 그 결과를 조직의 경험으로 제도화한다. 가상 또는 실제적 위기에서 수행된 실행조치에 대한 잘잘못의 평가를 통해 개선점을 찾아 미래에 대한 대비를 한다는 점에서 학습은 경험을 제도화(institutional memory)하는 과정이다.

제도화는 위기에 대한 조직의 탐지 능력과 대응 능력을 증대시켜 차후 위기관리의 효과성을 높인다. 실행 훈련을 통해 위기대처 경험을 많이 축적할수록 실제 위기 발생시에 보다 적절하게 대처할 수 있다.

이와 같은 일들은 위기에 대비하는 조직의 체계적 준비에 관한 내용들이다. 그러나 위기와 관련한 리더십의 문제는 위기의 현장에서 보여주는 리더의 대응능력에 관한 것이다. 가령 위급하고 혼란스러운 상황에서 리더가 당황하고 어쩔 줄 몰라 우왕좌왕한다면 더 이상 리더의 지위를 유지하기 어려울 것이다. 그러나 침착한 자세로 사태를 정확히 판단하여 과감한 결단으로 구성원들을 통솔한다면 리더의 지위는 더욱 확고해 질 것이다.

위기에 직면하면 평시와 같은 리더십으로 사태를 수습하기 어렵다. 우리나라의 경우 1990년대 후반에 직면했던 경제위기였던 IMF사태에서는 평시의 리더십과는 다른 비상시의 리더십이 요구되었다.7)

당시 **바람직한 리더십으로 제시된 내용을 요약하여 보면 다음과 같다.**

첫째, 현실을 직시하며 고통을 공유하고 분담하는 컨센서스를 형성하여 희망과 활력의 비전을 제시하여야 한다. 비전에는 위기극복의 마스터 플랜을 포함한다. 둘째, 리더가 위기의 실상을 공개하고 구심점이 되어 신뢰회복과 통합을 이루도록 한다. 셋째, 리더의 철학으로 반대세력을 포용하고 설득하여 지지세력으로 전환시켜야 한다. 넷째, 타이밍을 놓치지 않는 결단과 행동으로 정책을 적시에 집행해야 한다. 타이밍은 완벽한 계획보다 중요하다. 다섯째, 초기 주도권을 장악하

7) 육현표(1997. 12. 31), 「위기를 반전시키는 리더십」, 삼성경제연구소.

여 위기돌파의 에너지를 결집하여야 한다. 여섯째, 위기를 조직탄력성과 분권화로 조직체질을 강화하는 계기로 활용하는 것이 바람직하다. 일곱째, 리더와 지도층이 권리보다 의무와 책임을 우선적으로 수행하는 자기희생적 리더십을 보임으로써 구성원들의 참여를 높인다.

이러한 내용을 요약하여 보면 〈표 8.2〉와 같다.

표 8.2 평시 리더십과 위기시의 리더십

구분	평시 리더십	위기시 리더십
키워드	확장, 성과 배분	생존, 고통분담
스타일	조화지향형	목적지향적
운영방식	합의 중시(bottom-up)	목표달성(top-down)
조직문화	자율, 협조	돌파, 희생

*육현표(1997), 위기를 반전시키는 리더십.

한편, 미국의 주간지 Fortune은 9.11 테러를 경험한 후에 테러, 전쟁, 불황, 침체가 맞물려 있는 위기상황에서 조직생존에 가장 절실한 것은 최고경영자 리더십이라고 진단하고 위기극복 리더십의 네 가지의 요건을 제시했다.[8)]

첫째, 리더가 현장에 있어야 한다. 불확실성이 높은 위기상황에서 사람들은 리더를 찾기 마련이다. 때문에 리더는 사고지역, 작업장, 주요 활동 현장에 모습을 보여 '리더가 함께 있다'는 인상을 심어주어야 한다. 유창한 연설이나 특별한 행동은 없더라도, 현장에 함께 있는 것만으로도 신뢰와 존경을 받을 수 있다. 줄리아니 뉴욕시장은 사고 때마다 현장에 반드시 모습을 보임으로써 뉴욕시민 91%의 지지를 얻었다.

둘째는 감정을 통제하는 것이다. 리더가 솔직한 감정을 표출하는 것은 무방하지만 불안과 공포를 드러내는 것은 절대금물이다. 피와 눈물, 땀으로 얼룩진 모진 현실은 인정하면서도 최종승리에 대한 자신감을 심어주는 2차 대전 당시 처칠 영국수상의 모습, 즉 '처칠의 패러독스'야말로 진정한 리더십의 조건이다.

---

8) 한국일보(2001. 12. 10)에서 재인용.

셋째, 위기의 현실을 왜곡하지 말고 사실에 기초하여 판단해야 한다. 구성원들을 안심시킨다는 이유로 나쁜 뉴스를 숨겨서는 안 된다. 또한 사태를 사실적 근거 없이 낙관하는 것도 옳지 않다. 주식투자의 대가인 워렌 버핏 회장은 9.11 테러 사태이후 간부들에게 경영이 악화할 것임을 솔직히 밝히면서, 자신감을 갖고 위기를 극복하자고 호소했다. 그러나 폴 오닐 재무장관은 "미국경제는 금방 회복될 것"이라고 주장했지만, 이를 믿는 사람은 거의 없었고 오히려 무책임하다는 비난을 받았다.

넷째, 구성원들에게 정확한 정보를 제공하고 함께 극복하도록 공감을 얻어야 한다. 경영실적의 악화전망도 사실대로 밝혀야 한다. 직접적 재난피해를 입지 않았다고 방관하거나 별다른 조치를 취하지 않는 것은 바람직하지 않다. 어떤 형태로든 회사실정에 맞는 방안을 강구해야 한다. 미국의 '사운드 뷰'사의 CEO는 9.11 테러 사태 이후 어려움을 토로하고 위기를 극복하면 수익금을 종업원 기부금으로 내겠다고 발표하였다. 이는 종업원들의 근로의욕에 자극제가 됐고 수익금은 현저히 높아졌다.

전문가 의견

병든 조직의 5가지 콤플렉스

개인이나 기업도 자신을 객관적으로 조망하고 반성하는 경우가 드물다. 도요타는 1989년 3천여 건의 엔진관련 클레임이 경영층에 전달되지 않고 10개월이나 방치하여 대규모 리콜로 심각한 타격을 받았다. 관료적 풍토의 잘못된 습관을 방치하면 조직의 병리현상이 심화된다. 그리스신화와 비견하여 콤플렉스들을 짚어본다.

① 다이달로스 콤플렉스(과거의 장점이 오늘의 걸림돌로 변질) : 다이달로스는 건축과 공예의 명인으로, 괴물을 가두어 달라는 크레타 왕 미노스의 부탁을 받고 들어가면 나올 수 없는 미궁을 지어주었다. 그러나 훗날 그는 미노스의 미움을 사서 자신이 만든 미궁에 갇히지만 아들 이카로스와 함께 밀랍날개를 만들어 탈출한다. 하지만 이카로스는 하늘을 나는 기쁨에 태양을 향해 너무 높이 날다가 밀랍이 녹아 바다에 떨어져 죽는다.

조직은 효율성을 위해 다양한 시스템을 운영하지만, 경직적으로 운영하면 오히려 효율성을 떨어뜨리고 위기를 불러온다. 가령, 상명하복의 지휘체계는 빠른 의사결정과 실행이 장점이지만 경직된 조직문화로 변질될 수 있다.

② **메두사 콤플렉스**(환경 변화를 외면하게 만드는 지나친 자부심) : 머리칼이 모두 뱀으로 되어 있는 메두사는 원래 아름다운 소녀였으나 자기 미모에 자만하여 아테네 여신보다 예쁘다고 자랑하다가 벌을 받아 모든 남성이 혐오하는 괴물이 되었다. 100년 역사의 미국 증권거래소 창립시의 등록기업 중에 현재까지 남아 있는 기업은 GE 등 손에 꼽을 정도이다. 잘 나가거나 오랜 역사의 기업이 망하는 이유 중 하나는 지나친 자만심에 빠져 변화하지 않는 성향 때문이다.

③ **프로크루스테스 콤플렉스**(모든 일을 자신의 잣대로 해석하는 현상) : 아테네의 영웅 테세우스가 괴물을 물리치는 여행 중 프로크루스테스를 만났다. 프로크루스테스는 나그네들을 자신의 침대에 눕혀서 침대보다 키가 크면 다리를 자르고, 키가 작으면 늘여서 고통을 주었다. 테세우스는 그와의 혈투에서 이긴 후에 똑같은 형벌을 주었다. 구성원들은 다양한 상황에서 문제를 판단하고 결정을 내리게 되며, 그 적절성은 조직성과에 영향을 미친다. 그러나 관료화된 조직은 구성원의 판단을 조직의 입맛에 맞게 재단해 버린다.

④ **시지프스 콤플렉스**(실패로부터 학습하지 못하고 같은 실수를 되풀이) : 신들을 기만했던 시지프스는 지옥에 떨어져 엄한 형벌을 받는다. 큰 바윗돌을 산 아래에서 꼭대기에 올려놓으면 신들이 다시 산 아래로 굴려버리고 시지프스는 다시 정상에 올려놓아야 하는 끝없는 고행의 형벌이다. 조직에서는 실패할 수도 있다. 그러나 실패로부터 학습하지 않으면 거듭되는 실수로 조직의 생존마저 위협받는 위기를 맞을 수 있다.

⑤ **키클롭스 콤플렉스**(편향된 시각으로 인해 다양성 상실) : 영웅 오디세우스는 여행 중에 외눈박이 거인 키클롭스를 만나 괴롭힘을 당한다. 사고방식이 단순한 키클롭스는 오디세우스가 준 술을 먹고 취해서 잠을 자다가 하나 남은 눈마저 잃는다. 단기실적에만 급급하거나 고객에 대한 최상의 서비스의 집념 때문에 과잉투자하여 도산하는 경우가 있다. 조직이 편향된 관점에만 집착하면 실패하기 쉽다.

병든 조직들의 콤플렉스는 감기처럼 짧은 일회성이 아니라 근본적인 치유가 필요한 중병이다. 치유의 중심에는 바로 건강한 조직을 만드는 리더십이 있음을 명심하자.

– 이상혁, 리더피아 ('06. 7. 25)에서 요약 –

2.3 위기관리의 리더십

위기시의 리더십에 대한 핵심적인 지침들을 요약하여 재정리한다.

첫째, 위기상황에서는 부하들의 동요를 막고 즉각적인 조치를 위해서 리더는 현장에 함께 있어야 한다. 현장 중에서도 가장 위급하고 중요하며, 가능한 많은 부하들이 바라볼 수 있는 현장이 좋다. 리더는 현장들 중에서도 조직의 중심(重心)을 판단하고, 여건과 시간이 가능한대로 여러 곳의 현장에서 솔선수범하며 위기극복을 독려하는 것이 효과적이다.

둘째, 위기상황에서는 책임있는 초기대응이 가장 중요하다. 초기대응을 통한 주도권의 확보여부는 위기극복의 성패를 좌우한다. 우물쭈물 우유부단하고, 상급자의 지시나 하급자들의 건의를 기다려서 책임을 회피하려는 자세는 리더 자신은 물론 조직에 큰 피해를 입힌다. 위기상황에서 리더는 배짱과 결단력 있는 모습을 보여야 한다.

셋째, 리더가 의연하고 자신있는 태도와 언행을 보여야 한다. 리더가 당황하고 흔들리면 조직전체가 흔들린다. 최악의 경우는 리더가 공황상태에 빠지는 경우이다. 경우에 따라 리더가 비장한 각오를 보이는 것이 효과적일 수도 있으나, 부하들은 상황이 매우 위험하거나 희생될 수도 있다는 직감 때문에 더욱 두려워할 수 있다. 차라리 농담을 던지는 여유 있는 모습이 부하들을 안정시키고 자신감을 줄 수 있다. 이러한 점에서 위기시의 리더십에는 침착성과 담력이 중요한 자질이다. 침착성과 담력은 사태의 본질을 정확하게 간파하고 올바른 판단을 돕는 자질이다.

넷째, 의사결정과 지시가 간명하고 정확하게 이루어지도록 해야 한다. 긴박한 상황에서는 리더들이 잘못된 결정을 내리는 것을 피하기 위해 시간을 많이 사용할 수가 있다. 이는 예하 조직이 위기대응기회를 상실하는 원인이 된다. 위기상황은 시간이 긴박한 경우가 많으므로 하급부서나 하급자들에게 시간이 많이 할애되도록 해야 한다. 또한 의사결정이나 지시가 명백히 잘못되었을 때에는 리더로서의 권위의식 등의 문제 때문에 바로 잡을 수 있는 기회를 놓치지 말고 신속하게 수정지시를 내려야 한다.

다섯째, 정보와 상황인식을 부하들과 공유하는 것이 좋다. 부하들을 안심시키기 위해 일시적으로 정보를 왜곡하는 것은 단기적인 도움을 줄 수 있으나 정보왜곡에 대한 유혹을 늘리며 장기적으로는 부정적인 결과를 낳게 되므로 특별한 경우가 아니라면 피하는 것이 좋다.

여섯째, 위기현장에서는 일이 잘 되어가기가 어렵다. 리더는 부하들에게 화를 내고 질책하는 것보다 상황이 안정될 때까지 격려하고 사기를 높여서 참여를 촉진시켜야 한다.

일곱째, 위기관리의 리더십은 조직의 위급한 상황에서만 국한된 문제가 아니다. 조직변화에 대한 구성원들의 저항, 리더의 권위에 대한 도전, 리더의 권력기반의 약화, 리더 자신의 실수로 인한 권위의 실추 등 훨씬 더 직접적으로 리더십의 어려움을 맞이할 수 있다. 따라서 리더는 평소부터 공식적인 권력기반은 물론 인간적인 권력기반을 강화하고 조직정치에 대한 관심과 조직통제력을 유지하여야 한다.

전문가 의견

우리나라 직장인의 스트레스

타워스 페린(세계 26개국에 진출한 미국의 세계적인 인사컨설팅 회사)은 한국, 미국, 중국, 일본, 인도 등 16개국 직장인 8만6000여명에 대해 직장생활을 조사한 결과를 발표했다(2006. 8. 27).

한국인은 다른 나라에 비해 직장생활이 더 고달프다고 느끼고 있는 것으로 나타났다. '스트레스를 많이 받는다'는 응답이 45%로 일본(41%), 미국(35%), 중국(29%)보다 많았다. '회사가 일과 삶의 균형을 이루도록 지원하는가?'에 대한 만족도는 19%로 13위였다. '성과에 따라 연봉이 인상된다'는 응답은 16%뿐이었다. 절반(48%)의 직장인이 이직을 원했다.

상사에 대한 만족도도 매우 낮아 최하위 수준이었다. '상사가 성과를 정당하게 평가하는가?'에 대해 긍정적인 응답은 32%로 16개국 중 꼴찌였다. '부하 직원에게 권한을 위임한다'(31%)거나 '의사소통을 잘 한다'(31%)는 응답도 최하위였다. 상사에 대한 전반적 평가가 한국보다 낮은 나라는 일본과 인도뿐이었다. 서울사무소의 박광서 사장은 '한국 직장의 문제는 시스템이 아니라 사람 때문'이라고 진단한다. 한국 기업 대부분이 외환위기 이후 선진국의 인사제도를 도입했지만, 이를 운영하는 관리자에 대한 훈련은 부족했다는 것이다. 상사에 대한 불만이 높은 것도 이 때문이라고 분석했다.

'회사를 보고 입사한 뒤 관리자를 보고 나간다'는 말이 있을 정도이다. 박 사장은 "팀장 · 부장급이 부하들의 동기와 역량을 개발하는 역할을 해야 하는데, 제대로 안 된다"고 지적하고 팀 · 부장급의 리더십을 강화하고 직원들에게는 도전적인 업무를 주라고 조언한다. 아울러 '배고픈 건 참아도 배 아픈 건 못 참는' 분위기 때문에 결과의 평등을 중시하는 현실도 개선해야 한다고 강조한다.

제 3 절 스트레스의 이해와 관리

3.1 스트레스의 의미와 기능

우리는 조직생활에서 무시를 당하거나 업무의 양이 너무 많거나 심한 질책을 받거나 일이 잘 풀리지 않거나 하는 경우 등에 스트레스를 받는다. 스트레스를 받지 않는 사람은 아무도 없을 것이다. 스트레스의 어원은 '팽팽하게 죄다'라는 뜻을 가진 라틴어의 'stringer'인데, 오늘날 스트레스는 여러 가지 의미로 다루어지고 있다.9)

① 생리의학적 의미 : 스트레스 연구의 선구자로 평가받는 Selye(1974)가 개념을 체계화하였으며, 스트레스는 '특정요구에 대한 생리시스템의 비정상적인 반응이며, 어떤 자극에 대해 신체의 생리적 균형을 유지하려는 일반적인 적응반응의 징후'로 정의된다.

② 심리학적 의미 : 스트레스는 여러 환경요인에 의해 발생하며, '객관적인 요구와 유기체의 반응능력간의 불균형이 아니라 지각된 요구와 지각된 반응능력간의 불균형적인 결과'로 인식된다. 스트레스는 개인마다의 지각의 차이가 조절변수이므로 동일한 환경자극에도 개인별로 반응이 달라지는 것으로 보았다.

③ 행동과학적 의미 : 사회문화적 요인들과 결합하여 스트레스는 '환경과 개인의 부적합 관계의 상태이며, 개인의 특성과 사회환경의 요구가 서로 충족되지 못하여 나타나는 현상'으로 인식된다.

④ 조직심리학적 의미 : 산업 정신위생의 관점에서 조직스트레스나 직무스트레스의 이름으로 연구되었다. 직무스트레스는 '직무관련요인들이 원인이 되어 개인의 심신이 정상적인 기능을 이탈하도록 영향을 미치는 상황'으로 인식된다.

---

9) 이수도(2002), 「인간관계론」, 218-221쪽, 형설출판사.

사례 : 영혼이 따라올 시간이 필요하다

정신없이 바쁜 세상! 개미는 훌륭하고 베짱이는 나쁜 것으로 묘사하는 우화처럼 우리에게는 일은 가치있고 휴식은 게으른 자의 몫이라는 편견이 있다. 그러한 생각이 현실적으로나 의학적으로도 타당한 것은 아니다. 가령 수면 중에 렘(REM)수면은 받아들인 정보와 경험들을 재정리 및 재학습하여 뇌에 저장하는 정보처리 기능을 한다. 만일 밤새워 공부하고 잠을 제대로 자지 않으면 학습내용의 정리와 저장에 방해를 받는다. 경험과 학습은 수면을 통해 완성되는 것이다.

인생에서 활동만 있고 휴식이 없는 사람은 밤새워 공부하고도 내용을 저장하지 않는 것과 같다. 우리는 조직에서 일에만 몰입하며 승승장구하다가 성격 등 여러 원인으로 스트레스를 이기지 못하여 쓰러지는 사람들을 흔히 본다. 인생살이의 마침표를 찍을 때가 되어서야 비로소 너무나 쉼표가 없는 인생을 살았다는 사실을 알게 되는 것이다.

남미를 탐험하던 서양 탐험가가 짐꾼으로 원주민을 고용했는데, 높은 산을 한참 오르던 중 원주민들이 멈췄다. 탐험가는 재촉했으나 그들은 움직이지 않다가 몇 시간이 지나서야 짐을 지고 움직이기 시작했다. 시간지체에 불만스런 탐험가가 물었다. "뭣 때문에 움직이지 않았던 것이오?" 원주민이 대답했다. "우리는 쉬지 않고 너무 오래 걸어오느라 우리의 영혼이 따라오지 못했기 때문에 영혼이 따라오기를 기다렸던 것이라오." 삶의 여백이란 인간의 원초적인 욕구이며, 쉼표 없는 인생이란 조직과 개인 모두에게 더 많은 것을 잃게 한다.

－M kiss에서－

3.2 스트레스의 과정모형

스트레스는 스트레스를 유발하는 여러 요인(stressor)에 의해서 시작된다. 그러나 스트레스 유발요인이 존재한다고 하여 스트레스가 되는 것은 아니며, 개인이 스트레스를 지각(perception) 할 때에 비로소 스트레스가 되는 것이다. 그러므로 스트레스는 개인의 지각에 따라 그 정도가 달라진다. 스트레스를 지각한 개인은 여러 가지 형태의 반응(response)을 보이게 된다. 이러한 과정을 그림으로 정리하면 〈그림 8.1〉과 같이 구성된다.

그림 8.1 스트레스 과정모형

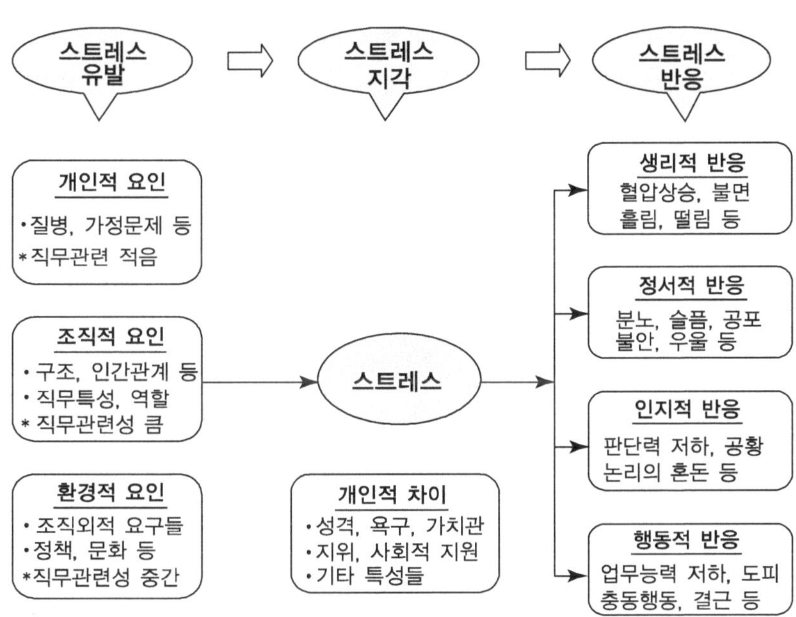

자료 : 박동수 외(2002), 조직행동, 457쪽을 참고하여 필자가 재구성

3.2.1 스트레스의 원인

스트레스의 원인은 개인적, 조직적, 환경적 요인에 의해 발생한다. 그러나 스트레스가 각각의 요인에 의해 독립적으로 발생하기보다는 서로 복합적인 연결을 통해 발생하는 경우가 대부분이다.

① 개인적 요인 : 질병, 가족의 사망, 이혼이나 별거 등의 가정문제 등 직장 및 직무와는 거의 관련성이 적은 개인적 사유의 스트레스 요인을 말한다.

② 조직적 요인 : 주로 조직심리학적 관점의 조직 및 직무스트레스를 의미하여 리더십에서 가장 중요한 관심을 가지는 요인이다. 조직적인 스트레스 요인은 다양하다. 첫째, 조직구조요인으로서 불공정한 권한구조와 같은 경우이다. 평가제도의 불공정성도 스트레스를 유발하는 대표적인 요인이다. 둘째, 조직풍토요인으로서 불만족스러운 조직문화나 조직분위기 등이다. 셋째, 대인관계 요인으로서 상사의 리더십 스타일이나 동료와의 관계에서의 신뢰감 저하 등의 요인이다. 넷

째, 물리적 환경요인으로서 소음이나 온도 및 조명 등과 같은 불만족 요인들이 스트레스를 유발한다. 다섯째, 직무특성요인으로서 작업의 속도나 반복성 및 위험성 등에서 나타나는 스트레스 요인이다. 여섯째, 역할관련요인으로서 역할과중과 역할모호성 및 역할갈등이 있다. 역할과중은 역할이 양적 질적으로 능력을 초과하는 것이다. 직무능력의 부족도 원인이 된다. 역할모호성은 주어진 역할의 내용과 권한 및 책임 등이 명확하지 않은 경우이다. 역할갈등은 한 쪽만을 선택할 수 없는데 두 가지 이상의 역할을 요구받는 경우이다.

③ **환경적 요인** : 조직수준을 넘어서는 스트레스 요인이다. 때로는 조직요인과 관련성이 있는 경우가 많다. 가령 직무관련 법률이나 경제정책, 지역민과의 관계, 문화적인 부적응, 주변지역의 건설공사, 사회경제적 지위의 문제 등이다.

3.2.2 스트레스의 조절변수 : 지각(知覺)

스트레스는 주관적인 것이다. 동일한 스트레스 자극에 대해서도 개인별로 스트레스를 받는 정도가 각각 다르며 반응행동 또한 달라진다. 가장 표본적인 예는 성격이다. 특히 A형 성격은 B형에 비해 경쟁적이며 공격적이고 시간강박감을 많이 느끼며 완벽지향적인 성격으로 스트레스를 많이 받아 심장질환 발병이 높다. 또한 내성적인 성격은 외향적인 성격에 비해 스트레스를 발산하지 못하고 내부에서 해소하려는 경향이 있어서 스트레스를 더 많이 지각할 수 있다.

욕구, 성별, 지위, 사회적 지원 여부 등의 요인들이 스트레스의 정도를 조절하게 된다. 일반적으로 욕구가 강하고 많을수록 스트레스를 더 많이 받는 경향이 있다. 지위는 체면이나 명예욕과 관련될 경우 스트레스를 더 많이 지각할 수 있다. 스트레스를 발산하거나 도움을 받을 수 있는 친근한 가족이나 교우 등이 있으면 스트레스를 덜 받거나 쉽게 조절할 수 있다.

별빛 한마디

완벽주의자의 슬픔

완벽주의자는 전체 시를 망칠 때까지
한 줄의 시구를 고치고 또 고친다.

완벽주의자는 종이가 닳아 없어질 때까지
초상화의 턱 선을 고치고 또 고친다.

완벽주의자는 시나리오의 첫 장을 고치느라고
다음 장을 제대로 쓰지 못한다.

일을 즐기는 것이 아니라 끊임없이 결과를 저울질한다.

그는 어디로 가고 있을까? 그는 아무데도 가지 못한다.

– 줄리아 카메론, 〈아주 특별한 즐거움〉 중에서 –

3.2.3 스트레스의 반응

스트레스의 반응은 생리저, 인지저, 정서적, 행동적인 네 측면으로 나누어 볼 수 있다.

① 생리적 반응은 혈압증가, 호흡곤란, 근육긴장, 위장장애, 땀, 손 떨림, 식욕부진, 불면증, 두통, 탈모, 피로감 등으로 나타난다. ② 인지적 반응은 판단력이나 집중력의 저하, 건망증, 숫자 개념의 혼돈, 공황 등이다. ③ 정서적 반응은 분노, 슬픔, 공포, 좌절 등으로 나타난다. ④ 행동적 반응은 업무능력 저하, 음주, 약물 남용, 충동적이고 과격한 행동, 현실이탈 등을 들 수 있다.

스트레스가 개인이 감당할 수 있는 정상범위를 현저히 넘어서면 소진(燒盡, burn out)될 수 있다. 소진이란 정신과 정서적 에너지가 고갈되어 자기애착과 성취욕구를 포기하는 상태이다. 우울증이나 무력감의 증세를 보이다가 일상을 이탈하는 극단적인 행동을 보일 수가 있다.

별빛 한마디

걱정의 실체

걱정의 40%는 절대 현실로 일어나지 않는다.
걱정의 30%는 이미 일어난 일에 대한 것이다.
걱정의 22%는 사소한 고민이다.
걱정의 4%는 우리 힘으로는 어쩔 수 없는 일에 대한 것이다.
걱정 소계96%
걱정의 4%는 우리가 바꿔놓을 수 있는 일에 대한 것이다.
걱정 합계 100%

– 어니 젤린스키, 〈느리게 사는 즐거움〉중에서 –

3.3 스트레스의 관리

스트레스를 관리한다는 것은 부정적인 스트레스의 발생요인들을 차단하고 발생 후에는 적절하게 조절하거나 해소하는 일을 의미한다. 스트레스의 관리는 스트레스의 원인 제거, 지각조절, 반응후의 관리 등 세 단계에서 개인차원의 관리와 조직차원의 관리로 나누어 방안을 모색할 수 있다(그림 8.2 참조).

개인차원의 관리와 조직차원의 관리는 엄격하게 구분하기 어려우며 개인차원의 대응이 더욱 중요하다. 조직의 직무에서 스트레스를 받았을 경우 조직에서 후원하는 스트레스 관리방안들이 시행된다 하더라도 궁극적으로는 개인이 대처해야 하기 때문이다. 따라서 개인차원의 관리방안을 중점으로 설명한다.[10)]

10) 한국보건사회연구원(1988), 「스트레스의 측정과 관리」. ② 방정배(2000), 「간부 스트레스 관리」, 육군교육사.

그림 8.2 스트레스의 관리 모형

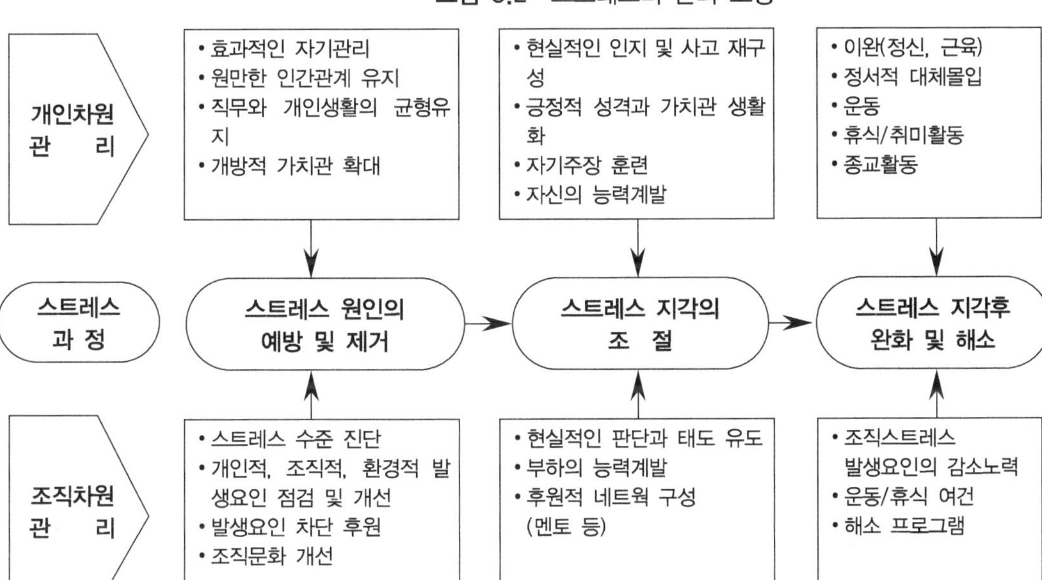

자료 : 방정배(2000), 용어 등 내용을 필자가 부분적으로 구체화하였음

별빛 한마디

멈춤의 공간

• 우리에게는 멈추어 쉬는 시간이 필요하다. 멈춰서는 경우는 두 종류가 있는데,
하나는 쉬기 위한 경우이고 다른 하나는 쉬지 않고 달리다가 고장나는 경우이다.
쉬기 위해 멈추면 휴식과 충전의 여유를 얻지만, 고장이 나서 멈추면 뒤늦은 후회만이 되돌아 온다.

– 레이첼 나오미 레멘의 〈그대 만난 뒤 삶에 눈 떴네〉중에서 –

• 일을 모르는 사람은 엔진 없는 자동차와 같고
휴식을 모르는 사람은 브레이크 없는 자동차와 같다.

– 포드 –

• 회복시간은 창조성과 긴밀하게 연결되어 있다. 음표들 사이의 공간이 있어야 음악이 만들어지고, 문자들 사이에 공간이 있어야 문장이 만들어지듯이, 사랑과 우정, 깊이와 차원이 성장하는 곳 역시 일과 일 사이의 공간이 필요하다. 회복시간이 없는 인생은 존재감 없이 반복되는 행동의 연속일 뿐이다.

– 짐 로허, 〈몸과 영혼의 에너지 발전소〉중에서 –

3.4 리더의 스트레스와 관리

일반적인 스트레스 및 관리방안을 다룬 연구는 많으나 리더의 스트레스를 다룬 연구는 찾아보기 어렵다. 스트레스에 관한 대부분의 연구들은 리더십 특성과 유형이 구성원의 스트레스에 미치는 영향이나 상관관계에 관한 것이다. 왜냐하면 리더는 구성원들에게 스트레스를 주지 말아야 하며 구성원의 스트레스를 관리하는 역할을 해야 하는 존재로 규정하기 때문이다. 그러므로 리더의 스트레스는 상대적으로 덜 주목받고 있는 것이다. 리더의 스트레스에 깊은 관심을 가져야 한다.

사례 : 휴식과 스트레스 풀기

- **지승룡(민들레 영토 대표)** : 휴식은 삶을 위한 정지, 또는 흔들리기 위한 멈춤이다. 나는 영화를 보면서 마치 내가 주인공이 된 것처럼 느껴본다. 영화가 주인공의 삶을 중심으로 전개되듯 현실 속의 주인공인 '나'도 자신감과 기쁨을 느끼게 된다.
- **손숙** : 일은 열심히 하는 것보다 즐겁게 하는 것이 좋아요. 지나친 사명감은 해롭습니다. 스트레스 받지 않도록 재미있게 일하세요. 힘들면 훌쩍 여행을 떠나요. 실컷 자고 개운하게 목욕을 하는 것도 좋은 방법이지요.
- **유순신(유앤파트너 대표)** : 주말에 용인의 전원주택에 가서 야생화를 키우면서 한 주의 피로를 말끔히 씻는다. 야생화에 물을 주고 잡초도 뽑다보면 욕심과 질책의 마음은 사라지고 어느새 안정과 평화를 되찾게 된다.
- **레오나르도 다빈치** : 역사적인 천재였던 그는 발명, 수학, 건축설계, 그림 등 여러 분야의 활동으로 밤잠을 제대로 못자는 일도 많았지만 낮에도 4시간마다 잠깐씩 낮잠을 잤다고 한다.
- **처칠 수상** : "2차대전 중에 나는 매일 낮잠을 자야 했다. 그것이 수상으로서 전쟁을 승리로 이끌고 가야 할 책임을 완수할 수 있는 방법이었기 때문이다."라고 하였다.

❖ 휴식은 멈춤이 아니고 더 먼 길을 힘차고 즐겁게 가는 과정이다 ❖

3.4.1 리더십 스트레스

멋지고 존경받는 리더십은 기업의 경영자나 군의 장교들을 물론 모든 조직리더들의 꿈이며 과제이다. 그러나 리더의 역할을 맡게 되는 사람들의 가슴 속에는 멋진 리더십에 대한 희망과 자신감만 가득한 것이 아니다. 그들의 가슴 속에는 '과연 잘 할 수 있을까'하는 불안감과 무거운 부담감이 함께 담겨 있다.[11)]

리더는 실수하면 안 되며 부하들보다 우월한 능력을 갖추어야 한다는 부담감, 그리고 실패에 대한 걱정과 실수에 대한 자책 등의 다양한 스트레스를 받게 된다. 리더의 이러한 정신적 현상을 '리더십 스트레스(leadership stress)' 또는 '리더십 강박증(leadership compulsiveness)'이라고 부르기로 한다.[12)] 리더들이 리더십 스트레스를 갖게 되는 원인은 무엇인가?

첫째, 리더업무의 과중이다. 리더의 직무상 처리해야 할 많은 업무들, 회의 등의 공식적인 스케줄, 수시로 발생하는 문젯거리의 처리, 다양한 사람들과의 관계 네트워크 형성과 유지를 위한 만남 등 리더의 일은 하나하나가 과중하고 실수하면 안 되는 일들로 중압감을 준다. 또한 이러한 일상은 긴장감을 높이고 일과 휴식시간의 능동적 선택을 어렵게 함으로써 스트레스를 누적시킨다.

둘째, 신입교육과정에서부터 너무 위대한 리더들을 모델로 한 교육을 받음으로써 느끼는 심리적인 압박감이다. 기업의 영역에서 이병철, 정주영, 잭 웰치, 고노스케 등의 역사적 경영자들을 모델로 학습하고, 장교 교육과정에서 이순신, 맥아더, 나폴레옹, 오기 장군 등의 리더십을 강조받으면 리더십이 자신과는 동떨어진 특별한 사람들의 문제로 인식될 수 있다. '나도 훌륭한 리더가 되어야지'라는 각오도 다지지만 '내가 어떻게 그런 위인처럼...'이라는 한계감을 가지게 되는 것이다. 위인 중심의 사례교육은 잠재적 리더들의 스트레스 요인이 될 수 있다.

---

11) 관리직으로 승진하는 회사원, 초임교사, 임관하는 장교 등 리더 역할을 하게 되는 사람들은 개인차가 있지만 리더십에 대한 심리적 부담감을 갖는다.

12) '리더십 스트레스'는 리더가 갖는 훌륭한 리더십에 대한 부담감을 의미하며, '리더십 강박증'은 인간의 신경증적 특성 중의 '강박증' 증상을 원용하여 필자가 구성한 용어임.

셋째, 리더에게 능력과 품성 면에서 지나치게 완벽함을 요구하기 때문에 스트레스를 느끼게 된다. 사회과학의 구조기능적인 관점에서 의사결정은 합리적이어야 하고 갈등이나 스트레스는 발생하지 않아야 하는 것으로 가정하는 것처럼 리더도 완벽해야 한다는 가정에서 역할기대를 하는 경향이 있다.

이러한 역할기대를 인지한 리더는 당연히 스트레스를 받게 된다. 부하보다 능력이 뛰어나야 하고 정보도 완전히 알아야 하며 문제가 생기면 깔끔히 처리해야 하며 도덕적으로 흠이 없어야 한다고 생각하는 것이다. 잘못된 결정임을 알아도 솔직하게 드러내지 못하고 태연해 하거나 잘못을 감추고 강행한다.

넷째, 리더십이론을 현실에 적용하여 해답을 찾기가 쉽지 않다는 점이다. 사람들은 교육과정에서 리더십을 학습하지만, 현실문제에 이론을 직접 적용하거나 적용할 수 있는 상황을 접하는 경우는 흔치 않다.[13] 리더십 교육을 받을 때는 리더십 능력이 향상되는 듯한 느낌을 갖지만 현실 속에 돌아가면 얼마 안가서 희석되어 버린다. 해답을 얻을 수 있다고 기대하는 곳에서 해답을 찾기가 어렵다는 것을 알게 되면 당황스럽고 스트레스를 받게 된다.

다섯째, 고용된 경영자나 중간관리자들의 경우에 상급자의 통제와 간섭으로 나름대로의 리더십 포부를 펼치기가 어렵다고 느낀다. 슈퍼리더십과 임파워먼트가 강조되고 있지만 조직현실은 여전히 최고경영층 중심으로 이루어진다. 중간관리직의 리더들은 제한된 여건 속에서 마음껏 자기의 가치관을 펼치기가 어렵다는 점이 스트레스의 요인이 된다.

위에서 제시한 요인들 외에도 리더십 스트레스의 원인은 많을 것이다. 그것은 주로, 리더라는 지위의 특성과 리더도 인간이기 때문에 발생하는 것으로 이해할 수 있다.

13) 경영학에 정통한 학자가 실제 경영을 잘 할 수 있을까? 정치학에 정통한 학자가 정치를 잘할 수 있을까? 어느 정도의 상관관계가 있을 수는 있겠지만, 이론과 현실은 서로 다른 이질적인 영역인지도 모른다.

별빛 한마디

완벽함의 그림자

- 나는 항상 모자란다고 생각한다. 때문에 훌륭한 임원과 직원들이 필요하다. 모든 걸 혼자 다하려 하고, 부족함을 느끼지 않는 경영자는 인재의 중요성을 깨닫지 못한다. 흔히 성공한 창업주들이 독단과 오만에 빠지기 쉬운데, 과거 성공한 경험에 의존하려는 경향이 있어 남의 얘기를 잘 듣지 않으려는 이유도 같은 맥락이다. – 강영중 (대한교육보험 회장) –

- "내가 너에게 뭔가 해 줄 것이 있었으면 좋겠어…." 이 말을 남긴 채 그는 떠나갔다. 최근에 와서 좋아하게 된 그림들의 특징은 '덜 그린' 그림이다. 뭔가 덜 그렸다는 느낌, 그래서 내가 완성하고 싶은 느낌이 들게 하는 그림. 그랬구나, 덜 그린 듯한 저 그림이 나를 붙잡듯, 조금은 부족한 듯한 그 모습이 상대에게는 함께 하고픈 마음이 들게 하는구나.
  – 한 젬마의 〈그림 읽어 주는 여자〉에서 –

- 골프에 싫증이 났어요. 지난 9년간 쉬지 않고 골프에만 매달렸어요. 아빠에게 왜 노는 법을 안 가르쳐주고 골프만 가르쳐주었냐고 울면서 따졌어요. 지난 2년간 놀면서 여행도 하고 무도도 하고... 골프채를 놓았더니 오히려 골프를 알게 되었어요. 이제는 골프를 즐길 수 있어요. 우승에 대한 압박감보다 행복감을 느껴요.
  – 2006년 LPGA메이저 대회 맥도널드 챔피언십 우승 후의 박세리 –

3.4.2 리더십 스트레스의 관리

구성원처럼 리더도 리더의 직무상 많은 스트레스를 받는다.
어떻게 관리할 것인가? 몇 가지 방안들을 논의한다.

첫째, 휴식의 개념을 잘 설정하고 일에 중독되지 않도록 유의해야 한다. 일 중독은 스트레스의 중요한 요인이다. 휴식의 리듬을 잘 관리하는 것을 휴(休)테크라고 한다. 일을 잘 하는 만큼 잘 쉬는 것도 중요하다.

리더가 스트레스를 풀지 못하면서 휴식도 하지 않으면 조직에는 여러 가지 문제가 발생한다. 몇 가지 문제점들을 살펴보면, ① 리더 스스로 소진될 수 있다. 리더가 소진될 경우 조직에 대한 영향은 매우 중대하다. ② 리더가 건전한 판단을 하지 못하여 의사결정의 질에 나쁜 영향을 준다. ③ 구성원들과의 원만한 의

사소통에 장애를 준다. 구성원들은 스트레스에 쌓인 리더와 편안하게 만날 수 없는 것이다. ④ 리더가 휴식을 갖지 않을 경우 다른 구성원들도 휴식을 갖지 못해 조직전체의 스트레스로 확산될 수 있다. ⑤ 리더가 휴식하지 않고 계속 근무하는 과정에서 불필요한 일들이 늘어나게 될 가능성이 많다. ⑥ 리더가 짜증을 내거나 감정적인 언행을 할 경우 이해관계자 및 구성원들과의 인간관계에 심각한 상처를 남긴다.

우수한 두뇌를 가진 유태인은 '열심히 일하라'가 아니라 '잘 쉬어라'를 강조한다. 그들은 6년간 일한 후 7년째 되는 해를 안식년(sabbatical year)으로 정해 재충전의 시간으로 활용했다. 자연도 쉬어야 한다는 생각으로 안식년에는 땅의 경작도 쉬었다. 안식년을 7번 보낸 다음 해, 즉 50년째는 '희년(禧年, year of jubilee)'이라고 하여 모든 계약관계를 정리하였으며 새로운 시작을 위해 가족에게 돌아가 휴식을 취했다.

둘째, 리더십이란 역사적으로 빛나는 대단한 일이기도 하지만, 보통의 경우는 우리들의 일상적인 일임을 인식하는 것이다. 위대한 경영자도 하급사원부터 출발했고 위대한 장군도 초급장교부터 시작하였다. 우리가 일상에서 부딪히고 해결해야 할 리더십의 문제는 그야말로 지금 마주하고 있는 조직현장에서 일어나는 일들이다. 그러므로 교육과정에서도 조직의 일상에서 일어나는 성공과 실패의 사례들을 다양하게 발굴하여 활용해야 한다.

셋째, 일은 완벽하게 하려고 노력해야 한다. 그러나 완벽주의에 대한 집착을 벗어야 한다. 일을 완벽하게 하려는 것과 완벽주의에 집착하는 것은 다르다. 아무리 완벽하게 하려고 해도 인간과 조직은 완벽할 수가 없다.[14] 실수나 빈틈을 허용하지 못하는 리더의 사고방식은 조직을 정밀하게 돌아가는 기계처럼 인식하게 하고 부하들은 신뢰하기보다는 감시하게 만든다.

완벽주의에 집착하는 리더는 조직과 타인의 장점을 살펴서 그 장점을 살리려

---

14) 세계적인 기업들이 최고의 품질수준으로 추구하는 '6시그마'도 100만분의 3.4의 오차범위를 가지고 있다. 그러나 일을 완벽하게 해야 하는 예외적인 경우가 있다. 가령 낙하산의 포장검사나 항공기 및 차량의 핵심 안전장치의 품질검사처럼 작은 실수라 하더라도 돌이킬 수 없는 치명적인 결과를 초래하는 경우 등이다.

하기보다는 단점에 주목하여 단점을 보완하는데 노력을 기울이게 된다. 단점을 보완하려는 과정은 흔히 질책이 따르게 되고 해당 단점은 고쳐질 수 있지만 또 다른 문제점과 불필요한 업무를 낳게 된다. 부하의 입장에서는 자신의 결점에만 주의를 집중하게 되므로 장점은 묻혀버리고 만다. 결점이 장점 속에 묻혀가는 것이 아니라 장점이 결점 속에 묻혀가는 결과를 낳는 것이다. 이러한 리더십은 조직과정을 복잡하게 만듦으로써 조직의 발걸음을 더디게 하고 신뢰의 분위기를 해칠 가능성이 크다.

넷째, 리더란 부하들보다 뛰어난 사람이라기보다는 자신보다 뛰어난 부하들을 다루는 사람이다. 사실상 리더가 모든 면에서 부하들을 능가하기란 거의 불가능하다. 리더십은 조직문제를 푸는 만능의 황금열쇠가 아니다. 모든 것을 리더가 감당해야 한다고 생각하는 것이 스트레스를 가중시키고 문제를 악화시킬 수도 있다는 점을 인식해야 한다. 때로는 상황을 그대로 두는 것도 지혜로운 일이다. 리더가 가만히 있더라도 조직은 유기체적 속성 때문에 스스로 문제를 해결하기도 하는 것이다. 예를 들어, 자녀들이 다툴 때 부모가 개입하여 해결해 주어야만 하는 것은 아니다. 가만히 두면 자녀들이 스스로 문제를 푸는 경우가 더 많다. 부모가 개입하면 또 다른 문제를 낳는 경우가 많다. 그러므로 리더는 나름대로의 원칙을 유지하고 역할의 범위를 판단하는 안목을 갖추는 것이 필요하다.

다섯째, 리더의 지위에 있는 사람들이 본능의 유혹을 덜 받도록 제도적으로 여건을 갖추어주는 노력을 해야 한다. 조직시스템이 잘 갖추어 질수록 리더십으로 해결할 일은 감소한다. 시간사용의 자율성 증대, 의무준수사항의 적절한 설정, 직무관련 비용의 충분한 제공, 책임범위의 명확화, 충분한 휴식의 보장, 공정한 평가시스템의 발전 등의 지속적 노력이 필요하다.

여섯째, 리더십이론의 역할을 적절하게 평가해야 한다. 이론은 간단하지만 현실은 복잡하다. 이론이란 복잡한 현실에 대하여 보편적인 원리와 원칙을 제시하는 것이므로 개별문제들에 대해 정확한 해답을 모두 줄 수 있는 것은 아니다. 그러나 이론은 현실의 복잡다단한 요인들을 집약한 것이므로 현실인식의 준거가 된다.

그러므로 리더십이론은 문제해결을 위한 사고체계와 안목을 갖게 하는 효익을 준다는 점을 분명하게 인식할 필요가 있는 것이다.

별빛 한마디

생각의 중요성

- 우리는 즐거워서 웃는 것이 아니라 웃기 때문에 즐거워지는 것이다.
  또한 슬퍼서 우는 것이 아니라 울기 때문에 슬퍼지는 것이다.
- 우리는 행복하기 때문에 감사하는 것이 아니라.
  감사하게 생각하기 때문에 행복할 수 있는 것이다.
- 생각을 바꾸면 태도가 바뀌고, 태도를 바꾸면 언행이 바뀌며
  언행을 바꾸면 습관이 바뀌고, 습관을 바꾸면 인생이 바뀐다.

REVIEW ISSUES

① 당신이 조직생활에서 리더십과 관련하여 느꼈던 어려움은 어떤 것이었습니까? 당신이 리더였을 때나 당신의 리더에 대한 경험을 서로 발표하고 논의해 봅시다.

② 갈등 때문에 인간관계나 조직성과가 나빴던 경우와 오히려 좋은 계기가 되었던 사례들을 찾아봅시다.

③ 사람간의 갈등을 해소하는 좋은 방법(노 하우)을 논의해 봅시다.

④ 당신이나 다른 사람이 리더의 지위에 있었을 때, 리더십 위기의 경험이 있었다면 어떤 경우였는지, 그리고 어떻게 대처하였는지를 논의해 봅시다.

⑤ 리더는 권위가 있어야 합니다. 그러나 리더의 권위가 스스로의 잘못이나 또는 다른 사람들(상관이나 부하 등)에 의해 실추되는 경우가 있습니다. 그러한 경우들을 찾아보고 어떻게 대처하는 것이 좋은지 논의해 봅시다.

⑥ 조직생활에서 당신이 스트레스를 느끼는 경우와 당신 나름대로의 해소법을 이야기해 봅시다.

⑦ 어떻게 하면 스트레스를 덜 느낄 수 있는지에 대해 논의해 봅시다.

⑧ 스트레스를 극복하여 결과적으로 긍정적인 효과를 얻었던 경험을 서로 이야기해 봅시다.

⑨ 리더가 적절하고 리듬있게 휴식할 수 있고 구성원들에게도 그렇게 해 줄 수 있는 제도적인 방법들을 찾아봅시다.

제9장 기타 리더십 진단과제

사회적으로 인정받거나 정상에 있는 리더들은 대부분 겸손하고 권위에 잘 순복한다. 또한 남이 성공하도록 도와주면서, 그 기쁨을 지켜보며 일은 내가 하고 공은 남에게 돌리는 것을 좋아한다.

이렇게 훌륭한 리더를 육성하기 위해서는 자기관리활동을 통해 자기지도력을 증진해야한다. 특히 대학생들이 공통적으로 느끼는 고민거리인 부족한 자기관리, 부족한 열정과 패기, 부족한 미래 설계 등에 대한 아쉬움일 것이다.

따라서 본 장에서는 각 장별 진단과제에 포함되지 않은 나의 꿈 실행, 내가 CEO가 된다면, 이성교재와 리더십, 리더와 구성원 교환관계에 관한 진단을 실시하여 리더십 개발의 동기를 개발한다.

학습목표

- 리더 계발을 위한 자기인식을 통해 구성원과의 올바른 관계를 형성한다.
- 올바른 자기인식을 가지고 자기관리활동을 통해 리더십개발을 증진한다.

진단과제

진단과제	목 표	실습참고
1. 나의 꿈 실행	자신의 삶을 주도하는 꿈에 대한 설계와 자기혁신을 위한 실천 사항들을 이행한다.	3장, 5장
2. 내가 CEO가 된다면!	후에 내가 CEO가 되었을 때, 어떤 식으로 조직을 이끌어 갈 것인가? 에 대한 자기대입으로 리더십을 개발한다.	4장, 5장
3. 이성교제와 리더십	사랑에 대한 자신의 특성을 이해하여 건강하고 주도적인 이성교제를 준비한다.	6장, 8장
4. 리더와 구성원 교환관계 (LMX)	리더와 구성원간의 관계가 내집단(관계가 양호)관계인지 외집단(관계가 낮다)관계인지 알아본다.	2장, 3장

과제 9-1 나의 꿈 실행(생각의 전환, 행동의 전환)

개념 및 정의

- 나의 꿈 실행 과정은 변화하는 환경에 능동적으로 대처하기 위해서 생각의 전환과 행동의 전환을 통해 나의 꿈 실행을 완성할 수 있다. 생각의 전환은 꿈 설계 – 자기믿음 – 자기대화 및 표현의 상호 환류를 통하여 이룰 수 있는 것이며, 행동의 전환은 결단 – 실행을 통해 실현할 수 있다.
- 나의 꿈 실행을 미루지 마라 미루다가 오늘까지 온 당신이다. 여기서 또 하루를 미루면 언제까지 이대로의 당신이 계속 될지 모른다. 결단은 다부지게 하는 거다. 그리고 실천은 즉시, 오늘부터 하는 거다. 그러면 내일부터 당신은 달라질 것이다.

생각의 전환[1)]

- 꿈 설계 : 꿈 설계는 이루고 싶은 나의 모습을 그리는 것으로 마음의 리허설이라고 할 수 있다. 이루고 싶은 나의 미래의 자기상징에 대한 모습에 대해 생각하는 것은 인생 전반에 대한 개인의 태도와 결과에 영향을 미치게 되므로 내가 가야 할 길을 생각해 보고 최종의 모습을 그려보는 것이 대단히 중요하다.
- 자기믿음 : 자기믿음은 자기 자신에 대한 믿음으로 긍정적인 기대는 실제로 그렇게 될 수 있는 가능성을 증대시킨다는 '피그말리온 효과'[2)]를 인용한다. 이러한 자기 기대는 자기를 이끄는 힘과 믿음이며 이러한 자신감은 긍정적인 믿음에서 시작되고 개인의 노력 여하에 따

1) 육본(2008), "리더십 교육 프로그램", 69쪽

2) 피그말리온 효과 : 그리스 신화에 조각을 잘하는 '피그말리온' 이라는 키프로스 왕의 이야기가 있다. 피그말리온 왕은 어느 날 상아에 여성상을 조각했다. 이 여성상이 너무나 멋지게 조각됐기 때문에 피그말리온은 "이 여성상을 현실의 여성으로 변하게 하고 싶다"고 강렬하게 원하게 됐다. 이 모습을 보고 있던 신 아프로디테는 피그말리온의 순수하고 갸륵한 마음에 감동을 받아 조각에게 생명을 불어넣어 줬다. 이리하여 피그말리온은 동경하던 여성과 결혼할 수 있었다. 피그말리온처럼 '마음속으로 기대를 하고 있으면 상대방이 그 기대에 부응해주는 현상'을 '피그말리온 효과'라고 부른다.(유시주, 거꾸로 읽는 그리스로마 신화)

라 달라질 수 있다.

- **자기대화 및 표현**: 자기대화 및 표현은 마음속의 자기 자신과의 대화이자 구성원에게 자기 꿈을 표현하는 것이다. 자신과의 대화가 자신의 의식과 행동의 긍정적 변화를 가져 오지만, 구성원에게 자기 꿈 표현은 고난과 역경 속에서도 잠재적인 책임의식 표현도 연결되어 행동의 변화를 가져와 꿈을 이루게 된다.

※ 생각의 전환은 「꿈 설계 – 자기믿음 – 자기대화 및 표현」의 상호 환류를 통하여 이룰 수 있는 것으로써 내가 변하기 위해서는 우선 생각의 전환을 통하여 꿈을 갖는 것이 중요하다. 그리고 구성원에게 자기 꿈을 표현시킬 때 더욱 시너지효과가 크다고 본다.

인생 전반에 걸쳐 이루고 싶은 나의 꿈을 계획한 목표 연도별로 적어보고 실천계획을 수립하여, 그 꿈(목표)을 이룬 자신의 모습을 그려보며 자기대화 및 구성원에게 표현해 본다.

나의 꿈 (목표)	단기 목표 (1년 이내)	
	중기 목표 (2~10년 이내)	
	장기 목표 (10년 이후)	
꿈을 이룬 내 모습		• 어떻게 구성원들에게 꿈을 이룬 내 모습을 표현할까? • 목표가 완성되었을 때 나의 기분은 어떨까? * 형용사 한 단어로 묘사

내가 남보다 가장 잘하는 것(소질적 측면)이 무엇이고 내가 가장 하고 싶은 것들을 적어보고 자기대화 및 표현을 한다.

내가 잘하는 것들	
내가 하고 싶은 것들	
자기대화 및 표현	• 자신과의 대화를 통해 의식과 생각의 변화를 가져오게 한다. • 발표를 통해 잠재적 책임의식이 행동의 전환을 가져오게 한다.

행동의 전환3)

- 결단 : '결단'은 변화 심리학의 최고 권위자인 앤서니 라빈스는 "결단을 내리는 순간 여러분의 운명이 달라진다." 라고 하였다. 결단은 목표를 마음에 받아들이고 "성취를 위해 헌신하겠다"는 결의로 사고의 전환을 통하여 세운 비전, 즉 목표를 향해 첫발을 내딛는 것을 의미한다.
- 실행 : '실행'은 목표달성을 효과적으로 추진하기 위하여 필요한 물적·심적 요소들을 동원하고 조직화하여 활용하는 것으로 아무리 좋은 생각과 결단이 있더라도 행동으로 옮기지 않으면 무용지물이다. 따라서 실행은 즉시, 오늘부터 하는 거다. 그러면 내일 부터 당신의 운명은 달라진다.

3) 육본(2008), "리더십의 프로그램", 70쪽

이루고 싶은 귀하의 꿈을 달성하기 위해 당장 그만 두어야 할 습관과 당장 시작해야 할 일을 작성하고 실천한다.

구분	결단과 실행의 실천사항
당장 그만 두어야할 일 (STOP)	
당장 시작 해야 할 일 (START)	

※ 발표를 통해 나의 의지를 보여주고 어떻게 행동으로 변화되고 있는지 확인한다.

사례 : 하버드 경영대학원 MBA "꿈의 가시화" 인터뷰 실시

1979년 하버드 경영대학원 새내기 MBA과정을 대상으로 '졸업 후 무엇을 할 것인가' 인터뷰 실시한 결과 ① 3%; 뚜렷한 목표와 계획을 종이에 기록하였고 ② 13%: 목표는 있지만 종이에 직접 기록하지는 않았으며 ③ 84%; 학교를 졸업하고 여름을 즐기겠다는 것 외는 별다른 계획이 없었다고 함. 10년 후(1989년) 졸업생에게 다시 인터뷰를 실시한 결과 13% 그룹은 84% 그룹보다 2배의 수입(자산)이 있었으며, 3% 그룹은 나머지 97% 그룹보다 10배의 수입(자산)이 있었다고 한다. 즉 3% 그룹은 「꿈의 설계 - 자기믿음 - 자기대화 및 표현」을 쓰고 말하고 행동화하는 가시화(Visualization)함으로써 성공시대의 현실로 나타남을 알 수 있다. 즉 갈 곳을 바라보고 목적지를 글로 쓰고 말하고 행동화하는 것이 성공의 첩경이다.

– 출처 : 하버드 경영대학원에서 가르쳐주지 않는 것들(1999년), 마크 매코맥 지음 –

과제 9-2 내가 CEO가 된다면

내가 나중에 CEO가 된다면 어떤 식으로 조직을 이끌어갈 것인지를 사전에 그려 보는 것이다.

※ 당신과 비슷한 인물들을 살펴보면서 내가 CEO가 된다면 조직을 어떻게 경영하여 어떤 성과를 내고 싶은지 아래에 계획해 보자

[회사 이름 :] [CEO의 이름 :]

경영원칙	
추구하는 목표	
인력운영방식	
고객관계	
사회기여	
경쟁력 확보방안	

☞ 차세대 CEO로써 사회저명인사 특강에 적극 참석하고, 일류기업 CEO들의 활동상과 경영철학을 접목하여 자기 신념화 하자.

당신과 비슷한 인물들

한국 경제의 신화, 전설이 된 CEO, 정주영

1915~2001. 현대그룹 창업주. 대한민국이 낳은 가장 위대한, 가장 존경 받는 기업인 중 한 명. 매일 풀 죽으로 끼니를 때우던 극도로 가난한 농가에서 태어나, 수많은 역경을 극복하며 맨주먹으로 (한때) 대한민국 최대 기업을 키워낸 장본인. 그는 가장 최악의 상황에서도 매번 기적처럼 회생했으며, 가장 불가능해 보이는 "기회"마저도 끝끝내 성공시킨 무서운 집념의 사나이였음. 오늘날 한국이 자랑하는 건설, 자동차, 조선 산업은 모두 정주영 혼자의 힘으로 시작한 것이라 해도 과언이 아닐 정도로 나라의 경제에 지대한 공헌을 한 인물이기도 하다. 직원들과의 화합을 강조, 가족 같은 분위기를 연출하는데도 능했음

한국 경제를 이끈 귀족 CEO, 이병철

1910~1987. 오늘날 거대 글로벌 기업 삼성을 일으킨 기업인. 정주영과 함께 대한민국 경제 발전에 가장 많은 공헌을 한 기업인 중 한 명. 부유한 집안에서 태어나 안정적이고 치밀한 성품의 소유자였음. 유교적 전통을 중시하는 다소 보수적인 인물이었음에도 뛰어난 상황 파악력에 탁월한 "환경 적응력"을 갖고 있었음. 치밀한 시장 조사와 품질 제일주의라는 두 가지 전략을 고수했으며, 상당수의 사업이 적자로 시작됐음에도 결국 매번 업계 1위를 만들고 마는 뛰어난 운영 능력을 보여줌. "믿지 않으면 쓰지 말고, 일단 쓰면 믿는다"라는 철학을 가진 용인술의 귀재이기도 했음. 그러나 현대 그룹 정주영과는 달리 직원들에게 사무적이고 차가운, 개인주의적인 취향이 강한 인물이었음.

대한민국 역사상 가장 존경 받을 기업인, 유일한

1895~1971. 제약회사 유한양행의 창립자. 미국에서의 기득권을 모두 포기하고 귀국해, 의료 혜택 없이 죽어가는 조국의 동포들을 돕고자 개인의 사비로 유한양행을 설립했으며, 탁월한 경영 능력으로 최상의 제품을 생산하는 국내 최대의 제약회사를 키워냄. 종업원 지주제, 전문 경영인 도입 등 당시로서는 획기적인 기업 문화를 만들어 냈으며, 대한민국 최초로 자신의 기업을 일체의 혈연관계가 없는 경영인에게 물려주었을 뿐만 아니라 유언으로 자신의 전 재산을 사회에 헌납함. 생전엔 자신의 돈을 털어 교육 기관을 설립하고 자선 단체를 만드는 등 세계적으로도 유래를 찾아보기 힘든 위대한 기업가이자 박애주의자였음.

–〈발췌 : 아르바이트 전문 구인구직 포털 알바몬(www.albamon.com, 대표 김화수)〉

사례 : 삼성 이건희 회장의 리더십

■ **듣기 · 관찰 · 사색 즐기는 '정동중 리더'**

이건희 삼성그룹 회장이 1월 9일로 63번째 생일을 맞았다. 재계에서는 지난해 세계적인 불황에도 불구하고 삼성그룹이 135조원 이상의 매출액과 19조원의 경상이익을 기록하자, 다시 한번 이 회장의 리더십을 주목하고 있다.

미국의 시사주간지 뉴스위크는 2년 전 이 회장을 '은둔의 제왕(Hermit King)'이라고 불렀다. 그만큼 이 회장의 대외 활동이나 접촉이 적다는 말이다.

사실 이 회장의 리더십은 그동안 십여 권의 책자와 수많은 기사를 통해 많이 소개됐지만, 그 실체는 여전히 베일에 가려져 있다. 삼성그룹 관계자들의 증언과 재계에서 흘러나오는 소문이 고작이다. 물론 그 중에는 사실과 일치되는 부분이 많다.

이건희 회장은 1987년 12월 1일 아버지인 고 이병철 회장의 뒤를 이어 회장으로 취임했다. 이 회장은 삼성그룹의 대권을 물려받기까지 21년 동안 아버지로부터 혹독한 경영수업을 받았다. 형제간의 경쟁을 거쳐 1978년 삼성그룹 부회장으로 승진한 후에는 매일 용인에 있는 아버지 숙소로 가서 취침을 확인한 뒤에야 귀가했다고 한다.

이병철 회장은 자기 아들 중에서 가장 비즈니스 감각이 뛰어나고 장사에 대한 관심이 많은 둘째 아들 창희씨 대신, 풍부한 상상력으로 좀더 멀리 내다보는 셋째 아들 건희씨를 후계자로 선정했다. 이 회장은 회장이 된 이후 1993년 이른바 신(新)경영을 펼칠 때 가장 활발한 대외활동을 벌였다. 당시 독일 프랑크푸르트와 미국 LA 등지에서 평균 8시간 이상, 16주 짜리 회의를 연속하여 주재하며 3개월 동안 A4용지 8,500쪽 분량의 말을 쏟아냈다. 극히 이례적인 일이었다.

■ **원칙만 던져놓은 뒤 '묵묵부답'**

이 회장은 명백하게 '듣기(listen)형 리더'다. 가끔 경주용 자동차를 몰고 시속 200km에 육박하는 스피드를 즐기기도 하지만, 한남동 자택에서 혼자서 사색하기를 즐기는 스타일이다. 이 회장이 지난 한 해 동안 삼성본관 28층에 있는 자신의 사무실로 출근한 적은 거의 없다.

이 회장은 어릴 때 일본과 미국으로 혼자 유학을 떠나, 스스로 생각하고 몰입하며 남의 말을 듣는 성격을 갖게 됐다고 한다. 부회장이 됐을 때는 아버지로부터 붓글씨로 쓴 '경청(傾聽)'이라는 글귀를 받았는데, 이것은 그의 '듣기' 성향을 더욱 굳게 만들었다고 한다. 실제 이 회장은 그룹의 핵심적인 의사결정을 내릴 때를 제외하고는 거의 말이 없다.

자동차 사업에 진출할 때나 IMF 위기 직후 구조조정을 벌일 때도 원칙만 던져놓는다. 한 전직 삼성 고위 간부는 "당시 이 회장에게 '이렇게 할까요'라고 해도 묵묵부답, '저렇게 할까요'라고 해도 묵묵부답이었다"고 말했다. 이 회장이 워낙 말이 없다 보니 부인 홍라희 여사는 바로 옆에 남편이 앉아 있는데도 삼성 비서팀에 전화를 걸어 "내일 회장님 출장은 어디로 얼마 동안 가나요"라고 물을 정도다.

이 회장은 무엇이든 한 가지 깊게 파고들어 사물의 본질을 캐내는 작업을 즐긴다. 그는 매년 1000편 이상의 비디오와 드라마를 보는데, 그냥 보는 것이 아니라 드라마속의 조연이나 감독 입장이 되어 즐긴다고 한다. 일본 유학시절 혼자서 연간 1300여 편의 비디오를 보았던 습관을 지금도 갖고 있다. 이 회장은 해외출

장 때문에 TV 드라마 시청이 불가능하면 국내에서 직접 비디오 테이프나 DVD를 공수해 밀린 드라마를 시청하기도 한다. 어느 계열사 사장은 외국 호텔에서 "나도 안본 테이프인데, 함께 보면서 앞으로 진행될 내용을 맞추어 보자"는 이 회장의 제안을 받았다고 했다. 이 회장은 드라마를 보면서도 이런 식의 시뮬레이션을 통해 인생과 사업을 파악하는 것 같았다고 그는 말했다. 삼성 정보팀이 매일 올리는 따끈따끈한 최신 정보와 전 세계에서 발간되는 최신 과학기술 잡지, 일본인 고문을 비롯한 각계 전문가와의 대화도 그의 상상력과 직관력을 키우는 데 큰 힘이 된다. 이러다 보니 이 회장이 미래의 경영이나 기술이 어떻게 변화할지, 수(手)를 읽는 데 다른 재벌 총수들보다 아무래도 유리해질 수밖에 없다. 휴대폰이든 오디오든 웬만한 첨단 기기를 직접 분해하고 조립할 수 있는 능력도 그의 집중력에서 나온다고 한다.

수년 전 이 회장이 미국 LA의 로데오 거리에 있는 유명한 파이프 담배 가게를 방문했을 때다. 그는 오후 2시쯤 가게에 들어가 오후 7~8시에야 나왔다. 지배인이 배웅하러 나와서 "당신(이 회장)은 내가 30년 동안 배운 노하우를 하루 만에 다 빼앗아갔다"고 감탄했다. 이 회장은 이날 가게 안에서 지배인을 붙잡고 "왜 파이프에 장미목을 쓰는지, 장미목은 어떤게 좋은지" 등에 대해 원리와 근원을 찾아 꼬치꼬치 물었다. 당시 이 회장을 수행했던 김순택 삼성SDI 사장은 "이 회장은 기업경영에서도 이렇게 프로와 전문가의 경지를 원하는 사람"이라고 말했다. 이 회장은 사장단 회의나 구조조정본부 팀장회의 때면 "니 애기 해 봐라"고 한다. 그런 다음 "왜"를 반복하면서 캐묻고 또 캐묻는다. 누구에게든 "그래서" "그래서"라고 5번 반복해서 물으면 그 사람의 지식은 바닥이 나게 마련이다. 모든 부하들이 더 이상 답을 못해 손을 드는 순간, 이 회장은 자신이 준비해간 메시지로 부하들을 휘어잡는다. 이것은 그가 아버지로부터 배운 제왕학(帝王學)이라고 삼성 관계자는 말했다.

이 회장은 새로운 사업을 시작하기 전에 ▲왜 그 사업을 ▲왜 그 지역을 ▲왜 그시기에 ▲왜 그 사람에게 ▲ 왜 그만한 비용을 들여서 ▲어떤 목적으로 실행하는 것인가 하는 점을 자문한다고 한다.

-〈발췌 : 주간조선 최홍섭 기자 2005. 1. 26〉-

과제 9-3 이성교제와 리더십

이성관계의 중요성

이성관계는 그 자체로서 중요한 관계가 될 뿐만 아니라 또 다른 세계를 이해하는 인식의 확장이 되어 주기도 한다. 이성관계는 과업을 달성하기 위한 관계로서 기능뿐 아니라 미래의 배우자를 선택하기 위한 실험의 장이 되기도 한다. 따라서 자신에게 가장 적합한 배우자를 선택하기 위한 예비 실험의 장을 마련하기 위해 그리고 현재의 관계를 충실히 경험하기 위해 이성관계는 매우 필요하고도 중요한 일이다. 서로에게 발전적인 이성관계를 형성하고 유지하기 위해서는 각자가 비전을 세우고 관리해나가려는 의지와 실천의 노력이 병행되어야 한다.

내 사랑의 유형 탐색

※ 다음 문항들을 잘 읽고 자신의 경우에 해당하는 경우에 각 문항의 오른쪽 Box안에 √하십시오. (해당되지 않는 경우에는 √표 하지 않아도 됩니다)[4]

번호	문항 내용	응답 유형					
		A	B	C	D	E	F
1	나는 '첫눈에 반한다'는 것이 가능하다고 생각한다.						
2	나는 한참 지난 다음에야 비로소 내가 사랑하고 있음을 알았다.						
3	우리들 사이의 일이 잘 풀리지 않으면 나는 소화가 잘 되지 않는다.						
4	현실적인 관점에서, 나는 사랑을 고백하기 전에 먼저 나의 장래 목표부터 생각해보지 않으면 안 된다.						
5	먼저 좋아하는 마음이 얼마 동안 있는 다음에 비로소 사랑이 생기게 되는 것이 원칙이다.						
6	애인에게 나의 태도를 불확실하게 해 두는 것이 언제나 좋다.						

4) Hantkoff, S., & Lasswell, T. E. (1979). *Male-Female similiarities and differences in conceptualising love*. In cook & Willson.

번호	문항내용	응답 유형					
		A	B	C	D	E	F
7	우리가 처음 키스하거나 볼을 비볐을 때, 나는 성기에 뚜렷한 반응(발기, 축축함)이 오는 것을 느꼈다.						
8	전에 연애상대였던 사람들 거의 모두와 나는 지금도 좋은 친구관계를 유지하고 있다.						
9	애인을 결정하기 전에 인생 설계부터 잘해 두는 것이 좋다.						
10	나는 연애에 실패한 후 너무나 우울해져 자살까지도 생각해 본 적이 있다.						
11	나는 사랑에 빠지면 너무 흥분되어 잠을 이루지 못하는 때가 있다.						
12	애인이 어려운 처지에 빠지면, 비록 그가 바보처럼 행동한다 하더라도 힘껏 도와주려고 노력한다.						
13	애인을 고통받게 하기보다는 차라리 내가 고통받겠다.						
14	연애하는 재미란 두 사람의 관계를 발전시키면서, 동시에 내가 원하는 것을 거기서 얻어 내는 재주를 시험해 보는 데 있다.						
15	사랑하는 애인이라면 나에 관하여 다소 모르는 것이 있다 하더라도 그것 때문에 그렇게 속상해 하지는 않을 것이다.						
16	비슷한 배경을 가진 사람끼리 사랑하는 것이 가장 좋다.						
17	우리는 만나자마자 서로가 좋아서 키스를 했다.						
18	애인이 나에게 관심을 보이지 않으면 나는 온몸이 쑤시고 아프다.						
19	나의 애인이 행복하지 않으면 나도 결코 행복해질 수 없다.						
20	대개, 제일 먼저 나의 관심을 끄는 것은 그사람의 외모이다.						
21	최상의 사랑은 오랜 기간의 우정으로부터 싹튼다						
22	나는 사랑에 빠지면 다른 일에는 도무지 집중하기 힘들다.						
23	그의 손을 처음 잡았을 때 나는 사랑의 가능성을 감지했다.						
24	나는 어떤 사람과 헤어지고 나면 그의 좋은 점을 발견하려고 무진 애를 쓴다.						
25	나의 애인이 다른 사람하고 같이 있는 것 같은 생각이 들면 도저히 견딜 수 없다.						
26	나의 애인 두 사람이 서로 알지 못하도록 교묘하게 재주부린 적이 적어도 한 번은 있었다.						
27	나는 매우 쉽고 빠르게 사랑했던 관계를 잊을 수 있다.						
28	애인을 결정하는 데 가장 고려해야 할 점은 그가 우리 가정을 어떻게 생각하는가 하는 것이다.						
29	사랑에서 가장 좋은 것은 둘이 함께 살며, 함께 가정을 꾸미고, 그리고 함께 아이들을 키우는 일이다.						
30	애인이 원하는 것을 위해서라면 나는 기꺼이 내가 원하는 것을 희생할 수 있다.						

번호	문항내용	응답 유형 A	B	C	D	E	F
31	배우자를 결정하는 데 있어서 가장 먼저 고려해야 할 점은 그가 좋은 부모가 될 수 있는지 여부이다.						
32	키스나 포옹이나 성 관계는 서둘러서는 안 된다. 그것들은 서로 충분히 친밀해지면 자연스럽게 이루어지는 것이다.						
33	나는 매력적인 사람들과 바람피우는 것을 좋아한다.						
34	나와 다른 사람들 사이에 있었던 일을 애인이 알게 된다면 매우 속상해할 것이다.						
35	나는 연애를 시작하기 전부터 나의 애인이 될 사람의 모습을 분명히 정해 놓고 있었다.						
36	만일 나의 애인이 다른 사람의 아기를 갖고 있다면, 나는 그 아기를 내 자식처럼 키우고 사랑하며 보살펴 줄 것이다.						
37	우리가 언제부터 서로 사랑하게 되었는지 정확히 알 수 없다.						
38	나는 결혼하고 싶지 않은 사람하고는 진정한 사랑을 할 수 없을 것 같다.						
39	나는 질투 같은 것은 하고 싶지 않지만, 나의 애인이 다른 사람에게 관심을 가진다면 참을 수 없을 것 같다.						
40	내가 애인에게 방해물이 된다면, 차라리 포기하겠다.						
41	나는 애인의 것과 똑같은 옷, 모자, 자전거, 자동차들을 갖고 싶다.						
42	나는 연애하고 싶지 않은 사람하고는 데이트도 하고 싶지 않다.						
43	우리들의 사랑은 이미 끝났다고 생각해도, 그를 다시 보면 옛날 감정이 되살아난 때가 적어도 한 번쯤은 있었다.						
44	내가 가지고 있는 것은 무엇이든지 나의 애인이 마음대로 써도 좋다.						
45	애인이 잠시라도 나에게 무관심해지면, 나는 그의 관심을 끌기 위하여 때로는 정말 바보 같은 짓을 할 때도 있다.						
46	깊이 사귀고 싶지는 않아도, 어떤 상대가 나의 데이트 신청에 응하는지를 시험해보는 것도 재미있는 일이다.						
47	상대를 택할 때 고려해야 할 한 가지 중요한 점은 그가 자신의 직업을 어떻게 생각하는가 하는 것이다.						
48	애인과 만나거나 전화한 지 한참 지났는데도 아무 소식이 없으면, 그에게 그럴만한 이유가 있기 때문일 것이다.						
49	나는 누구와 깊게 사귀기 전에 우리가 아기를 가지게 될 경우 그쪽의 유전적 배경이 우리와 잘 맞는지부터 먼저 생각해본다.						
50	가장 좋은 연애관계란 가장 오래 지속되는 관계이다.						
합 계		9	9	9	9	9	9
백분율							

채점방법

A에서 F까지 각 유형별로 세로줄을 합하여 각 유형별 합계를 산출한 뒤 백분율을 계산하면 된다(예를 들어 A 유형의 ☐가 9개인데 이 가운데 6개에 √를 했다면 소계는 6이고 백분율은 67%가 되는 것이다). 백분율 값이 가장 높은 척도가 바로 자신이 주로 생각하며 실제로 행하는 사랑의 유형을 나타내는 것이다.

☞ **나는 다음 중 어느 유형에 해당합니까?**

☐ A　☐ B　☐ C　☐ D　☐ E　☐ F

☞ **아래 사랑의 유형 분류를 확인 한 후 숙지합시다.**

사랑의 유형 분류[5)]

A. 동료적인 사랑

- 친근감, 편안함을 느끼고 서로 도움을 주고받는 사이
- 상대의 약점과 강점도 있는 그대로 받아들이는 사이
- 하루라도 못 보면 살 수 없을 정도의 열정은 없을지라도 오래된 친구 같은 사이
- 상호 깊게 신뢰하고 상대방에 대한 요구가 과하지 않은 사이

B. 열정적인 사랑

- 로맨틱하고 성적인 사랑
- 독특하고, 특별하고, 심리적으로 각성시키고, 성적인 충동을 유발하며, 떨어져 있는 동안 상대방을 그리워하고 잘 지내기를 바라며 상대방을 이상화하는 경향이 높음
- 사랑하는 속도가 매우 빠르며, 상대방에 대한 감정이 강렬하고, 그러한 감정들이 자신의

5) 김광수 외(2008), 「대학생과 리더십」, 학지사, 305-306쪽

전체 생활을 지배

- 이성보다는 감성이 앞서고, 오직 한 사람, 단 한 번의 사랑이라고 믿으며, 다른 사람에 대해서는 강한 배타성
- 상대방에게 모든 것을 요구하거나 기대하고, 숙명적 · 운명적인 만남임을 믿음

C. 논리적인 사랑

- 자신들의 배경과 취미, 가치, 개성 등에 따라 사랑
- 사랑하는 방식이 사려 깊고 상황과 조건에 따라 참고 견디는 사랑
- 서로 사랑을 주고받는 공정거래가 깨어지게 되면 많이 갈등함
- 끝까지 사랑을 실현하는 이들에게는 상당한 인내심 요구

D. 유희적인 사랑

- 사랑을 정서적인 관계에서 승리하는 것, 시합하는 것으로 여김(탁월한 기술과 훈련 필요)
- 상대방의 욕구나 입장에는 관심이 별로 없으며 자기만족을 중요시 여김

E. 이타적인 사랑

- 헌신적이고 무조건적인 수용과 배려를 아끼지 않는 사랑(아가페적인 사랑)
- 상대의 기쁨과 행복을 위해서 자신의 고통이나 희생을 감수하는 사랑

F. 소유적인 사랑

- 극단적인 감정에 휘말려 사랑의 노예가 되고 마는 사랑
- 상대를 완전히 소유했다고 여기면 흥분과 환희로 잠 못 이루게 되는 반면, 상대를 소유하는 것에 실패했다고 여기면 극단적으로 분노하고, 절망감을 느낌
- 서로가 상대방으로부터 버림받지 않으려고 하며, 상대방의 행동 하나하나에 몰두하고, 사소한 변화에도 과민하게 반응

토의과제

(1) 현재 사귀고 있는 이성친구가 있다면 그 친구가 리더로서의 나의 성장에 어떤 도움을 주고 있는가? 나 또한 그 친구 성장에 어떤 도움을 주는가?

(2) 나와 이성친구는 서로의 감정, 욕구, 갈등에 대하여 어떻게 대처하는가? 충분한 대화를 통해 서로에게 만족을 주고 서로의 성장을 돕는 방향으로 결론을 이끌어 내고 있는가?

(3) 조직생활에서 이성교제가 필요한 이유가 무엇이며, 최근 결혼적령기가 늦추어지는 까닭은 무엇이라고 생각하는가?

사례 : 데이트의 5단계

독신 남녀에게 나타나는 특징과 차이점들을 데이트의 5단계를 깊이 이해한다면 남녀가 데이트를 바라보는 관점이 왜 다른가에 대해 상대의 행동을 올바르게 해석하고 오해받지 않을 적절한 대응을 할 수 있게 될 것이다.

1단계 : 매력을 느끼는 단계

어느 한 이성에게 강한 매력을 느끼는 단계다. 데이트 1단계에서 가장 먼저 해야 할 일은 자신의 매력을 충분히 발산하고, 상대방을 보다 잘 알 수 있는 기회를 포착하는 것이다. 남성과 여성이 데이트에 대해 서로 다른 생각을 가진다는 사실을 충분히 이해한다면 당신은 무난히 이 첫 관문을 통과 할 수 있다.

2단계 : 상대를 반신반의하는 단계

이 단계에 이르면 불안을 느끼기 시작한다. 다시 말해, '그 사람이 과연 나에게 맞는 상대인가'하는 의문을 던지기 시작하는 것이다. 이 단계를 극복하기 위해서는 이러한 불안감을 정상적인 감정으로 받아들이고 흔들리지 말아야 한다. 정말로 특별한 존재로 여기는 사람과 데이트를 하다보면 '과연 이 사람과 계속 데이트를 하고 싶어 하는 건가'하는 의문이 떠오르곤 한다. 그러한 의문이 자연스러운 것이다. 이단계의 매커니즘을 이해하지 못하면 남성은 이 여자 저 여자에게 표류하기 쉽고, 여성은 남자가 원하는 것 이상을 강요하는 실수를 저지르기 쉽다.

3단계 : 서로 독점하는 단계

이 단계에 이르면 어느 한 사람하고만 데이트를 하고 싶은 욕망을 느낀다. 경쟁자가 없는 곳에서 둘이서만 자유롭게 사랑을 주고받길 원한다. 그와 함께 지내는 시간이 너무 즐거워 될 수 있으면 더 많은 시간을 함께 보내길 원한다. 예전에 짝을 찾는 데 들였던 모든 에너지를 낭만적인 애정을 키우는 데 쓰게 된다. 이 단계에서는 상대방을 지나치게 편하게 대하는 함정에 빠지기 쉽다. 예전에 서로를 특별한 존재로 느끼게 해주었던 작지만 소중한 배려들을 잊기 쉽다.

4단계 : 강한 친밀감을 느끼는 단계

이 단계에 이르면 상대방과의 관계에서 실질적인 친밀감을 경험하게 된다. 모든 갑옷을 벗고 편안한 마음을 가지며, 이전보다 훨씬 더 많은 것들을 상대방과 공유하게 된다. 이 단계에서는 자신과 상대방 인격의 더할 나위 없이 훌륭한 면들을 체험하게 된다. 그것은 놀라운 경험이다. 그러나 또 한편에서는 자신과 상대방 인격의 부정적인 측면들을 어떻게 해결해 나가는가 하는 새로운 도전에 직면하게 된다. 그런데 남녀가 서로 다르다는 점을 이해하지 못하면 이 도전에 '우리는 서로 달라 더 이상 관계를 진전시킬 수 없다'는 그릇된 결론을 내리기 쉽다.

5단계 : 결혼을 약속하는 단계

이 단계에 이르러서야 비로소 '나는 이 사람과 결혼하기를 원한다'는 확신을 갖게 되고 드디어 결혼을 약속하게 된다. 이제 당신의 사랑을 주위 사람들에게 널리 알리고 그들로부터 축복을 받는다. 이 단계는 애정 어린 둘의 관계를 아무 거리낌 없이 행복하고 편안하게 체험할 수 있는 시기이자 거대한 환희와 약속의 시기다. 그런데 이 단계에서 무턱대고 결혼에 돌입하는 커플이 상상외로 많다. 그들은 이 기간이 더 큰 도전, 즉 결혼 생활에 직면하기 전에 기분 좋은 체험을 공유하고 의견 차이를 줄이며 상대방에 대한 실망감을 없애는 결정적인 시기임을 알지 못한다. 이 단계의 경험은 일생동안 이어질 사랑과 낭만의 기초를 이룬다.

-〈존그레이 저(2007) "화성남자 금성여자의 사랑의 완성", 들녘미디어, 20-22쪽〉-

과제 9-4 리더와 구성원 교환관계(LMX)

LMX 관계 측정 설문(1)

리더-구성원 교환관계(LMX : Leader-Member Exchange)이론은 리더십의 전통적 접근법에 대한 대안적 모형으로 덴스로 등이 제시한 수직적 쌍대(VDL : Vertical Dyad Linkage)이론에 기초하고 있다. 이 이론은 리더십을 리더와 구성원간의 상호작용을 중심으로 나타나는 과정으로 개념화한 것이다.

– 이상호, 조직과 리더십 –

역할협상단계

역할협상의 단계

LMX이론은 리더 - 구성원 교환 관계 이론으로 리더와 구성원의 교환관계의 질이 다음과 같이 역할 협상의 과정을 통해 결정된다.

1) 역할취득 2) 역할형성 3) 역할발전 단계로 구성된다.

역할협상단계의 "예"

저는 ○○회사에 입사한지 한 달이 된 김사랑입니다.

1) 역할 취득단계 : 부장님이 저를 불러 숙명 프로젝트의 기반이 되는 자료 조사를 해오라고 하셨습니다.
2) 역할 형성단계 : 저는 각 종 자료를 찾아 파일로 정리하였고, 부장님께 제출하였습니다. 부장님은 저의 자료 조사에 만족하셨는지 저에게 숙명 프로젝트에 참여할 기회를 주셨으며, 저는 맡은 역할에 최선을 다했습니다.
3) 역할 발전단계 : 숙명 프로젝트의 성공 이후 부장님께서는 저에게 눈꽃송이 프로젝트를

맡기셨습니다. 이번 프로젝트는 저 혼자 진행하는 것이며 부장님은 저에게 조언을 아끼지 않으셨습니다.

위의 사례는 리더와 구성원이 높은 질의 관계를 형성한 사례로서 구성원인 김사랑이 부장님의 기대에 맞는 행동을 하였고, 부장님은 김사랑에게 각종정보자료를 제공함을 알 수 있습니다.

이를 통해 부장님과 김사랑은 상호 신뢰와 존중을 바탕으로 서로 영향을 주고받게 됩니다. 그러나 구성원이 리더의 기대에 미치는 행동을 하지 못하는 경우, 낮은 질의 관계가 형성되기도 합니다.

구성원이 리더와 높은 질의 관계를 가지게 되면 리더와 '내집단' 관계에 있다고 하고, 구성원이 리더와 낮은 질의 관계를 가지게 되면 리더와 '외집단' 관계에 있다고 합니다.

현 상황으로 볼 때 김사랑과 부장과는 지속적으로 프로젝트를 통해 교류하고 있어 높은 질의 관계를 형성한 '내집단' 관계를 형성하였다고 할 수 있습니다.

LMX 관계 측정 설문(1)

※ 다음은 당신과 당신의 상사(리더) 간의 관계가 내집단 관계인지 외집단 관계인지를 알아보기 위한 설문이다.[6] 우선 당신의 상사(리더)가 누구인지를 정하시오. 그리고 그에 대한 당신의 생각을 기초로 응답하면 된다.

응답 양식

1	2	3	4	5	6	7
전혀 그렇지 않다.	거의 그렇지 않다.	별로 그렇지 않다.	보통이다.	다소 그렇다	상당히 그렇다	전적으로 그렇다

6) 백기복의(2009), 「리더십의 이해」, 창민사, 181쪽

1. 나의 상사(리더)는 내 일에 대한 문제를 해결하기 위해서 자신의 권한을 기꺼이 사용하려는 성향을 보인다. (　　)
2. 나는 곤경에서 벗어나기 위해서 진정으로 필요로 할 때에는 상사(리더)에게 희생이 따르더라도 그(녀)에게 의지할 수 있다. (　　)
3. 내 상사(리더)는 나의 문제와 요구를 이해한다. (　　)
4. 내 상사(리더)는 나의 잠재력을 안다. (　　)
5. 내 상사(리더)는 내가 그렇게 해달라고 요구하지 않아도 내 결정을 지지하고 정당화해 줄만큼 나에 대해서 확신을 가지고 있다. (　　)
6. 나는 내가 나의 상사(리더)와 함께 어디에 서 있는지를 안다. (　　)

채점 방법

위의 항목 1-6까지의 응답점수를 합하여 그 값이 30점을 넘으면 당신과 상대방의 LMX관계의 질이 높은 편, 즉 내집단 사이이고 그 미만이면 관계의 질이 낮고 외집단인 관계라고 볼 수 있다.

☞ 당신은 상사(리더)와의 관계가 어떻다고 보는가?

사례 : 트로피 남편

트로피 남편(trophy husband)은 트로피 아내(trophy wife)에서 유래한 것으로, 1980년대 말 미국의 격주간 종합 경제지인 〈포춘〉 (fortune)이 보도하면서 널리 알려졌다. 트로피 아내란 성공한 중 장년 남성들이 조강지처와 이혼한 뒤 몇 차례의 결혼 끝에 마치 부상(副賞)으로 받는 트로피처럼 얻은 젊고 아름다운 아내를 일컫는 용어이다.

2000년을 전후해 여성의 사회진출이 활발해지면서 성공하는 여성들이 많아졌다. 이에 따라 성공한 아내를 위해 가사와 육아를 분담하는 남편이 늘고, 심지어는 가사와 육아를 전담하는 전업남편도 생겨났는데 이러한 남편을 '트로피 남편'이라 부르게 되었다.

'트로피 남편'은 아침이면 아내의 기상시간에 맞추어 아침식사를 준비하고 출근준비를 도우며, 저녁에는 퇴근 시간에 맞추어 저녁식사를 준비한다. 집안청소와 빨래는 물론, 아이의 유치원 등 하교를 챙기거나 주말 계획을 짜기도 한다. 최근 리더의 위치에 있는 성공한 여성이 많아지면서 트로피 남편도 증가하고 있다.

-〈출처 : 강형철 등. 2005. 여성리더십의 재발견. 숙명여대 출판부. 122쪽〉-

참고문헌

강혜련(2005), 「여성과 조직 리더십」, 학지사.

고려대 행동과학연구소(1999), 「심리척도 핸드북」, 학지사.

김경수 외(2004), “명장의 리더십에 관한 연구”, 「경영학 연구」, 22(5), 1355-1396.

김광수 외(2008), 「대학생과 리더십」, 학지사.

김광웅(1988), 「사회과학조사방법론」, 박영사.

김성국(1999), 「조직과 인간행동」, 명경사.

김성환(1999), 「K 이론」, 한국능률협회.

김영진 · 강영순(2000), “관광호텔 지배인의 리더십 자기진단과 직무성과간의 매개 및 조적변수 탐색”, 「관광학 연구」, 32호, 11-30.

김용관 외(1997), 「복잡성과학의 이해와 적용」, 삼성경제연구소.

김우형 외(2005), 「리더십 바이러스」, 고즈윈.

김종두 (1999), 「충효예 리더십」, 충효문화사.

김준봉(1997), 「리더십」, 박영사.

김창걸(2003), 「리더십의 이론과 실제」, 박문각.

김흥국(1999), “21세기 리더십: 패러다임 전환과 리더의 역할”, 「인적사원개빌연구」, 제1권 1호, 1999. 2.

남기덕(1999. 10. 29), “한국군 리더십의 모형과 발전방향”, 화랑대 국제학술심포지엄.

남상훈(2006), 「글로벌 리더」, 인물과 사상

동아일보 경제부(2002), 「한국대기업의 리더들」, 김영사.

박균열(2005), 「국가윤리교육론」, 철학과 현실사.

박기찬 외(2005), 「경영의 교양을 읽는다」, 더난출판.

박기찬(1991. 6. 8), “새로운 조직연구방법론에 대한 고찰”, 한국인사조직학회.

박동수 외(2004), 「조직행동」, 경세원.

박영택(2005), 「Innovation Stories」, Nemo Books.

박원우(1997), 임파워먼트; “개념정립 및 실천방법 모색”, 「경영학연구」, 한국경영학회, 26(1), 115-138.

박유진 외(1998), "육군 지휘통솔 연구의 현황과 발전과제", 「육군초급장교 리더십 개발 방안 도출을 위한 기초연구」, 충성대연구소.

_____(1987), "과학사상의 실재관 연구", 「3사 논문집」 25집.

_____(1999), "한국적 지휘통솔 교리의 개념 및 구성체계", 충성대연구소.

_____(2001. 12. 13), "리더십 개발을 위한 교육방법", 충성대연구소 리더개발 세미나.

방정배(2000), 「간부 스트레스 관리」, 육군교육사령부.

백기복(2000), 「이슈 리더십」, 창민사.

_____(2005), 「리더십 리뷰」, 창민사.

백기복 외(2016), 「리더십의 이해」, 창민사.

백기복 · 정동일(1998), "한국 경영학계의 리더십 연구 30년 ; 문헌검증 및 비판", 「경영학 연구」 27집, 113-156.

서성교(2003), 「하버드 리더십 노트」, 원앤원 북스.

송병식 · 강영순(2001), "카리스마적 리더십과 조직시민행동간의 구조모델 분석", 대학경영학회 국제학술발표회 발표논문집.

송영수(2004. 11. 24.), "기업의 리더십 개발 전략과 방향", 지휘통솔세미나, 교육사.

신유근(1996), "한국기업 최고경영자의 행동특성과 리더십 스타일", 「인사 · 조직연구」 제4권 제2호, pp.360-391.

신응섭 외(1999), 「리더십의 이론과 실제」, 학지사.

양병무(2000), 「디지털시대의 리더십」, 좋은 사람들.

오석홍 외(2000), 「조직학의 주요이론」, 법문사.

오세철(1982), 「조직행동 -인간 · 조직의 이론과 문제-」, 박영사.

오점록 외(1999), 「韓國軍 리더십」, 박영사.

유승동(2001), "변혁적 리더십과 임파워먼트의 관계", 「인사관리연구」, 24(2), 199-218.

육본(2008), "리더십 교육 프로그램", 육군본부.

육현표(1997), 「위기를 반전시키는 리더십」, 삼성경제연구소.

윤정구(2006. 11. 24), "한국 리더십 학문 및 교육체계의 정립", 국방대 리더십정책 포럼.

이덕로(1994). "변형적 · 거래적 리더십이 부하의 추가노력, 직무만족 및 조지몰입에 미치는 영향에 관한 연구", 「인사관리 연구」 한국인사관리학회, 18, 217-239.

이면우(1992), 「W이론을 만들자」, 김영사.

_____(1998), 「신 창조론」, 한국경제신문사.

이문선과 강영순(2000), "변혁적 리더십과 조직시민행동 간의 자긍심 및 조직몰입의 매개효과", 「인사관리연구」, 한국인사관리학회, 24(1), 33-57.

이상호(2001), "경영학계의 주요 리더십 이론 및 국내 연구 활동", 「인사관리연구」 한국인사관리학회, 24(2), 1-40.

_____(2009), 「조직과 리더십」, 북넷.

이수도(2002), 「인간관계론」, 형설출판사.

이순창(2002), 「디지털 시대의 리더십 모델과 자기훈련」, 창.

이영돈(2006), 「마음」, 예담.

이장우, 이민화(1994), 「혼 경영」, 김영사.

이종인 외(1999), 「군 리더십 연구」, 한국국방연구원.

이홍(1996), "카리스마적 리더십과 수단적 리더십: 두 리더십의 공존성에 대한 탐색적 연구", 「경영학연구」 한국경영학회, 25(1), 183-201.

임용기, "시대변화에 따른 효과적인 리더십 행동에 관한 연구" 국방대학교 석사학위 논문, 2001. 12.

임준철, 윤정구(1999), "부하에 의해 인지된 상사의 변혁적 및 거래적 리더십이 부하의 혁신 성향에 미치는 영향 : 자기권능감(Self-Efficacy)의 매개역할을 중심으로", 「인사 · 조직연구」, 1-42.

전세환(2008), "리더십 수업은 나에게 날개를 달아주었다", 한국안보복지대학, 23-24.

정광호(2005), 「CEO 경영우화」, 매일경제.

정명호(1997), 「패러독스와 경영」, 삼성경제연구소.

정우일(2006), 「공공조직론」, 박영사.

정희선(2002), 「여성을 위한 경영학」, 법문사.

조성식(2005), 「장군들의 리더십」, 늘 푸른 소나무.

조현행(2000), "미 육군 리더십의 시대적 변천과 역할", 육군교육사령부.

최광표 외(2000), 「신세대장병 지휘통솔 기법연구」, 한국국방연구원.

최병순(1988), "상이한 상황하에서의 효과적인 지휘행동에 관한 연구-군대조직을 중심으로-", 연세대학원 경영학 박사학위논문.

_____(1991), "한국군 지휘행동에 관한 탐색적 연구", 화랑대연구소.

최연(2001), "자기희생적 리더십: 연구현황과 과제", 「인사관리연구」, 한국인사관리학회, 24(2), 219-237.

최창현(2005), 「복잡계로 본 조직관리」, 삼성경제연구소.

한국보건사회연구원(1998), 「스트레스 측정과 관리」, 보건복지부.

한주희 · 정진철(2001), "변혁적 리더십과 팀 유효성에 관한 연구 : 자율욕구의 조절효과를 중심으로", 「인사관리연구」, 한국인사관리학회, 24(2), 145-166.

홍명희(1996), 「EQ(감성지능개발학습법)」, 해냄출판사.

홍사중(1997), 「리더와 보스」, 사계절.

김위찬 · 마보안(2005), Blue Ocean Strategy, (강혜구 역, 2005), 「블루오션 전략」, 교보문고.

노나까 이꾸지로(1995), 「지식창조의 경영」, 21세기 북스, 1995.

미야타 야하치로, (김영철 역, 2001), 「경영학 100년의 사상」, 일빛.

사사 야츠유리, (조학제 역, 1999), 「평상시의 지휘관 유사시의 지휘관」, 연경문화사.

조엔나코주브스카, (스티브남 역, 1999), 「카리스마가 되는 7가지 열쇠」, 책과길.

Balman, L. & Deal, T., *Reframing Organizations*, (김영진 외 역, 1985), 「비전시대의 조직 패러다임」, 미래경영개발연구원.

Burns, J., *Leadership*(1985), (한국리더십연구회 역, 2000), 「리더십 강의」, 생각의 나무.

Burrell, G. G. Morgan(1982), *Sociological Paradigms and Organizational Analysis*, (윤재풍 역, 1990), 「사회과학과 조직이론」, 박영사.

Capra. F.(1985), *The Turning Point*, (이성범, 김용정 역, 1985), 「새로운 과학과 문명의 전환」, 범양사.

Collins. J.(2001), *Good to Great*, (이무열 역, 2002), 「좋은 기업을 넘어 위대한 기업으로」, 김영사.

Crainer Stuart(1997), *The Ultimate Business Library*, (홍수원 역, 1997), 「한권으로 읽는 경영명저 50선」, 세종연구원.

Crainer, Stuart(2000), *The Management Century*, (박희라 역, 2000), 「경영의 세기」, 더난출판.

Durschmied(1999), (강미경 역, 2001), 「아집과 실패의 전쟁사」, 세종서적.

Green, R. *The Art of Seduction*, (강미경 역, 2002), 「유혹의 기술」, 이마고.

Johns. P., & Kahaner, L., (1995), (이진우 역, 2004), 「미션」, 거름.

Marshall Loeb & Stephen Kindel, (황경희 역, 2000), 천재 B반을 위한 리더십, 서울: 비엔비

Mitroff, (하정필 역, 2006), 「미트로프 위기경영」, 범한서적,

Nisbett, R. E. *The Geography of Thought*, (최인철 역, 2004), 「생각의 지도」, 김영사.

Northouse, Peter G. *Leadership*, (김남현 외 역, 2001), 「리더십」, 경문사.

Parson, R.(1996), *Paradoxes in Leadership*, (손근상 역, 1997), 「反 리더십」, 바다출판사.

Reardon(2000), *Inner Circle*, (장혜정 역, 2001), 「이너 서클」, 위즈덤 하우스.

Regan Geoffrey, *Historical Blunders*, (장동현 역, 1994), 「세계사의 대실수」, 세종서적.

Roberts. W., (최창현 역, 2004), 「위기관리의 리더십」, 한언.

R. & M. Root-Bernstein(1999), *Spark of Genius*, (박종성 역, 2007), 「생각의 탄생」, 에코

의 서재.

Wheatley, Margaret F.(1999), *Leadership and New Science*, (한국리더십학회 역, 1999), 「현대과학과 리더십」, 21세기 북스.

Avolio, B.J., & Gibbons, T.C.(1988). "Developing transformational leader; A life span approach", In Conger, J.A. & Kanungo, R.N., & Associates(eds.). *Charismatic Leadership: The Elusive Factor in Organizational Effectiveness.* CA: Jossey-Bass.

Bandura, A., & Wood, R.(1989). "Effect of perceived controllability and performance standards on self-regulation of complex decision making", *Journal of Personality and Social Psychology*, 41, 586-589.

Bass, B.M.(1985). *Leadership and Performance beyond Expectations.* NY: The Free Press.

Bass, B.M. & Avolio, B.J.(1990), "The implications of transactional and transformational leadership for individual, team, and organizational development", *Research in Organizational Change and Development*, 4, 231-272.

Bass, B.M.(1990), *Bass and Stogdill's Handbook of Leadership: Theory, Research, and Managerial Application*(3rd ed.), NY: The Free Press.

Bennis, W.G. & Nanus, B.(1985), *Leader: The Strategies for Taking Charge*, NY: Harper & Row.

Bennis, Warren G.(1989), *On Becoming a Leader*, Addison-Wesley.

Blake, R.R. & Mouton, J.S.(1964), *The Managerial Grid*, Houston, TX: Gulf Publishing.

Bowen, D.E. & Lawler Ⅲ, E.E.(1992), "The empowerment of service workers: What, why, how, and when", *Sloan Management Review*, Spring, 31-39.

Burns, James M.(1978, 1985), *Leadership*, Harper Colins Pub. Inc.

Burrel, G. and G. Morgan(1982), *Sociological Paradigms and Organizational Analysis*, London: Heinemann.

Choi, Y & Mai-Dalton, R.(1999), "The model of followers' responses to self-sacrificial leadership: An empirical test", *Leadership Quarterly*, 10(3), 397-421.

Choi, Y.(1995), *A theory of self-sacrificial leadership*, Doctoral Dissertation, University of Kansas, Lawrence, KS.

Conger, J.A.(1989), *The Charismatic Leader: Behind the Mystique of Exceptional Leadership*, Cal.: Jossey-Bass.

Conger, J.A., & Kanungo, R.N.(1987), "Toward a behavioral theory of charismatic leadership in organizational setting". *Academy of Management Review*, 12(4), 637 -647.

Daft, R, L.(2005), *The Leadership Experience*. Thomson.

Fernandez, C.F., & Vecchio, R.P.(1997), "Situational leadership theory revisited: A test of an across-job perspective", *Leadership Quarterly*, 8, 67-84.

Fiedler, F.E. & Garcia, J.E.(1987), *New Approaches to Effective Leadership: Cognitive Resources and Organizational Performance*, NY: John Wiley.

Fiedler, F.E.(1967), *A Theory of Leadership Effectiveness*, NY: McGraw-Hill.

Fleishman, E.A.(1953), "The description of supervisory behavior", *Journal Of Applied Psychology*, 37, 1-6.

French, J.R.P.Jr. and B. Raven(1959), "The Bases of Social Power", in Cartwright, ed., *Studies of Social Power*, MI: Institute of Social Research.

Hambleton, R.K. & Gumpert, R.(1982), "The validity of Hersey and Blanchard's theory of leader effectiveness", *Group and Organization Studies*, 7, 225-242.

Hantkoff, S., & Lasswell, T. E.(1979). *Male-Female similiarities and differences in conceptualising love*. In cook & Willson.

Hater, J.J. & Bass B.M.(1988), "Superiors' evaluations and subordinates' perceptions of transformations and transactional leadership", *Journal of Applied Psychology*, 73, 695-702.

Hawley, A.H.(1963)., "Community Power and Urban Renewal Success", *The American Journal of Sociology*, vol.68, Jan., pp.422-431.

Hemphill, J.K. & Coons, A.E.(1957), "Development of the leader behavior description questionnaire". In Stogdill, R.M. & Coons, A.E.(eds), *Leader behavior: Its description of questionnaire and measurement, Columbus:* Ohio State Univ., Bureau of Business Research.

Hersey, P. & Blanchard, K.H.(1982), *Management of Organization Behavior: Utilizing Human Resource*(4th ed.), Englewood Cliffs, NJ: Prentice Hall.

Hofstede, G.(1991), *Cultures and Organizations*, McGraw-Hill, London.

House, R.J. & Shamir, B.(1993), "Toward the integration of transformational, charismatic, and visionary theories", In Chemers, M.M. & Ayman, R.(eds.), *Leadership Theory and Research : Perspectives and Directions*, CA: Academic Press.

House, R.J.(1971), "A path-goal theory of leadership effectiveness", *Administrative*

Science Quarterly, 16, 321-338.

House, R.J.(1977). "A 1976 theory of charismatic leadership". In Hunt, J.G. & Larson, L.L.(Eds.) *Leadership: The Cutting Edge*, Carbondale: Southern Illinois University Press.

House, R.J., Spangler, W.D., & Woycke, J.(1991), "Personality and charisma in the U.S. presidency: A psychological theory of leadership effectiveness", *Administrative Science Quarterly*, 36, 364-396.

Howell, J.M. & Higgins, C.A.(1990), "Champions of technological innovation", *Administrative Science Quarterly*, 35, 317-341.

Howell, J.M.(1985), "A laboratory study of charismatic leadership", London, Ontario: School of Business Administration, University of Western Ontario.

Howell, J.M., & Frost P.J.(1989), "A laboratory study of charismatic leadership", *Organizational Behavior and Human Decision Process*, 43, 243-269.

Howell. J.P., Dorfman. P.W., & Kerr. S.(1986), "Moderator variables in leadership research", *Journal of Management Review*, 11(1), 88-102.

Hughes, et al.(1996), *Leadership*, 2nd ed., Irwin.

Jermier, J.M.(1993). "Introduction: Charisma leadership: Neo-Weberian perspectives". *Leadership Quarterly*, 4, 217-233.

Kast, F.E. and J.E. Rosenzweig(1985), *Organization and Mannagement*, McGraw-Hill,

Katz, D. and R.L. Kahn(1978), The Social Psychology of Organizations, 2nd ed., John Wiley & Sons.

Kelley, R.E.(1994), *The power of followership*, NY: Doubleday Dell.

Kelman, H.C (1958), "Compliance, identification, and internalization ; Three processes of attitude change", *Journal of Conflict Resolution*, 2, 51-56.

Kerr, S., & Jermier, J.M.(1978), "Substitute for leadership: Their meaning and measurement", *Organizational Behavior and Human Performance*, 22(4), 375-403.

Kets de Vries, M.F.R. (1988), "Prisoners of Leadership", Human Relations, 41(3), 261-280.

Keyes, C.L.M., Shmotkim, D & Ryff, C.D(2000), "Optimizing well-being : The empirical encounter of two traditions", Journal of personality and Social psychology, Vol. 82.

Kotter, J.P.(1979), *Power in Management*, Amacom.

Lerbinger O.(1997), *The Crisis Manager ; Facing Risk & Responsibility*, N.J, Lawrence Erlbaum Associates.

Likert, R.(1961), *New Patterns of Management*, NY: McGraw-Hill.

Luthans Fred (1981), *Organizational Behavior*, 3rd ed. N.Y: McGraw-Hill.

Manz. C.(1992), *Mastering Self-Leadership : Empowering Yourself for Personal Excellence*, Prentice-Hall.

Masi, R.J.(1994), "Transformational leadership and its roles in empowerment, productivity, and commitment of Quality", Doctoral dissertation, University of Illinois, Chicago, IL.

McClelland, D.C(1975)., *Power: The Inner Experience*, John Wiley & Sons.

McClelland, D.C(1985). *Human Motivation*, Scott Freshman.

McClelland, D.C. and D. Burnham(1976), "Power is the Great Motivator", *Harvard Business Review*, Mar-Apr. pp.100-110.

Meindl, J. R(1990). "On Leadership, An alternative to the conventional wisdom", *Research in Organizational Behavior*, 12, 159-213.

Mintzberg, H(1973), *The Nature of Managerial Work*, N.Y: Harper & Row.

Mitroff. I. et al.(2000), "Crisis Preparation in Organization", *Technological Forecasting and Social Change*, vol 63. no.1

Mitroff. I.(2001), "Crisis Leadership Leaders stop the parade in companies", *Executive Excellence*, vol 18.

Morgan, G.(1986), *Images of Organization*, California: SAGE Publications Inc,

Nadler, D.A., & Tushman, M.L.(1990), "What makes for magic leadership?", In Rosenbach, W.E. and Taylor, R.L.(Eds.), *Contemporary Issues in Leadership*, Boulder: Westview.

Nahavandi, A(2000). "The Art Science of Leadership", Prentice-Hall.

Nord, W.R., "Dreams of Humanization and the Realities of Power", *Academy of Management Review*, July(1978).

O'Reilly, C.(1984), "Charisma as communication: The impact of top management credibility and philosophy on employee involvement", Paper, *Academy of Management*, Boston.

Podsakoff, P.M. MacKenzie, S.B., Bommer, W.H. & Fetter, R.(1990), "Transformational leadership behavior and their effects on followers' trust in leader, satisfaction, and organizational citizenship behaviors", *Leadership Quarterly*, 1, 107-142.

Rahim, A.M.(1985), "A Strategy for Managing Conflict in Complex Organization", *Human Relations*.

Schein, V.E.(1977), "Individual Power and Political Behavior in Organization", *Academy of Management Review*, Jan. pp.64-72.

Scott, W.R.(1981, 1987), *Organizations; Rational, Natural, and Open System*, Prentice-Hall.

Selye. H.(1976), *Stress of Life*, N.Y., McGraw-Hill.

Selye. H.(1974), *Stress without Distress*, N.Y., Lippincott.

Shamir, B, House, R.J., & Arthur, M.B.(1993), "The motivational effects of charismatic leadership: A self-concept based theory". *Organization Sciences*, 4(4), 577-594.

Shamir, B.(1991), "The Charismatic relationship: Alternative explanations and predictions", *Leadership Quarterly*, 2, 81-104.

Smith, B.J.(1982), "An initial test of a theory of charismatic leadership base on the response of subordinates", Doctorial Dissertation, University of Toronto.

Stogdill, R.M(1974), *Handbook of Leadership: A Survey of The Literature*, N.Y: The Free Press.

Summer, S.M., Bae, S.H., & Luthans, F(1996). "Organizational commitment across cultures : The impact of antecedents on Korean employees". *Human Relations*, 49(7): 977-993.

Tannenbaum, R & Schmit, W.H.(1973), "How to choose leadership Pattern", *Harvard Business Review*, 51(3), 172-180.

Tichy, N.M. & DeVanna, M.A.(1990), *The Transformational Leader*(2nd ed.), N.Y: John Wiley.

Vecchio, R.P.(1987), "Situational leadership theory: An examination of a prescriptive theory", *Journal of Applied Psychology*, 72(3), 444-451.

Vroom, V.H.(1964), *Work and Motivation*, John Wiley & Sons.

Yukl, G.A(1989, 2002), *Leadership in Organizations*(2nd, 5th ed), NJ: Prentice Hall.

Zaleznik A.(1992), "Managers and Leaders : Are They Different?," *Harvard Business Review*. March-April.

찾아보기

인명색인

용어색인

ㄱ

ㄴ

ㄷ

ㄹ

ㅁ

ㅂ

ㅅ

ㅈ

ㅊ

ㅋ

ㅌ

ㅍ

〈기타〉

박유진 (朴宥鎭)

■ 학력

육군사관학교 졸업(1976, 문학사), 연세대학교 대학원 및, 경북대학교 대학원 졸업(경영학석사 및 박사)
영국 웨스트민스터대학교 및 캐나다 빅토리아대학교(연구)

■ 경력

육군3사관학교 사회과학처장(역임), 육군3사관학교 리더개발연구센터장(역임),
한국문인협회 회원(시인, 수필가), 육군 인사정책 및 리더십자문위원(현)
육군3사관학교 경영학 교수(역임)

■ 저술

현대사회의 조직과 리더십(양서각, 2009) 등 30여 편의 논문 및 보고서

이영우 (李榮雨)

■ 학력

충남대학교(1976, 이학사), 국방대학교 안보과정 졸업(1991), 동국대학교 대학원, 청주대학교 대학원 졸업(경영학박사)

■ 경력

제 30기보사 포병여단장(역임), 국방정보본부 기조실장(역임), 청주대학군단장 및 학생중앙군사학교 교육단장(역임), 청주대, 용인대 경영학과 겸임교수(역임), 청주대학교 교양학부 교수(역임)
삼성생명 고문(현)

■ 논문 및 저술

리더십 이론 및 진단(양서각, 2012)등 10여 편의 논문 및 보고서

■ 상훈

군 지휘성공사례 논문발표 최우수상(1983), 보국훈장 삼일장(2003), 미 육군성 공로훈장(2004)

송하동 (宋河東)

■ 학력

육군 3사관학교 졸업(1981), 경남대학교 행정대학원 졸업(1996. 경영학 석사)
청주대학교 경영대학원 졸업(2015. 경영학 박사)

■ 경력

육군대학 참모학처 작전교관(역임), 제50보병사단 영천연대장(역임), 육군본부 지휘통제실장(역임)
육군 보병학교 교무처장 및 청주대학교 학군단장(역임),
현재 청주대학교 교양학부 교수 및 경영학과 겸임교수

■ 논문 및 저술

리더십 이론과 진단(양서각, 2016)등 10여 편의 논문 및 보고서

리더십의 이론과 진단

초 판 발 행 2010년 8월 25일
개정판 3쇄 발행 2026년 1월 31일

인 지

저 자 박유진·이영우
송하동
발행자 신 대 영
발행소 양 서 각

주 소 : 경기도 가평군 청평면 소돌말길 7-6
전 화 : 010-2063-5489
FAX : 0502- 0991-1700
등 록 : 1992년 4월 30일 제3-412호

ISBN 978-89-5568-437-7 [정가 22,000원]